HISTOIRE PARLEMENTAIRE

DE LA

RÉVOLUTION FRANÇAISE,

OU

JOURNAL DES ASSEMBLÉES NATIONALES,

DEPUIS 1789 JUSQU'EN 1815.

PARIS. — Imprimerie d'Adolphe EVERAT et C⁰,
rue du Cadran, 16.

HISTOIRE PARLEMENTAIRE

DE LA

RÉVOLUTION

FRANÇAISE

OU

JOURNAL DES ASSEMBLÉES NATIONALES

DEPUIS 1789 JUSQU'EN 1815,

CONTENANT

La Narration des événemens; les Débats des Assemblées; les Discussions des principales Sociétés populaires, et particulièrement de la Société des Jacobins; les Procès-Verbaux de la Commune de Paris, les Séances du Tribunal révolutionnaire; le Compte-Rendu des principaux procès politiques; le Détail des budgets annuels; le Tableau du mouvement moral, extrait des journaux de chaque époque, etc.; précédée d'une Introduction sur l'histoire de France jusqu'à la convocation des États-Généraux;

PAR P.-J.-B. BUCHEZ ET P.-C. ROUX.

TOME TRENTE-HUITIÈME.

PARIS.

PAULIN, LIBRAIRE,
RUE DE SEINE-SAINT-GERMAIN, N° 33.

—

M. DCCC. XXXVIII.

HISTOIRE PARLEMENTAIRE

DE LA

RÉVOLUTION

FRANÇAISE.

HISTOIRE DU DIRECTOIRE,

DU 22 FLORÉAL AN VI (1798) AU 30 PRAIRIAL AN VII (1799).

L'élimination prononcée le 22 floréal contre les députés nouvellement élus n'avait pas été complète. Les conseils en admirent quelques-uns dans leur sein, et la présence de ceux-ci suffit pour changer l'aspect des séances. La minorité, qui voulait rendre au corps législatif la prépondérance qui lui appartenait, fut renforcée à ce point, que, dans le conseil des cinq-cents, le directoire ne fut plus assuré de la majorité dans toutes les questions comme il l'était à l'époque précédente. L'aspect général des débats reprit quelque couleur, et les discussions quelque vivacité. Le conseil des cinq-cents réduisit le nombre de ses réunions; il ne s'assembla plus que quatre jours sur cinq; la chambre chômait tous les quintidis : en prenant cette mesure, elle montrait qu'elle s'était aperçue elle-même du peu d'intérêt que présentaient la plupart de ses séances, et qu'elle voulait leur donner un attrait capable de reconquérir l'attention publique.

La première question sur laquelle se montrèrent ses dispositions à l'opposition était une simple affaire d'administration. Le tribunal de cassation n'était point complet; les élections qui devaient fournir aux places vacantes avaient été cassées; il s'agissait de savoir si ce serait le directoire qui, conformément aux lois de fructidor, serait chargé de remplir les vacances. On proposa de lui retirer ce droit et d'autoriser le tribunal à se compléter lui-même. Il y eut de longues et vives discussions sur ce sujet, dans lesquelles l'opposition fit valoir le principe de la séparation nécessaire du pouvoir exécutif et du pouvoir judiciaire. On nomma une commission qui présenta un projet différent. Nous donnons ici la séance du 23 messidor où il fut voté sur ses propositions; elle fera voir quel était l'esprit de l'assemblée deux mois après le commencement de la session de l'an VI.

CONSEIL DES CINQ-CENTS. — *Séance du 23 messidor an* VI.

Boulay de la Meurthe reproduit le projet relatif au mode provisoire de remplacement des juges du tribunal de cassation; les deux premiers articles sont conçus en ces termes :

« 1º Les places actuellement vacantes au tribunal de cassation sont remplies par les suppléans des autres juges au même tribunal.

» 2º Les suppléans sont appelés d'après leur âge, et à égalité d'âge par la voie du sort, en commençant par les suppléans de l'an VI, et en continuant par ceux de l'an V et de l'an IV. »

Une foule de membres. « Aux voix l'urgence. » L'urgence est déclarée.

Une foule de membres. « Aux voix le projet. »

Crochon paraît à la tribune.

Le président. « Je mettrai aux voix le projet quand la discussion sera fermée. »

Plusieurs voix. « Fermez la discussion. »

Crochon. « Les embarras qui se font remarquer dans le projet proviennent de ce qu'on n'a point voulu voir dans la loi du 19 fructidor ce qui y est réellement. (Murmures. *Plusieurs voix.* « Fermez la discussion. ») La difficulté vient de ce que la moitié des juges du tribunal de cassation n'ont pas de suppléans. Si je vous démontre, et cela en un instant, que l'intention du législateur, dans la loi du 19 fructidor, était de donner à chacun des juges nommés en remplacement de ceux destitués un suppléant, il faut que cette mesure ait lieu (Murmures). Je crains que l'on ne me reproche de ramener la discussion sur un point déjà arrêté par le conseil. A Dieu ne plaise que je me rende coupable d'une pareille irrévérence; je respecte trop les décisions du conseil pour... (Murmures. *Quelques voix.* « Au fait. »).

» Jusqu'ici on n'a discuté que deux projets, celui qui accorde trop au directoire et celui qui lui refuse tout ; celui qui étend la loi du 19 fructidor et celui qui lui porte atteinte. C'est entre ces deux extrêmes qu'il faut tenir un juste milieu ; voici celui que je propose. D'après la loi du 19 fructidor, le directoire avait le droit de nommer des suppléans aux juges qu'il choisissait ; comme à cette époque il n'a pas exercé ce droit, il est juste qu'il le fasse en ce moment. Quoi! ce serait par une fin de non-recevoir tirée de la non-exécution de cette loi, que vous priveriez le directoire du droit de maintenir la chose publique (On rit.)! Il avait celui de nommer aux places vacantes dans les tribunaux ; mais ces places n'étaient-elles pas vacantes parmi les suppléans, comme parmi les juges (On rit.)? Ainsi, en admettant mes vues, vous ne portez point atteinte à la loi du 19 fructidor, vous ne lui donnez pas non plus de l'extension, vous ne faites que la maintenir.

» Voici le projet que je propose :

» Le directoire nommera aux places de suppléans des juges du tribunal de cassation, qu'il était chargé de nommer par la loi du 19 fructidor. »

Plusieurs voix. « La question préalable. »

Plusieurs autres. « Fermez la discussion. »

Le conseil ferme la discussion. On réclame l'impression de l'opinion de l'orateur. Cette proposition n'a pas de suite. On demande la priorité pour le projet de la commission. La priorité est accordée.

Le rapporteur fait lecture du premier article.

Abolin. « Le projet que l'on vous propose n'est point conçu d'une manière assez précise et assez claire pour être adopté à une simple lecture. Certes, le rapporteur, qui était aussi celui de la fameuse loi du 18 fructidor, devait avoir sous les yeux, à cette époque, les pièces matérielles qui prouvaient que ce tribunal s'était écarté des principes républicains; et chacun sait qu'alors le but de l'article 28 de cette loi était que le directoire pût nommer des remplaçans aux juges qu'il nommait. (Des murmures éclatent : on s'écrie : *Aux voix l'article.* — *Un membre.* « La liberté des opinions. ») Le projet n'est point admissible. La commission était de 18 membres; certes, s'ils eussent tous été rassemblés, ce projet n'eût point passé. (*Plusieurs membres.* « Aux voix le projet, la discussion est fermée. ») Je demande la question préalable sur l'article. »

Plusieurs membres. « Aux voix le projet. »

Génissieux. « Je ne viens point m'opposer au vœu de la majorité; mais mon dessein n'est pas non plus de donner mon assentiment à un projet qui viole la loi du 19 fructidor. Quant à moi, je le déclare, je n'ai point été à la commission. (Murmures. On s'écrie : *Aux voix l'article.*) La discussion est ouverte sur l'article, et on peut y faire des amendemens. Le premier porte qu'il faut remplir les places *actuellement* vacantes au tribunal de cassation. Mais on ne sait pas quelles elles sont (Murmures). Cinq des juges nommés par le directoire ont été appelés au corps législatif. Les juges élus en l'an IV ont soutenu que les cinq nommés devaient être comptés dans le cinquième sortant au 1er prairial an VI. Cette difficulté doit d'abord être levée par le corps législatif. (Murmures. On s'écrie : *Cela est décidé. Fermez la discussion.* — L'orateur interrompu continue.) S'il m'avait été permis de développer mes idées, j'aurais fait sentir, comme le préopinant, que le projet portait atteinte à la loi du 19 fructidor; mais il a été couvert de murmures, parce qu'il a reproché à la commission de procéder par des fins de non-recevoir; il devait s'expliquer ainsi : La loi dit, art. 1er, que le directoire remplira les places qui seront vacantes par suite de l'annulation des élections de l'an v.

Ainsi, d'après cet article, il n'a le droit de nomination que jusqu'aux élections de l'an VI. Mais il est un autre article qui dit que le directoire nommera aux places qui viendront à vaquer par mort, démission ou autrement; c'est de celui-là dont je réclame l'exécution. (*Plusieurs membres.* « Aux voix le projet. ») J'atteste la bonne foi de mes collègues, et tous ont de la bonne foi : si le directoire avait, à l'époque du 18 fructidor, nommé des suppléans au tribunal de cassation, auriez-vous annulé ces nominations? (Les murmures recommencent. On s'écrie de nouveau : *Aux voix le projet.*) Je dis donc que la loi du 19 donne implicitement et virtuellement au directoire le droit de nommer les suppléans. Je demande que le conseil déclare qu'il n'y a lieu à délibérer sur le message relatif à la nomination des cinq juges du tribunal de cassation, attendu que la loi du 19 fructidor lui donne le droit de les nommer. »

Plusieurs voix. « Appuyé. »

Une foule d'autres. « La question préalable. »

Demoor. « J'avais préparé un travail qui rentrait dans les vues de Génissieux; mais puisque vous avez fermé la discussion... »

Le président. « La discussion est fermée sur le fond du projet, mais non sur chaque article. »

Boulay de la Meurthe. « D'après la manière dont un des préopinans s'est énoncé à cette tribune, il semblerait que l'on voudrait faire entendre que le projet que je vous présente est subreptice. Mais la commission ne s'est point réunie en secret; l'appel de tous les membres qui la composent, et de ceux qui lui ont été adjoints, a été fait à la tribune; Berlier, Mansord, etc., tous s'y sont rendus, à l'exception de Génissieux. La question y a été de nouveau discutée, examinée sous tous ses rapports, tout s'y est passé à l'unanimité, et le projet que je vous présente est le résultat de notre délibération. Si l'on veut discuter, je demande à répondre aux orateurs. »

Une foule de membres. « Aux voix l'article. »

Le président met l'article aux voix; une première épreuve lui paraît douteuse; il la renouvelle, puis, consultant le bureau, il dit : « Le bureau est d'avis que l'article est adopté. » (Ris et murmures.)

Quelques voix. « L'appel nominal. »

Une foule d'autres. « Il n'y a pas de doute. »

Le président. « On réclame l'appel nominal, on va y procéder. »

Une foule de voix. « Il n'y a pas de doute. »

Maugenest. « Il est impossible de délibérer sur un article inconstitutionnel (Murmures). La Constitution a déterminé le nombre des députés au corps législatif, et celui des juges du tribunal de cassation ; et de même qu'il n'est pas permis d'ajouter un membre à chaque députation départementale, ainsi on ne peut donner des suppléans aux juges qui n'en ont pas (Murmures). Je m'oppose à l'appel nominal, et je demande la question préalable sur le projet. »

Maras. « Je ne blâmerai ni le projet de Boulay, ni celui de Génissieux ; mais comme je ne crois pas qu'il soit instant de prononcer sur l'un ou sur l'autre, je propose l'ajournement sur le tout. »

Des murmures se font entendre. D'une part on réclame l'appel nominal ; de l'autre on appuie l'ajournement.

Lucien Bonaparte. « Permettez-moi de réclamer l'ordre du jour sur l'ajournement. Cette discussion a été suffisamment étendue, et je m'étonne que l'on cherche encore à reculer notre décision par des subtilités qui sont indignes de la gravité du corps législatif ; la majorité fait ici la loi, et quand elle a prononcé, la minorité ne doit pas l'éluder par des vaines chicanes. Le président a déclaré, d'après l'avis du bureau, qu'il n'y avait pas de doute. Je demande que cette déclaration soit maintenue. Prouvons que nous ne revenons pas tous les jours, et à toutes les minutes, sur les décisions que nous avons une fois prises. Je demande l'ordre du jour. »

Une foule de voix. « Appuyé. »

Le président. « La majorité du bureau a déclaré qu'il lui paraissait qu'il n'y avait pas de doute. Je l'ai dit. On a réclamé l'appel nominal ; j'ai dû en prévenir le conseil. »

On réclame de nouveau l'appel nominal. On y procède. Il y avait trois cent quatre votans; cent soixante-dix-huit ont voté pour l'article de la commission; cent vingt-six ont voté contre. L'article est donc adopté à une majorité de cinquante-deux voix.

— Le reste de la proposition fut voté de la même manière, mais le conseil des anciens rejeta cette résolution.

C'étaient les finances qui, avant le 18 fructidor, avaient été l'occasion de l'opposition la plus embarrassante pour le pouvoir exécutif. Ce fut encore le sujet où il y eut le plus de motifs d'opposition; cependant cette fois on ne peut pas dire qu'il y eût malveillance de la part des opposans; ils cherchaient en effet sérieusement à combler le déficit; mais ils cherchaient aussi à en prévenir le retour pour l'avenir par des économies, et surtout en détruisant les abus scandaleux qui avaient lieu dans le maniement et l'usage des fonds publics. Mais ces efforts même constituaient une critique violente de l'administration du directoire.

Le 1er messidor, il avait transmis par un message l'état des besoins et des ressources pour l'an VII. Il demandait pour cette année que le budget fût fixé à 600 millions; enfin il envoyait les comptes des dépenses de l'an VI. L'examen de ces comptes montra qu'il y avait eu de nombreuses dilapidations. Les rapports des commissions rendirent celles-ci publiques. Il y eut dans les conseils une explosion d'indignation qui nuisit d'autant plus à l'administration, qu'évidemment elle était moins calculée. Tel fut le motif de la motion de Chabert qui eut lieu le 19 thermidor; tel fut l'effet du rapport de Joubert (de l'Hérault) qui eut lieu le même jour. Voici cette séance.

CONSEIL DES CINQ-CENTS. — *Séance du 19 thermidor.*

Chabert, par motion d'ordre, s'élève contre les dilapidateurs, les fournisseurs et autres sangsues publiques; contre ceux qui font les marchés, les annulent, en passent de nouveaux et les annulent encore; contre cette troupe de fripons, dont le quartier général, dit-il, est dans les bureaux de la trésorerie, qui exigent jusqu'à cinquante pour cent pour le paiement d'une ordonnance, et dont les cantonnemens sont chez les payeurs généraux. Il demande qu'il soit nommé une commission chargée de présenter un projet sur la publicité des marchés des ministres.

Adopté et impression.

Joubert. « Ce n'est pas avec des mesures partielles que vous pouvez comprimer les abus qui pullulent dans les diverses parties de l'administration publique, et qui font monter les dépenses à un taux effrayant. Il faut rétablir les masses et mettre la publicité dans les marchés ; tel est le vœu de tous les hommes probes et instruits dans cette partie. On assure que la difficulté des paiemens, à la trésorerie, s'oppose à cette publicité. Je n'en sais rien. Mais ce que je sais, c'est qu'au moyen du mode actuel, le peuple français est grevé de quatre-vingts millions de plus. Je propose donc que la commission demandée par Chabert soit tenue de se réunir à celles des finances et de surveillance de la comptabilité et de la trésorerie. »

Plusieurs voix. « Appuyé. »

Génissieux. « Je m'oppose à cette proposition. Quand les commissions sont nombreuses, elles ne produisent aucun résultat. Une commission spéciale suffit ; et ses membres pourront prendre des renseignemens auprès de celles des finances et de surveillance de la trésorerie.

» On dit que c'est le mauvais état des finances qui s'oppose à la publicité des marchés. Mais d'où vient le mauvais état des finances ? Ne prend-il pas sa source dans la clandestinité de ces marchés ? Ainsi, on fait une pétition de principes ; on justifie un abus par un abus. Ayez une commission qui vous présente un projet de loi, simple, clair et sévère. Commandez, vous serez obéis, et l'économie renaîtra. »

Le conseil fait droit à ces observations, et il ordonne le renvoi de la motion de Chabert à une commission spéciale.

Au nom de la commission chargée d'examiner les dépenses de la guerre, Joubert de l'Hérault fait le rapport suivant : « La commission eût désiré pouvoir donner des détails approfondis sur toutes les parties de l'administration de la guerre ; mais pressée par la brièveté du temps, elle n'a pu se livrer à un travail aussi considérable. D'ailleurs, les circonstances pressent. C'est au moment où la destinée de l'Europe est encore incertaine, où l'Angleterre entrave nos négociations, où elle s'efforce de renouer la coalition continentale, que le gouvernement français a besoin de déployer dans ses dispositions le caractère le plus prononcé de vigueur et de célérité. Le corps législatif doit donc donner au directoire tous les moyens de commander la paix à l'Europe, en le mettant à même de se présenter, s'il le faut, dans l'arène avec l'attitude qui convient à la grande nation.

» Néanmoins, en se bornant à mettre sous les yeux du conseil un tableau rapide des dépenses de la guerre, l'intention de la commission n'a point été de composer avec les abus, et de chercher à s'appuyer du prétexte commode d'une précipitation nécessaire, pour détourner la sollicitude du corps législatif, d'un objet qui la réclame tout entière.

» Le département de la guerre est celui où le désordre peut s'introduire avec plus de facilité; c'est celui qui, par conséquent, appelle la plus sévère vigilance. Comme il absorbe la plus forte portion des revenus de l'état, il la rend à la circulation par une multitude innombrable de canaux; il embrasse tous les genres d'industrie; il influe sur toutes les branches de commerce et sur le prix de toutes les denrées; presque tous les spéculateurs sont intéressés dans les affaires qui en émanent.

» S'il se trouve parmi eux des citoyens amis de leur pays, et qui désirent le servir en se contentant d'honnêtes bénéfices, on ne peut se dissimuler que c'est aussi dans cette classe qu'on rencontre ces hommes avides à qui tous les moyens conviennent pour parvenir à la fortune : habiles à tirer parti de la détresse des finances, ils savent faire naître et entretenir les abus les plus crians. Là, l'opinion publique remarque avec indignation ces inexplicables richesses et ce faste impudent qui contraste d'une manière si révoltante avec la respectable indigence de nos guerriers infirmes ou mutilés.

» Là, s'est formée et s'alimente cette faction corruptrice non moins redoutable que toutes celles dont le génie tutélaire de la France a triomphé; faction qui menace la liberté par le renversement de la fortune publique et la démoralisation de la société; faction dont tout n'atteste que trop la déplorable influence, qui est parvenue à étouffer les passions généreuses, par la plus vile de toutes, la cupidité ; faction enfin trop peu signalée et trop faiblement combattue jusqu'à ce jour, et dont il est bien temps d'arrêter les progrès et de troubler la sécurité.

» Cette tâche vous appartient, et le peuple a le droit de l'attendre de ses représentans.

» Puisse ce premier trait lancé de cette tribune contre les dilapidateurs être le signal d'une guerre à mort, et porter dans leurs cœurs une inquiétude qui se lira sur leurs fronts, et à laquelle le fracas des plaisirs n'imposera point silence.

» Pour arriver à ce grand résultat, il est surtout nécessaire que vous dirigiez toute votre attention sur l'administration militaire; aucune n'exige une législation plus claire et plus soignée; une comptabilité plus rigoureuse, une surveillance plus soutenue. »

Ici l'orateur trace le tableau des changemens que cette administration a éprouvés depuis le commencement de la révolution; il développe ce qu'elle fut sous Robespierre, et après le 9 thermidor ; puis il s'exprime en ces termes : « Le royalisme s'empara bientôt de cette grande journée, et son influence vicia toutes les parties du corps politique.

» L'administration des armées en ressentit surtout les cruels effets. Un relâchement subit dans l'action du gouvernement amena la désorganisation de tous les services ; le discrédit progressif du papier-monnaie embarrassa toutes les opérations; sa dégradation rapide embrouilla toutes les combinaisons. Alors se multiplièrent les marchés lésionnaires et les opérations les plus désastreuses. De cette époque datent les nouvelles fortunes. On vit sortir tout à coup de la fange un essaim de parvenus : enfans de l'agiotage et de l'immoralité, on les vit afficher, à la suite des camps, le luxe le plus effréné et l'esprit le plus contre-révolutionnaire. Tous les sacrifices de la République épuisée s'arrêtaient dans leurs mains impures, et ils ressemblaient plutôt à un corps ennemi posté sur les derrières de nos armées pour leur couper les vivres, qu'à des agens chargés de les alimenter. Tandis qu'ils nageaient dans l'abondance, nos braves défenseurs, qui ne se montrèrent jamais plus grands que dans les circonstances difficiles, éprouvaient toutes les horreurs de la disette. Sans habits, sans souliers, souvent sans pain, il ne leur restait que leur courage et leur patriotisme, dont le feu sacré se conserva toujours dans leurs rangs impénetrables. La valeur fut leur unique ressource; et ce qu'une administration impuissante ou malveillante n'avait pu leur procurer, ils l'obtinrent de l'ennemi par le fer.

» Telle était la situation des armées au commencement de l'an IV. L'administration n'était qu'une machine compliquée, un chaos inextricable, un gaspillage affreux. L'établissement de la Constitution vint enfin apporter un terme à ce désordre; une salutaire régénération commença à s'opérer; la régularité s'établit peu à peu; on parla de comptabilité, et la nation put reconnaître, dans ces premiers et bienfaisans effets d'un gouvernement stable, le gage certain de la cessation des grandes convulsions politiques et l'aurore de sa prospérité. Le ministère de la guerre fut organisé: celui qui le premier occupa ce poste important signala les courts instans de sa gestion par une foule de changemens utiles; mais il était réservé à son successeur de débrouiller ce chaos, et d'y porter la hache de la réforme. Les dépenses furent classées et régularisées; l'usage des revues se rétablit; on constata l'effectif des corps; des entreprises furent substituées aux régies. Le même plan d'amélioration se suit avec persévérance : il est satisfaisant de pouvoir annoncer, cette année, une grande diminution dans les dépenses de ce département.

» Mais quelque grands et fructueux qu'aient pu être jusqu'à ce jour les efforts du gouvernement pour régulariser l'administration militaire, et détruire les abus qui y règnent, gardons-nous de croire qu'ils soient entièrement extirpés : nous sommes bien loin de ce terme heureux; et pour y parvenir, il faut, et des efforts et de la persévérance.

» L'administration militaire réclame des dispositions législatives sur la comptabilité, les revues, la solde, les masses et les marchés. La commission s'en occupe. Le rétablissement des masses, de l'aveu du ministre de la guerre, produira une économie de trente millions. La publicité des marchés est le vœu de tous les hommes probes; des traités conclus, résiliés, cassés, modifiés et renouvelés dans l'ombre, provoquent des soupçons fâcheux, et appellent la défiance. Un peuple libre a le droit de suivre de l'œil l'emploi de ses contributions; et les opérations mystérieuses ont rarement les faveurs de l'opinion. »

Le rapporteur annonce ensuite que le montant des dépenses de la guerre, qui devait être pour l'an vii de 298 millions, ne sera que de 262, attendu que les républiques batave et cisalpine paient 56 millions pour l'entretien des troupes françaises qu'elles ont à leur service. Ainsi, comme la dépense de l'an vi a été de 341 millions, il en résulte qu'il y a pour l'an vii une diminution de près de 80 millions.

La commission propose le projet suivant :

« Art. Ier L'état de l'armée, pour l'an vii, est maintenu au pied de guerre.

» II. Les dépenses pour l'ordinaire et l'extraordinaire sont réglées à la somme de 262,581,902 f. »

— On verra bientôt quel fut le résultat de la proposition de Chabert. Pour le moment nous allons suivre l'histoire des travaux financiers de l'assemblée.

Villetard, rapporteur de la commission, présenta le budget des recettes pour l'an vii le 22 thermidor. Il proposa de fixer les revenus de la manière suivante :

Contribution foncière, 210 millions. — Contribution personnelle, 30 millions. — Enregistrement, 80 id. — Greffes, 10 id. — Timbre, 30 id. — Amendes, droits divers, 2 id. — Hypothèques, 8 id. — Patentes, 20 id. — Douanes. 10 id. — Poste aux lettres, 10 id. — Droit sur les voitures publiques, 1 id. — Taxe des routes, 30 id. — Droit de garantie de l'or, 1 id. — Salines et marais salans, 30 id. — Poudres et salpêtres, 500 mille francs. — Tabacs, 10 millions. — Loterie, 10 millions. — Revenus des forêts, 25 id. — Revenus des domaines nationaux, 20 id. — Vente du mobilier, 10 id. — Rentes foncières, 20 id. — Créances sur les pays conquis, 10 id. — Reprises sur les comptables, 22 millions 500 mille francs. — Total, 600 millions.

Parmi les impôts proposés, il y en avait un nouveau que le souvenir des anciennes gabelles rendait particulièrement odieux ; c'était l'impôt sur le sel. On espérait en tirer 30 millions en mettant un droit de dix centimes par livre. La question de cet impôt fut longuement débattue ; elle occupa un grand nombre de séances ; il fut enfin repoussé. On remarqua Lucien Bonaparte parmi les opposans ; il se fit distinguer par une énergie de langage qu'on trouvait rarement parmi les députés de cette époque.

Pendant qu'on discutait l'impôt sur le sel, vint un rapport sur les dilapidateurs. Nous en donnons l'analyse :

CONSEIL DES CINQ-CENTS. — *Séance du 2 fructidor, an VI.*

Duplantier de la Gironde, au nom de la commission chargée d'atteindre les dilapidateurs, fait dans cette séance le rapport qui a été lu en comité secret. « La commission, dit l'orateur, inaltérable dans son travail, comme dans sa haine contre ces ennemis de la morale publique, sondera d'une main hardie la profondeur de l'abîme qu'ils ont creusé sous nos pas. Elle a vu les maux présens ; elle s'est occupée de leurs remèdes. Ces maux sont sans nombre. Il n'existe aucune partie de l'administration publique où l'immoralité et la corruption n'aient pénétré. Vous voulez atteindre les coupables, aucune considération particulière ne vous arrêtera. Vous êtes responsables de toutes les atteintes portées à la morale publique. Une plus longue indulgence vous rendrait complices de ces hommes que la voix publique accuse. Ils seront frappés du haut de leurs chars somptueux, et précipité dans le néant du mépris public, ces hommes dont la fortune colossale atteste les moyens infâmes et criminels qu'ils ont employés à l'acquérir.

» La bureaucratie est devenue un pouvoir qui brave tous les autres. En vain, l'union qui règne entre le corps législatif et le directoire, doit assurer l'exécution des lois; les employés des bureaux en décident autrement, et leur inertie coupable, lorsqu'il s'agit d'exécuter la loi, équivaut au *veto* royal. Ainsi ceux que l'erreur a fait mettre sur la liste des émigrés languissent dans l'attente de leur radiation, tandis que les coryphées des conspirateurs ont à peine senti les effets de la loi du 19 fructidor. N'a-t-on pas vu des surveillances se vendre dans les bureaux du ministre de la police? Chaque jour on entend dire que l'or seul peut faire ouvrir les cartons des bureaux des administrations et des ministres. Veut-on obtenir justice, il faut payer tant à tel employé, tant à la maîtresse de tel autre, etc. La corruption et l'immoralité sont à leur comble : aux maux extrêmes il faut de grands remèdes. »

Le rapporteur les propose dans un projet qui porte en substance, 1° qu'aucun citoyen exerçant des droits qui lui ont été soit médiatement, soit immédiatement délégués par le peuple, aucun fonctionnaire civil et militaire, aucun agent de la République, aucun individu attaché aux administrations et aux tribunaux civils et militaires ne peut être fournisseur, ni employé dans les bureaux des administrations des vivres, hôpitaux, etc., ni fermier de contributions, ni intéressé dans les fermes, ni agent, ni caution;

2° Que ceux qui seront dans ce cas seront tenus, dans le mois, d'opter;

3° Que tout fonctionnaire, etc., qui n'aurait pas opté dans le délai déterminé, sera puni de la dégradation civique, destitué de son emploi, et déclaré incapable de servir la République;

4° Que tout ce qui sera dû à ce fonctionnaire sera confisqué au profit de la République;

5° Que tout fonctionnaire, etc., qui sera convaincu d'avoir reçu des présens en argent, denrées et effets, quand même il ne les aurait pas exigés, sera puni des peines portées en l'art. 5 ;

6° Que tout citoyen qui aura sollicité, donné, offert de l'argent, etc., sera puni d'une amende qui ne pourra être moindre que 150 fr., et d'un emprisonnement d'un mois au moins et de six mois au plus ;

7° Que par la présente, il n'est dérogé en rien aux peines que le code des délits et des peines prononce contre les voleurs des deniers publics. — Impression et ajournement.

— Que l'on juge de l'effet public de pareilles dénonciations. L'excès des impôts, la création des droits sur les sels, avaient donc pour résultat dernier de combler un déficit dont l'origine était la dilapidation.

Les finances ne formaient pas, pendant ces premiers mois, la seule occupation de l'assemblée. On y entendait retentir des plaintes sur les assassinats qui se commettaient encore dans le midi, et l'on décrétait à ce sujet des messages au directoire. Celui-ci, malgré l'espèce de dictature dont il était environné, paraissait donc aussi incapable d'administrer que de calculer ? Le général Jourdan faisait un rapport sur la conscription militaire. D'après son projet, elle comprenait tous les Français en état de porter les armes depuis l'âge de vingt ans accomplis jusqu'à celui de vingt-cinq révolus. On calculait qu'elle ne mettrait pas moins d'un million d'hommes à la disposition du pouvoir. Cette masse était divisée en cinq classes ; on devait en faire la répartition entre les corps de l'armée, de manière seulement à les maintenir au complet fixé ; et, après cinq ans de service, les soldats devaient être remplacés par les conscrits entrant dans la première classe.

— Ce projet fixa l'attention de l'assemblée pendant plusieurs séances. Le dernier article fut adopté le 4 fructidor; mais la discussion donna lieu à de singulières révélations. Briot déclara à la tribune que dans un espace de temps assez court, du 1er pluviose au 1er ventose an v on avait délivré plus de quarante mille congés ; il demanda en conséquence que les congés accordés fussent soumis à une révision. Le ministre de la guerre, Scherer, inculpé, se hâta de répondre, par la voie des journaux, que dans le même temps on en avait délivré seulement douze mille cinq cent soixante-dix-neuf. Mais l'accusation resta, et, quoi qu'elle ne frappât pas Scherer lui-même, puisqu'il n'était pas encore ministre à l'époque fixée, elle n'en tombait pas moins sur l'administration.

Le conseil des cinq-cents prit encore l'initiative dans une affaire d'administration intérieure, beaucoup moins importante en apparence, mais qui intéressait vivement les habitudes nationales. Malgré le nouveau calendrier, le peuple suivait toujours l'ancien; il fêtait toujours le dimanche, et le culte catholique qui avait encore lieu dans beaucoup d'églises le maintenait dans cet antique usage. Les zélés reformateurs républicains voyaient ces choses avec peine; ils voulurent donner force et vigueur au calendrier républicain; ils proposèrent diverses mesures coërcitives à ce sujet; ils voulaient empêcher tout travail les décadis. Ils éprouvèrent une forte résistance; on leur opposa la liberté, le droit de chacun; Lucien Bonaparte leur montra qu'ils étaient intolérans et plus despotes que les successeurs même de Mahomet. La proposition n'eut pas de suites. Elle fut ajournée.

Cependant dans les questions secondaires d'administration où il y avait lieu à opposition celle-ci n'obtenait pas toujours la majorité. Il est remarquable même qu'elle la réunissait ou l'emportait seulement dans les cas où elle pouvait arguer de l'immoralité du pouvoir exécutif. Ainsi, le 8 fructidor, Berlier, rapporteur d'une commission chargée de présenter un projet sur les délits de la presse, vint proposer de déclarer que l'attribution accordée par la loi du 19 fructidor au ministre de la police sur les journalistes et les feuilles publiques cesserait dans trois mois. En ce moment, en effet, il n'existait plus en réalité de liberté de la presse. La crainte de subir une suppression semblable à celles que le directoire avait prononcées avait produit sur les feuilles publiques un effet pareil à celui de la censure. On se bornait à donner les séances du corps législatif, et à quelques nouvelles; encore, dans ce genre de narrations, on n'osait pas tout dire. On se gardait de faire mention des choses qui pouvaient déplaire trop fortement au directoire. Quant aux opinions, on les gardait pour soi. Berlier fut vivement soutenu, particulièrement par Lucien Bonaparte ; cependant il vit sa proposition repoussée, c'est-à-dire le délai étendu à une année. Mais quelques jours après, il en fut tout autrement sur un sujet où il s'agissait de manifester sa confiance au directoire. Le 29 fructidor, un rapporteur, présentant un projet pour la création d'un octroi à Paris, vit son projet adopté tout entier, sauf une seule disposition, celle qui confiait au directoire la nomination des employés. Le conseil donna le soin de cette élection aux administrateurs du département. Les motifs de cette mesure furent assez clairement énoncés ; on craignait que le directoire ne fît de mauvais choix, mais cette dernière disposition fut rejetée par le conseil des anciens.

Telles étaient les tendances que manifestaient les conseils à la fin de l'an sixième de la République. Quelques velléités de rendre à la législature la prépondérance et la dignité qui lui appartenaient, une assez grande confiance dans le directoire quant à son habileté dans les affaires de politique générale soit à l'intérieur, soit à l'extérieur ; au contraire une méfiance complète à son égard, ainsi que pour les agens dans les affaires de moralité et d'argent, tels sont les sentimens dont les séances des conseils donnent la preuve. Les députés n'étaient en ces choses que l'écho très-modéré de l'opinion publique ; on était révolté à la vue du spectacle que présentaient alors ceux qui pouvaient s'appeler la haute classe, c'est-à-dire les riches de cette époque ; la plupart étaient des hommes qui avaient fait leur fortune par les voies les plus honteuses, en spéculant sur les biens nationaux, sur les assignats, sur les fournitures, par mille mauvais moyens que la société réprouve en tout temps et que pratiquent seulement ceux qui n'ont ni probité ni honneur, ceux que rien ne fait rougir. Ces hommes apportèrent dans l'usage de leurs richesses le caractère même qui les leur avait fait acquérir. Ils furent sans moralité et sans pudeur, tellement sales, tellement grossiers, que le nom de la période où ils ont brillé a été sans pareil dans l'histoire moderne. L'orgie fut à l'ordre du jour parmi ces gens ; ils prirent de l'ancien régime tout ce qu'il avait eu de ridicule ou de corrompu, et ils y ajoutèrent; ils réunirent à la mode, outre le parler des anciens marquis, les bals, les mascarades, les jours gras et jusqu'à la promenade de Longchamps. Les femmes, qui imitent toujours et qui exagèrent tout, les femmes furent sans pudeur comme eux; elles se costumèrent comme les filles de Sparte; elles allaient dans les salons à peine couvertes d'une seule robe de gaze; mais elles n'osaient se montrer ainsi parées en plein jour et dans les lieux publics; quelques-unes cependant le tentèrent, mais elles en furent chassées. Ce délire d'impudeur fut si général qu'il donna lieu à de graves mémoires de la part des médecins. Ne pouvant les convaincre par la morale, on essaya de les effrayer sur les intérêts de leur santé, mais ce fut sans résultats. Ces mœurs détestables ne disparurent qu'avec le règne des thermidoriens (1).

(1) Voici une chanson de la fin de l'an VI, que nos lecteurs nous permettront de citer parmi plusieurs autres; elle s'appelait LA SANS-GÊNE, chanson nouvelle sur un air ancien.

Air de *la Bourbonnaise.*

1
Grâce à la mode
On n'a plus d' cheveux;
On n'a plus d' cheveux;
Ah! qu' c'est commode!
On n'a plus d' cheveux;
On dit qu' c'est mieux.

2
Grâce à la mode
On va sans façon;
On va sans façon;
Ah! qu' c'est commode,
On va sans façon
Et sans jupon.

3
Grâce à la mode
On n'a plus d' fichu;
On n'a plus d' fichu;
Ah! qu' c'est commode!
On n'a plus d' fichu;
Tout est déchu.

4
Grâce à la mode
On n'a plus d' corset;
On n'a plus d' corset;
Ah! qu' c'est commode!
On n'a plus d' corset;
C'est plus vit' fait.

5
Grâce à la mode
Un' chemis' suffit;
Un' chemis' suffit;
Ah! qu' c'est commode!
Un' chemis' suffit;
C'est tout profit.

6
Grâce à la mode
On n'a qu'un vêt'ment;
On n'a qu'un vêt'ment;
Ah! qu' c'est commode!
On n'a qu'un vêt'ment,
Qu'est transparent.

7
Grâce à la mode
On n'a rien d' caché;
On n'a rien d' caché;
Ah! qu' c'est commode!
On n'a rien d' caché;
J'en suis fâché.

Le directoire n'était pas étranger à ces mœurs; c'étaient ses amis et ses affidés qui s'en montraient les plus éhontés zélateurs; c'était de ses salons que sortaient ces modes nouvelles qui faisaient rougir la France, et ce parler ridicule qui souillait notre belle langue. Malgré toutes ces infamies, on supportait les directeurs pour la valeur et même pour l'habileté politique que l'on leur attribuait et dont rien encore n'avait démontré la vanité; on leur pardonnait le mal en faveur du bien dont on les croyait, jusqu'à un certain point, les auteurs : la monnaie avait reparu, le commerce reprenait, les moissons étaient abondantes, la paix paraissait assurée sur le continent, l'influence de la République y était souveraine. On attribuait au pouvoir présent ce qui était le fruit des efforts passés; et l'on n'osait pas encore supposer que les chefs de l'état fussent complétement étrangers à la prospérité qui commençait à naître. On ne pouvait penser que ces hommes gaspillaient en ce moment même les avantages de la plus belle situation politique, comme ils avaient gaspillé les richesses publiques.

Les événemens de l'an vii mirent à nu l'imprévoyance et la maladresse du directoire. Nous avons déjà parlé de l'insurrection qu'il avait suscitée en Suisse, de l'invasion qui s'en était suivie, et de la constitution impolitique qu'il avait imposée aux treize cantons. Il en résulta qu'il fut obligé d'occuper ce pays et d'y employer une armée. Il ne fit rien pour attirer à la France les sympathies des populations opposantes; or, celles-ci étaient les plus nombreuses. Loin d'agir dans le but de se les attacher, il montra un esprit de rapine et de brutalité qui les aliéna de plus en plus; il chargea le pays d'impôts et de réquisitions. Rapinat, son principal agent en ce genre d'affaires, et ses accolytes, se conduisirent selon l'esprit de concussion et de violence qui animait partout les employés du directoire. Il ne laissa pas non plus en repos les républiques confédérées; il fit un 18 fructidor en Hollande, et il venait d'en donner une troisième représentation à Milan. Lucien Bonaparte attaqua sa conduite dans cette dernière affaire dans le conseil des cinq-cents; mais ses observations n'eurent pas de suite. L'initiative, en fait de diplomatie, n'appartenait pas à la législature. Les directeurs lui répondirent dans les journaux et chassèrent de Paris le représentant de l'ex-directoire milanais, le général Lahoz. Les armées de la République retrouvèrent bientôt celui-ci à la tête des paysans insurgés dans les états de Venise ; mais n'anticipons pas sur les événemens. Le directoire semait par cette politique des germes de mécontentement, des doutes et de l'insécurité dans les contrées qui protégeaient nos frontières. Il s'était aussi débarrassé du prince qui régnait à Turin ; il avait provoqué une révolution en Piémont, et par suite forcé le roi de cette province à se retirer dans son île de Sardaigne. De cette manière encore il avait créé dans cette contrée deux partis dont l'un agissait activement contre l'influence et l'autorité de la France. Au lieu d'y compter seulement des amis, il s'y était fait des ennemis. Enfin l'inoffensif duc de Toscane n'était pas lui-même tranquille ; il était sous le coup d'un mouvement militaire. On trouverait cette conduite moins imprudente si les directeurs avaient été assurés de la paix, s'ils n'avaient pas eu des ennemis prêts à profiter de leurs fautes et à saisir toutes les voies de guerre qu'il leur ouvrait. Cependant le cabinet du Luxembourg ne pouvait ignorer que ses armées seules lui donnaient l'autorité dont il usait ; il savait que dans la plus grande partie des contrées qu'il administrait ainsi, la très-grande majorité des populations lui était opposée ; que dans les contrées même les plus attachées au nouvel ordre de choses, la moitié au moins de la population était absolument hostile ; il savait que la présence seule de ses armées maintenait une apparence de soumission, et que ces armées étaient trop faibles pour contenir tant d'ennemis, si elles venaient à être détournées de ce soin par une attaque sérieuse. Or, cette attaque allait avoir lieu, et ce furent les entreprises mêmes dont nous venons de parler, qui en furent la cause. Ainsi, en même temps qu'il donnait à l'Autriche et à l'Europe un nouveau motif, il se créait à lui-même des difficultés militaires, soit en agrandissant le terrain de la guerre par la conquête de l'Italie, soit en diminuant ses forces disponibles par la dispersion des corps destinés à garder tant de contrées où ses violences lui avaient fait des ennemis.

L'Autriche avait depuis longtemps déjà adressé au gouvernement français des observations sur ses envahissemens successifs. Cela fut l'objet d'une conférence, qui eut lieu au commencement de prairial, an VI, à Seltz, entre le ministre Cobentzel pour l'empereur, et François de Neufchâteau pour la République. Il y fut question des indemnités que l'Autriche réclamait en compensation des extensions de la France sur ses contrées. On y traita du partage de l'Italie, de diverses indemnités en Allemagne ; mais les deux puissances ne purent s'entendre et la conférence fut rompue ; on ignora alors complétement dans le public quelle avait été la nature de ces négociations. On pensa généralement qu'elles avaient eu pour but de s'expliquer sur l'insulte éprouvée par Bernadotte à Vienne. La députation des princes de l'empire, pas plus que les plénipotentiaires français réunis à Rastadt, n'en surent, à cet égard, plus que le public. Mais le directoire, mieux instruit, devait dès ce moment savoir que le congrès de Rastadt n'était plus qu'une ridicule comédie, puisque la puissance principale, l'Autriche, n'y prenait plus part qu'afin de conserver, tant qu'il y aurait nécessité pour elle, les semblans de la paix. En effet, l'empereur entrait dans une coalition nouvelle, il traitait avec la Russie, avec l'Angleterre, avec le roi de Naples, et recrutait rapidement ses armées.

Le directoire rendit ses craintes publiques le 3 vendémiaire, le troisième jour de l'an VII ; il n'émit encore que des doutes sur la bonne foi de l'Autriche ; mais il parla clairement de l'hostilité de la cour de Naples, et il demanda deux cent mille conscrits et 125,000,000 fr. Les conseils se hâtèrent de satisfaire à cette demande, à laquelle les hommes attentifs s'attendaient depuis quelque temps. Le 4 vendémiaire, sur la proposition de Jourdan, les cinq-cents autorisèrent le pouvoir exécutif à lever deux cent mille hommes, sur la première classe des conscrits, et ils arrêtèrent qu'il serait fait une proclamation aux Français. Le 7 vendémiaire, cette loi fut affichée et proclamée au son du tambour dans les places et les rues de Paris.

La situation était grave. La mer nous était fermée. L'amitié des États-Unis était douteuse. Les Anglais dominaient sur les mers, ils assiégeaient nos côtes, ils bloquaient nos ports. On ne pouvait plus espérer leur disputer l'empire maritime. Dès l'an 5, les flottes de nos alliés avaient été détruites; celle des Espagnols au cap Saint-Vincent; celle de Hollande à Camperdugn. Notre escadre de Toulon venait d'être écrasée dans la Méditerranée. On comptait encore sur le soulèvement de l'Irlande. En effet, on reçut, dans les premiers jours de vendémiaire, un rapport qui annonçait que le général Humbert était débarqué (le 5 fructidor an VI) dans la baie de Kilala, avait battu les Anglais et s'était emparé de Castelbar. Mais lorsque l'on apprenait ces nouvelles l'expédition était terminée. Le général Humbert ne rallia à lui qu'un millier d'Irlandais; il enleva aux Anglais deux comtés; il traversa l'île tout entière, se battant chaque jour, mais ne ralliant presque personne à ses drapeaux. Enfin, son corps étant réduit à huit cents hommes, et entouré par une armée commandée par lord Cornwallis, il capitula, mais aux conditions les plus honorables, lui-même et ses officiers, à la seule condition de ne point porter les armes contre l'Angleterre. Pendant ce temps, une escadre qui lui portait un secours de trois mille hommes fut attaquée par des forces supérieures; quelques frégates échappèrent; le reste, accablé par le nombre, fut obligé de baisser pavillon. Ainsi toutes ces attaques partielles n'eurent d'autres résultats que de diminuer l'armée de quelques braves bataillons. De leur côté les Anglais essayèrent de surprendre le port d'Ostende. Ils débarquèrent deux mille hommes; mais ils ne furent pas plus heureux que nous ne l'avions été en Irlande. Leurs soldats furent tous ou tués, ou pris ou noyés.

La gravité de la situation fit taire un moment les velléités d'opposition qui s'étaient manifestées dans les conseils; on s'y occupa surtout des moyens de remplir le trésor, qui était vide, et qu'avaient épuisé toutes les expéditions transmarines et d'Égypte et d'Irlande. On délibéra sur cette question en comité secret, et, l'on se décida à recourir à une nouvelle aliénation des biens nationaux. Il fut résolu qu'il en serait vendu pour 125,000,000. Ce projet fut voté, en séance publique, aux cinq-cents, le 24 vendémiaire; et adopté le 26 par les anciens. Le 14 brumaire, on proposa de confisquer les biens des individus condamnés à la déportation et qui s'y seraient soustraits. Cette mesure fut attaquée comme inique par plusieurs députés. La majorité les écouta avec impatience, et après une discussion orageuse, qui occupa plusieurs séances, elle donna son approbation à la mesure. Le conseil des anciens lui donna aussitôt sa sanction. Ainsi, on cherchait à remplir le vide que l'on venait de creuser dans les fonds de la République en biens nationaux; ainsi la présence du danger rendait à la législature l'esprit qui l'avait animée au 18 fructidor. On s'occupa ensuite de réglementer avec le plus grand soin le détail de la perception des impôts; on créa celui des portes, fenêtres; on en proposa jusque sur les cheminées. Ces questions occupèrent une longue suite de séances, utilement remplies sans doute, mais sans intérêt politique.

Cependant Jourdan avait quitté les cinq-cents (le 22 vendémiaire); il avait été prendre un commandement sur le Rhin. Le 16 frimaire, le directoire annonçait aux anciens que le roi de Naples avait commencé les hostilités. Ce prince avait formé une armée dont l'effectif était de soixante mille hommes. Il avait demandé à l'empereur un général; on lui avait envoyé Mack. Il hésitait à se mettre en mouvement le premier; mais lorsqu'il apprit que l'armée russe était entrée en Gallicie; lorsque Nelson, vainqueur à Aboukir, vint l'encourager de sa présence, il remit à Mack le commandement de quarante mille hommes et lui ordonna de délivrer les états romains de la présence des Français. Enfin, dans la prévoyance des revers, qui, par impossible, pouvaient arriver, il ordonna d'armer et d'organiser tous ses sujets. C'était Championnet qui commandait dans les états romains. Il n'avait à opposer aux masses qui le menaçaient, et au soulèvement probable d'une population mal disposée, que dix-huit mille hommes, dispersés, mal armés, mal habillés, presque sans canons et sans munitions, mais pleins de bravoure et d'audace. Il recula, afin de rallier ses troupes; il évacua Rome, où le roi de Naples entra en libérateur; puis, lorsqu'il eut réuni ses divisions, il reprit l'offensive et rejeta l'armée napolitaine dans ses frontières, et la poursuivit vivement. Il n'est pas de notre sujet de raconter cette courte et glorieuse campagne; Championnet en peu de temps se trouva maître de Capoue et de Naples, après avoir vaincu et l'armée régulière et des insurrections bien plus redoutables que les troupes réglées. L'invasion des Napolitains avait commencé le 24 novembre; Naples était au pouvoir des Français moins d'un mois après, le 23 décembre 1798 (4 pluviose an VII). Le royaume fut converti en république sous le nom de république parthénopéenne. Une partie de la gloire de cette expédition rejaillit sur le pouvoir exécutif; mais il ne tarda pas à tourner la satisfaction publique en d'amères critiques qu'il ne partagea avec personne. A peine le pays était-il soumis, que des commissaires des directeurs, accoururent pour tirer parti de cette riche conquête. Championnet les chassa; le directoire irrité ordonna à ce général de céder le commandement à Macdonald; puis on le rappella à Paris et on le mit en accusation. Le public fut indigné de cette conduite envers un homme qui venait de rendre de si grands services. Il trouva que le général avait bien fait en chassant ces agens civils qui suivaient nos armées comme des bêtes de proie qui vont à la curée. En vain, ces hommes écrivirent-ils dans les journaux que, cette fois, ils venaient pour empêcher le pillage et des concussions qu'on avait déjà commencées. On repoussa ces imputations, et l'on y ajouta d'autant moins de foi, qu'on ne croyait guères à la susceptibilité du directoire en ces affaires. D'ailleurs il donna bientôt une preuve que les infidélités de ce genre n'étaient point un grief bien sérieux à ses yeux : il nomma au commandement en chef de l'armée d'Italie, le général Scherer, contre lequel de justes accusations de dilapidation s'étaient élevées dans les conseils, et qui venait d'être forcé, malgré la protection de Rewbel, de donner sa démissio

En effet, la république parthénopéenne était à peine organisée dans sa capitale, que déjà la guerre contre l'Autriche n'était plus douteuse. Le congrès de Rastadt continuait encore que les armées étaient en présence.

L'imprévoyance du directoire apparut en cette occasion de manière à frapper tous les yeux. Les forces de la coalition étaient réunies sous deux commandemens; celui d'Allemagne et celui d'Italie. L'archiduc était à la tête de l'armée d'Allemagne, qui occupait déjà la Bavière, les Grisons et le Tyrol. L'effectif réuni sous ses ordres dans ces divers points était, d'après Jomini, de cent cinquante-sept mille hommes. L'armée d'Italie était forte de quatre-vingt-cinq mille Autrichiens; et elle allait être renforcée par soixante mille Russes, qui arrivaient à marches forcées. Suwarow devait en prendre le commandement. Qu'opposait le directoire à ces masses bien organisées et bien équipées? Du côté de l'Allemagne, il avait formé trois corps d'armée, trois commandemens. Bernadotte avait un corps d'armée de huit mille hommes à Mayence, avec lequel il avait ordre de passer le Rhin et d'envahir l'Allemagne pour détourner sur lui une partie des forces du prince Charles. Jourdan avait sous ses ordres, entre Strasbourg et Bâle, trente-huit mille neuf cent quatre-vingt-quatorze hommes, avec lesquels il avait ordre de prendre l'offensive. Masséna en Suisse était chargé de pousser les Autrichiens. Il devait avoir trente mille hommes; mais l'effectif des troupes sous ses ordres était loin de monter à ce nombre. Ainsi soixante-seize mille hommes étaient chargés d'en vaincre cent cinquante-sept mille, et encore dans des contrées dont une partie était fort mal disposée. Ils avaient en outre un désavantage considérable à la guerre; ils étaient dispersés sous trois généraux différens, et ils allaient attaquer un ennemi massé sous un seul chef. L'archiduc était vis à vis d'eux dans la position avantageuse où se trouvait précisément Bonaparte, dans sa première campagne d'Italie, lorsqu'il attaqua les Autrichiens et les Piémontais séparés sous divers généraux. En Italie notre situation était peut-être moins bonne encore que du côté de l'Allemagne. On y comptait, il est vrai, selon Jomini, cent seize mille Français ; mais l'effectif réel était bien au-dessous de ce nombre encore nos soldats étaient-ils dispersés pour garder le pays. Trente mille sous Macdonald occupaient la république de Naples et maintenaient de nombreuses populations prêtes à s'insurger ; même situation dans les états romains, en Toscane et en Piémont ; il avait fallu laisser des garnisons dans les places fortes, à Ancône, à Mantoue, à Milan, à Alexandrie, dans les états de Gênes, etc. ; enfin il ne fut possible de réunir que quarante-trois mille hommes sur l'Adige sous les ordres de Scherer. Il faut ajouter que toutes ces troupes n'étaient point dans le meilleur état ; leur artillerie n'était pas assez nombreuse ; la cavalerie avait de mauvais chevaux ; on voyait à leur aspect que les agens du directoire avaient spéculé sur leur entretien.

Ce ne fut qu'après les défaites des armées, que le public connut parfaitement tous ces détails accusateurs ; car les journaux étaient maintenus dans une sorte de mutisme, par la crainte de la police. Mais on n'était pas aussi mal instruit dans les conseils.

Cependant Bernadotte et Jourdan passèrent le Rhin le même jour, le 1er mars 1798 (7, 9 ventose an VII). Ainsi les hostilités commencèrent lorsque les plénipotentiaires de Rastadt étaient encore réunis, et avant que les conseils eussent reçu la déclaration officielle de la guerre. Ce ne fut que le 22 ventose, que le conseil fut instruit par le message suivant :

Message au conseil des cinq-cents, du 22 ventose an VII.

» Citoyens représentans, quelle que soit la grandeur des événemens qui ont eu lieu depuis la conclusion du traité de Campo-Formio, on a présent encore le souvenir de ceux qui l'avaient précédé. On n'a point oublié que ce fut après cinq années de triomphes, et au moment où les armées françaises n'étaient plus qu'à trente lieues de Vienne, que la République consentit à suspendre le cours de ses victoires, et préféra au succès de quelques derniers efforts, le rétablissement immédiat de la paix. On se rappelle que, lorsque le traité fut connu, la modération du vainqueur parut si grande qu'elle eut en quelque sorte besoin d'apologie.

» Aurait-on prévu que ce pacte, où la force s'était montrée si indulgente, où la plus libérale compensation devait étouffer tout regret, loin d'obtenir la stabilité qui lui paraissait promise, ne serait même, dès son principe, que le gage imposteur d'une réconciliation éphémère, et que les atteintes subites qui lui seraient portées émaneraient toutes de la puissance qui lui devait l'ample dédommagement des pertes qu'elle avait éprouvées par la guerre?

» Quel contraste, en effet, étrange et soutenu! Tandis que la République apporte un soin constant à remplir chaque stipulation d'un traité qui n'est en proportion, ni avec ses succès, ni avec ce qu'elle pouvait tirer de vengeance légitime des plans de destruction formés et poursuivis contre elle, l'Autriche, au lieu de se montrer satisfaite d'un rapprochement qui lui a épargné les plus grands malheurs, ne paraît occupée qu'à détériorer, qu'à détruire le pacte qui a fait son salut.

» Parmi les violations du traité que cette puissance s'est permises, quelques-unes ont été si manifestes qu'elles ont déjà excité l'étonnement de l'Europe, et l'indignation des républicains; d'autres, moins publiques ou moins aperçues, n'ont pas été cependant moins hostiles, et le directoire exécutif ne peut pas différer davantage à retracer au corps législatif les circonstances de la conduite du cabinet autrichien, conduite vraiment offensive, attentatoire à l'état de paix, et qu'aucun effort, aucun exemple n'ont pu ramener à l'observation des engagemens contractés.

» A l'époque même où le traité de Campo-Formio fut conclu, il avait été réciproquement stipulé, par un acte additionnel au traité, que toute la partie du territoire germanique qui s'étend depuis le Tyrol et la frontière des états autrichiens, jusqu'à la rive gauche du Mein, serait évacuée à la fois par les troupes françaises et par celles de l'empereur, ainsi que par celles de l'empire qui étaient à la solde de ce prince, sauf la position de Kell, qui devait rester à la République. Une convention encore plus particulière, conclue et signée à Rastadt le 11 frimaire, an VI, renouvela cet engagement, et marqua un terme fixe pour son exécution.

» De la part de la République, cette exécution a été prompte et entière.

» De la part de l'Autriche, elle a été différée, éludée, et n'est point encore obtenue.

» Dans Philisbourg, l'empereur a conservé une garnison et des approvisionnemens qui sont à lui, malgré la simulation qui les couvre.

» Dans Ulm, dans Ingolstadt, il n'a point cessé de tenir des troupes et un état-major disposé à en recevoir davantage.

» Toutes les places de Bavière sont demeurées à sa disposition; et loin qu'aux termes du traité, ce duché ait été jamais évacué, nous voyons qu'il renferme aujourd'hui cent mille Autrichiens destinés à la fois à la reprise des hostilités contre la République, et à l'envahissement d'un pays depuis si long-temps convoité par la cour de Vienne.

» Si cette cour avait eu jamais l'intention de se montrer fidèle à son traité, le premier effet de cette disposition eût été sans doute de presser le rétablissement simultané des légations respectives; mais bien loin que l'Autriche ait voulu prendre aucune initiative à cet égard, quel a été l'étonnement du directoire exécutif, lorsqu'il fut instruit que l'on regardait à Vienne les plénipotentiaires envoyés de part et d'autre au congrès de Rastadt, comme suffisant à l'entretien des communications entre les deux états, et le traité de Campo-Formio, comme ayant besoin de recevoir, par le traité avec l'empire, des développemens ultérieurs, avant que les relations habituelles d'une parfaite intelligence fussent entièrement rétablies! Une interprétation si froide donnée au traité, un éloignement si formel pour ce qui tendait à en développer les résultats, ne présageaient point qu'il dût être long-temps respecté.

» Sur ces entrefaites, un gouvernement dont l'existence attestait aussi la modération de la République osa provoquer de nouveau sa vengeance par le plus affreux des attentats. Le sacerdoce expia son crime, et Rome acquit la liberté ; mais le directoire exécutif, prévoyant qu'on ne manquerait pas de jeter l'alarme à la cour impériale, et de donner aux plus justes représailles, l'aspect d'une agression ambitieuse, jugea à propos d'écarter toutes les considérations d'étiquette qui auraient pu le retenir, et d'envoyer à Vienne le citoyen Bernadotte, comme ambassadeur de la République française, chargé d'y faire entendre que la destruction du gouvernement pontifical à Rome ne changerait rien à la délimitation des états d'Italie; que les républiques déjà existantes et reconnues ne s'accroîtraient d'aucune partie du territoire romain, ce qui laissait dans toute son intégrité le traité de Campo-Formio, puisqu'en fixant l'étendue de la république cisalpine, il n'avait pu prévoir ni empêcher, quant à leurs résultats, les événemens qui pouvaient changer la forme des autres états d'Italie, pour le fait de leurs propres agressions.

» Cependant, l'ambassadeur de la République ne fut accueilli à la cour de Vienne qu'avec froideur. Ce témoignage du plus loyal empressement, cet envoi d'un agent revêtu du caractère le plus auguste, demeura sans réciprocité, et bientôt un événement, moins injurieux encore par les circonstances qui l'ont accompagné, que par l'impunité qu'il a obtenue, manifesta les sentimens secrets de la cour de Vienne.

» Si, à la première nouvelle de cet attentat, le directoire exécutif n'eût pas été fondé à n'y connaître que l'œuvre de deux cours acharnées à rallumer la guerre sur le continent, s'il eût pu croire que l'empereur avait connu le complot tramé sous ses yeux, il n'eût pas hésité un moment à provoquer la vengeance nationale contre une violation si outrageante de l'état de paix et du droit des gens, si religieusement respectés par la République, au milieu même des plus violens orages de la révolution.

» Mais il était possible que les cabinets de Pétersbourg et de Londres eussent préparé et dirigé par leurs agens un tumulte que l'empereur n'aurait connu ni approuvé. Les expressions de regret portées dans le premier moment à l'ambassadeur de la République, par M. de Collorédo, l'envoi annoncé de M. Degelmann, à Paris, étaient des motifs pour penser que la cour impériale s'empresserait de poursuivre et de punir un attentat dont elle reconnaissait l'existence, et dont elle craignait de paraître complice. Quand on apprit d'ailleurs que le ministre qui était accusé d'avoir secondé les fureurs de l'Angleterre et de la Russie avait cédé son poste au comte de Cobentzel, et que celui-ci se rendait à Seltz pour y donner des réparations, le directoire ne put se repentir d'avoir provoqué ces conférences, en se montrant moins prompt à suivre la première impulsion d'un légitime ressentiment, qu'empressé de faire évanouir par des explications communes tout ce qui s'opposait au rétablissement de la plus parfaite harmonie.

» Tel était son désir d'arriver à une conciliation, que l'envoyé extraordinaire de la République eut pour instruction définitive de se contenter, en réparation de l'événement arrivé à Vienne le 24 germinal, d'un simple désaveu et de la déclaration qu'on rechercherait les coupables.

» Mais à peine les conférences furent entamées à Seltz, que la cour impériale changea de langage et de conduite. Le baron de Degelmann ne se rendit point à Paris. M. de Thugut, demeuré à Vienne, rentra au ministère ; les informations commencées restèrent sans suite et sans effet. Le comte de Cobentzel, au lieu d'offrir ou d'accorder les réparations qui étaient l'objet principal de sa mission, affecta de vouloir concentrer la discussion sur d'autres points, et finit par décliner toute satisfaction, même celle dont la République se serait contentée, lorsqu'il fut convaincu que le directoire n'accueillerait point les insinuations par lesquelles la cour de Vienne voulait le rendre, au milieu même de la paix, complice des plus étranges spoliations.

» Les négociateurs se séparèrent, et aussitôt celui qui avait été envoyé à Seltz par sa majesté impériale, pour y prodiguer de vaines protestations de paix, reçut la mission d'aller à Berlin, et à Pétersbourg s'associer à toutes les excitations du gouvernement britannique pour rallumer la guerre.

» Il fallait sans doute que le directoire exécutif fût animé d'un profond amour de la paix, pour ne pas céder dès lors à l'évidence des dispositions hostiles de la maison d'Autriche, et pour éviter de répondre à ses provocations.

» Il voyait qu'à Rastadt, depuis l'ouverture du congrès, et le ministre impérial, et celui d'Autriche, n'avaient cessé de se montrer contraires à toutes les propositions de la République, à toutes celles qui pouvaient conduire vers une pacification définitive et stable.

» Il avait connaissance des difficultés qu'on faisait à Vienne pour reconnaître le ministre cisalpin, ce qui était remettre en question des points décidés par le traité de Campo-Formio.

» Il était instruit que le cabinet autrichien (quelle que fût l'opinion personnelle de l'empereur), livré plus que jamais aux impulsions de l'Angleterre, donnait à celui de Naples la confiance qui le portait aux mesures les plus extravagantes, dirigeait plus secrètement le Piémont que naguère il avait dévoué à un partage, et s'efforçait d'arracher à sa neutralité le gouvernement prussien qu'il voulait armer contre la France, après avoir essayé d'armer la France contre lui.

» Que de motifs pour abjurer un traité méconnu, violé par l'Autriche, et qui cessait d'être obligatoire pour la République! Mais la patience et les résolutions du directoire exécutif devaient se montrer encore au-dessus d'une provocation plus directe.

» Dans un moment où des factieux, qui avaient usurpé le pouvoir dans les Ligues grises, témoignaient de l'inquiétude sur le voisinage d'une armée française, et sur les projets qu'ils supposaient formés contre leur indépendance et leur neutralité, affectant en même temps une sécurité parfaite du côté de l'Autriche, dont ils disaient avoir reçu les protestations les plus rassurantes, le directoire jugea convenable de faire savoir aux habitans que leur territoire serait respecté aussi long-temps qu'il le serait par l'Autriche. Il n'y avait que quelques mois que cette déclaration avait été faite, lorsqu'un corps de troupes autrichiennes envahit le pays des Grisons, et s'y établit.

» Tout ce qu'il y avait d'hostile dans cette occupation, tout ce qu'elle renfermait de machinations secrètes n'échappa point au directoire exécutif. Il était évident qu'ainsi l'Autriche se préparait les moyens de troubler l'Helvétie, de faire irruption dans la

Cisalpine, et de donner à l'instant décisif la main au roi de Piémont, pour essayer de fermer avec lui toute retraite aux Français, qu'on faisait attaquer par cent mille Napolitains, et qu'on osait supposer vaincus.

» Le directoire ne méconnut point toutes ces perfides combinaisons, mais il évita d'y trouver encore une agression formelle; et ce ne fut qu'au moment où l'attaque prématurée du roi des Deux-Siciles ouvrit une nouvelle guerre, que le directoire ayant la preuve acquise de la complicité du roi de Sardaigne, et voulant en détourner l'effet, s'empara de ses places fortes, devançant ainsi de quelques jours l'occupation qui allait en être faite par les troupes autrichiennes, et dont l'envahissement antérieur du territoire des Grisons n'était que le prélude.

» Mais en même temps que les armées républicaines repoussaient en Italie l'agression et prévenaient la perfidie, le directoire, quoiqu'il eût connaissance du traité qui existait entre Vienne et Naples; quoiqu'il eût vu un général autrichien à la tête de l'armée napolitaine; quoiqu'il connût les mouvemens des troupes qui avaient lieu dans le Tyrol et dans le nord de l'Italie, persista cependant encore à professer le désir de demeurer en paix avec l'empereur, et la sincérité de son vœu, à cet égard, parut assez par la conduite qu'il tint avec la Toscane; car il y avait long-temps qu'il n'était plus possible de séparer la cour de Florence de celle de Vienne.

» Le directoire avait su que le voyage de M. Manfredini à Vienne, avait été relatif au même objet qui y avait conduit de Naples le prince de Montéchiaro, et avait utilement préparé le succès de sa mission, en contribuant à donner à l'empereur le désir d'augmenter son influence en Italie, d'y chercher un agrandissement nouveau, sous prétexte de dédommagement, d'y contrarier l'affermissement de la république cisalpine, et de s'opposer, surtout, à l'existence de la république romaine.

» On lui rapporta pareillement qu'à l'époque où la cour de Naples se disposait à faire marcher son armée vers Rome, le grand-duc faisait lui-même des préparatifs de guerre, et y donnait une accélération, une étendue bien peu familière au pays, ordonnant, avec l'armement complet des bandes, des enrôlemens volontaires dans chaque ville et village, établissant un emprunt forcé, demandant aux églises, aux moines, aux nobles leur argenterie, prenant enfin toutes les mesures qui dénotaient une secrète participation aux plus vastes entreprises, et malgré tout l'art avec lequel on a cherché à faire disparaître ces traces d'hostilités, le directoire exécutif n'en vient pas moins d'acquérir la preuve que le grand-duc comptait tellement sur la défaite des Français, qu'il avait fermé tous les passages par lesquels ils auraient pu tenter leur retraite dans ses états, et les avait hérissés d'une nombreuse artillerie qui devait achever de détruire les restes de l'armée française, tandis que d'un autre côté une troupe de napolitains et quelques vaisseaux anglais prenaient possession de Livourne, ce qui n'aurait jamais eu lieu, si ce prince avait seulement témoigné qu'il n'y voulait point consentir.

» Ainsi, le premier mouvement de l'armée française dut être de marcher sur Livourne et sur Florence, et si le directoire (qui n'a su que depuis avec certitude combien le grand-duc, qui arme encore en secret, s'était rendu coupable) suspendit l'effet de sa résolution; c'est que, regardant la cour de Toscane comme moins immédiatement liée aux intérêts et aux entreprises de la cour de Naples qu'à ceux de la cour de Vienne, il hésitait encore à croire que celle-ci voulût obstinément rallumer la guerre. Mais bientôt un fait plus décisif encore que tous les précédens ne put laisser aucun doute sur les dispositions de l'Autriche, et donna par conséquent la mesure de celles du grand-duc.

» Vingt-cinq mille Russes s'avançaient vers l'Allemagne; ils devaient être suivis de plusieurs corps également nombreux. Le monarque de Russie avait proclamé dans toute l'Europe ses projets hostiles contre la République; et tandis que ses flottes, obtenant de passer le détroit, entraient dans la Méditerranée, pour y attaquer les possessions françaises, ses troupes cherchaient pareillement une issue sur le continent pour atteindre celles de la République; et c'est au moment où l'empereur se trouvait encore en état de paix, où l'empire, neutralisé par un armistice spécial, touchait au terme de sa pacification, qu'un prince agresseur, que l'allié de Constantinople et de Londres, voulant unir ses efforts aux leurs, se présente sur les limites du territoire autrichien; son armée y est reçue sans obstacle. Il devient évident qu'elle y était attendue. L'empereur quitte sa capitale, va lui-même au-devant des Russes, accueille leurs clameurs, et s'associe à leurs projets, en les comblant de présens et d'égards.

» Frappé du scandale d'une telle conduite, instruit que les Russes vont passer du territoire autrichien sur celui même de l'empire, le directoire exécutif, comprimant encore le premier élan de la fierté nationale, se contente de demander à l'empereur et à l'Empire des explications. L'empereur se tait. Son plénipotentiaire voudrait nier qu'il ait reçu la note des ministres français. La députation de l'Empire se réfère à la diète, et la diète elle-même se réfère à l'empereur.

» Cependant la marche des Russes continue; ils ont traversé la Moravie, l'Autriche; ils approchent de la Bavière, et les représentations amicales de la République n'ont pas été plus écoutées que l'intérêt même de l'Allemagne, qui répugne à cette invasion étrangère.

» Le moment était donc venu où le directoire exécutif n'était plus le maître de temporiser et de tenir un langage qui pouvait compromettre la dignité nationale et la sûreté de l'état. La République avait donné la paix aussitôt qu'on la lui avait demandée; elle s'était épuisée en efforts pour maintenir ce qu'elle avait accordé; mais il fallait enfin qu'elle connût tous ses ennemis, et que ceux qui voulaient la guerre fussent forcés de s'expliquer.

» Tels furent l'esprit et l'objet de deux notes remises le 12 pluviose dernier au ministre autrichien à Rastadt et à la députation. Un délai fut fixé à sa majesté impériale pour donner une réponse catégorique et satisfaisante, faute de laquelle son silence ou son refus seraient regardés comme un acte hostile. Ce délai est expiré le 27 pluviose, et aucune réponse n'est encore parvenue.

» Telle a été, citoyens représentans, la conduite de la cour de

Vienne. C'est par une telle succession de faits que le traité de Campo-Formio, méconnu dès son principe, demeuré sans exécution de la part de l'Autriche dans plusieurs de ses parties principales, compromis et invalidé chaque jour par des préparatifs ou des actions hostiles, se trouve enfin sacrifié aujourd'hui à l'extravagante ambition du monarque russe et aux combinaisons perfides de l'Angleterre. C'est ainsi que l'empereur, jeté peut-être hors de ses propres résolutions, compromet en même temps le sort de l'Empire, lui ravit le bénéfice d'une paix commencée, et livre de nouveau l'Allemagne à toutes les chances d'une guerre dans laquelle l'empereur et l'Empire ne sont plus que les auxiliaires de la Russie.

» C'est ainsi que les déterminations de la cour de Vienne entraînant celles de la cour de Toscane, il n'est pas permis au directoire exécutif de séparer l'une de l'autre.

» Forcé donc, aux termes de la déclaration qui a été faite à Rastadt, de regarder le silence de l'empereur comme une mesure hostile; instruit d'ailleurs que les troupes autrichiennes ont déjà fait, en Bavière et vers la Souabe, des mouvemens agressifs, le directoire exécutif renonçant avec regret à l'espoir de maintenir la paix en Allemagne, mais toujours disposé à entendre les propositions convenables qui seraient faites pour une nouvelle et complète réconciliation, vous prévient, citoyens représentans, qu'il a déjà pris les mesures qu'il a cru nécessaires pour la défense de l'état et vous propose de déclarer la guerre à l'empereur, roi de Hongrie et de Bohême, et au grand-duc de Toscane. »

Signé, BARRAS, *président.*

— Au milieu de tous ces embarras, une difficulté imprévue avait surgi, difficulté grave surtout si nos armées venaient à être battues. Mais cette dernière probabilité n'était percevable que pour le pouvoir exécutif. Les impôts ne rapportaient pas ce que l'on en attendait; le déficit allait croissant. Les cinq-cents, avertis par des messages, s'étaient mis en mesure d'y pourvoir. Voici l'analyse d'un rapport de la commission des finances, fait le

9 pluviose, un mois avant le commencement des hostilités ; c'est-à-dire lorsqu'on ne doutait plus qu'elles auraient lieu au printemps.

CONSEIL DES CINQ-CENTS. — *Séance du 9 pluviose.*

Au nom de la commission des finances, Malès soumet à la discussion un projet sur les dépenses et les recettes publiques de l'an VII.

Les dépenses de l'an VII s'élèvent à la somme de 575,000,000, non compris les 25,000,000 pour l'entretien des routes, qui seront fournis par la taxe des barrières.

Les recettes ne sont que de 525,000,000. Partant il existe un déficit de 50,000,000.

Le rapporteur prouve qu'avec des économies dans les ministères de l'intérieur, de la marine et de la guerre, avec des bonifications dans certaines perceptions établies et quelques changemens dans la législation relative aux frais de procédure tombant à la charge de la République, on peut espérer de diminuer de moitié ce déficit.

Mais où trouver les 25,000,000 qui nous manquent ? Le rapporteur passe en revue onze espèces d'impôts, qui furent proposés dans le conseil, lors de la discussion à la suite de laquelle on rejeta celui du sel.

Il prouve, 1° que l'impôt sur la fabrication du papier, le timbre sur les étoffes et les toiles, et sur les chapeaux, aurait pour but d'anéantir ces manufactures, sans profit pour le trésor public.

2° Que l'impôt sur les glaces ne rendrait rien, si on le percevait à la vente, et qu'il donnerait lieu à des visites domiciliaires si on voulait en faire une taxe sur les possesseurs.

3° Que l'impôt sur les amidons serait de bonne nature s'il n'exigeait, comme celui sur les glaces, une armée de commis-visiteurs, et s'il pouvait être productif en France, quand la mode y a voulu que ce ne fût ni le plus grand nombre, ni les plus riches, qui fissent usage de la poudre à poudrer.

4° Que l'impôt sur les chiens de chasse, de salon et de compagnie, produirait une abondante moisson de ridicule.

5° Que doubler la taxe d'entretien des routes pour les étrangers serait impolitique, dans un moment où l'on cherche à les réattirer en France.

6° Que doubler, pour les célibataires et veufs sans enfans, les contributions foncière, mobiliaire et personnelle, serait un acte d'oppression que la Constitution condamne, et que la raison d'état réprouve.

7° Que tripler la taxe sur les domestiques serait outrer la mesure, et s'exposer à des non-valeurs sur la contribution somptuaire.

8° Que le droit de timbre sur les cartes de sûreté amènerait l'obligation pour tout individu, dans toutes les communes, d'en prendre une; cet impôt serait une mesure dirigée contre la République.

9° Qu'ouvrir un emprunt forcé sur les fortunes qu'on appelle *colossales*, faites pendant la révolution, et déterminer le *maximum* du fruit possible d'une honnête industrie, sont des mesures destructives de tout ordre social; il suffit, dit l'orateur, d'en avoir rappelé la proposition au conseil, dans les propres termes dans lesquels elle a été faite, pour exciter en vous de tristes souvenirs.

Le rapporteur propose donc de chercher les 25,000,000 qui manquent, 1° dans la rectification du tarif des douanes et de la loi de l'impôt sur le tabac, ce qui produira 5,000,000; 2° dans une taxe sur le sel pris à l'extraction, à raison de cinq centimes par livre, ce qui rendra 20,000,000.

— La proposition d'un impôt sur le sel éprouva une vive opposition, dans laquelle Lucien Bonaparte se fit encore remarquer. Après plusieurs séances de débats orageux, la majorité, déterminée sans doute par la nécessité des circonstances vota le principe (17 pluviose); mais le conseil des anciens rejeta la résolution le 4 ventose. Ainsi l'embarras des finances n'était pas diminué; il restait tout entier.

Que devait penser le public de ces demandes itératives de fon et des refus également répétés du conseil des anciens? il devait croire que l'opposition voulait forcer le directoire à des économies, et que le déficit n'existait que par suite de l'excessive profusion qui régnait dans le ministère. Il porta ces sentimens dans les élections; elles avaient en effet lieu dans ce moment; et, malgré les proclamations des directeurs, malgré les longs articles contre les royalistes et les anarchistes, qu'ils avaient fait insérer en leur faveur dans les journaux, le public choisit en général ses députés parmi des hommes indépendans; il évita avec soin de donner lieu aux prétextes dont on s'était servi déjà deux fois pour mutiler la députation. Il n'y eut que quatre sessions dans vingt-huit départemens. Un message transmit ce résultat aux cinq-cents le 3 floréal. Le corps législatif lui-même se comporta cette fois d'une manière constitutionnelle; car il sentait le besoin de se renforcer, et de s'assurer l'opinion que le pouvoir exécutif s'était complétement aliénée. Les choix de la majorité, soit qu'elle se fût ou ne se fût pas conformée aux lois, furent approuvés. Et dans le nombre des élus le directoire ne put compter que bien peu d'amis.

En effet, les mauvaises nouvelles commençaient à arriver. On apprenait que le mouvement offensif de Jourdan n'avait pas réussi; ce général avait perdu le 25 mars (premiers jours de germinal) la bataille de Stockach, et avait, par suite, été obligé de repasser le Rhin; il n'y avait aucun reproche à lui adresser, non plus qu'à son armée. Il avait suivi fidèlement ses instructions; ses troupes écrasées par le nombre, et par des réserves qui renouvelaient incessamment le combat, avaient rendu longtemps la victoire douteuse, et s'étaient encore retirées en bon ordre. On n'ignorait plus rien de ces choses dans les conseils. Car Jourdan avait donné sa démission, remis le commandement à Masséna, et il était de retour à Paris, prêt à accuser le directoire.

Il est probable que l'orage que le pouvoir exécutif accumulait contre lui eût éclaté de suite, si un événement désastreux ne fût venu détourner l'attention. Le 16 floréal on apprit que nos ministres plénipotentiaires avaient été assassinés à Rastadt. Cet effroyable attentat contre le droit des gens excita une colère unanime dans les conseils et dans le public. Le directoire en profita pour obtenir des fonds. Cependant les projets d'attaque n'étaient pas abandonnés par tout le monde; il en était encore menacé. On en trouve la preuve dans un rapport de Génissieux, fait le 25 floréal, au nom de la commission des finances des cinq-cents. Le rapporteur commençait par établir que le déficit était de 117,000,000.

« Si le montant du déficit, continuait-il, est problématique,
» l'augmentation des dépenses inopinées de la guerre ne l'est
» pas. Il faut repousser les efforts d'une coalition nouvelle; il faut
» tirer une vengeance éclatante de l'attentat commis à Rastadt;
» il faut surtout réparer les suites funestes des marchés scanda-
» leux du ministre Schérer et les désordres auxquels ils ont donné
» lieu au-dedans comme au-dehors de la République. — Ces dés-
» ordres étaient poussés à tel point que, lorsqu'on a commencé
» la guerre, on n'a pas trouvé dans nos armées le nombre
» d'hommes dont la solde avait été exactement acquittée, ni
» celui des chevaux dont le prix avait été soldé. Telles sont les
» dilapidations dont il faut tarir la source, prévenir le retour et
» réparer les maux. Hommes ennemis de la République, vous
» espériez que la vue de ces désordres allumerait des haines,
» et *opérerait des scissions entre les pouvoirs*; vos projets seront
» déçus. L'union la plus intime règne entre les autorités consti-
» tuées. Les revers, loin d'abattre, ne servent qu'à enflammer le
» courage des républicains. »

Il y avait beaucoup de gens qui ne pouvaient croire à un attentat du droit des gens pareil à celui que venait de commettre l'empereur. Les royalistes surtout ne pouvaient accepter cette pensée. Ils aimaient mieux l'attribuer au machiavélisme du directoire, et celui-ci en fut en effet formellement accusé dans des brochures. Les causes de cet événement restèrent longtemps un problème qui a été éclairci par la suite. Nous copions à cet égard la relation du général Jomini.

« En entrant en Souabe, Jourdan avait déclaré Rastadt ville

neutre et donné une sauve-garde au congrès. Cette situation favorisait les desseins de la France, qui voulait détacher les princes de l'empire de l'alliance de l'Autriche : déjà la tournure des négociations promettait au directoire un plein succès, quand la bataille de Stockach et la retraite de l'armée du Danube firent tout à coup pencher la balance diplomatique du côté du vainqueur. Dès lors aussi le cabinet de Vienne prétendit régler le sort du midi de l'Allemagne. Désirant connaître jusqu'à quel point les princes de l'empire s'étaient avancés vis-à-vis du directoire, il chargea le comte de Lehrbach, son ministre plénipotentiaire, d'aviser aux moyens de se procurer leur correspondance avec les négociateurs républicains. Celui-ci n'en trouva pas de plus sûr que de faire enlever le caisson de la légation française au moment de la rupture du congrès, et fut autorisé, par sa cour, à requérir du prince Charles les troupes nécessaires à ce coup de main. L'archiduc les refusa d'abord, objectant que ses soldats ne devaient pas se mêler d'affaires diplomatiques; mais le comte de Lehrbach, ayant exhibé de nouveaux ordres, l'archiduc fut obligé de mettre à sa disposition un détachement de hussards de Szeckler. Le colonel de ce corps fut mis dans la confidence. L'officier chargé de l'expédition devait seulement enlever le caisson de la chancelerie, en extraire les papiers, et par occasion, administrer la bastonnade à Jean Debry et Bonnier, en punition de la hauteur qu'ils avaient mise dans leurs relations diplomatiques. Roberjeot, ancien condisciple du ministre autrichien et lié d'amitié avec lui, avait été nominativement excepté de cette dernière mesure. — Après le départ du comte de Lehrbach, qui fut attendre dans les environs le succès de ses manœuvres, les hussards vinrent rôder autour de Rastadt. Le congrès ayant adressé des réclamations qui ne furent pas écoutées, se hâta de se dissoudre. Les plénipotentiaires devaient se retirer le 28 avril; mais dans la soirée du 19 (9 floréal), ils furent sommés de se retirer sur-le-champ. Ils se mirent donc en route la même nuit pour Strasbourg. A peine étaient-ils sortis de Rastadt, que les hussards, à l'affût de leur proie, enveloppèrent les voitures; mais,

oubliant leur consigne, ces soldats, ivres pour la plupart, frappèrent les envoyés, sans distinction de personnes, du tranchant de leurs sabres, et laissèrent sur la place Bonnier et Roberjeot. Jean Debry, blessé au bras et à la tête, se sauva par miracle et fut au point du jour chercher un asile chez le ministre de Prusse. »
(*Jomini, guerre de la révolution*, t. XI, page 143.)

Cette violence inouie produisit en France l'effet d'une commotion électrique. La levée de la conscription, qui jusqu'alors avait traîné en longueur, s'opéra dès ce moment sans contrainte. La population sortit de son inertie et fournit avec ardeur les hommes qu'on lui demandait.

On était sous le coup de ces nouvelles, lorsque, le 1er prairial (11 mai), le nouveau tiers vint prendre séance dans les conseils et prêter serment. Le directoire perdit aussi un membre important. Le sort lui enleva Rewbel; celui-ci quitta donc le Luxembourg pour aller siéger aux anciens où il avait été élu. Il fut remplacé par Siéyes, qui fut rappelé de Prusse à cet effet, et ne refusa pas cette fois. Or, comme on savait qu'il désapprouvait la Constitution de l'an 3, qu'il était hostile au système directorial, en le voyant accepter, on supposa qu'il entrait dans ses nouvelles fonctions avec une arrière-pensée conforme aux sentimens que l'on lui connaissait et qu'il avait d'ailleurs toujours manifesté. Nous verrons plus bas que Siéyes en effet ne manqua pas à l'opinion que l'on avait de lui.

En attendant, Rewbel eut à peine, en sortant du directoire, pris séance aux anciens, qu'il fut obligé de défendre son administration et particulièrement Scherer, dont il était connu pour le protecteur zélé et, ajoutait-on, très-intéressé. Quelques jours avant l'entrée du nouveau tiers, Berlier avait, en proposant diverses mesures pour combler le déficit, attaqué vivement l'ex-ministre de la guerre; le contre-coup de ce rapport se fit sentir aux anciens. Voici au reste l'analyse abrégée de ces deux séances.

CONSEIL DES CINQ-CENTS. — *Séance du 26 floréal* (4 mai 1797).

Au nom de la commission des finances, Berlier fait le rapport suivant : « Dans des circonstances moins urgentes que celles qui nous pressent, il aurait suffi à votre commission de vous présenter le résultat du rapport qui nous a été fait hier. Mais quand les besoins sont réels, ce serait une insouciance criminelle que de ne pas proclamer l'insuffisance des rentrées, et de ne pas s'occuper sur-le-champ des moyens de subvenir au déficit.

» Les abus et les déprédations passés ne restent plus en notre puissance que pour les soumettre à une juste poursuite. Croiriez-vous qu'au mois de vendémiaire dernier, avant l'appel fait aux conscrits et aux réquisitionnaires, les tableaux de la solde des troupes étaient comptés sur le pied de quatre cent trente-sept mille hommes présens aux armées, sans y comprendre les troupes qui sont en Égypte et en Hollande? Croiriez-vous que, pour compléter soixante-huit mille hommes de cavalerie, il ait fallu s'occuper de l'achat de quarante mille chevaux? La commission se croirait indigne de votre confiance et coupable de lèze-nation, si elle ne vous proposait de demander au directoire, par un message, des renseignemens détaillés, pour signaler l'auteur de tant de maux.

» Des messages nous ont annoncé l'existence d'un grand déficit. Si le directoire veut que le service se fasse, nous le voulons aussi. Du moment où les troupes républicaines réduites à un petit nombre ont vu tromper leur valeur ; du moment où la nouvelle de l'exécrable forfait commis à Rastadt par l'ordre de la maison d'Autriche a été répandu dans la République, qu'un cri général s'est fait entendre : *Vengeance! des hommes! de l'argent!* de toutes parts, de nombreux bataillons se lèvent, s'organisent ; mais leur courage serait impuissant, si des resources pécuniaires ne venaient le rendre utile.

» Lèvera-t-on une taxe de guerre ? l'affirmative ne peut être douteuse. Cette taxe sera-t-elle assise sur les fortunes présumées ? cette mesure serait arbitraire, injuste, elle ouvrirait la porte d'une foule de réclamations, de plaintes ; elle éprouverait des retards : ses produits seraient incertains et de peu de valeur.

» La taxe de guerre et de vengeance nationale, que la commission va vous soumettre, repose sur les bases suivantes :

» 1º Il sera perçu un décime par franc, par addition à la contribution foncière. Cette ressource produira 21,000,000.

» 2º Il sera perçu un décime par franc, en addition à la contribution personnelle et mobilière, à commencer par la classe indigente ; mais cette addition sera progressive et proportionnnée aux diverses classes de contribuables. Produit, 15,000,000.

» 3º Doubler le dernier rôle fait pour les contributions des portes et fenêtres. On en exceptera les indigens qui n'ont que deux ouvertures. Produit 6,000,000.

» 4º Augmentation d'un décime par franc sur l'enregistrement. 2,000,000 et demi pour le reste de l'année.

» 5º Augmentation de la taxe de la poste aux lettres. Une lettre taxé six sous, en paiera neuf. — 2,000,000.

» 6º Augmentation dans le timbre. — 2,000,000.

» Ces branches de contributions additionnelles ne donnent lieu à aucune mesure arbitraire, elles produiront environ 50,000,000, pour l'an VII.

» Mais comme cette somme n'atteint pas celle qui est demandée par le directoire, elle sera complétée par une retenue sur les traitemens des fonctionnaires et ensuite par des économies, et le retranchement de toutes les dépenses inutiles.

» La commission s'occupe de ce dernier objet avec la plus grande activité. La patrie menacée réclame le déploiement de toutes ses ressources ; mais c'est surtout en rétablissant l'ordre et l'économie dans toutes les branches de l'administration, que l'esprit public se relèvera de l'espèce d'apathie dans laquelle il est plongé ; alors, rendu à son énergie première, il trouvera légers tous les sacrifices que le salut de la patrie exige. »

Le rapporteur propose ensuite les projets suivans :

« 1º Il sera adressé au directoire un message pour lui demander des renseignemens circonstanciés sur la gestion de l'ex-ministre Schérer, sur l'exagération des états de dépenses de son ministère, pendant les six premiers mois de l'an VII ; sur les causes du dénûment qui existait dans le matériel et dans le personnel des armées, lors de la reprise des hostilités. »

Une foule de membres. « Aux voix ! aux voix, le message! » — Unaninement adopté.

« 2º La commission chargée du travail sur la responsabilité des ministres fera son rapport dans une décade. »

Une foule de membres. « Aux voix ! adopté ! »

« 3º Tous les fonctionnaires publics et employés civils, dont le traitement est au-dessus de 3,000 fr., éprouveront une retenue de cinq pour cent sur les trois premiers 1,000 fr., et de dix pour cent sur les autres.

» Cette disposition sera applicable aux représentans du peuple, aux membres du directoire, aux ministres, aux membres du corps diplomatique, aux régisseurs, etc.

» A l'égard des traitemens inférieurs à la somme de 3,000 fr. il ne sera dérogé en rien aux lois existantes. » — Adopté.

— Les autres projets furent successivement adoptés, et aux cinq-cents et aux anciens.

Le 6 prairial (14 mai), Dubois-Dubay, faisant un rapport aux anciens sur les résolutions prises aux cinq-cents à l'égard de l'impôt, avait dit : « Si vous voulez que ces impôts soient payés, il vous faut jurer une guerre d'extermination et d'anéantissement à cette coalition de dilapidateurs qui dévorent la substance du peuple français, et qui sont plus funestes pour la République que la coalition des despotes. Il vous faut les anéantir ou voir anéantir la République : l'instant est venu de les signaler, de les poursuivre, de satisfaire au cri de l'indignation publique ; il est temps d'entrer dans l'examen de ces scandaleux marchés où l'on a trafiqué avec impudeur des sueurs du peuple ; il est temps que les fournisseurs infidèles soient livrés, avec leurs chefs, à la vengeance des lois ; il est temps que l'on voie cesser ces marchés scandaleux où l'on vend à la République 350 fr. des chevaux qui coûtent au plus 250 fr. ; qu'elle cesse de payer 18 fr. des bottes qui valent à peine 8 fr. ; et qu'elle cesse de payer 42 fr. le sac de farine que les particuliers paient 37 fr.

» Il est temps que la responsabilité des ministres et des fonctionnaires ne soit plus un vain mot; que l'économie règne; que la moralité recouvre son empire, car sans moralité point de crédit, point de République; il est temps que l'on écoute le cri de l'opinion publique, qui, tôt ou tard, découvre les secrets des gouvernans; qu'ils soient revêtus du manteau directorial ou de la pourpre des sénateurs, que l'on punisse les coupables partout où ils se trouvent.

» En vain voudraient-ils se soustraire à la punition qui leur est due par des écrits soudoyés; ils seront dévoilés; il faut que Schérer et ses complices, accusés par l'opinion publique, soient traduits devant les tribunaux.

» Guerre! guerre aux fripons qui ont volé les deniers publics! que ce soit notre cri comme celui de vengeance contre le gouvernement autrichien. »

Le lendemain, Rewbel, par motion d'ordre, demanda le rapport de l'arrêté qui avait ordonné l'impression du rapport de Dubois-Dubay, dans lequel ce membre, en s'élevant contre les dilapidateurs, avait dit qu'il fallait les poursuivre, fussent-ils revêtus de la pourpre sénatoriale ou du manteau de directeur. « Ces expressions, dit Rewbel, offrent un vague offensant pour tous les représentans du peuple ou les directeurs entrant et sortant. » Ici l'orateur déclare que quoique Schérer se fût déjà distingué dans les armées, il s'était vivement opposé à ce qu'il fût nommé général en chef de l'armée d'Italie, parce qu'étant trop vieux il n'avait plus l'activité nécessaire pour une campagne. Il défie tous ceux qui répandent qu'il s'est gorgé de richesses, de prouver que jamais on soit parvenu à obtenir, par lui ou par les siens, aucun marché, aucune entreprise, aucune grâce; il n'a jamais désiré que la médiocrité : il voue à l'exécration les dilapidateurs, et croit que le jour où l'on serait condamné à en poursuivre, serait une véritable calamité publique : il rappelle enfin qu'avant de décimer la Convention nationale, on commença par en calomnier les membres, et il ne pense pas que le conseil des anciens veuille courir des pareils dangers.

Vernier et Régnier déclarent qu'ils n'ont point connaissance des faits dont il s'agit, et n'ont point pris part, à la commission dont ils étaient membres, aux choses contre lesquelles on réclame.

Dubois-Dubay. « En accusant Schérer, j'ai été l'organe de toute la France ; tous les membres du conseil ont partagé mon indignation ; je persiste dans tout ce que j'ai dit. »

Rewbel réplique qu'il a cru voir dans le rapport de son collègue une accusation particulière. « Schérer, dit-il, n'est point mon parent ; s'il s'est permis des dilapidations, il ne m'en a pas fait part, à moi qui les ai en horreur. Il ne faut pas que le soupçon plane sur les membres de la représentation nationale, et j'aime à croire que mon collègue Dubois-Dubay retranchera de son opinion tout ce qui pourrait produire un effet dont profiterait la malveillance. Je demande le rapport de l'arrêté qui ordonne l'impression de son discours. »

L'ordre du jour! s'écrie-t-on de toutes parts.

Dubois-Dubay déclare qu'il n'a parlé que des devoirs de l'homme public, et qu'il n'a entendu se livrer à aucune personnalité. — Le conseil passe à l'ordre du jour.

— Lorsque de telles dispositions existaient dans les conseils, les amis du directoire eurent l'imprudence de critiquer la parcimonie du corps législatif, et de publier qu'il y avait dans son sein un parti pour relever la Constitution de 1793. Ces accusations furent dénoncées dans le conseil des cinq-cents, et aussitôt les membres les plus actifs cherchèrent un moyen de mettre en cause l'autorité du pouvoir exécutif. Ce fut la question de la presse qui fut choisie pour champ d'hostilités ; on commença aussitôt la guerre sur ce sujet ; mais on l'abandonna après deux séances parce qu'il dégénerait en discussion.

Pendant ce temps, les événemens militaires compromettaient de plus en plus la sécurité de la République. En Suisse, Masséna avait été obligé d'évacuer le Grisons, et de se retirer sous Zurich où il était appuyé par un camp retranché. En Italie, Suwarow, ayant réuni ses soixante mille Russes aux masses autrichiennes, avait forcé les Français à reculer. L'armée républicaine offrit alors un des plus beaux spectacles qu'il soit possible au courage humain de produire. Chaque jour, elle livrait un combat; chaque jour elle perdait du terrain; mais elle se retirait en ordre prête à recommencer la bataille le lendemain avec une énergie et une ténacité admirables. Elle ne fut jamais vaincue de front; elle ne reculait qu'afin de n'être pas tournée; mais elle reculait. Schérer avait donné sa démission et laissé le commandement à Moreau, qui au commencement de juin se trouvait acculé au pied des Alpes avec environ vingt mille hommes qui lui restaient, non pas que la guerre lui eût consommé autant de nos soldats; mais parce qu'il avait fallu laisser des garnisons à Milan, Mantoue, Alexandrie, etc.

Ces tristes événemens inquiétaient au plus haut point l'opinion publique; des adresses des départemens frontières demandaient qu'on prît des mesures de salut public. Ce fut, en ce moment, que Siéyes arriva à Paris; il fut instalé publiquement le 20 prairial; les meneurs des conseils, Genissieux et Lucien Bonaparte, s'abouchèrent avec lui; on convint de mesures qui avaient pour but de changer la majorité du directoire. On était pressé; on opéra vite. Voici comment le plan arrêté entre eux se développa.

CONSEIL DES CINQ-CENTS. — *Séance du 17 prairial (juin 1799).*

A la suite d'un comité secret, le conseil a rendu la séance publique.

Organe de plusieurs commissions réunies, Boulay de la Meurthe propose, et le conseil arrête, qu'il sera adressé au directoire un message dont la teneur suit:

« Citoyens directeurs, le gouvernement français est institué pour assurer la conservation et le bien-être du peuple.

» Le corps législatif et le directoire exécutif forment les deux parties principales de ce gouvernement. Ces deux autorités ont besoin de s'entendre, et doivent marcher de concert pour remplir le but commun de leur institution. Les moyens de correspondance sont réglés par la Constitution, ainsi que l'attribution respective des deux autorités.

» Ainsi le corps législatif fait les lois et le directoire les exécute : ainsi le directoire est spécialement chargé de pourvoir, d'après ces lois, à la sûreté intérieure et extérieure de la République.

» Quant à la sûreté extérieure, le directoire est encore placé spécialement, par la Constitution, comme une sorte d'avant-garde, comme une première sentinelle, pour observer les desseins et les mouvemens des autres peuples; et quand il s'aperçoit qu'ils compromettent l'existence et les justes droits de la nation, il peut agir seul, provisoirement pour sa garantie; mais il doit, dans ce cas, avertir sans délai le corps législatif, qui prend alors les mesures qu'il croit les plus convenables à la conservation et à la dignité du peuple qu'il représente.

» Citoyens directeurs, tout annonce que la sûreté de la nation est menacée au-dehors, et que la tranquillité intérieure peut être compromise.

» Au-dehors, nous avons à soutenir une guerre violente : il y a six mois nous étions partout victorieux; il paraît qu'aujourd'hui l'ennemi a sur nous des avantages.

» La voix publique nous annonce que quelques puissances qui, jusqu'ici, n'avaient pris aucune part, au moins apparente, à la guerre, sont contre nous dans un état d'hostilité, non-seulement imminente, mais réelle.

» Dans cette circonstance, le conseil des cinq-cents s'attendait aux communications prescrites par la Constitution, et il n'en a pas encore reçu.

» Citoyens directeurs, vous sentez sans doute qu'il ne convient pas à la grandeur du peuple français d'avoir, devant les autres peuples, une attitude humiliée. Il faut donc qu'il reprenne celle que la nature, sa force, son courage et son industrie lui destinent.

» Au-dedans, la notoriété publique nous apprend également que, dans plusieurs parties de la République, il existe de l'inquiétude et même de la fermentation. La même notoriété nous en dénonce diverses causes; mais avant de prendre aucune mesure à cet égard, le conseil croit devoir vous demander des renseignemens sur celle de ces causes qui sont à votre connaissance, ainsi que l'indication des moyens que vous croyez les plus propres à prévenir les troubles qui pourraient en résulter.

» Dans cet état de choses, un plus long silence de votre part serait inquiétant pour le peuple et le corps législatif.

» Nous vous invitons en conséquence à nous donner, sans délai, des éclaircissemens sur le double sujet de nos sollicitudes. »

François de Nantes fait lecture d'une adresse au peuple français, relative aux circonstances où se trouve la République. Elle est adoptée en ces termes :

« *Le corps législatif aux Français.*

» Français, le moment est arrivé où vos représentans ne peuvent plus, sans crime, se renfermer dans les bornes du silence; où se taire serait non-seulement une calamité, mais encore un délit public; où parler au peuple est pour nous le plus pressant comme le plus saint des devoirs. La liberté que vous avez conquise au prix de tant de sang et de sacrifices est de nouveau menacée; et notre commune patrie, si long-temps triomphante, est exposée à de nouveaux périls. Deux mois se sont à peine écoulés entre l'Italie républicaine et victorieuse sous nos drapeaux, et l'Italie envahie par un farouche vainqueur.

» L'ambitieuse et sanguinaire maison d'Autriche, l'Anglais, ces ingénieux et perfides artisans de tous les crimes politiques, ont associé à leurs projets, la Porte et la Russie; et, par une alliance bizarre, ils se sont promis de se partager le territoire de la France; en sorte qu'il ne s'agit pas seulement pour vous de savoir si vous serez libres ou esclaves, mais si vous serez Français ou Autrichiens, si vous conserverez vos propriétés, ou si vous deviendrez celle d'un conquérant barbare, qui vous enchaînerait à sa glèbe, et vous forcerait de marcher sous son étendard.

» L'étranger ne tient pas compte des diverses opinions qui ont pu vous diviser : il les confond toutes dans une haine commune. Il suffit que vous soyez Français pour que vous soyez coupables : il suffit que vous soyez industrieux ou riches, pour qu'il désire vos dépouilles ; que vous soyez libres, pour qu'il désire votre servitude, et tel qui, dans le vœu secret d'un cœur corrompu, appelle l'étranger dans l'intérieur, verrait, si son vœu était rempli, sa maison incendiée, ses enfans égorgés par les barbares qu'il aurait eu la folie de regarder comme ses libérateurs. Le but de la nouvelle coalition est de rappeler en Europe l'antique barbarie, de détruire toutes les lumières et toutes les républiques ; d'effacer de la surface de la terre tous les monumens, toutes les institutions qui peuvent retracer de grands souvenirs ; de bannir des cœurs tous les sentimens généreux et libéraux ; d'évoquer tous les préjugés et toutes les superstitions ; et, au milieu de cette nuit épaisse, d'aggrandir, de fortifier deux ou trois trônes sanglans, auxquels on attacherait une noblesse oppressive, une féodalité ruineuse, un fisc inquisiteur, et tout l'affreux cortége de la misère et de la servitude. L'assassinat de nos plénipotentiaires négociant la paix vous donne la mesure de ce qu'ils seraient contre un peuple en état d'hostilité. Respecteraient-ils les droits des gens, ceux qui n'ont pas respecté les droits des nations ? Connaissent-ils les lois de la guerre, ceux qui ont porté des poignards sacriléges sur des cœurs qui ne respiraient que la paix ? Cette guerre est donc la cause de tous les Français ; et il n'y en a pas un seul, quelle que soit d'ailleurs son opinion politique, qui n'ait tout à perdre par un envahissement qui les confondrait dans une ruine, comme dans une servitude commune.

» Français, souvenez-vous des faits héroïques qui vous ont élevés à la première place entre les nations. Vous avez eu à combattre l'Europe entière, à étouffer en même temps plusieurs guerres civiles, à lutter contre tous les fléaux de la nature... Vous voulûtes, et vous fûtes victorieux... La grande nation envoya ses enfans, et ses enfans suffirent pour renverser, pour détruire les colosses que les rois leur opposaient, et pour porter dans les régions les plus éloignées les armes et la gloire française. Aujourd'hui vous avez à combattre des ennemis plus odieux encore : ces hordes sauvages que le Nord a vomies et que le Midi ensevelira ; ces bandes d'assassins qui se sont placées hors la paix des nations, pourront-elles vous résister ; à vous, vainqueurs de tant de rois et libérateurs de tant de peuples ; à vous qui voyez dans le passé de si sublimes exemples, et dans l'avenir une suite de maux si déplorables si vous pouviez succomber ; à vous, qui êtes enflammés pour la plus belle des causes et pour la plus noble des passions ; à vous enfin, qui êtes mus par le plus pressant des intérêts, celui de la sûreté personnelle ?

» Français, qui habitez les Alpes et qui avez couru à la défense de ces boulevards dont la nature s'est plu à couvrir notre patrie, précipitez du haut de ces montagnes vos féroces ennemis, et qu'ils tombent avec les torrens qui roulent de leurs sommets. Nos armées ont pu être surprises en Italie, mais elles n'ont pas été vaincues; dirigées par un autre ministre, commandées par d'habiles généraux, renforcées par de nouveaux guerriers dont elles voient tous les jours leurs phalanges s'accroître, elles reprendront bientôt le cours de leurs victoires. Mais l'intérieur étant la source qui alimente et fortifie les armées, c'est lui qu'il faut animer et vivifier. Que les amis de la liberté, trop long-temps proscrits, poursuivis par les royalistes, se montrent avec le front qui sied à la vertu, et avec le juste orgueil d'avoir servi leur pays; que les acquéreurs des domaines nationaux sentent qu'ils n'ont pas de grace à espérer auprès de l'étranger ; que tous ceux qui ont déjà servi la révolution la soutiennent encore, et jugent du sort que les rois leur préparent par les poignards que leurs sicaires lèvent depuis long-temps sur leurs têtes. Que celui qui a des lumières éclaire ses concitoyens; que celui qui a de l'énergie les électrise; que celui qui a de la fortune les aide, et qu'à ce développement de toutes les facultés physiques et morales l'ennemi reconnaisse le peuple français; que tous les hommes désignés par la loi pour marcher aux frontières obéissent à son commandement; que les lâches soient poursuivis, les impositions payées, les royalistes surveillés, les perturbateurs comprimés, les assassins arrêtés et punis; et que le gouvernement soit aidé non-seulement de tous les moyens que le devoir commande, mais encore de tous ceux que le zèle suggère.

» C'est vainement qu'on chercherait encore à jeter de la défaveur sur les plus purs républicains, par les épithètes usées et banales dont on ne cesse de les poursuivre. Le corps législatif ne s'est pas trompé par ces manœuvres, qui, en jetant le découragement dans l'âme des républicains, rehaussant le courage des royalistes, mirent plusieurs fois la République en péril. Il ne s'agit pas de déchaîner les passions révolutionnaires, mais d'enflammer toutes les affections libérales et généreuses, et de faire que la liberté ne soit pas le patrimoine de quelques-uns, mais le domaine de tous les Français.

» Le vœu de tous vos représentans est que la loi soit le droit, comme elle est le devoir de tous, et que personne ne puisse l'invoquer en vain, ni la violer impunément. Vous avez vu cette année avec quel respect religieux tous les choix que vous avez faits ont été respectés par vos représentans. Les scissions, les minorités, toutes les trames de l'ambition sont venues se briser contre le principe tutélaire qui a partout fait triompher les majorités légales. Des lois seront faites pour prévenir, les années suivantes, les déchiremens qu'occasionnent les scissions. Des plaintes nombreuses se sont élevées sur la conduite de plusieurs agens du directoire exécutif, accusés de dilapidations et de rapines, tant dans l'intérieur que chez les républiques alliées. La loi mettra les coupables sous la main de la justice, et le directoire exécutif dissipera cette nuée de vautours qui suivent les armées et assiégent toutes les avenues des caisses et toutes les portes de la puissance.

» La responsabilité des agens exécutifs sera organisée; les comptes des ministres seront solennellement publiés et sévèrement examinés; la plus rigoureuse économie sera apportée dans la fixation des dépenses; la liberté des personnes et des opinions sera garantie par des lois sévères : mais les grands moyens d'administration et d'exécution sont entre les mains du directoire exécutif, et, fidèles observateurs de la Constitution, nous ne sortirons pas des limites dans lesquelles elle a circonscrit nos devoirs, comme le directoire exécutif n'en sortira jamais lui-même. La tyrannie commence là où les pouvoirs sont envahis ou accumulés; la liberté de tous, comme la sûreté de chacun, est dans l'équilibre des pouvoirs; et c'est toujours à quelques causes qui l'ont dérangé ou qui l'empêchent de se rétablir qu'on doit imputer les fautes et les revers.

» Français, les difficultés qui nous environnent sont grandes; mais le courage de vos représentans est plus grand encore; ils ne peuvent avoir d'autre crainte que celle de ne pas remplir leurs devoirs, d'autre passion que celle de vous voir libres et triomphans; et ils ont fait le serment de vous sauver ou de périr. »

Le directoire accueillit ce message par un silence complet. Cependant, en attendant la réponse qu'il devait, les conseils ne cessaient point leurs hostilités, et déjà les ministériels osaient à peine parler. On remuait la question de la presse; Garrau demandait qu'on fît cesser l'abus des lois exceptionnelles; on dénonçait les crimes des fournisseurs; on lisait des adresses des départemens; on s'excitait, on s'encourageait, on cherchait à s'assurer une majorité, et parmi les députés et parmi la population de Paris.

Enfin, le 28 prairial, Poulain-Grandprey, au nom des commissions réunies, vent rappeler aux cinq-cents le message et les promesses du 17. Ce message étant resté sans réponse, il proposa de rester en permanence jusqu'à l'arrivée d'une réponse au message suivant dont il demandait l'envoi au directoire.

« Citoyens directeurs, le conseil vous a fait un message le
» 17 prairial, pour vous demander des renseignemens sur la si-
» tuation intérieure et extérieure de la République. Le salut pu-
» blic nous avait commandé cette démarche; le salut public nous
» fait un devoir de la réitérer. Nous attendons la réponse au
» message du 17 prairial, aux termes de l'art. 161 de la Consti-
» tution. Le conseil vous déclare qu'il sera en permanence jus-
» qu'à l'arrivée de votre réponse. »

— Cette proposition fut acceptée unanimement par le conseil. On en donna avis aux anciens; et ceux-ci prirent la même mesure. Enfin le directoire répondit que le lendemain il satisferait à la demande qu'on lui adressait.

CONSEIL DES CINQ-CENTS. — *Présidence de Jean Debry.* — *Séance permanente du 28 prairial an VII (5 Juin 1799).*

Il est sept heures. — Un secrétaire donne lecture d'un message du directoire, conçu en ces termes :

« Le directoire s'occupait de répondre à votre message du 17 de ce mois, et il espérait vous soumettre sa réponse primidi prochain. Mais d'après votre message itératif de ce jour, il se constitue en permanence; et vous recevrez demain les renseignemens que vous désirez. » — Le conseil ordonne l'impression.

Quelques voix. « Levez la permanence. »

Une foule de voix. « Non, non ! »

— Briot veut parler contre la levée de la permanence, mais on s'écrie : — « Ce n'est pas appuyé. »

Laujeacq. « La réponse du directoire n'exige aucune délibération; mais comme vous avez informé les anciens de la mesure que vous avez prise, et de la permanence de votre séance, je demande qu'on les instruise également de la réponse que vous avez reçue, et de la prorogation de votre permanence. » — Adopté.

— On réclame la reprise de la discussion du projet sur la liberté de la presse.

Chollet. « Dans cette séance permanente, on ne doit s'occuper que des objets sur lesquels la permanence a été arrêtée; or, le message reçu ne fournissant aucune matière à délibération, je demande que la séance ne soit reprise que demain à dix heures. Car ce n'est pas la discussion du projet sur la presse qui fera reculer les ennemis. »

Garrau. « Sans doute la liberté de la presse ne doit pas faire reculer nos ennemis; mais quand le projet de la loi qui l'organise sera adopté, nous aurons des objets de la plus haute importance à discuter; nous aurons à délibérer sur des mesures que vos commissions, réunies, doivent nous soumettre. Dans les dangers de la patrie, tous les citoyens doivent être à leur poste ; or, dans le moment, on ne peut nier que la patrie ne soit en danger, les représentans du peuple doivent donc être à leur poste, comme les soldats des armées y sont eux-mêmes. »

Briot. « La commission qui vous a proposé de vous mettre en permanence jusqu'à la réception de la réponse du directoire a eu les plus graves motifs. Il importe donc de lui renvoyer le message que vous venez de recevoir ; car, sans doute, elle avait des mesures à vous proposer, et il faut la mettre à même de les mûrir.

» Je suis bien étonné d'entendre le directoire vous dire qu'il se proposait de vous transmettre sa réponse le 1er messidor. Le 1er messidor !.... L'avez-vous remarquée cette époque, citoyens représentans ? Le 1er messidor !... Eh ! quel est celui d'entre nous qui n'eût été instruit que le 1er messidor devait être marqué par un grand événement ? Oui, il n'est aucun de nous qui doute des dangers imminens que court la chose publique. Ma correspondance d'aujourd'hui m'apprend que le corps législatif est menacé des plus grands dangers. Le directoire déclare qu'il se constitue en permanence : vous devez y rester à votre tour. Je ne veux pas m'expliquer davantage ; nous devons périr à notre poste, ou assurer le maintien de la République avant de nous séparer. (Ici un grand mouvement se manifeste ; de toutes parts on s'écrie : *Oui, oui !*) Depuis long-temps tous les républicains de la France et des armées attendent ce que sera le corps législatif ; il ne doit pas rester soixante jours à faire soixante articles de loi. La permanence de nos séances annonce aux conspirateurs que là, dans cette enceinte, il existe une force, une puissance, qui saura repousser les attentats qu'ils méditent. Représentans du peuple, je vous adjure, au nom du peuple qui a les yeux fixés sur vous, au nom de la patrie dont le salut dépend de votre attitude, au nom de votre propre existence, ne vous séparez pas. Vous seriez responsables aux yeux de vos contemporains et de la postérité, si un grand complot allait éclater.

» Je demande l'envoi d'un message au conseil des anciens, pour lui déclarer que celui des cinq-cents est à son poste, et qu'il continue ses travaux législatifs. » — Adopté.

Un secrétaire invite les membres des commissions réunies à se rendre au salon des conférences.

Crochon. « C'est au nom des commissions réunies que l'on vous a proposé le message du 17 prairial ; c'est au nom des mêmes commissions que l'on vous a proposé le message d'aujourd'hui, et la permanence de nos séances ; mais je ne connais aucun arrêté du conseil qui autorise des commissions à se réunir et à former un arrêté diplomatique, un comité de sûreté générale, un comité de salut public. Je désirerais savoir quel rapport ont les commissions existantes avec les affaires actuelles, et quelles mesures elles ont à prendre ou à proposer. Nous ne voulons point de commission de salut public (murmures). C'est par la Constitution que je suis ici ; c'est pour la maintenir que j'y suis encore ; or la Constitution porte en termes formels que chaque commission ne doit s'occuper que de l'objet pour lequel elle a été formée. Comment donc arrive-t-il que des commissions chargées de missions particulières se réunissent pour examiner des objets qui ne leur ont point été renvoyés ? Mes réflexions sont dictées par l'amour sincère de la République ; ma tranquillité et mon existence sont attachées à son maintien, car, et moi aussi j'ai été victime du régime de 1793. Je défie que l'on me cite un arrêté du conseil qui ordonne la réunion des commissions, et qui les autorise à prendre des mesures diplomatiques et de sûreté intérieure. »

Plusieurs voix. « L'ordre du jour. »

Bergasse-Laziroulles. « Il est aisé de répondre à Crochon et de calmer ses inquiétudes. Le conseil a chargé diverses commissions d'examiner les états de dépenses des ministres de la guerre, de la marine, de la police générale, etc., pour l'an 8. L'arrêté qui le crée les autorise à se retenir dans tous les objets qui établissent entre elles un point de contact. En commençant leurs travaux, ces commissions ont dû examiner quel était l'état actuel de la force armée, soit de terre, soit de mer, afin de statuer sur les fonds à faire pour cet objet en l'an 8. Cette première réflexion a conduit à examiner quelle est la situation actuelle de la république, et si, à raison des progrès de nos ennemis, il n'était pas nécessaire de faire des fonds plus considérables l'année prochaine. Il a donc fallu demander des renseignemens à cet égard aux ministres de la guerre et de la marine; ces renseignemens ont été refusés à vos commissions. Il a donc été nécessaire de faire intervenir le conseil : voilà ce qui a donné lieu à la réunion des commissions. De là ce message proposé par elle, et que vous avez adressé au directoire, pour obtenir de lui les renseignemens que les ministres ont refusés. Vos commissions ont cru aussi qu'il était nécessaire de réveiller l'opinion publique, depuis long-temps plongée dans le sommeil de la mort; de là cette adresse que vous avez adoptée. Il est donc bien étonnant que Crochon ait manifesté des inquiétudes sur les travaux des commissions, qui n'ont eu que des motifs patriotiques et purs. »

Le conseil passe à l'ordre du jour sur les observations de Crochon, et il ordonne le renvoi du message aux commissions réunies.

Le conseil des anciens déclare dans un message qu'il continue sa permanence.

Jean Debry occupe le fauteuil.

On reprend la discussion sur la liberté de la presse; après de longs débats, le conseil en adopte plusieurs articles.

Cette discussion est interrompue pour entendre un rapport des commissions réunies. Bergasse-Laziroulles, qui en est l'organe, s'exprime en ces termes : « Les commissions ont délibéré sur les circonstances critiques qui nous pressent; un grand nombre de membres se sont réunis à elles, et les ont aidées de leurs lumières. Je viens vous faire part du résultat de leur conférence, et vous proposer les mesures qu'elles ont crues les plus propres à sauver la patrie des dangers qui la menacent. Ces mesures consistent dans une prompte réparation de la violation de l'acte constitutionnel, qui a été fait par le corps législatif.

» L'article 156 de la Constitution est ainsi conçu. « A compter du 1er jour de l'an v de la République, les membres du corps législatif ne pourront être élus membres du directoire, soit pendant la durée de leurs fonctions législatives, soit pendant la première année après l'expiration de ces mêmes fonctions. »

» En contravention à une disposition aussi formelle, le citoyen Treilhard, qui était législateur en l'an v, a été nommé, le 26 floréal an 6, membre du directoire, et il est de fait que ses fonctions législatives n'avaient expiré que le 30 floréal an v; or, depuis le 30 floréal an v, jusqu'au 26 floréal an vi, il n'y a pas une année révolue. Ainsi il existe, dans la nomination du citoyen Treilhard, aux fonctions directoriales, une violation formelle, évidente de l'acte constitutionnel.

» Le rapprochement que les commissions ont fait de l'article précité avec l'article 137, a étayé leur assertion. Cet article est ainsi conçu : « Le directoire est partiellement renouvelé par l'élection d'un nouveau membre chaque année. » Ainsi, chaque année, et dans les cas ordinaires, la même session du corps législatif ne doit nommer qu'un membre du directoire. Or, il est évident qu'en l'an v la même session en a nommé deux, savoir : Barthélemy et Treilhard, dans un renouvellement ordinaire.

» Ainsi il est évident que, sous un double rapport, la nomination du citoyen Treilhard est illégale et inconstitutionnelle. Il suffit que le fait ait été démontré à vos commissions, pour les décider à le déférer au conseil, pour en obtenir une prompte réparation. Ainsi, sans examiner les qualités morales du citoyen Treilhard, les commissions pensent qu'il faut déclarer sa place vacante, sauf à le réélire, s'il y a lieu. »

Une foule de voix. « Appuyé ! aux voix ! »

Le rapporteur propose un projet qui est adopté en ces termes :

« Art. 1er. L'acte du 26 floréal an vi, portant nomination du citoyen Treilhard à la place de membre du directoire, est déclaré inconstitutionnel et nul.

» Art. 2. En conséquence, ce directeur cessera sur-le-champ

ses fonctions, et il sera procédé à son remplacement dans les formes prescrites par la Constitution.

» Art. 3. La présente résolution sera imprimée et envoyée, séance tenante, au conseil des anciens. »

Il est deux heures du matin.

Génissieux, par motion d'ordre. « Nous avons beaucoup à nous plaindre de la non-responsabilité des ministres. C'est un vain mot, qui ne leur sert pas même d'épouvantail. J'ai cru en trouver la cause dans une lacune qui existe dans la loi du 10 vendémiaire an IV. Sans entrer ici dans une discussion intempestive, je me borne à vous dire qu'aux termes de cette loi aucun ministre ne peut être mis en accusation, que sur la dénonciation formelle du directoire; mais la Constitution est muette à cet égard. Je pense donc qu'il conviendrait de décréter, par une loi, que la dénonciation d'un ministre pourra être faite par le corps législatif ou par le directoire. Je demande la formation d'une commission de cinq membres, pour présenter une loi organique de la dénonciation que le corps législatif doit exercer concurremment avec le directoire, contre les ministres prévaricateurs. » — Adopté. On termine la discussion du projet sur la liberté de la presse; ce projet est adopté.

Le directoire transmet un message en réponse à celui que le conseil lui avait adressé le 17 prairial; voici l'analyse de cette pièce :

« Le directoire aurait répondu plus tôt au message s'il n'eût été si jaloux de présenter, avec les faits, l'ensemble des mesures capables de calmer toutes les inquiétudes, et de remonter l'esprit public à la hauteur de laquelle il n'aurait jamais dû descendre. Il se contente, en ce moment, de donner des renseignemens sur les faits; les mesures à prendre seront l'objet d'un second message.

» Sous le rapport de la situation extérieure, le directoire s'est conformé à la Constitution; il a averti le corps législatif des ennemis qui nous ont attaqués, et s'est mis en état de défense. Si de nouveaux revers nous amènent de nouveaux ennemis, il en préviendra le conseil.

» Quant à notre position militaire, les revers ont toujours été pour les peuples libres le signal de la réunion des esprits, et de la victoire. L'épuisement des finances a nui au développement de nos forces et aux succès des négociations. Les finances et le militaire forment en ce moment l'objet des méditations du directoire. Il prépare les moyens d'accélérer le service des troupes, d'assurer le matériel des armées et de repousser les efforts de la coalition. Il faut aussi que le conseil s'occupe d'assurer les fonds nécessaires au service.

» L'intérieur de la République offre l'affligeant tableau des agitations et des inquiétudes, augmentées encore par les fausses nouvelles que la malveillance se plaît à répandre.

» Le directoire entend chaque jour des plaintes sur les projets que la calomnie lui impute : on lui attribue des mesures liberticides dont l'intention n'a jamais été dans son cœur ; il ne saurait croire que de pareilles inculpations lui aient été faites, quoiqu'on les annonce comme sortant de la source la plus auguste. Le directoire dément ces assertions exécrables. Tous ses membres, soit en corps, soit individuellement, protestent qu'ils périront plutôt que de souffrir que la Constitution reçoive la moindre atteinte, et que la sécurité inviolable des autorités constituées soit menacée. C'est ainsi qu'il termine la première réponse au message. Il déclare que le second ne tardera pas à paraître. En attendant, dit-il, recevez, citoyens représentans, les épanchemens de la cordialité du directoire, avec la même franchise qu'elle vous est offerte. Que cette époque, que nos ennemis croyaient devoir être celle d'une scission funeste, contribue à resserrer plus que jamais le faisceau républicain. »

Le conseil ordonne l'impression et le renvoi aux commissions réunies.

Un membre. « La prorogation de la permanence de nos séances pourrait amener la permanence des inquiétudes des citoyens. Je demande que la permanence soit levée. » Cette motion excite des murmures.

Briot monte à la tribune pour la combattre ; Garrau et Destrem s'écrient : « Ce n'est pas appuyé. » La proposition n'a pas de suite.

On procède au scrutin pour la liste décuple des candidats à présenter aux anciens, pour le remplacement du citoyen Treilhard, dont la nomination au directoire a été annulée par la loi de ce jour.

Sur quatre cent quatorze votans, la majorité absolue des suffrages a désigné, pour candidats, les citoyens Lefèbre, général ; Charles Lacroix, général ; Gohier ; Moulins, général ; Dupuy, de l'institut ; Charles Pottier, Masséna, Martin, contre-amiral ; Dufour, général ; et Roger-Ducos.

(Le conseil des anciens donna la sanction à toutes les mesures prises par les cinq-cents. Parmi les candidats au fauteuil directorial il choisit Gohier.)

Il est près de dix heures ; Poulain-Grandprey paraît à la tribune. « Je ne viens pas, dit-il, vous faire un rapport, mais vous annoncer, au nom des commissions réunies, qu'elles se sont occupées de la discussion du message que vous leur avez envoyé. Elles ont nommé des commissaires pour faire un rapport et relever diverses assertions contenues au message. Comme ce travail exige du temps, vos commissions vous invitent à demeurer en permanence jusqu'à ce que le rapport soit fait. » — Adopté.

A minuit, Daubermesnil annonce que le travail de la commission ne pourra être prêt qu'à huit heures ; il invite le conseil à suspendre sa séance jusqu'à cette heure. — Adopté.

Séance permanente du 30 prairial.

Un membre. « Parmi les objets qui doivent fixer en ce moment l'attention publique, il en est un dont l'attribution n'a point été donnée à vos commissions réunies, je veux parler des causes de nos revers.

» Quand j'ai vu, dans l'état n. I des comptes de Schérer, que l'effectif de nos armées était, au 30 nivose dernier, de cinq cent neuf mille quatre cent cinquante-sept hommes, dont deux cent mille en Italie et trente mille six cents en Helvétie, à Mayence et dans les garnisons ; quand j'ai vu des forces aussi imposantes, je suis demeuré convaincu, ou qu'on en avait imposé au gouvernement, ou que la plus grande ineptie avait présidé à la répartition de ces forces; lors de la reprise des hostilités, partout elles ont été supérieures à celles de l'ennemi. Ainsi, en remontant aux causes de nos désastres, nous trouverons de grands coupables ou de grands imbéciles, et même l'un et l'autre. Le gouvernement a été trompé, ou il a voulu l'être, lorsqu'il a attribué la cause de nos revers au déficit des finances, comme si les besoins des armées n'avaient pas été constamment dans la première ligne de nos dépenses; comme si les crédits ouverts au ministère de la guerre avaient été totalement épuisés.

» Je demande qu'il soit adressé au directoire un message pour lui demander : 1º l'état des armées des généraux Jourdan, Masséna et Schérer, lors de la reprise des hostilités; 2º l'état des troupes alors en cantonnement dans l'intérieur; 3º l'état des magasins de Brescia, Peschiera, Milan, Pirythone. » — Impression et renvoi à la commission militaire.

Bertrand du Calvados, par motion d'ordre. « Je viens appeler l'attention du conseil sur le message d'hier ; il faut en fixer le sens, détruire la fausseté des assertions qu'il contient et mettre à nu l'astuce et la perfidie qui ont présidé à la rédaction. Quoi! après dix jours d'une vaine attente, on nous répond que la cause de la pénurie de nos armées est dans la pénurie de nos finances, dans les divisions qui se sont élevées entre les pouvoirs; on termine par vous inviter à l'union.

» Si j'ai bien lu, j'ai vu dans ce message l'accusation du corps législatif et le généreux pardon que veut bien lui accorder le directoire. Quoi! vous avez accordé au directoire toutes les ressources qu'il vous a demandées, et le directoire vous accuse! Quoi! le corps législatif dénonce au directoire une foule de dilapidations, et le directoire garde, à cet égard, le plus profond silence! Quoi! dans l'arsenal de Paris, cent trente-trois mille fusils ont été vendus 1 franc au lieu de 20 francs qu'ils valaient ! Une compagnie privilégiée a reçu d'avance des fonds en numéraire pour des fournitures qu'elle n'a pas faites, et au lieu des écus qu'elle a reçus, elle a restitué des effets qui perdent 60 pour cent; et l'on garde sur tous ces faits et sur mille autres un profond silence. J'ai vu dans les états de Millet-Mureau que le nombre de nos troupes est de quatre cent trente-cinq mille hommes, et il n'y en a pas trois cent mille. Quoi! c'est sous l'administration d'un Schérer et sous la surveillance du triumvirat que le ministre Ramel, à la fin de l'année, vient nous annoncer un déficit! et pourquoi cette annonce inattendue est-elle faite? c'est parce que vous avez rejeté un impôt désastreux, tyrannique, anti-populaire, l'impôt de la gabelle; quoique depuis cette époque vous l'ayez remplacé par plus de 80 millions de ressources réelles.

» Pâlissez, impudens et ineptes triumvirs, je vais tracer la longue série de vos crimes; vous avez conservé au ministère de la guerre le plus effronté des dilapidateurs, et, pour consommer son ouvrage, vous l'avez envoyé en Italie faire assassiner les vainqueurs de l'Europe.

» Dans l'intérieur, vous avez anéanti l'esprit public, vous avez muselé la liberté, persécuté les républicains, brisé toutes les plumes, étouffé la vérité, encouragé les haines, fomenté tous les troubles. Le peuple français, en l'an VI, avait nommé aux fonctions publiques des hommes dignes de sa confiance; vous avez osé dire que les élections étaient le fruit d'une conspiration anarchique; vous avez mutilé la représentation nationale. En l'an VII, vous avez souffert qu'un de vos ministres fît imprimer et distribuer avec profusion une adresse odieuse et perfide dans laquelle le peuple est calomnié; son ouvrage représente comme l'effet d'une faction de terroristes, et vous ne l'avez point désavoué; on vous a porté d'énergiques plaintes, et vous n'avez fait qu'en rire. Dans quarante départemens, vous avez destitué les fonctionnaires les plus attachés à leur devoir et à la République, les plus recommandables par leurs vertus, leurs lumières et leur patriotisme. Ainsi la chose publique a, par vous, été désorganisée; les lois sont restées sans exécution ; ainsi, vous avez relevé l'espoir des royalistes et servi la coalition des rois.

» Je ne parle point ici des Rapinat, des Rivaud, des Trouvé, des Faypoult : chacun connaît les concussions, les rapines de ces agens favoris; chacun sait comment ils ont violé chez les peuples amis les droits les plus sacrés de la liberté civile et politique. Voilà ce que vous auriez dû avouer, et le corps législatif vous eût reçus à résipiscence ; il vous eût pardonné. Mais au lieu d'invoquer sa clémence, vous osez l'accuser et lui promettre son pardon s'il veut bien se réunir à vous.

» Quoi ! vous nous parlez de réunion, et vous n'avez point fait de poursuites contre les dilapidateurs de nos armées, contre le général qui a consommé leur ruine ; que dis-je? vous avez mis en jugement celui qui constamment avait conduit nos héros à la victoire. Vous nous parlez de réunion; mais qu'avez-vous fait pour gagner la confiance des républicains? Quel accord peut-il y avoir entre un corps législatif qui veut la République et un directoire qui ne l'a pas voulue, ou qui, s'il la voulait, l'a conduite par son ineptie sur les bords de l'abîme?

» Vous nous parlez de réunion, et moi je vous dis que le corps législatif, que l'opinion publique vous repousse, que vous n'avez plus la confiance, que vous devez cesser vos fonctions et déposer le manteau directorial que vous avez deshonoré. Je sais qu'il existe au directoire, en ce moment, une majorité qui veut la République, qui désire faire le bien, qui le fera, parce qu'elle en a tous les moyens. Mais vous, je vous le répète, vous n'avez plus la confiance générale; que dis-je? vous avez même perdu celle des vils flatteurs qui vous entourent. Il ne vous reste qu'à terminer votre carrière honteuse par un acte de dévouement, donner votre démission : le cœur des républicains saura apprécier cette démarche.

» Je ne chercherai point à détruire les calomnies à l'aide desquelles on a voulu jeter des inquiétudes et des germes de division dans cette enceinte. On a dit qu'on veut attaquer la loi du 22 floréal, et chasser quarante représentans qui siégent dans les deux conseils. Non, cette loi ne sera point attaquée; elle sera sacrée pour nous comme toutes les autres. J'en jure par le corps législatif lui-même (*Oui! oui!* s'écrient tous les membres à la fois); j'en jure par le froid mépris dont nous avons payé la brochure d'un de nos collègues; j'en jure par le peuple dont vous êtes les représentans, et dont vous retablirez la gloire et le bonheur. » — Imprimé au nombre de six exemplaires.

Boulay de la Meurthe. « Les commissions réunies n'offrent pas assez d'unité, pour mettre de l'ensemble dans le travail dont elles sont chargées; je demande qu'elles soient remplacées par une commission spéciale à laquelle vous renverrez la motion de Bertrand et le message.

» Vous voilà, citoyens représentans, en présence du peuple français. Le directoire vous accuse, vous accusez le directoire. Il est évident, pour quiconque a observé les faits, et suivi la marche des événemens, que le directoire voulait mutiler la représentation nationale. Nous jurons tous qu'elle ne sera point mutilée. (Tous les membres se lèvent et s'écrient à la fois : *Nous le jurons!*)

» Depuis le 18 fructidor, époque à laquelle la dictature a été créée, le corps législatif a été tenu dans un asservissement continuel. L'amour de la paix lui a fait garder le silence. Long-temps il a cru que le directoire n'userait de la pleine puissance qui lui avait été accordée que pour le maintien de la paix et l'affermissement de la République; il en a abusé pour faire disparaître la première, et conduire la seconde sur les bords de l'abîme. Il a tout fait pour nous perdre au dehors, pour nous faire égorger au-dedans.

» Cet inepte et atroce système est l'ouvrage de deux hommes, Merlin et Laréveillère; ce Merlin, homme à petites vues, à petites passions, à petites vengeances, à petits arrêtés, a mis en vigueur le machiavélisme le plus rétréci et le plus dégoûtant; il était digne d'être le garde-des-sceaux d'un Louis XI, et fait tout au plus pour diriger l'étude d'un procureur.

» Laréveillère-Lépaux a de la moralité; j'en conviens; mais son entêtement est sans exemple, son fanatisme le porte à créer, je ne sais quelle religion, pour l'établissement de laquelle il sacrifie toutes les idées reçues, il foule aux pieds toutes les règles du bon sens, il viole tous les principes, et attaque la liberté des consciences.

» Il faut que ces deux hommes sortent du directoire, afin d'y rétablir l'unité si nécessaire dans les circonstances ou nous sommes. Des hommes sages et mus par d'excellens motifs les ont engagés à donner leur démission ; s'ils eussent suivi ce conseil, ils se fussent couverts d'une gloire immortelle. Mais leur opiniâtre entêtement les en a empêchés ; il faut les forcer à le faire, et pour cela, frapper un grand coup : il n'y a pas d'autre moyen de sauver la République. »

Le conseil ordonne le renvoi à une commission spéciale ; elle sera composée des représentans Boulay de la Meurthe, Bergoeng, Lucien Bonaparte, Jourdan, Petiet, Talot, Joubert de l'Hérault, François de Nantes, et Quirot.

Jourdan. « La commission que vous venez de nommer s'occupera, avec zèle et attention, des grands objets dont vous lui renvoyez l'examen ; mais elle vous fait observer que leur importance et leur multitude exigent qu'elle soit plus nombreuse, elle vous prie de lui adjoindre deux nouveaux membres. »

Le conseil adjoint à la commission, Augereau et Poulain-Grandprey.

Aréna demande la parole pour un fait. « Lorsque dans le temps, dit-il, nous proposâmes un rapprochement entre le corps législatif et les trois membres du directoire, nous engageâmes ceux-ci à faire passer des renforts considérables à l'armée d'Helvétie. Garat et moi, le directeur Barras présent, nous interpellâmes le ministre de la guerre, et nous lui demandâmes pourquoi il laissait dans l'intérieur un aussi grand nombre de troupes, au lieu de les envoyer aux armées ; il nous répondit que, de concert avec Barras, il avait demandé trois fois que l'on fît passer trente mille hommes en Helvétie, que, trois fois, sa demande avait été rejetée, et qu'à la troisième, on l'avait menacé de destitution.

» Vous avez à Paris une armée de quinze à vingt mille hommes; Merlin voulait s'en servir pour décimer la représentation nationale; mais cet homme inepte et coupable, qui croyait régner en despote sur des républicains, ignorait-il donc que le soldat français ne fut et ne sera jamais l'instrument du despotisme, et qu'il respecte la loi et ses organes, et qu'il ne tournera jamais ses armes contre eux? aussi de quel mépris l'accablent ces misérables triumvirs. Voyez combien d'arrestations ils ont faites; les bastilles regorgent de patriotes! Trompés dans leurs projets liberticides, ils cherchent à en faire disparaître toutes les traces, et depuis vingt-quatre heures, on brûle chez le ministre de la police tous les papiers qui pourraient jeter du jour sur la conspiration. Je demande le renvoi de ces observations à la commission que vous venez de créer. » — Adopté.

Gohier, nouveau directeur, écrit au conseil pour le remercier de la confiance dont il l'a honoré; il déclare qu'il accepte le poste important qui lui est confié, et qu'il y entre pour se réunir avec tous les républicains, sauver la patrie et la porter au plus haut degré de prospérité.

Boulay de la Meurthe. « Votre commission des onze réunie a d'abord jeté les yeux sur les actes abitraires et les détentions illégales qui ont lieu en ce moment. La garantie des propriétés, la liberté des personnes; c'est pour jouir de ces avantages que l'on se met en société. Or, nous sommes instruits que depuis longtemps la liberté des personnes n'est pas garantie; des bastilles renferment des hommes qui ne peuvent parvenir à être mis en jugement. Vous êtes, représentans, les protecteurs des citoyens, il faut que tout homme persécuté puisse s'adresser à vous avec confiance. Loin de vous et de votre commission, l'idée de faire fléchir les lois contre les émigrés, contre les chouans et les rebelles; mais les citoyens doivent jouir des droits que la Constitution leur assure, et avoir leur liberté garantie.

» Votre commission est loin de l'idée de franchir les limites des pouvoirs; elle sait que vous ne pouvez ordonner de mise en liberté. Elle vous propose d'adresser un message au directoire, pour lui dénoncer les actes arbitraires et les arrestations illégales qui subsistent en ce moment. »

Frison. « Je puis citer un fait à l'appui de la proposition. C'est dans la Belgique surtout que les actes arbitraires ont eu lieu, et que les arrestations ont frappé les citoyens de terreur; les vexations éprouvées ont été en partie la cause des troubles qui s'y sont élevés. Ramenez les principes et la justice, et vous rattacherez tous les Belges à la République. Un citoyen, nommé Jaubert, a été mis au Temple en ventose dernier, et il n'a pu, quelles qu'aient été ses réclamations, obtenir d'être mis en jugement. »

Boulay de la Meurthe. « L'abus le plus remarquable a été l'usage du droit de déportation à l'usage des prêtres. On a déporté des prêtres mariés qui avaient donné des gages à la révolution, qui n'exerçaient plus leurs fonctions. On a déporté des hommes qui n'avaient jamais été prêtres. Comment croyait-on faire ainsi aimer la République et ses lois? Voici ce qui a dépopularisé vos institutions; ramenons-les à la justice, à une protection égale pour tous, prononçons-nous fortement pour qu'aucun citoyen ne puisse être impunément vexé. »

Une foule de membres en se levant. « Oui! oui! »

Dinièpe de Liége. « La République est-elle en danger? Oui, nul ne peut le nier : jamais conspiration plus astucieuse n'a été ourdie; les César et les Marius ont fait un partage géographiquement monarchique; il est difficile de croire que tout le territoire y ait été étranger, c'est dans la Belgique surtout que les hommes à la livrée de Merlin ont commis les actes arbitraires qui ont rendu ces contrées si malheureuses. Il existe dans ce pays un parti qui veut le révolutionner et le livrer à l'Autriche. Merlin, je t'accuse d'être de ce parti: tu as été pour mon pays un second duc d'Albe. Je vote contre toi le décret d'accusation, je ne sais pas transiger avec les ennemis de mon pays. »

Le message proposé par Boulay est adopté.

François de Nantes paraît à la tribune et, sans rapport préalable, il fait adopter la résolution suivante : « Toute autorité, tout individu qui attenterait à la sûreté et à la liberté du corps législatif ou de quelqu'un de ses membres, en en donnant l'ordre ou en l'exécutant, est mis hors la loi. »

La résolution est envoyée sur-le-champ au conseil des anciens. Bientôt après un message annonce sa conversion en loi.

A cinq heures, le directoire transmet un message dont la teneur suit : « Les citoyens Merlin et Laréveillère-Lepaux viennent de déposer sur le bureau la démission que chacun d'eux donne de sa place de membre du directoire. — *Signé* BARRAS, ex-président. »

Suit la teneur de la lettre de Merlin. « Lorsque d'affreux déchiremens menacent la patrie, ceux dont la présence cause des mouvemens politiques, ou leur sert de prétexte, doivent s'éloigner des fonctions publiques. Ces motifs seuls m'ont décidé à donner ma démission. Je ne suis mu par aucune crainte ni aucun espoir. Je reste au sein de ma famille, toujours prêt à rendre compte de ma conduite, parce qu'elle a été constamment dirigée par le patriotisme le plus pur et le plus désintéressé.

» *Signé* MERLIN. »

La lettre de Laréveillère est conçue dans les mêmes termes.

Poulain-Grandprey. « Je demande, 1° que le conseil déclare qu'il accepte la démission des citoyens Merlin et Réveillère ; 2° que leurs lettres soient insérées au procès-verbal, et envoyées au conseil des anciens ; 3° que ce soir, à huit heures, le conseil reprenne sa séance pour procéder au remplacement des deux membres démissionnaires du directoire. — Ces diverses propositions sont adoptées.

— On passa aussitôt à la formation d'une double liste décuple des candidats au directoire, parmi lesquels le conseil des anciens devait choisir deux directeurs. *Roger-Ducos* fut proclamé directeur en remplacement du démissionnaire Merlin, et le général *Moulins*, en remplacement de Laréveillère-Lépaux.

CINQ-CENTS. — *Suite de la séance permanente.*

Lucien Bonaparte, au nom de la commission des onze. « Frappés des maux de la patrie, vous en avez demandé les causes au directoire, et vous vous êtes constitués en permanence. Cette permanence était dans votre cœur. Ainsi, vous avez appelé sur vous les regards de tous les Français : car si le peuple doit avoir l'œil sur ses représentans, c'est surtout dans les circonstances critiques où le salut de l'état et la liberté des citoyens courent les plus grands dangers.

» Pour répondre à l'attente générale, vous avez pensé que le premier pas à faire était de connaître la cause de nos désastres. La majorité du directoire, dans une première réponse, l'attribue à l'épuisement du trésor public ; il accuse de cette pénurie le corps législatif lui-même, et il vous désigne comme la cause des maux publics. Telles sont les pénibles idées qui résultent du premier message. Un second nous est annoncé. L'union franche et la confiance réciproque qui règnent entre les deux premières autorités nous présagent que cette seconde réponse sera plus satisfaisante.

» Le déficit est un voile officieux, dont on a voulu couvrir notre situation. Mais ce mensonge n'en a imposé ni aux citoyens, ni aux armées, il n'a pu empêcher l'explosion de l'indignation générale.

»La réalité du déficit est combattue par tous les rapporteurs de vos commissions de finances ; ce n'est pas lui qui a amené nos revers, dus uniquement à l'ineptie et à l'insouciance de ceux qui tenaient en main le gouvernail. Il n'y a eu nul déficit dans les dépenses de la guerre, car tous les crédits ouverts au ministre de ce département ne sont pas épuisés. Le reproche contenu au message est donc chimérique.

» Une armée de quatre cent mille hommes, à 700 fr. par homme, coûte, y compris le matériel, 280,000,000 par an ; les huit premiers mois de l'an 7, ont donc dû coûter 185,000,000. Or, le ministre Schérer ne portait les états de l'armée au 1er vendémiaire dernier, qu'à deux cent soixante-quinze mille hommes, et néanmoins il a ordonnancé pour 245,000,000 de dépenses, jusqu'au 15 prairial. Ainsi, dans les premiers mois de l'an 7, il a ordonnancé pour 58,000,000 de plus qu'il n'en fallait pour l'entretien de quatre cent mille hommes. Il est donc faux de dire que le déficit a arrêté les opérations militaires.

» Si les recettes n'ont pas été effectuées, ce n'est pas votre faute, mais c'est un vice d'administration. Vous eussiez décrété 100,000,000 de plus, qu'on n'en eût pas reçu davantage. Je ne parle point ici des contributions levées dans les pays conquis, qui ne sont, pour ainsi dire, portées que pour mémoire dans les états du ministre.

» Ce n'est donc point au déficit que l'on doit attribuer la cause de nos maux, mais au système du gouvernement, système qui a été le plus puissant auxiliaire de la coalition; système qui a amené le refroidissement de l'esprit public, le dénûment de nos armées, le découragement de nos soldats, la destitution des généraux et des administrations, la dilapidation des arsenaux. La majorité du directoire a abusé de la suprême autorité qui lui avait été accordée au 18 fructidor. Elle a suivi un système de bascule, espérant par ce moyen machiavélique se soutenir hors de la Constitution, dans laquelle elle ne voulait pas rentrer.

» Après la désorganisation de nos armées, rien ne pouvait être plus funeste à la République que l'arbitraire destitution des fonctionnaires républicains, et leur remplacement par des hommes qui n'avaient d'autre mérite aux yeux des gouvernans que leur indifférence révolutionnaire. Ainsi, les lois relatives aux contributions, à la conscription militaire, à la sûreté publique, restaient sans exécution. La dissolution du corps législatif lui-même était résolue; elle eût été effectuée, si cette opération eût été aussi facile. On a commencé d'abord par travailler les élections; on affecta de ne concentrer le gouvernement que dans le seul pouvoir exécutif, comme si dans une République le gouvernement appartenait à un seul pouvoir. Après avoir renversé un roi, brisé le sceptre de tant de rois, le peuple français pouvait il supporter plus long-temps l'insolent despotisme de quelques hommes ineptes? De là la négligence des conscrits à se rendre à la voix de la patrie; de là le mécontentement général.

» Ce n'était pas assez, il fallait, à l'ouverture d'une nouvelle campagne, nous aliéner le cœur de nos alliés, bouleverser la Cisalpine, piller l'Helvétie, faire détester le nom français dans ces contrées glorieuses où la victoire avait été par nous asservie. Cette audace excite une indignation générale. Les généraux qui veulent en être les organes sont destitués, les lauriers qui ceignent leurs fronts sont une faible défense contre le sceptre de fer qui les brise, et les têtes couvertes de gloire sont obligées de se courber devant de vils agens secondaires.

» Depuis que vous êtes en permanence, le directoire renaît environné de confiance; le corps législatif a repris la première place qu'il doit tenir dans l'état; les secousses politiques vont disparaître; les hommes amis de la liberté vont retourner à leurs fonctions, et le gouvernement républicain sortira de cette crise, plus affermi que jamais. Que toutes inquiétudes cessent, que tous les esprits se raniment, que nos ennemis pâlissent d'effroi, le réveil de l'opinion a ramené le réveil de la liberté. Votre permanence, en produisant tous ces effets, décidera du sort de l'Europe. Je propose au conseil de continuer sa permanence jusqu'à l'arrivée du message promis par le directoire. » — Adopté, et impression au nombre de douze exemplaires.

Aréna demande que ce discours soit envoyé aux armées, et dans tous les cantons de la République.

Lucien Bonaparte répond que ceci n'est qu'un travail préparatoire, et que la commission s'occupe à rédiger une adresse, qui remplira le but du préopinant.

Génissieu et Briot présentent des observations et des calculs relatifs à la situation des finances; il en résulte que le déficit n'existe point, et que les recettes décrétées, suffisent pour faire face aux dépenses. — Impression.

Boulay-Paty. « Depuis long-temps la France retentit des crimes de Schérer, et Schérer n'est pas encore en état d'arrestation Vous voulez punir les fripons et les dilapidateurs; il est temp que vos intentions soient exécutées. Une commission est chargé de reviser la loi du 10 vendémiaire, sur la mise en jugement des ministres. Je demande que le rapport se fasse dans les vingt-quatre heures. Il faut donner un grand exemple ; il faut apprendre aux ministres prévaricateurs le sort qui les attend, s'ils marchent sur les traces de Schérer. — Adopté.

Un membre. « Parmi les crimes qui méritent une punition éclatante, ceux dont on accuse Merlin et Laréveillère occupent le premier rang. » (Quelques murmures.)

Boulay-Paty. « Si mon collègue a des faits particuliers à faire connaître, je demande qu'il en fasse part à la commission. » — Adopté.

— Nous terminerons ici l'histoire de la séance permanente du 28 floréal. Elle se prolongea cependant jusqu'au 11 messidor. Elle fut employée, ainsi que nous le verrons dans le chapitre suivant, à effacer les traces du 28 fructidor, et à donner une impulsion militaire, qui mit la République à même de reprendre l'offensive sur tous les points. Ce coup d'état reçut le nom de journée du 30 prairial, parce que ce fut le 30 que Merlin et Laréveillère furent obligés de donner leur démission.

On se demandera, sans doute, pourquoi Barras fut épargné dans ce coup d'état? Il avait, en cette occasion, rendu un service important aux conseils. Les trois directeurs mis en cause avaient, de leur côté, projeté une démonstration au corps législatif ; ils avaient même, dit-on, donné l'ordre de faire marcher les troupes pour dissoudre les conseils ; mais ceux-ci, prévenus par Barras, les devancèrent d'un jour. La sympathie n'appartenait, d'ailleurs, plus au directoire, et même quand on leur eût laissé le temps, il est douteux qu'ils eussent été complétement obéis.

HISTOIRE DU DIRECTOIRE,

DU 1ᵉʳ MESSIDOR AN VII (1799), AU 18 BRUMAIRE AN VIII
(9 NOVEMBRE 1799).

La journée du 30 prairial excita en France une vive et générale allégresse. Chaque parti l'interpréta selon ses préjugés; les royalistes, qui croyaient que tout mouvement leur était favorable, qui croyaient qu'on ne pouvait revenir à la monarchie qu'en passant par l'anarchie, espérèrent qu'il en serait encore cette fois comme après la chute du comité de salut public, que les ressorts du gouvernement allaient se relâcher, qu'ils pourraient se réorganiser, ressaisir l'opinion publique et préparer soit un 13 vendémiaire, soit un mouvement législatif pareil à celui qui avait précédé le 18 fructidor. C'étaient là les pensées des hommes sages du parti, mais les plus ardens, encouragés, soit par les succès des armées alliées, soit par la similitude qu'ils croyaient apercevoir entre l'époque où nous entrons, et celle qui avait suivi le 9 thermidor, se mirent de suite à l'œuvre. Cela nous explique pourquoi on vit de nouveau le Midi livré à la rage des assassins royaux; pourquoi il y eut des mouvemens en Vendée, en Bretagne, et une insurrection assez considérable dans la Haute-Garonne. Les républicains ne conçurent pas de moindres espérances que les royalistes. Aussi, ils s'empressèrent aussitôt de faire parvenir de toutes parts au conseil des cinq-cents des adresses de félicitation. Pendant plus d'un mois, toutes les séances étaient ouvertes par la lecture d'un grand nombre de ces adresses. On se mit aussi à rédiger des dénonciations contre les agens de l'ancien triumvirat, dans lesquelles l'un des directeurs conservés, Barras, n'était pas épargné. Les clubs reprirent plus d'activité et d'énergie.

En même temps, le corps législatif se divisait en trois parts. D'un côté étaient les directoriaux, amis du gouvernement directorial; de l'autre, les républicains démocrates; enfin il y eut un centre, qui, n'ayant par lui-même aucun but commun arrêté, allait d'un extrême à l'autre, et donnait la majorité. Il se cachait dans ce centre plusieurs monarchistes. — Dans les cinq-cents, le côté républicain était nombreux, il comptait plus de cent membres, il espérait pouvoir raviver les sentimens patriotiques en France; il ne croyait point à la Constitution de l'an III. On l'accusa de penser à revenir à quelque Constitution plus populaire, rapprochée dans la forme de celle de 93; et l'on ne peut guère douter de la vérité de cette assertion, lorsque l'on voit les noms des meneurs de ce parti, et les actes dont il fut l'auteur. Sans doute, il se rattachait à la Constitution de l'an III, il protestait de son dévouement à cette loi; mais, en même temps, il se conduisait comme s'il n'y eût vu qu'un moyen transitoire; il imitait les premiers meneurs de la révolution, il recommençait en quelque sorte un club breton, ou un club des Jacobins, dans la société du Manége. Voulant s'emparer des élections, et par les élections des chambres il se faisait, à la manière démocratique, son club de Clichy. — Le centre et tout ce qu'il y avait de gens froids ou désaffectionnés en France, considérait la Constitution de l'an III comme mauvaise et même comme morte. C'était une mauvaise loi organique que celle dans laquelle la société ne pouvait se maintenir que par des coups d'état. Il était évident que cette forme gouvernementale ne pouvait durer; il fallait à la société quelque chose de stable qui pût, disait-on, finir la révolution. — Quant aux directoriaux, ils étaient honteux et mécontens, mais dans la même persuasion. — Ainsi tout le monde avait l'opinion que le moment où nous sommes était un passage à quelque chose de mieux ou de pire, mais où l'on ne pouvait rester. — Dans le conseil des anciens, les républicains démocrates étaient peu nombreux et peu convaincus, les directoriaux, les monarchistes et le centre en formaient la grande majorité. On y remarquait plusieurs noms déjà compromis dans des affaires royalistes; et quelques-uns devinrent fameux après 1815. — Le directoire lui-même, sauf les républicains Gohier et Moulins, ne croyait pas à la Constitution, ni à la possibilité de la maintenir.

L'histoire de la période où nous entrons, est donc celle d'une époque transitoire, où chaque parti cherche à se saisir d'une force qui le mette à même de dominer l'avenir.

Ce furent les républicains qui, aux cinq-cents, conduisirent la majorité dans les premiers mois, ou plutôt il y eut une unanimité commandée autant par la nécessité des affaires que par l'indignation publique.

La séance permanente du 30 prairial se termina de manière à leur donner les plus grandes espérances et à les persuader de la majorité, c'est-à-dire par les promesses et les actes suivants. Le 3 messidor, François de Nantes, au nom de la commission, vint donner le programme des travaux dont elle était occupée. On cherchait un moyen de garantir les législateurs contre les séductions du pouvoir exécutif; on pensait qu'il suffisait dans ce but qu'ils prissent l'engagement de n'accepter aucune place à la nomination du directoire, pendant l'année qui suivrait celle où ils auraient cessé leurs fonctions de député. On se proposait de restreindre l'influence du directoire en diminuant la somme des fonds mis à sa disposition. On préparait des lois pour assurer la liberté politique, soit dans les élections, soit dans les chambres. On voulait limiter le droit de guerre et de conquête, organiser la liberté politique, déterminer les conditions de la mise en état de siége, rendre aux citoyens la liberté de se former des sociétés politiques, rappeler les patriotes dans les fonctions publiques, enfin rétablir la liberté des cultes. En effet, avant même que la permanence eût été levée, on présenta un long projet où une partie de ces mesures était énoncée. Les mécontens n'osèrent faire valoir qu'une seule objection; ils demandèrent qu'on fît autant de projets séparés qu'il y avait de questions particulières décidées dans celui que l'on présentait. « Il ne faut pas, répondit Grandmaison, qu'il en soit ici comme du 18 fructidor; le lendemain de cette dernière journée, on signalait les républicains comme des anarchistes. Aujourd'hui, on est prêt à se comporter de même, et dans quel moment! c'est lorsque nous avons besoin de toute l'énergie des républicains pour repousser l'ennemi. On parle des républicains comme fait le directoire, lorsque, par ses ordres, les murs de

Paris étaient, au moment des élections, couverts d'affiches, où l'on lisait, *gare aux boutiques*, comme si le peuple eut été un vil ramas de brigands. Je demande l'ordre du jour. » Et l'assemblée passa outre sur ces réclamations timides, et vota les articles.

Le 9 messidor on touchait à la fin de ce projet réparateur, lorsque l'un des secrétaires tenant en main un message du directoire, demanda que le conseil se formât, pour l'entendre en comité secret.

Lucien Bonaparte. « Ou le message est diplomatique, ou il contient les renseignemens promis par le directoire sur la situation de la République. Dans le premier cas, il doit être lu en comité secret; dans le second, il doit l'être en public, car depuis longtemps ces renseignemens sont attendus des armées et de toute la France. » — Adopté.

On lit le message.

Le directoire, y est-il dit, vient vous rendre compte de l'état de la République. Ses plaies sont profondes, il faut les sonder. Nous ne devons point vous dissimuler les dangers qui environnent la France; ils sont grands. (D'une part, des murmures interrompent le secrétaire; de l'autre, on lui crie : *Lisez, lisez*.)

Jourdan vole à la tribune. « Je demande, dit-il, que le message soit lu en entier à la tribune. Il faut que le peuple français connaisse sa position. Avant de lui demander des hommes et de l'argent, il faut qu'il sache les dangers qui le menacent. »

On continue la lecture.— « C'est de l'imminence de ces dangers que vous ferez sortir les mesures grandes et fortes qui sauveront la République. Il est trop vrai qu'un système fatal, et une prévention aveugle avaient écarté des places les hommes les plus capables de les bien remplir, et de maintenir la nation à la hauteur de ses destinées. Partout les administrations, composées d'hommes faibles, ont besoin d'être réorganisées. Une funeste influence a réagi sur les tribunaux; il n'est que trop vrai qu'au lieu de frapper les coupables du glaive de la loi, ils les ont, par une criminelle insouciance et une lâche faiblesse, enhardis au crime. Les brigands qui infestent l'intérieur ont reparu avec audace; l'assassinat commis à Rastadt a été pour eux le signal de recommencer leurs brigandages et leurs meurtres; organisés en bandes nombreuses ils ravagent à force ouverte les départemens du Midi et de l'Ouest. Par eux les acquéreurs de biens nationaux sont égorgés, les voitures publiques et les contributions pillées, les voyageurs arrêtés, les hommes connus par leur attachement pour la République, assassinés au sein de leur famille, dans l'intérieur de leurs maisons, et tous ces crimes se commettent au nom de l'autel et du trône. Dans plusieurs points, la guerre civile est sur le point de s'allumer.

»Une aveugle insouciance a fait fermer les yeux sur la formation d'une coalition nouvelle, elle a endormi sur ses progrès; elle a laissé nos magasins en proie au pillage, nos arsenaux dépourvus d'armes, nos armées dans le dénuement. Pendant les négociations de Rastadt, on a négligé le seul moyen de faire la paix, celui de se préparer à la guerre. Nous la soutiendrons cette guerre, avec courage, avec énergie, et encore une fois nous triompherons de nos ennemis. L'incohérent assemblage de leur coalition nous en donne la certitude; elle aura le même sort que la dernière.

»Nos frontières sont menacées; il faut lever des hommes, armer des bataillons, leur assurer la subsistance et les objets d'équipement; il faut en imposer aux ennemis du dedans par une armée formidable. Mais la rentrée des contributions est pénible; le trésor public n'en est pas suffisamment alimenté; les circonstances extraordinaires où se trouve la République exigent des secours extraordinaires. Le directoire doit vous le dire, il doit le dire à la nation; le corps politique est menacé d'une dissolution totale, si on ne se hâte de retremper l'esprit public. Nos maux sont grands, mais nos ressources sont plus grandes encore. Nos maux naissent de l'abandon que l'on a fait de tous les moyens; le remède à ces maux se trouvera dans la mise en œuvre de ces moyens.

»Le premier de tous, c'est l'énergie du peuple français, c'est son dévouement à la cause de la liberté. A votre voix, à la voix du directoire qui n'a qu'une même âme avec vous, la

France reprendra sa première attitude, la coalition nouvelle qui menace l'Europe sera vaincue; cette coalition sera la dernière, la France en triomphera. »

Le directoire termine en annonçant qu'au présent message se trouvent joints les rapports de divers ministres, contenant l'état de nos besoins, et l'indication des moyens nécessaires pour y faire face.

On réclame l'impression à douze exemplaires. — Adopté.

On demande le renvoi à la commission des onze..

Jourdan. « Le renvoi est inutile; la commission s'est occupée d'un travail relatif à cet objet, et tendant à vous proposer une nouvelle levée d'hommes et de fonds. Je demande au conseil la permission de lui faire part de ce travail. » — Adopté.

Jourdan. « Vous venez de l'entendre. Les dangers qui menacent la patrie sont grands, mais ses ressources sont immenses, il faut les déployer, il faut que le peuple français reprenne cette attitude fière, qui fasse respecter la liberté; il faut que les républicains se réunissent partout, et qu'ils opposent aux brigands un bataillon sacré qui les mette en fuite; il faut que la jeunesse française s'arme et vole aux combats; il faut que les citoyens dont les propriétés sont menacées paient de leur bourse. La commission vous propose un emprunt de 100 millions, et la mise en activité de tous les conscrits qui n'ont pas encore été appelés. »

Le rapporteur fait lecture d'un projet qui est adopté avec urgence, et dont voici les dispositions principales :

Les conscrits de toutes les classes, qui n'ont pas encore été appelés, sont mis en activité de service. — Ils seront organisés en bataillons et compagnies. — Il sera affecté pour ces objets une somme de 100 millions. — Cette somme sera remplie par la voie d'un emprunt sur la classe aisée des citoyens. — La cotisation de cet emprunt sera progressive. — Les domaines nationaux invendus sont affectés au remboursement de cet emprunt.

Sur la motion du même rapporteur, le conseil arrête : 1º Que la commission militaire fera incessamment un rapport sur l'organisation des nouveaux bataillons; 2º Que la commission chargée des recettes de l'an VIII fera un prompt rapport sur les moyens de réaliser l'emprunt des 100 millions, et d'en assurer le remboursement.

François de Nantes fait lecture d'une adresse au peuple français, sur les circonstances critiques où se trouve la République. Le conseil l'adopte et il en ordonne l'impression et l'envoi aux armées.

Marquézy. « Vous demandez aux Français de nouveaux sacrifices, vous leur demandez des hommes et de l'argent ; et vous ne leur avez encore donné aucune garantie contre les dilapidations nouvelles, qui pourraient rendre nuls ces sacrifices. Vous avez dénoncé l'ex-ministre Schérer, et je ne vois pas que cette dénonciation ait eu des suites, et que l'on ait pris aucune mesure contre cet homme. Je ne pousserai pas plus loin mes réflexions. Je demande la formation d'une commission spéciale pour s'occuper des trahisons qui ont amené la République au bord de l'abîme, et pour dénoncer les traîtres, et les faire poursuivre ; car je vois ici de grands coupables, qui ne sont pas de nature à être poursuivis pardevant les tribunaux ordinaires. »

— Cette motion n'eut pour le moment pas de suite. En effet, on renvoyait toutes les dénonciations à une commission, dite des cinq, qui ne tarda pas à faire son rapport. Cette motion fut le dernier mot de la séance permanente du 30 prairial.

L'activité des cinq-cents ne fut pas moindre après la levée de la séance ; ils décrétèrent que tous les congés, dispenses ou exemptions de service militaire, accordés depuis le 23 août 1793, étaient considérés comme non-avenus, et soumis à une révision sévère. Le 22 messidor, ils décrétèrent la loi connue sous le nom de *Loi des otages*. Comme cette loi est très-souvent indiquée dans les histoires de la révolution, sans autre indication que ce titre, nous croyons devoir la mettre sous les yeux de nos lecteurs.

CONSEIL DES CINQ-CENTS. — *Séance du 22 messidor.*

L'ordre du jour amène la discussion d'un projet sur la répression du brigandage et des assassinats, qui se commettent en haine de la République.

Brichet, rapporteur, après avoir prouvé, 1º que le système d'assassinats est lié aux projets des ennemis extérieurs; 2º que les ex-nobles et les parens d'émigrés sont les partisans et les fauteurs de ce système, propose de faire peser sur eux seuls toute la responsabilité des délits qui se commettent dans l'intérieur. En conséquence, il propose un projet en trente-neuf articles, dont le premier est conçu dans les termes suivans :

« Art. 1. Les parens d'émigrés, les ci-devant nobles, compris dans les lois des 3 brumaire an IV, et 9 frimaire an VI, les enfans majeurs des émigrés, et les aïeuls, aïeules, pères et mères des individus, qui, sans être ex-nobles, ni parens d'émigrés, sont néanmoins notoirement connus pour faire partie des rassemblemens ou bandes d'assassins, sont personnellement et civilement responsables des assassinats et brigandages commis dans l'intérieur en haine de la République. »

La discussion s'ouvre sur cet article. Rallier le combat. « Quand j'ai entendu, dit-il, qu'il s'agissait de rendre certains individus responsables j'ai cru que ce n'était qu'un accessoire du projet, et que l'on ne voulait tenir en état d'arrestation que les individus convaincus d'avoir trempé les mains dans les complots des assassins. (Murmures.) Cette mesure, dictée par un esprit de justice, paraissait être encore conforme à l'intérêt public. Mais je ne m'attendais pas que cette mesure serait la seule, et que des hommes seraient compromis, parce que le hasard de la naissance les a faits nobles; je ne m'attendais pas que l'on rapporterait la loi du 10 vendémiaire, sans y en substituer une autre.

» Examinons quels seront les effets des mesures proposées. Les campagnes sont infestées d'assassins; les uns pillent et assassinent, par un esprit de brigandage, les autres subordonnent leurs crimes à un plan de contre-révolution; ils emploient des moyens de terreur pour entraîner les habitans des campagnes, et même plusieurs ex-nobles et parens d'émigrés; mais parmi ceux-ci, combien n'en est-il pas qui repoussent avec horreur ces brigandages ? Combien n'en est-il pas qui, dans les armées, servent la République avec zèle et courage ? Est-il juste de les rendre responsables des crimes qu'ils n'ont pu prévoir ni empêcher ? ce serait augmenter la masse de nos ennemis. Le projet ouvre la porte à l'arbitraire : il est injuste, impolitique. Je demande que l'on ne mette en otage que les hommes convaincus d'avoir favorisé les assassins. »

Bardou-Boisquetin s'écrie : « Aux voix l'article ! »

Quelques voix. « Ce n'est pas appuyé. »

Berlier. « L'objet que l'on discute est de la plus haute importance ; il s'agit de protéger les républicains que l'on assassine, les deniers publics que l'on pille ; il s'agit d'arrêter le cours des brigandages, et les symptômes de la chouannerie qui se manifestent dans les départemens du Midi et de l'Ouest. Cet état de choses est cruel, il faut le faire cesser. Quand le mal est extrême, les remèdes communs sont de nul effet. Tout moyen d'arrêter les assassinats est essentiellement bon. La garantie des républicains doit se trouver dans l'intérêt même de leurs ennemis. Le projet soumis approche du but. On l'accusera d'être révolutionnaire et inconstitutionnel ; mais il tend, non à prolonger, mais à terminer la révolution. La Constitution n'a pas, il est vrai, créé deux classes de citoyens ; mais elle ne s'est point occupée de cet état de guerre intestine qui nous déchire. Pourquoi la loi ne suppléerait-elle pas à son silence ? Pourquoi ne frapperait-elle pas une classe qui fait bande à part ?

» Dans la transition difficile de l'ancien régime au nouveau, il est dangereux de s'attacher à des maximes qui n'ont d'application que dans un état de choses tranquille et consolidé, il n'est point nconstitutionnel de sauver la République. On se fonde sur la Constitution qui est étrangère à l'état de guerre où nous sommes, et moi je me fonde sur un état de guerre étranger à la Constitution. Ouvrez les lois des 3 brumaire et 9 frimaire, les nobles y sont désignés comme faisant une bande à part. La résolution actuelle, complétera la législation relative à ces individus. Les commissions militaires, jugent tous les jours les assassins des grandes routes, a-t-on jamais réclamé, en leur faveur, le bénéfice du jury établi par la Constitution? »

Ici l'orateur trace les grands avantages qui résulteront de la loi. « Si, dit-il, chaque fois qu'un assassinat sera commis sur un fonctionnaire, sur un défenseur de la patrie, sur un acquéreur de biens nationaux, vous exigez des otages de la classe des ex-nobles, alors toute la classe sera intéressée à prévenir, à empêcher les assassinats; l'intérêt personnel en cette circonstance contribuera merveilleusement à l'intérêt public. Les assassins eux-mêmes, liés pour la plupart par le sang et la naissance à la classe des ex-nobles, seront les premiers à cesser leurs brigandages. La loi pourra atteindre quelques citoyens estimables, mais quelle est la loi qui n'a pas cet inconvénient? La loi est générale, mais l'application n'en sera faite que par le corps législatif, et d'après les besoins locaux. La crainte de se la voir appliquer, maintiendra l'ordre dans certains départemens; l'application que vous en ferez à d'autres arrêtera les délits qui s'y commettent; ainsi votre but sera atteint.

» Mais pour ne pas confondre les individus qui ont donné des gages à la révolution, avec ceux qui en ont été les ennemis constans, je demande qu'une commission de cinq membres vous présente un projet sur le mode d'après lequel les ex-nobles seront admis à prouver qu'ils ont servi la cause de la révolution. »

Le conseil arrête la formation de la commission, et il ordonne l'impression du discours.

Combe attaque le projet comme injuste et impolitique, comme destructif de l'esprit public, favorable aux brigands et rappelant la féodalité.

Après l'avoir entendu, le conseil adopte le projet, dont voici les articles principaux.

» 2. Quand un département ou un canton est notoirement en état de troubles civils, le directoire exécutif propose au corps législatif de le déclarer compris dans les dispositions de la présente.

» 5. Les administrations centrales sont autorisées à prendre des otages dans les classes ci-dessus désignées, dans les communes, cantons et départemens, où les troubles nécessiteront cette mesure.

» 4. Les otages seront établis à leurs frais, dans un même local, dans les chefs-lieux de département, sous la surveillance des administrations centrales et municipales, et des commissaires du directoire près ces mêmes administrations.

» 5. Les otages, qui, dans les dix jours de l'avertissement, ne se rendront pas au lieu indiqué par les administrations, ou qui s'en évaderont, seront assimilés aux émigrés, considérés et traités comme tels, sans néanmoins que leurs parens soient assimilés aux parens des émigrés.

» 6. Sont exceptés des dispositions ci-dessus, les ci-devant nobles et parens d'émigrés, qui ont constamment rempli des fonctions publiques à la nomination du peuple, ou qui sont dans les exceptions prévues par les lois des 3 brumaire an IV et 9 frimaire an VI.

» 7. Les administrations centrales dresseront, dans le mois de la publication de la loi qui indiquera les départemens où la présente loi sera applicable, en conformité de l'article 3, une liste de tous les individus assujettis à la garantie personnelle et civile, consacrée par l'article 1er.

» 8. Les administrations centrales comprendront sur cette liste tous les individus dénommés au premier article, domiciliés dans leurs arrondissemens respectifs, antérieurement au 1er septembre 1791. (V. st.)

» 9. Si un citoyen qui a été, ou qui est fonctionnaire public, si un défenseur de la patrie, si un acquéreur de domaines nationaux est assassiné, le directoire exécutif, après avoir consulté les administrations centrales, est chargé de faire déporter hors le territoire de la République, dans les deux décades de l'assassinat, quatre otages par chaque individu assassiné, pris en premier lieu parmi les parens nobles d'émigrés, secondement parmi les ci-devant nobles, et successivement parmi les parens des individus faisant partie des rassemblemens.

» 10. Le séquestre sera apposé sur les biens des otages déportés, et tiendra jusqu'à l'accomplissement des condamnations portées contre eux, et jusqu'à la représentation d'un titre légal portant qu'ils subissent leur déportation.

» 11. L'infraction de la déportation sera assimilée, pour tous les effets, à l'émigration.

» 12. Indépendamment de la peine de déportation, les individus dénommés en l'article premier seront respectivement, dans chaque département, civilement et solidairement responsables d'une amende de 5,000 fr. par chaque individu dénommé dans l'article 9, assassiné, soit isolément, soit dans une action, ou de quelque autre manière que ce soit ; les biens des otages déportés seront sujets à ladite indemnité.

» 13. L'amende de 5,000 fr. sera payée dans les quinze jours, pour tout délai, qui suivront l'assassinat, et versés dans la caisse du receveur-général.

» 14. Outre l'amende de 5,000 fr. versée au trésor public, lesdits individus énoncés en l'article 1er seront civilement et solidairement garans et responsables d'une indemnité, qui ne pourra être moindre de la somme de 6,000 fr. en faveur de la veuve, et de 3,000 fr. pour chacun des enfans de la personne assassinée.

» Les citoyens mutilés, désignés dans l'article 9, qui survivront à leurs blessures, auront droit à une indemnité, qui ne pourra être moindre de 6,000 fr.

» Les indemnités ci-dessus seront acquittées dans les dix jours qui suivront l'arrêté de l'administration centrale.

» 15. Les individus compris dans l'article 1er sont également, civilement et solidairement responsables, soit envers la République, soit envers les particuliers, de tous les vols, enlèvement des récoltes, exaction des fermages des propriétés, des spoliations de deniers publics, ainsi que des dégradations et pillages exercés sur les propriétés.

» 16. Les indemnités seront réglées par les administrations centrales dans les dix jours qui suivront le délit, et acquittées dans les quinze jours suivans ; elles seront équivalentes aux objets pillés, volés ou dévastés, et en outre à une amende au profit du trésor public, égale à la valeur desdits objets.

» 17. Les individus non compris en l'article 1er, qui seront convaincus d'avoir donné retraite à un émigré, à un prêtre déporté rentré, ou sujet à la déportation, ou aux assassins, ou d'avoir protégé et favorisé les projets des bandes d'assassins, seront considérés comme émigrés, et comme tels traduits devant une commission militaire, et condamnés à la peine de mort.

« Cette loi ne sera exécutée que jusqu'à la paix générale. »

— Cette loi révolutionnaire ne plut pas à la majorité des anciens. Lorsqu'elle leur fut apportée, le 24 messidor, on demanda d'une part qu'elle fût mise aux voix, et de l'autre qu'elle fût ajournée. « Ajournez donc aussi, s'écria Jourdain, les assassinats qui se commettent dans l'Ouest! ajournez les fléaux qui couvrent de sang et de ruine une terre qui doit appartenir à la liberté! » Cette vive interpellation et l'observation plus calme de Moreau de l'Yonne, déterminèrent le conseil à sanctionner la résolution, séance tenante.

Le même jour, Montellin, au nom de la commission des cinq, fit aux cinq-cents un rapport sur les dénonciations qui leur avaient été adressées contre les ex-directeurs et les ex-ministres. Il déclarait que Merlin, Treilhard, Rewbel, Laréveillère-Lepaux, Schérer et François de Neufchâteau, étaient dénoncés : 1° comme auteurs et complices d'une conspiration qui avait mis la République dans le plus grand danger; 2° comme ayant déporté dans les déserts de l'Arabie quarante mille hommes formant l'élite de notre armée, le général Bonaparte, etc.; 3° comme ayant pillé les arsenaux, vendu à vil prix les armes et effets d'habillement et d'équipement; 4° comme ayant, par la force des armes, renversé la Constitution cisalpine, qui avait été garantie par le corps législatif; 5° comme coupables d'attentats à la souveraineté du peuple, en influençant par l'intrigue, les menaces et la force, les élections du peuple, etc. — Le rapporteur proposa ensuite de renvoyer les accusés devant la haute-cour, qui avait jugé Babeuf et ses co-accusés.

Le public, instruit que ce rapport devait avoir lieu le 24 thermidor, était accouru et se pressait dans les tribunes; il s'attendait à des débats curieux; mais son attente fut trompée, la chambre se forma en comité secret. Rewbell, instruit comme le public, prenait en même temps la parole aux anciens, et cherchait à intéresser le conseil à son sort. Il disait que c'étaient les royalistes qui l'accusaient, que les libelles diffamatoires dont il était comme accablé étaient leur ouvrage et celui du cabinet de Saint-James; il jurait qu'il n'avait point exilé Bonaparte, que l'expédition d'Égypte avait été proposée et demandée par ce général; enfin il en appelait à la justice, au sang-froid et à la raison de ses collègues.

Cependant on était effrayé, dans les salons de la capitale, de la marche que prenaient les cinq-cents, et l'on feignait de l'être plus que l'on ne l'était réellement. On craignait, disait-on, le retour de la terreur, le régime de 93, les échafauds, etc. C'était la passion et la haine, plus que la sagesse et le patriotisme, qui conduisaient les députés. Quelques journaux se firent les échos de ces bruits, et répandirent ces mensongères alarmes dans le public. En peu de jours, ce bruit acquit assez de force; on en trouvera la preuve dans la séance suivante.

CONSEIL DES CINQ-CENTS. — *Séance du 26 messidor, an 7.*

La séance de ce jour est consacrée à la célébration de la fête anniversaire du 14 juillet. La musique du Conservatoire exécute l'entrée de Panurge; le président prononce un discours dans lequel il trace le tableau de la chute de la Bastille, et des suites qui en ont été le résultat; il rend grace au génie de la liberté, qui nous a délivrés des maux sous lesquels la France a gémi pendant la tyrannie et les réactions, et qui nous a préservés des nouveaux malheurs qui nous menaçaient; puis il termine ainsi :

« Généreux et magnanimes dans la prospérité, nous serons grands dans les revers. Nous reprendrons une attitude redoutable, nous repousserons la dernière coalition des rois. La nation qui proclama la République, lorsqu'elle avait l'ennemi à quarante lieues de Paris, ne peut devenir la proie des barbares du nord, ni des assassins de l'Autriche. A d'indignes magistrats, descendus de leur chaise curule, ont succédé des hommes dignes de toute notre confiance. L'indépendance des pouvoirs assurera leur harmonie. La liberté de la presse, rétablie de fait, dévoilera au grand jour les dilapidations et les dilapidateurs, les trahisons et les traîtres. Les prétentions du prétendant seront encore une fois inutiles; un emprunt sur les riches réparera nos désastres, l'ordre et l'économie en empêcheront le retour, la responsabilité ne sera plus un vain mot; les patriotes seront replacés à la tête des armées et des administrations. Déjà, de toutes parts, les républicains français s'ébranlent, s'organisent en bataillons. Bataves, Helvétiens, Cisalpins, Romains et Liguriens, vous reverrez les Français, non ces hommes qui vous ont indignement pillés et traités, au nom de la nation française, mais les véritables Français; vous les reverrez pour assurer votre liberté, votre indépendance, et pour resserrer avec vous les liens d'une amitié et d'une alliance éternelle.

» Honneur au 14 juillet! vive à jamais la République! »

Ces dernières paroles sont répétées avec enthousiasme par tous les représentans.

La musique exécute différens airs patriotiques.

Talot. « Dans la fête mémorable qui nous rassemble aujourd'hui, je demande à repousser avec indignation un bruit injurieux que la malveillance affecte de répandre. On dit que les deux conseils doivent se réunir en Convention nationale. Je viens détruire ce bruit. Nous avons juré la Constitution de l'an III; fidèles à nos sermens, nous saurons la maintenir. »

A ces mots, un enthousiasme général s'empare de l'assemblée. Tous les membres se lèvent et s'écrient à la fois: *Vive la Constitution de l'an* III !

L'orateur reprend : « Le généreux élan qui vient de se manifester rassurera les amis de la liberté; il leur apprendra qu'aucun triumvir, aucun dominateur ne planera désormais sur nos têtes, ni sur le peuple français; que la jeunesse vole aux frontières; qu'elle s'anime au combat où l'attend la gloire; tandis qu'elle défendra la République au-dehors contre les rois coalisés, nous saurons la maintenir au-dedans. Français, rassurez-vous, nous n'aurons point de Convention. J'en jure par vos représentans; j'en jure par vous-mêmes et par nos sermens, la Constitution de l'an III sera respectée et observée religieusement. »

Oui! oui! s'écrie-t-on de nouveau de toutes parts. — Le conseil ordonne l'impression. La musique exécute l'air : *Ça ira.*

Lucien Bonaparte. « J'émettrai ici les idées qui depuis longtemps oppressent mon cœur. Le 30 prairial, vous avez détruit la tyrannie qui pesait sur la France; vous avez juré de rendre au peuple sa liberté, son indépendance, le libre exercice de ses droits, et de respecter la Constitution. Pour tenir vos sermens, il faut vous diriger par vous-mêmes et vous garer de ces impulsions étrangères, par lesquelles on voudrait vous faire passer la ligne constitutionnelle... (*Bravo! bravo!* s'écrie-t-on de toutes parts.) Oui, il existe un petit nombre d'hommes qui voudraient nous faire dépasser cette ligne constitutionnelle; et les amis des rois le désirent aussi, parce qu'ils espèrent qu'en nous rejetant dans toutes les horreurs de l'anarchie ils nous feront périr dans les convulsions d'une révolution nouvelle. Non, citoyens représentans, non, peuple français, plus d'échafauds, plus de terreur, plus de régime exécrable de 93... » A ces mots, tous les représentans se lèvent et s'écrient : *Non, non, jamais!*

« Le 30 prairial, vous avez renversé le plus vil comme le plus odieux triumvirat. Mais rappelez-vous que les plus belles journées ont eu des suites auxquelles ne s'attendaient pas ceux qui les ont faites. Les journées des 9 thermidor et 18 fructidor furent l'ouvrage des sentimens généreux d'indignation et de liberté qui animèrent leurs auteurs. Mais des hommes lâches dans le danger, exaltés après la victoire, s'emparèrent de ces journées, ils s'en approprièrent les fruits; la première nous a amené la réaction, et la seconde le 22 floréal. Les suites du 30 prairial eussent été aussi désastreuses, sans l'attitude que vous avez prise. Mais les dangers ne sont pas encore passés; hâtez-vous de poser tout de suite une digue au torrent devastateur qui menace de couvrir encore la France d'ossemens et de débris. Vous avez juré la Constitution ; mais la colonne sur laquelle elle est posée dans cette enceinte (1) ne sera point un billot sur lequel on immole une victime.

» Au gré de certaines gens, le corps législatif marche trop lentement. Je partage leur impatience, et je désirerais que les traîtres, les dilapidateurs fussent promptement, sévèrement punis. Mais si nous allons si vite, nous allons entraver la marche du directoire. Il faut lui laisser toute sa force constitutionnelle ; il en a besoin pour faire le bien et pour vous aider à le faire vous-mêmes. Sans doute il ne faut pas qu'il pèse sur nous ; mais il ne faut pas non plus que nous pesions sur lui ; et de ce qu'il ne chasse pas ses agens, sur les dénonciations de tel journal, il n'en faut pas conclure qu'il conspire lui-même, qu'il favorise les traîtres et les conspirateurs. Il écoute les justifications des hommes inculpés ; il les examine, il les pèse dans sa sagesse, il en a le droit ; car ni lui non plus ne doit être esclave.

» Je demande qu'en cet instant nous renouvelions le serment, qu'il ne sera porté aucune atteinte à la Constitution de l'an III. »

A ces mots, tous les représentans se lèvent et prononcent le serment.

— Ces bruits, contre lesquels était dirigé la motion de Lucien, avaient pris corps aux yeux du public par la fondation de la *Société des amis de l'égalité et de la liberté*, plus connue sous le nom de société du Manége. Il fallait qu'il y eût alors une bien vive susceptibilité dans le public, ou une activité bien grande de la part des anti-républicains, puisque la première séance de ce club avait eu lieu seulement le 18 messidor, c'est-à-dire quelques jours à peine avant la séance dont nous venons de rendre compte. Les premières réunions de cette société eurent lieu dans la salle qu'avait occupée au manége, auprès du jardin des Tuileries, l'assem-

(1) Le livre de la Constitution était posé sur une colonne de marbre, au milieu de la salle.

blée législative et la Convention, avant d'aller s'installer dans le palais des Tuileries; de là lui vint le nom de société du Manége. Elle était formée d'un noyau composé d'une centaine de députés appartenant en grande partie aux cinq-cents, et d'un grand nombre de patriotes les plus actifs de Paris, parmi lesquels on remarquait beaucoup de gens qui avaient appartenu à l'ancien club du Panthéon. Nul doute que la présence de ceux-ci ne prêtât grandement aux rumeurs que l'on s'empressa de répandre, et ne contribuât à donner à ces bruits l'apparence de la vérité. Ils avaient appelé leurs présidens des noms de régulateur et de vice-régulateur, noms étranges et qui semblaient annoncer des prétentions. On disait en effet que malgré la loi qui défendait aux sociétés politiques de correspondre et de s'affilier, ceux-ci avaient établi une affiliation et une correspondance secrète avec tous les clubs de la République. Cependant, la société du Manége, après s'être organisée dans sa première séance, inaugura, à la seconde, le local qu'elle avait choisi, en plantant un arbre de la liberté. A la troisième, un attroupement de *la jeunesse incroyable* se forma aux avenues de la salle et dans les Tuileries; les sociétaires furent insultés, on se battit, et la garde nationale intervint pour dissiper l'attroupement. A la quatrième séance, même tumulte; mais la jeunesse dorée fut repoussée avec une violence qui l'écarta pour toujours. Ce ne fut pas seulement la force armée qui intervint; mais le peuple lui-même qui poursuivit et maltraita les émeutiers à titre de royalistes. Quelques jeunes gens furent arrêtés. Qui n'aurait cru, d'après cet appui public donné gratuitement à ce club, qu'il était protégé par le gouvernement. Cette opinion fut sans doute celle des membres de la société; aussi, soit imprudence, soit besoin d'épancher des sentimens depuis long-temps comprimés, ils en appelaient chaque jour aux mesures les plus énergiques; ils firent plus, ils firent l'éloge de Romme, Soubrany, Goujon, Bourbotte, et même de Babeuf et des insurgés du camp de Grenelle; ils rédigèrent des adresses au directoire, aux ministres; ils s'appelaient frères et amis; ils disaient, dans une adresse au ministre de l'intérieur et en parlant d'eux-

mêmes : « Le peuple français, frère et ami, s'est constitué en co-
» mité de défense générale contre les rois, les vices et les cri-
» mes, etc. » Ils avaient successivement pour régulateurs ou vice-
régulateurs, Destrem, Drouet, Moreau de l'Yonne, Dessaix, etc.
Le compte rendu de leurs séances fut publié dans le *Journal des
hommes libres*. En un mot, leurs apparences rappelaient celles de
la société des Jacobins. Pour marcher sûrement au même but,
il eût fallu, au contraire, se revêtir d'apparences toutes différentes.
Ils n'eurent point autant de prudence; aussi Siéyès les vit-il,
dès le premier jour, de mauvais œil; il en fut de même du conseil
des anciens.

La majorité du conseil des anciens se prêtait avec peine à la
marche que suivaient les cinq-cents. Sa dignité ou plutôt la vanité
de ses membres était depuis long-temps blessée du rôle auquel
il était réduit; les anciens se voyaient avec peine traînés à la suite
de leurs jeunes collègues, et réduits, selon leur expression, à
jouer le rôle d'une machine à décréter. Soit donc esprit de
corps, soit plus encore, crainte exagérée des excès, les anciens se
montraient disposés à attermoyer à l'occasion de toutes les résolutions de l'autre chambre. Ils acceptaient toutes celles qui n'avaient
en quelque sorte qu'une portée administrative, comme celles relatives aux contributions, à l'organisation militaire, etc., ils ajournaient ou rejetaient toutes celles qui tendaient à placer les citoyens
dans un régime autre que celui fixé par les lois du 18 fructidor.

Quant au directoire, la majorité était sous l'influence de
Sièyes. Moulins et Gohier, qui en formaient la minorité, n'étaient
point capables de deviner les vues de leurs collègues, ni de les
déjouer; à peine savaient-ils même qu'ils n'étaient pas dans la
pensée de la majorité. Ils ignoraient sans doute que Sièyes avait
fait des démarches pour faire nommer à leur place deux hommes
qui n'étaient rien moins que républicains, rien moins que moraux,
Talleyrand et Cambacérès. Le nouveau ministère était fort mêlé.
C'était Cambacerès pour la justice, Quinette pour l'intérieur,
Reinhard pour les relations extérieures, Robert Lindet pour les
finances, Bernadotte pour la guerre, Bourdon pour la marine,

et enfin Bourguignon pour la justice. Ce dernier fut bientôt remplacé par Fouché de Nantes. Les républicains n'avaient point de confiance dans Reinhard, qu'ils considéraient comme une créature de Talleyrand et son prête-nom; ils attaquèrent très-vivement, au club du Manége, Bourdon et Fouché de Nantes. Bernadotte, au contraire, se concilia l'estime par les mesures énergiques qu'il dicta pour la réorganisation de l'armée; il fit remettre Championnet en liberté; il fit poursuivre à outrance les dilapidateurs; l'un d'eux, nommé Jourdain, fut même condamné à mort par une commission militaire à Paris. Il fit publier des arrêtés qui ordonnaient que ceux qui rendraient une place avant d'avoir épuisé tous les moyens de défense seraient traduits devant un conseil de guerre. Il pressait les administrateurs par des avis et des lettres que les journaux rendaient publiques; il activait par tous les moyens la levée de la conscription qui devait remplir les cadres affaiblis de l'armée active; et leur former une réserve.

Le conseil des cinq-cents n'était pas moins actif. Le 1er thermidor, il vota le texte de la loi de l'emprunt forcé imposé aux riches. Il commença, le 2, à discuter un projet d'organisation pour la garde nationale sédentaire. Le 4, Beaudet proposa de retrancher du serment exigé des officiers de la garde nationale, le mot *anarchie*. Le général Jourdan reproduisit cet avis le lendemain. La discussion fut vive; mais, le 8, le parti républicain l'emporta. La marche des anciens était toute différente. Pendant que chez leurs collègues on semblait s'occuper d'ôter tout prétexte d'attaquer les hommes qui se réunissaient dans la salle du Manége, ceux-ci au contraire se faisaient l'écho des craintes que l'on témoignait à leur égard, et des accusations qu'une partie de la presse publiait chaque jour.

Nous lisons dans le *Journal des Hommes libres* du 5 thermidor : « Tout ce qu'il y a d'ennemis de la République dans Paris (et ils sont nombreux), cette foule d'émigrés, de voleurs, de fournisseurs qui y abonde, ont, depuis huit jours, usé tous les moyens et distribué près de 500,000 francs, déposés à cet effet chez un banquier que nous *nommerons*, pour obtenir, soit du directoire, soit du conseil des cinq-cents, soit enfin du conseil des anciens, que le local où se rassemble la *réunion patriotique* lui soit retiré. Ce local se trouve sous la police immédiate du corps législatif. Les démarches de ces messieurs se trouvant infructueuses, ils se sont imaginé de charger un grand nombre de leurs agens de répandre le bruit que le conseil des anciens ne voulait pas permettre que les républicains se réunissent dans l'enceinte dont il a la police, etc. » L'article se terminait par la citation d'un passage d'un journal où l'on annonçait que le 2, les anciens avaient retiré le Manége à la société républicaine. Ce conseil était ainsi mis en demeure d'agir, et l'on disait que Talleyrand et Rewbell étaient les meneurs de ce petit mouvement réactionnaire. Quoi qu'il en soit, le conseil craignait la publicité ; il fit faire des insinuations aux clubistes du Manége que ceux-ci repoussèrent et firent connaître. « Citoyens, dit le 7 thermidor à la société du Manége le rapporteur d'une commission, il y a quelques jours, un citoyen, non revêtu d'un caractère officiel et se disant envoyé par la commission des inspecteurs de la salle du conseil des anciens, est venu proposer à quelques-uns de nos membres de se retirer de ce local.— Vos commissions, voulant se montrer dignes du caractère que vous leur avez imprimé, ont cru être les interprètes de tous les républicains réunis dans cette enceinte en vous proposant de faire la déclaration suivante : « Les républicains, amis de l'égalité et de la liberté, réunis en société, s'occupant de questions politiques, convaincus que l'abandon du local dans lequel ils ont été *invités* à s'assembler par des membres du conseil des anciens, serait le signal de la réaction et de l'égorgement des patriotes sur tous les points de la République, déclarent qu'ils ne se retireront de ce local que lorsqu'ils y seront légalement contraints. » La proposition fut applaudie, et acceptée à l'unanimité. Cette déclaration fut imprimée et affichée. — Passons à la narration de la séance qui eut lieu le lendemain aux anciens.

CONSEIL DES ANCIENS. — SÉANCE DU 8 THERMIDOR AN 7.

Les membres de l'administration centrale de la Seine expriment dans une adresse leurs civiques dispositions. En garde, disent-ils, contre les perfidies du royalisme qui cherche à semer la division, nous sommes convaincus que la République ne peut exister que par les républicains, et que la sagesse ne peut être désormais que dans l'énergie.

Au nom de la commission des inspecteurs, Cornet prend la parole : « C'est un droit, dit-il, qu'on ne peut plus mettre en question, que celui qu'ont les citoyens de se réunir, droit qui dérive des facultés de l'homme et de sa perfectibilité morale. Aussi la Constitution, en le consacrant, n'a-t-elle fait que le régulariser et prévenir ses écarts. Par le moyen des sociétés patriotiques, l'esprit républicain se ranimera, et l'étincelle électrique partant de cette tribune se communiquera dans toutes les parties de la France. Tous les citoyens jouiront de leurs droits, ainsi que vous l'avez manifesté dans votre dernier comité secret.

» Mais votre police ne pouvant s'étendre sur un grand nombre de citoyens, tels que ceux qui se réunissent au Manége, votre commission se voit forcée de vous proposer le projet d'arrêté suivant : 1° Aucune société, s'occupant de discussions politiques, ne peut tenir ses séances dans l'enceinte sur laquelle le conseil des anciens exerce la police; 2° La commission des inspecteurs est chargée de l'exécution du présent arrêté. » — Le conseil adopte le projet à la presque unanimité.

Courtois. « Nous célébrons demain cette époque mémorable où s'écroula le pouvoir sanglant du décemvirat. Si la révolution du 9 thermidor s'était arrêtée là, si ses passions ne s'en étaient pas emparées, nous n'aurions pas à gémir sur d'autres malheurs publics. La réaction confondit tout dans ses fureurs, elle vengea le sang par le sang; et tel fut son délire qu'elle confondit avec les bourreaux les hommes courageux qui avaient voulu réparer les maux de la France, et qui avaient séché tant de larmes. Des factions succédèrent à des factions. Endormies tour à tour, jamais éteintes, au lieu d'être comprimées par ceux qui avaient l'importante mission du gouvernement, elles furent trop souvent le ressort de leur tyrannie.

» Quelles réflexions cruelles font naître les symptômes qui nous environnent? Tant de leçons seront-elles perdues? Où donc des hommes audacieux voudront-ils s'arrêter? Si les lois n'offrent au crime que des digues impuissantes, que faisons-nous ici? abandonnons nos chaises curules. N'y a-t-il donc pas eu assez de bourreaux, assez de victimes, assez d'hécatombes? Certes, il est loin de mes intentions de vouloir réveiller le royalisme, mais aussi quelques hommes n'auront-ils des yeux que pour ne point voir, des oreilles que pour ne point entendre? Fussé-je le seul menacé par lui, je le démasquerai ce parti qui s'élève dans nos murs, ce parti qui se nourrit de troubles, qui s'abreuve de larmes, parti qui prêche sans cesse le bonheur commun, comme s'il pouvait consister dans toute absence d'ordre public, dans un renversement absolu de la morale.

» Les Hébert, les Ronsin viennent de renaître; les héritiers de Babeuf se sont déjà signalés, et les nommer, serait annoncer leurs projets et leurs crimes. Non, il n'est pas plus dans la nature du tigre de boire du sang qu'il ne l'est dans celle de ces hommes de conspirer et de répandre les ravages.

» Calomnie, lâcheté, perfidie, voilà leurs moyens ordinaires. Offrirons-nous le spectacle d'une peuplade qui ne sait où aller? Déjà nous avons essayé trois constitutions. Celle que nous avons aujourd'hui peut avoir des défauts, mais ce n'est là qu'un prétexte pour vos ennemis domestiques. Quel que fût l'ordre des choses, fût-ce même le code anarchique de 93, ils l'auraient bientôt relégué dans un coin, ainsi qu'ils l'ont déjà fait pour y substituer le régime révolutionnaire.

» Déjà s'est découvert une commission d'instruction de trente-neuf membres, une autre plus secrète, et c'est ainsi que les projets désorganisateurs vont se perdre dans la nuit du mystère. Le directoire offusque; on veut le renverser, et on a demandé la tête de deux de ses membres. Où les trois autres deviendraient des esclaves, ou on les forcerait de donner leur démission; et le corps législatif lui-même, soumis à une épuration, serait bientôt réduit à une honteuse impuissance. »

Ici l'orateur développe le système de la société du Manége. « Payer, dit-il, quelques malheureux pour assister à la séance, proclamer des listes où se trouvent des noms de deux cent cinquante représentans du peuple, tel est le prélude de sa marche rapide à la tyrannie. Après le directoire et les conseils, on épurera les administrations; on remontera au 9 thermidor, et bientôt jusqu'au club de la Sainte-Chapelle pour rendre plus vaste le champ des nouvelles proscriptions.

» Le droit de s'assembler n'est pas sans doute celui de conspirer. Nous respecterons les réunions qui ont pour but de propager les lumières, de consoler les vertus, d'honorer l'humanité, mais nous ne voulons plus d'échafauds ni de massacres. »

L'orateur ayant peint aux nouveaux représentans les dangers qui les environnent, et les ayant invités à ne point abandonner les fruits des journées de prairial, et à ne point souffrir que le peuple français ne fasse que changer de tyrannie, il continue en ces termes :

« L'esprit public allait se réveiller, les cœurs s'ouvraient à l'espérance, et tout à coup notre situation politique a changé.

» A quel titre exigerions-nous des sacrifices de la part du peuple français, car il lui faut enfin des compensations, il lui faut une garantie de conserver ce qui lui reste. Pourquoi féconderais-je mon champ, si les fruits ne doivent point m'en appartenir; ou mon commerce, si les bénéfices ne m'en sont point assurés? Vous voulez que je repousse les hordes étrangères, et vous ne savez pas garantir mon existence dans l'intérieur! De deux ennemis qui me menacent, le plus près est pour moi le plus dangereux, et je veux avant tout garantir mes amis, ma femme et mes enfans.

» On ne peut s'attacher à une patrie où l'on ne marche que sur des volcans, où l'on vit sous l'empire des bourreaux, et le gouverné ne doit au gouvernant qu'en raison des bienfaits qu'il en reçoit. La terreur annonce ou l'impuissance, ou la tyrannie, et l'une et l'autre sont odieuses. Amis de la République, rassurez-vous. Deux fois dans un siècle, deux fois dans six ans, les mêmes crimes ne sauraient se renouveler, et nous périrons tous plutôt que de voir se rétablir l'épouvantable terreur.

» Plus d'exagération dont les temps sont passés : sagesse dans la conduite, accord des pouvoirs, responsabilité effrayante aux yeux de la postérité qui ne jugera pas même les intentions, mais les effets. » C'est par ce tableau que l'orateur termine un discours dans lequel il avait pour but, dit-il, d'inviter ses collègues à se prémunir contre les piéges qu'on leur tend, à se rallier à la Constitution, dans laquelle seule ils peuvent trouver le port du salut.

On demande l'impression et la distribution à six exemplaires.

Savary. « Si l'orateur avait des preuves à la main, des faits précis, j'appuierais l'impression. Que les coupables, s'il y en a, soient punis. Instruisez le directoire de la dénonciation qui vous est faite ; mais qu'avec les expressions de buveurs de sang, sous lesquelles on a confondu les meilleurs républicains, on ne vienne pas rendre des armes à la réaction, et préparer de nouveaux malheurs.

» Il y a seulement quelques jours que vous avez manifesté des intentions différentes, et vous avez provoqué, accueilli ces réunions que l'on injurie aussi gratuitement devant vous. Qu'il soit donc nommé une commission, et que, cessant d'être ballottés par des opinions particulières, vous preniez une détermination d'après son rapport, et plus encore d'après vous-mêmes. »

L'opinant est combattu par Regnier, qui pense qu'il faut rassurer le peuple français sur les projets désastreux qui se méditent dans l'ombre. « Nous saurons, dit-il, comprimer le royalisme et l'anarchie, prévenir les abus des dénominations qui rappellent tant de massacres. Mais la patrie est en ce moment menacée, le peuple est dans la plus vive inquiétude, et je vote contre la commission. »

Lavaux. « Un auteur, qui n'était pas républicain, a dit que le délire de la patrie avait quelque chose d'admirable. On doit avouer qu'il était loin de penser comme quelques-uns de vos orateurs. Vous a-t-on cité des faits précis? Qu'on me dise où sont les dangers? Ces sociétés patriotiques, sur lesquelles on vient de répandre le fiel, ne les avez-vous pas vous-mêmes appelées? On a eu raison de vous dire qu'il y avait déjà une liste de deux cent cinquante représentans du peuple sur la liste des citoyens réunis au Manége. Certes, je m'honore de me trouver de ce nombre. Quels sont donc leurs écarts et leurs crimes? Ne prêtent-ils pas le serment de fidélité à la Constitution de l'an III? Ne jurent-ils pas aussi de sauver la patrie? Le discours de notre collègue Courtois peut contenir de bonnes choses; il ne faut pas pour cela répandre le venin diabolique qu'il contient, car il deviendrait bientôt le germe de nouvelles calamités. Je vote contre l'impression. »

On demande que la discussion soit fermée. Une vive agitation se manifeste; Moreau de l'Yonne invite ses collègues à se garder de toutes espèces d'animosités et ramène le calme dans le sein du conseil.

Duffaut pense que cette discussion doit être l'objet d'un comité secret, et demande que le conseil s'y forme sur-le-champ.

« J'appuie la proposition, dit Garat, non-seulement comme raisonnable, mais même comme indispensable. Voudriez-vous ne pas prendre la connaissance la plus exacte des faits qu'on vous dénonce? Dans une commune où siégent les premières autorités, ne devez-vous pas prévenir les dangers dont on vous environne? Vos ennemis vous entendent; ils recueillent vos délibérations, et se mettront en mesure. Le message au directoire est inutile; car, d'après des projets aussi désastreux, notre collègue Courtois n'aura pas manqué, sans doute, d'instruire le directoire.

» Qu'il me soit permis, à mon tour, de dire mon sentiment sur les réunions dont il s'agit. Jamais je ne me suis trouvé dans aucune. Reconnaissant des grands services qu'elles ont rendus à la patrie, j'ai toujours craint les désorganisateurs, et l'étranger surtout, qui, se glissant au milieu d'elles, vient, en les portant à des excès, empoisonner leur influence bienfaisante. En 90, 91 et 92, elles rendirent des services signalés à la liberté publique.

Suivez leur marche sous Robespierre : les membres qui les composaient n'étaient plus que des satellites ; et dès que le tyran en proscrivait un à la tribune, trente ou quarante d'entre eux allaient saisir la victime. Mon opinion n'est pas moins favorable aux sociétés qui se renferment dans les limites constitutionnelles. »

Chassey. « On vous demande des faits, en voici ; je les ai entendus (Murmures). Veut-on feindre de les ignorer ? Ou vous allez à la réunion du Manége, ou vous lisez les journaux qui rendent compte de ses séances, et je vous demande s'il doit y avoir un président et des secrétaires. S'il n'y avait point d'affiliation et de correspondances, y rendrait-on compte de ce qui se passe à Toulouse, Marseille et ailleurs ? On nomme des commissions ; on entend des rapports, et, au lieu de citoyens qui peuvent se réunir comme individus, pour s'éclairer mutuellement, vous n'y trouverez qu'un corps délibérant. Dernièrement on invitait chaque membre à donner des notes sur les employés qui ne convenaient pas. Le directoire est lui-même circonvenu ; les nominations se font d'avance, et on les met ainsi dans quelques journaux. Un des orateurs y parla même de telle sorte de nos affaires avec la Prusse et la Hollande, qu'on fut obligé de le rappeler à l'ordre. Voilà des faits. »

Lavaux venge la réunion de ce que l'on envenime ainsi sa conduite, en transformant en arrêté une simple invitation relative à des employés contre-révolutionnaires. Quand on pourrait lui reprocher quelques fautes, n'entend-on pas tous les jours au conseil des anciens que telle résolution prise au conseil des cinq-cents, dont les intentions républicaines ne sont pas douteuses ; que telle résolution, dis-je, est inconstitutionnelle ? Pourquoi donc jugeriez-vous plus sévèrement les membres de la réunion du Manége ? »

On demande que la discussion soit fermée, et le conseil la termine en adoptant la proposition de Duffaut ; et il se met sur-le-champ en comité général.

— La décision du conseil des anciens fut notifiée le lendemain aux sociétaires du Manége. Ceux-ci s'occupèrent aussitôt de trouver un autre local. La municipalité du dixième arrondissement mit à leur disposition le Temple de la Paix. On avait donné ce nom à une ancienne église des *Jacobins*, située rue du Bac. Aussitôt la commission du club patriotique fit annoncer par affiches, dans Paris, et la notification qui lui avait été faite au nom des anciens, et le changement de domicile de la société.

Ce jour même, le 9 thermidor, les cinq-cents donnaient lieu d'observer la différence d'esprit qui les animait. Ils oubliaient de fêter cette date anniversaire de la chute de Robespierre; bien plus, ils avaient décidé la veille qu'ils continueraient leurs travaux, ce jour-là même, comme à l'ordinaire. La minorité fit entendre de vives réclamations; on argumenta de la loi qui avait ordonné que cet anniversaire fût fêté par toutes les autorités. On nia qu'on eût pris, la veille, une décision contraire. Enfin, on dit que le président n'avait pas son discours prêt, et l'on leva la séance après avoir décidé que la célébration aurait lieu le lendemain; ce qui eut lieu en effet.

Cependant les anciens, présidés alors par Dubois-Dubay, l'un des compromis de vendémiaire, avaient demandé au directoire des renseignemens sur les sociétés politiques; tel avait été le résultat de leur comité secret du 8. Le directoire répondit qu'il ne pouvait mieux faire, pour satisfaire à leur demande, que de leur envoyer un rapport du ministre de la police. Ce rapport était rédigé selon les sentimens du conseil. Il accusait les sociétaires du Manége d'établir des affiliations secrètes, et de poursuivre le projet de couvrir la France d'un vaste réseau de sociétés populaires correspondantes entre elles, dans le dessein de gouverner la France par la terreur et le scandale des dénonciations, etc. Les anciens renvoyèrent ce message aux cinq-cents. Il fut lu à la fin de la séance du 17; aussitôt quelques voix de la minorité en réclamèrent l'impression : elle fut rejetée. On en demanda le renvoi à une commission; Delbrel fit observer que ce serait donner l'initiative aux anciens. On ajourna la discussion au lendemain.

Le lendemain 18, les tribunes étaient remplies. La séance s'ouvrit au milieu du tumulte. On relut le message. On demanda de renouveler les épreuves de la veille; elles eurent le même résultat; et le conseil vota l'ordre du jour, au milieu du bruit, des interpellations et des réclamations de la minorité. Les orateurs de la majorité parlèrent avec une violence qui ne permit à aucun de leurs adversaires de protester autrement que par des interruptions. Ils déclarèrent unanimement qu'il existait une conspiration royale; que l'on égorgeait en tout lieu les républicains isolés; que prendre des mesures contre les sociétés populaires, ce serait donner gain de cause aux conspirateurs. « On a jeté ici, disait Grandmaison, un brandon de discorde. Je n'ouvrirai pas la discussion sur des mensonges. Les rapports que l'on fait, depuis quelque temps, contre les sociétés politiques ne sont propres qu'à faire assassiner encore les républicains; mais, pour cette fois, ils ne laisseront pas réagir. Si les royalistes voulaient de nouveau attenter à notre vie, ils périront; car nous sommes bien déterminés à nous défendre. » — « On veut, dit Garau, diviser la France en égorgés et en égorgeurs; et c'est dans ces circonstances aussi difficiles que vous traitez de misérables questions!... Sauvez la République; sauvez les républicains!. Les ennemis sont sur nos frontières : occupons-nous d'organiser les moyens de les vaincre... Il faut, s'écria-t-il dans un passage de son discours, que la République entière sache... » Ici une violente et longue interruption coupa la parole à l'orateur; lui-même laissa sa phrase inachevée. Lorsque le tumulte fut apaisé, il reprit le fil de son discours. Que voulait-il apprendre à la France? voulait-il parler des dispositions hostiles du conseil des anciens, de Siéyès et de quelques autres directeurs? Nous l'ignorons.

Les mouvemens royalistes, dont arguaient les républicains, n'étaient que trop vrais. Les partisans de la monarchie déchue montraient en ce moment partout combien ils comprenaient peu les sentimens de l'indépendance nationale; ils s'efforçaient de venir en aide aux armées ennemies, en occupant les forces républicaines à l'intérieur. Il y avait en Bretagne des rassemblemens armés de plusieurs centaines, et quelquefois de mille hommes, contre lesquels il fallait employer la troupe de ligne. La chouannerie avait recommencé. Dans le midi, en Bretagne, en Vendée, en Normandie, on attaquait les diligences ; on enlevait l'argent du gouvernement ; des bandes d'hommes armées et souvent composées de plus de cent hommes à cheval, portant la cocarde, couraient les campagnes ; on assassinait les républicains isolés ; quelques-uns même furent frappés en plein jour, au milieu des villes. Le *Journal des hommes libres* publiait presque tous les jours la liste de ces assassinats, et elle est considérable. A Amiens, à Bordeaux, etc., on affichait des proclamations royalistes, et il y avait des rassemblemens qu'on ne put dissiper qu'à coups de fusil. Enfin, il éclata une insurrection considérable dans le département de la Haute-Garonne. Les royalistes réunirent une petite armée, contre laquelle il fallut combattre et manœuvrer en règle. Cependant elle fut dissipée après avoir tenu la campagne pendant plusieurs jours, et menacé même la ville de Toulouse.

Les orateurs des cinq-cents avaient donc résolu de déclarer qu'il existait une conspiration royale, et de refuser toute mesure qui eût empêché les républicains de se grouper et de s'entendre pour leur résister. Cependant Siéyès n'était point de cet avis ; il choisit une occasion publique pour le faire connaître. Le 23 thermidor, à la fête anniversaire du 10 août, il prononça, comme président du directoire, un discours, dans lequel il dénonça clairement à l'indignation publique tous ceux qui parlaient ou agissaient comme les sociétaires du Manége. « Ce ne sont point des républicains, disait-il, ceux dont l'âme servile ne saurait concevoir que les fondateurs de la République et de la liberté soient des républicains ; qui, répétant les délirantes injures de cette même cour que le 10 août a renversée, et qu'ils vengent puisqu'ils l'imitent, cherchent encore aujourd'hui à leur imputer, comme l'objet de leurs vœux secrets, je ne sais quel fantôme de roi, tour à tour promené sur tous ceux qu'on a voulu perdre. Détracteurs insensés ou hypocrites qui s'obstinent à ignorer que les hommes, surtout les plus fréquemment attaqués par cette accusation absurde, ont mille fois, et dès l'origine de la révolution, manifesté leur ardent désir pour que cet homme (le duc d'Orléans), que je ne veux pas même nommer, fût resté à jamais, lui et les siens, dans les rangs ennemis, au lieu de porter l'inquiétude, la défiance et le danger dans les nôtres. — Non, ils ne sont point républicains, continuait-il, ceux qui, à travers leur démagogique langage, laissent percer la prédilection honteuse qu'ils conservent pour les superstitions royales, et semblent à chaque instant vous dire que, puisqu'on a attaqué un roi, ils peuvent, à plus forte raison, attaquer des magistrats du peuple. — Non, ce ne sont point des républicains ceux qui ne savent que recueillir, échauffer, soulever les mécontentemens..... qui ne sont heureux que par les haines, dénoncent avec audace..... qui parlent sans cesse des malheureux...., etc. Serait-ce donc parce qu'ils répètent avec plus de bruit les mouvemens réels de notre commune indignation contre les dilapidateurs et les traîtres, qu'ils espèrent vous en imposer!... etc. » Le discours se terminait par des menaces contre *tous les ennemis qui conspiraient contre la République.*

Le public fut étonné de cette violente diatribe. Il accueillit donc facilement ce que plusieurs journaux répétèrent ; c'est qu'il était sous l'influence des banquiers, et que ceux-ci, parmi lesquels nous remarquons les noms de Fulchiron et de Pérégaux, n'avaient accordé un emprunt de trente millions qu'à condition de dissoudre les clubs. L'emprunt avait en effet eu lieu dans les premiers jours de thermidor.

Ce n'était pas la seule raison d'état qui poussait Siéyès à ces exagérations, mais son égoïsme blessé. Ce prêtre apostat n'inspirait aucune confiance aux républicains. Ils mettaient en doute sa bonne foi, et se préparaient même à l'accuser. Déjà, le *Journal des hommes libres* lui avait adressé, sous forme d'avis, de violentes critiques.

D'un autre côté, on recueillait contre lui des documens qui ne tendaient à rien moins qu'à mettre en doute son dévouement républicain. On lisait dans le *Rédacteur*, journal officiel du directoire, la note suivante, à la date du 13 thermidor :

« On sait qu'il y a quelque temps, une foule de lettres sont parties de Paris pour inviter les mécontens dans les départemens à adresser au corps législatif des adresses qui puissent appuyer certaines prétentions. La lettre, dont un extrait suit, est sans doute un des premiers résultats de cette correspondance :

« *Extrait d'une lettre de Privas, du 1er thermidor an VII, écrite à un fonctionnaire public de Paris.*

» Les administrateurs du département de l'Ardèche ont rédigé une adresse dans laquelle ils accusent le citoyen Barras d'être l'auteur de nos revers, d'être vendu à la coalition, à qui il a livré les places fortes d'Italie et du Piémont. — Le citoyen Siéyès, d'après eux, est aussi vendu à la coalition ; ils prétendent qu'il est l'auteur d'une convention secrète qui tendrait à nous donner une Constitution à la 91 : ils ajoutent qu'il en a déjà reçu en partie la récompense par le don que le roi de Prusse lui a fait de son portrait, qui vaut, selon leur dire, plus de cent mille écus.

L'on colporte, en ce moment, cette adresse de commune en commune pour mendier des signatures. Il est à remarquer que les commissaires du directoire sont les premiers à la signer, et, au premier jour, elle sera envoyée au corps législatif. La même manœuvre a lieu dans les départemens environnans, et déjà les deux directeurs sont dénoncés dans les clubs de Valence, de Grenoble, du Puy, de Nîmes, de Saint-Esprit et de l'Ardèche. Un commissaire ambulant, officier-général, parcourt le pays pour organiser l'affiliation de ces différens antres du jacobinisme. »

Nous ne chercherons pas à expliquer pourquoi le gouvernement fit insérer dans son journal officiel des renseignemens de cette espèce. Il est probable qu'il se proposa par ce moyen d'arrêter les démarches de ses ennemis, et de provoquer un démenti qui empêchât la presse d'en faire le texte de ses articles journaliers. Il se trompa complètement dans ses prévisions. Les administrateurs du département de l'Ardèche réclamèrent ; ils déclarèrent que les assertions dont il s'agit étaient fausses en ce qui les concernait. Ils adressèrent cette réponse au conseil des cinq-cents ; elle fut lue publiquement à la séance du 28 thermidor. C'était, sans doute, tout ce que désiraient Siéyès et Barras. Mais cela n'empêcha pas le *Journal des hommes libres* de poursuivre le premier comme un homme dévoué par conviction aux opinions monarchiques. Ils se procurèrent une lettre confidentielle que Siéyès avait écrite en 1791, et où il faisait l'aveu de ses croyances politiques. Il s'y prononçait fortement pour le système de la monarchie héréditaire. — On comprend facilement quelle influence de pareilles révélations devaient exercer sur les sentimens d'un homme aussi personnel et aussi haineux que le président du directoire.

Aussi, pendant que les cinq-cents cherchaient à ranimer l'opinion publique, proposaient de porter l'armée, sans compter celle d'Orient, à quatre cent dix-sept mille hommes d'infanterie, soixante-douze mille hommes de cavalerie et gendarmerie, et trente-neuf mille artillerie et génie (séance du 17 thermidor) ; pendant qu'ils s'occupaient d'effrayer les dilapidateurs et les traîtres en discutant la question de la mise en accusation des ex-directeurs et de leurs complices (séances secrètes des 19, 21 et 22 thermidor) ; pendant qu'ils ouvraient la discussion sur un projet *concernant les moyens de prévenir la corruption* (séance du 22 thermidor) ; la majorité du directoire pensait principalement à imposer silence aux Jacobins. Le parti que représentait le club, chassé du Manége, lui paraissait le seul redoutable.

En effet, on y critiquait toutes ses mesures. On jetait sur lui des soupçons de corruption à propos de l'emprunt de trente millions fait aux banquiers ; qu'on prétendait n'être qu'une affaire d'agiotage ; enfin on y préparait une pétition au corps législatif, « sur la nécessité de chasser de toutes les fonctions publiques, civiles et militaires, les royalistes, les *réacteurs* et les voleurs. » Le directoire se détermina à essayer de dissiper cette réunion ; en conséquence, le 26 thermidor, un juge de paix, accompagné de forts piquets de cavalerie et d'infanterie parmi lesquels on remarquait quelques compagnies de grenadiers du corps législatif, vint apposer les scellés sur les portes du temple de la Paix, rue du Bac. Cependant les amis de l'égalité et de la liberté ne se tinrent pas pour battus. Ils annoncèrent qu'ils se réuniraient ailleurs; mais le *Journal des hommes libres* ne fait plus mention que d'une seule séance de cette société dans un local qu'il ne désigne pas. Ce fut probablement la dernière.

Cette mesure donna lieu à diverses observations. On remarqua que l'on avait essayé de compromettre le corps législatif aux yeux du peuple, en employant les grenadiers de sa garde à l'exécution d'un arrêté directorial. Cela donna lieu à des explications très-vives et publiques dans le conseil des cinq-cents; et le détermina à prendre diverses mesures de police et militaires, qui furent rejetées par les anciens. Le résultat définitif de ces explications fut d'apprendre que l'ordre d'employer les grenadiers du corps législatif avait été donné par la commission des inspecteurs du conseil des anciens. On remarqua encore que cette exécution avait eu lieu le jour même où l'on croyait que les cinq-cents devaient voter sur la mise en accusation des ex-directeurs. En effet, la veille, le 25 thermidor, on avait procédé dans ce conseil à l'appel nominal pour savoir s'il y avait lieu à ajourner la question. Il était donc naturel de penser qu'on s'en occuperait le lendemain, 26 thermidor; mais les nouvelles du Midi, celles de nombreuses insurrections aux environs de Toulouse, et un message du directoire qui demandait l'autorisation de faire des visites domiciliaires, occupèrent toute la séance. L'autorisation demandée fut accordée; le premier usage qu'en fit le gouvernement fut de faire opérer une descente dans le bureau du *Journal des hommes libres*, où, au reste, il ne trouva rien.

Le 29 thermidor, un membre des anciens vint dénoncer à ce conseil un article du *Journal des hommes libres*, ainsi conçu : « Nous l'avons déjà dit, le 30 prairial ne s'est point fait pour la liberté; il a déplacé des gouvernans astucieux, traîtres et méchans; il a conservé des gouvernans méchans, astucieux et traîtres : Siéyès et Barras n'ont pas cessé de conspirer contre leur patrie; et Siéyès et Barras dénoncent les amis de la patrie comme des conspirateurs ! Quelle sera l'issue de cette lutte de la tyrannie contre la liberté? faut-il le demander? les hommes passeront et les principes de la démocratie seront éternels..., etc. » — Cet article excita l'indignation du conseil. Garat monta ensuite à la tribune; il fit remarquer le danger de ces publications, et proposa de solliciter des mesures rigoureuses de répression contre le journal dénoncé. Le conseil accepta tout ce qu'on lui proposait. Il y eut dans le discours de Garat une insinuation, et, par suite, une explication qui méritent d'être recueillies. Le premier insinua qu'à la dernière fête, lorsqu'en signe de joie les troupes faisaient feu, on dirigea sur Siéyès *des traits meurtriers*. Un député prit texte de cette phrase, et ajouta qu'on ne devait pas à cause de cela mettre en doute les bonnes dispositions de l'armée; que souvent des cartouches à balles se trouvaient mêlées avec des cartouches à poudre, etc. Siéyès avait donc entendu siffler des balles à ses oreilles.

Cependant au conseil des cinq-cents on votait sur l'accusation des ex-directeurs. On fit autant de scrutins qu'il y avait de dénonciations différentes. Il y en avait quatre. Or le dépouillement de tous les scrutins montra que ceux qui voulaient l'accusation étaient moins nombreux que ceux qui ne la voulaient pas. Il y eut même dans les résultats des scrutins une progression décroissante remarquable. Dans le premier scrutin, il y avait presque égalité entre les *oui* et les *non* : deux cent quatorze *oui* contre deux cent dix-sept *non*, et, dans le dernier, qui fut dépouillé le 2 fructidor (22 août), il n'y avait plus que quatre-vingt-neuf *oui* contre trois cent quarante-cinq *non*. Cette épreuve montrait, d'une manière évidente, quelle était la force comparée du parti républicain et du parti qu'il faut appeler *gouvernemental*. Elle découragea le premier et donna de l'énergie au second; les résultats de cette nouvelle position ne tardèrent pas à se manifester.

Le 5 fructidor, on lut aux cinq-cents une pétition qui demandait la radiation de Siéyès du directoire, attendu que son élection avait été faite, comme celle de Treilhard, en oubli des délais fixés par l'article 156 de la Constitution. Cette lecture excita du tumulte ; on réclama de toutes parts l'ordre du jour. Bertrand (du Calvados) soutint la validité de l'élection, et l'ordre du jour fut prononcé. — On fit plus encore : on accueillit avec faveur le message des anciens sur la presse et on le renvoya, avec approbation, aux directeurs. Dans les séances suivantes, le conseil parut se résigner à remplir purement les fonctions administratives que les messages du directoire lui imposaient. Cependant la situation de la République sur ses frontières n'était pas rassurante.

Toute l'Italie avait été évacuée ; les Français avaient été refoulés dans les vallées des Alpes, et ils se trouvaient à peu près dans la même position qu'en 1796, lorsque Bonaparte avait pris le commandement de l'armée. Toutes les places occupées par nos troupes avaient été reprises, à l'exception de la seule ville d'Ancône où flottait encore le drapeau tricolore. On ne pouvait attribuer ces revers qu'à l'incurie du directoire et à ses imprudences. Les troupes et les généraux avaient fait preuve d'un courage et d'une ténacité rares. L'opinion n'avait de reproches à faire parmi les généraux qu'à Schérer, qui s'était montré inhabile sur le champ de bataille, et à Latour-Foissac, qui avait manqué d'énergie dans la défense de Mantoue. Or le premier était le protégé de Rewbel, et le second de Barras. Macdonald après avoir, dans un combat de trois jours, tenté vainement à la Trebbia de passer sur le corps des Autrichiens et des Russes, avait cependant réussi à ramener son armée du fond du pays de Naples jusqu'au pied des Alpes et à opérer sa jonction. Aucun des corps si imprudemment dispersés en Italie n'avait été perdu. Tous étaient revenus sur les frontières nationales ; et si leur effectif était diminué, au moins ils avaient conservé intact l'honneur de leurs cadres et de leurs numéros. Il ne resta sur les derrières du front austro-russe que les garnisons des places fortes ; et encore la plupart ne capitulèrent qu'à condition de rentrer en France.

Ce serait une erreur de croire que cette campagne désastreuse pour la République le fut également pour la gloire de l'armée. C'est un spectacle admirable que présentèrent alors ces petits corps, acharnés à la destruction de l'ennemi, ne désespérant jamais de la victoire malgré la disparité des forces, toujours disposés à reprendre l'offensive, même après un échec; reculant, mais sans se rompre et sans renoncer à attaquer le lendemain, et défendant ainsi le terrain pied à pied; enfin causant dans les rangs de leurs adversaires de tels vides qu'ils finirent par rétablir la proportion du nombre. La bataille de Novi est, sous ce rapport, un des beaux faits d'armes de la campagne.

Le nouveau directoire avait nommé Joubert général en chef de l'armée d'Italie, en remplacement de Moreau qui, depuis la démission de Schérer, en remplissait les fonctions sans en avoir le titre. On destinait Moreau à un commandement sur le Rhin. Cependant il resta avec Joubert qui en arrivant lui avait demandé l'appui de son expérience. Ce dernier était à peine arrivé qu'il prépara et bientôt opéra un mouvement offensif dans le but de secourir Mantoue dont il ignorait la reddition. Les Austro-Russes commandés par Souwarow furent d'abord refoulés; mais ils se formèrent en masse. Les deux armées se rencontrèrent, le 15 août 1799 (28 thermidor), à Novi. Les Français, selon Jomini, mirent en action trente-deux mille huit cent quarante-trois hommes d'infanterie et onze régimens de cavalerie formant deux mille quatre-vingt-sept hommes; en tout, moins de trente-cinq mille hommes. (Voyez l'ordre de bataille de l'armée française, t. 15, p. 98.) Les Austro-Russes mirent en action plus de soixante-dix mille hommes : tel est le calcul des officiers généraux les plus exacts dans leurs appréciations. Jomini, qui ne peut s'empêcher d'être quelque peu favorable aux Russes, dissimule en quelque sorte en donnant le nombre des bataillons et des escadrons. Or, si l'on compte, en donnant à ceux-ci, même le moindre effectif, on trouve que les Austro-Russes réunis à Novi formaient un total qui dépasse soixante-dix mille hommes.

La bataille commença à cinq heures du matin. Pour la première fois les Français se laissèrent attaquer. Joubert fut tué au commencement de l'action dans les rangs de ses tirailleurs. Il laissa le commandement à Moreau. Les Autrichiens attaquèrent la

droite, et les Russes, le centre, avec une ténacité extraordinaire;
ils avaient déjà renouvelé leurs attaques plus de dix fois à deux
heures après midi. Ils furent constamment repoussés par une fu-
sillade et des charges meurtrières à la baïonnette. « La valeur
tranquille des Français, dit Jomini, triompha pendant quatre
heures du courage opiniâtre des Russes.» Vers deux heures, les
Austro-Russes, affaiblis et fatigués, interrompirent leurs attaques;
mais vers trois heures ils se précipitèrent de nouveau sur toute
la ligne; ils essuyèrent un nouvel échec, et furent vivement ra-
menés. Enfin, à cinq heures, les Français, restés inébranlables dans
leurs positions, restés supérieurs à tant d'efforts, devaient se
considérer comme vainqueurs. Ils l'eussent été s'ils eussent eu
assez de monde pour présenter un front suffisant. Mais, vers le
soir, Mélas vint se placer sur leur flanc droit, et il fallut opérer
la retraite : elle se fit avec ordre et calme pour la gauche et le
centre; mais la droite étant arrêtée dans un passage, par un embarras de bagages, et en même temps attaquée, laissa à l'ennemi quelques prisonniers : ce furent les seuls qu'il fit dans la
journée. La bataille se termina vers onze heures du soir. Les
Français, dans cette bataille, perdirent cinq mille hommes tués,
blessés et prisonniers, et quatre drapeaux; ils abandonnèrent
trente-sept bouches à feu. Les Austro-Russes perdirent vingt-quatre mille hommes tués ou blessés, mille deux cents prisonniers
et trois pièces de canon. Nous prenons ces nombres dans la relation d'un officier général qui a écrit l'histoire des campagnes d'Italie; car ici nous ne pouvons avoir confiance dans les chiffres de
Jomini, qui assigne aux deux armées une perte égale. Il est évident que les assaillans ont dû laisser d'autant plus d'hommes hors
de combat qu'ils ont attaqué plus de fois. Or on sait que la perte
de l'aggresseur est ordinairement à celle de l'assailli comme cinq
ou six est à un. Cette bataille au reste rendit les Français plus
redoutables qu'une victoire. Beaucoup de gens n'y virent qu'une
boucherie sans but, un carnage sans résultat; mais n'était-ce
point obtenir un beau résultat que de démoraliser les vainqueurs,
de leur rendre même la victoire désastreuse, et de diminuer leur

nombre. Encore deux victoires pareilles et les alliés étaient obligés d'évacuer l'Italie.

Pendant que les Français, retirés dans les Alpes, se reformaient et se préparaient à un nouveau mouvement offensif, une armée anglo-russe débarquait au Helder en Hollande, le 27 août (10 fructidor); et la flotte anglaise s'emparait, sans combat, de la flotte hollandaise qui, séduite d'avance, arborait les couleurs du stathouder, et croyait passer sous ses ordres. En même temps le prince d'Orange entrait avec quelques milliers d'hommes dans l'Oweryssel; mais le courage des habitans suffit pour repousser cette diversion. La campagne qu'ouvrait l'armée anglo-russe en Hollande ne fut terminée que le 19 novembre 1799; cependant nous anticiperons sur le temps, afin d'en donner de suite les résultats généraux. L'armée anglo-russe était de trente-cinq à quarante mille hommes commandés par le duc d'York. L'armée française, commandée par Brune, se trouva, lorsqu'elle fut réunie, de douze à treize mille hommes, plus six mille Hollandais commandés par le général Daendels; mais, en cette contrée, la population tout entière était pour la République; et les soldats hollandais rivalisèrent de courage avec les nôtres. Aussi, après plusieurs affaires meurtrières, les Anglo-Russes, acculés à la mer, furent assiégés dans leur camp: on entra en négociation. Le duc d'York reçut la permission de se rembarquer, à condition de rétablir les ouvrages du Helder dans l'état où ils étaient avant la guerre, et de rendre, sans échange ni condition, huit mille prisonniers français ou hollandais qui étaient détenus en Angleterre.

En Suisse, les Français maintenaient leurs positions: c'était assez de résister aux forces considérables qu'ils avaient en tête.

Telle était cependant la situation des armées vers la fin d'août, que pour ceux qui jugeaient seulement les résultats présens, elle était loin d'être rassurante. Les Républicains ne voyaient qu'un moyen de ramener la victoire: c'était de ranimer l'opinion publique; mais le directoire paraissait plus occupé de ses petites tracasseries intérieures que des grandes affaires de la République.

CONSEIL DES CINQ CENTS. — *Séance du* 18 *fructidor an* VII,
(4 *septembre* 1799.)

On venait de rendre compte de la mort de Joubert ; de répéter les derniers mots qu'il avait prononcés en tombant : *Soldats, marchez à l'ennemi* ; de décréter une fête annuelle en son honneur.

— Rollin fait la lecture de la résolution qui fixe le mode dont la fête anniversaire de la fondation de la République sera célébrée.

François de Nantes prononce une opinion sur la nécessité de faire concourir toutes les fêtes républicaines à l'affermissement de la République, d'accueillir, de favoriser et d'employer cette classe de républicains, qui a fourni un million de défenseurs, tandis que celle qui est composée des hommes que l'on nomme modérés, a fourni un million d'assassins et d'égorgeurs royaux. Il loue le directoire d'avoir heureusement réorganisé toutes les administrations (quelques murmures) ; mais il eût désiré que le directoire eût fait mettre en jugement ces dilapidateurs dont l'impunité, dit-il, est plus scandaleuse que les vols qu'ils ont commis. Il se plaint de ce que le gouvernement, après s'être relevé et après avoir pris une attitude populaire après le 30 prairial, a été obligé de se courber et de descendre de la hauteur à laquelle il s'était levé. Il en conclut que le corps législatif doit redoubler de surveillance. L'orateur propose au projet de Rollin quelques articles additionnels, qui sont adoptés.

L'un d'eux porte qu'à la fête de la République il sera élevé un autel à la Concorde, et que le président invitera le peuple français à abjurer les haines et s'attacher à la patrie.

Le conseil ordonne l'impression du discours à six exemplaires.

Le conseil avait, par un message, demandé au directoire compte de l'exécution des lois rendues contre les auteurs, colporteurs et afficheurs d'écrits provoquant le rétablissement de la royauté et le renversement du gouvernement constitutionnel ; le directoire répond aujourd'hui « qu'il s'occupait de cette matière importante lorsqu'il a reçu le message du conseil, que les alarmes manifestées par les représentans du peuple sont un sûr garant de l'harmonie qui règne entre les deux premiers pouvoirs. Le directoire a examiné d'une manière attentive la situation actuelle de la République, il a vu qu'elle était assez forte pour résister aux puissances coalisées ; mais quand il a voulu se rendre compte des moyens, des ressources, des forces de la nation, il les a trouvées atténuées et divisées, et hors d'état de résister, si on ne vient à bout d'en faire un faisceau ; les instrumens des révoltes sont inaperçus, l'insurrection éclate, et l'on ne peut découvrir la main qui l'a dirigée. On frappe les hommes égarés, les vrais coupables échappent. La cause en est dans la corruption de l'esprit public ; et cette corruption est l'ouvrage de la licence de la presse, qui répand sur toute la surface de la République des maximes empoisonnées, des prédications contraires au régime actuel.

» Une vaste et atroce conjuration existe contre la République et menace tous les vrais républicains. Les témoins sont les cadavres des républicains égorgés, massacrés dans le midi, dans l'ouest et ailleurs ; les preuves en sont dans les insurrections qui éclatent de toutes parts ; les pièces sont les journaux et libelles exécrables dont la République est inondée.

» Il faut, pour tirer la France de la crise où elle se trouve, un concert entre les citoyens, les administrations, et les deux premiers pouvoirs. Hé bien ! les feuilles périodiques et les pamphlets sèment les divisions entre les citoyens, soufflent la haine contre le corps législatif et le directoire, en traîne les membres dans la boue, inspire la défiance contre eux. Les uns empêchent le départ des conscrits, provoquent le retour de la royauté ; les autres, se proclament les défenseurs exclusifs de la Constitution, veulent renverser les pouvoirs qui la conservent. Les uns, comme la Quotidienne, prodiguent les injures et les outrages aux membres de la représentation nationale et du directoire ; les autres, comme le journal que les hommes libres s'indignent de voir porter ce nom... (Lesage-Sénault s'écrie : *Et l'ami des Lois !*) calomnient, dénoncent les vieux soldats de la liberté. Pour eux, nul fonctionnaire n'est républicain, nul citoyen n'est patriote à leurs yeux, le général qui vient de rallier l'armée d'Italie est un traître. Selon eux, le législateur est sans lumière, le directoire est sans courage, la patrie sans enfans ; à les en croire, le salut public dépend d'une régénération à leur manière; ils regrettent les temps qui ont précédé la Constitution. Les amis des rois se trouvent dans la double bande de ces journaux. C'est surtout dans les départemens éloignés, où la vérité perce difficilement, qu'ils font un mal infini ; la faible digue des lois actuelles ne peut arrêter ce torrent dévastateur. Dans ces circonstances, le directoire a cherché quelles résolutions étaient commandées par la patrie et permises par la loi, il les a trouvées dans l'art. 145 de la Constitution, conçu en ces termes : « Si le directoire est informé qu'il se trame quelque conspiration contre la sûreté extérieure ou intérieure de la République, il peut décerner des mandats d'amener et des mandats d'arrêt contre ceux qui en sont présumés les auteurs ou les complices. »

» Convaincu de la réalité de la conspiration, le directoire a décerné des mandats d'arrêt contre les auteurs du *Bulletin des armées coalisées*, de la *Parisienne*, de la *Quotidienne*, du *Miroir*, du *Grondeur*, du *Démocrate*, des *Hommes libres*, du *Défenseur des principes*, de la *Feuille du Jour*, etc.... Lesage-Sénault s'écrie : et l'*Ami des Lois?*..... Chalmel et quelques autres : *l'ordre du jour sur ce message* (murmures). Une foule de voix : *continuez la lecture.*

Le secrétaire continue : « le directoire a ordonné que les scellés seraient apposés sur les presses..... *Une voix* : Il n'en a pas le droit (agitation, murmures). Le président s'écrie : « Je rappelle les interrputeurs au silence, si on a des observations à faire, on les fera à la tribune, quand la lecture sera terminée ! » Le secrétaire continue :

» La loi autorisait, les circonstances commandaient cette mesure, le directoire a dû la prendre, il a dû arracher les armes des mains des assassins de la patrie. Une loi répressive des abus de la presse aurait prévenu tous les maux dont le directoire vient d'arrêter le cours. Le directoire réclame cette loi.

A ce message était joint un mémoire du ministre de la police, relatif à cet objet, et qui contient tous les détails qui n'ont pu entrer dans le message. Un secrétaire en donne lecture.

Une foule de voix : « l'impression du message et du rapport. »

Briot. « S'il y a des circonstances où un représentant du peuple doit exprimer sa pensée, c'est celle-ci (plusieurs voix : il faut toujours la dire). Oui, s'écrie Briot, mais d'une manière claire et précise. Je demande l'impression du message, afin qu'il éclaire mes collègues. Mais je ne puis m'empêcher d'exprimer ici l'indignation vive et profonde que m'ont inspirés et le style du message et les intentions de ceux qui l'ont dicté (murmures). En m'imprimant le caractère de représentant, le peuple m'a donné le droit de dire ma pensée, je la dirai (*Plusieurs voix :* « Dites-là. »).

» La nature de ce message, l'acte qui y est annoncé, méritent d'être pris par vous dans la plus sérieuse considération. Quoi ! c'est au moment où l'on vient de parler de concorde à cette tribune, où vous vous êtes montrés disposés à étouffer toutes les haines, que l'on vous propose de sanctionner par un lâche silence l'arrêté inconstitutionnel et dangereux que le directoire vient de prendre. Quoi ! c'est après le 30 prairial que l'on vous annonce l'acte de tyrannie le plus indécent ! (Grands murmures. *Quelques voix :* « Oui, oui. » Les murmures recommencent.) Souvenez-vous que plus d'une fois la France a accusé ses législateurs de l'oppression sous laquelle elle a gémi à diverses époques. Songez que si vous ne résistez aujourd'hui, et que si vous ne tenez d'une main ferme les rênes de l'administration publique (murmures), vous vous exposez à être déshonorés dans l'esprit de vos concitoyens. Quoi ! des mandats d'arrêt sont décernés contre les écrivains politiques, qui sont indépendans par la Constitution, et qui ne peuvent être frappés que par la loi ! Il suffira donc d'être écrivain politique pour être mis en état d'arrestation, si les principes dont vous faites profession ne plaisent pas au directoire ? Quoi ! le ministre Schérer, cet homme que la voix publique accuse comme l'auteur de tous nos désastres, que le conseil a dénoncé, jouit de sa liberté, le directoire n'a osé lui faire l'application de l'article 145 de la Constitution, et des écrivains sont, en vertu de cet article, jetés dans les fers! Mais il existe un journal qui, il y a peu de jours, provoquait à la désobéissance à la loi des otages. — *Quelques voix :* « Dites tous les jours. » — Je demande pourquoi le directoire n'a pas frappé l'auteur de ce journal? Serait-ce à cause de sa lâcheté? On ne sévit pas contre les voleurs, et l'on punit des auteurs pour des divagations polémiques! Si un homme est arrêté parce qu'un numéro de son journal déplaît au directoire, où en sommes-nous?

» La mesure prise par le directoire, les principes manifestés dans son message, méritent de fixer toute l'attention du conseil. Il ne faut pas que le corps législatif garde le silence sur cet acte de tyrannie. — Violens murmures. *Quelques voix* : « Oui, oui. » Nouveaux murmures. — Oui, je le répète, il faut se prononcer contre cet acte de tyrannie; oui, je le proclame à la France entière, on nous prépare un coup d'état. On veut renfermer le peuple français dans son ancien territoire, et le directoire a en poche un traité de paix tout fait d'après cette base. Si cet acte se consomme, si le corps législatif est opprimé, alors la liberté est perdue, c'est au peuple à venir à notre secours, c'est au peuple à se lever tout entier, c'est au peuple à voler aux armes, et à se sauver lui-même. — A ces mots, de violens murmures se font entendre; l'orateur est vivement rappelé à l'ordre, il continue : Le but du directoire est de faire un coup d'état, et d'amener la dissolution du corps législatif; et déjà, j'en ai les preuves acquises, on a cherché à exciter une émeute dans le faubourg Antoine. (*Plusieurs voix* : Montrez les preuves.) L'état est perdu si le corps législatif perd son indépendance et si on peut l'entamer de nouveau. Quel est donc la moralité de cet homme qui, ultra-révolutionnaire avant le 9 thermidor, remplit aujourd'hui le ministère de la police (Murmures)? Je demande l'impression du message et du rapport, et le renvoi à une Commission, pour en faire un rapport dans trois jours. »

Engerrand soutient qu'il ne faut pas confondre la liberté de la presse avec sa licence ; que les journaux contre-révolutionnaires font plus de mal à la République que les armées coalisées. « C'est par la licence des journaux, dit-il, que la diète de Pologne fut avilie et déconsidérée, que la division fut soufflée entre les divers partis, et les puissances voisines en profitèrent pour se partager ce beau pays. Que cet exemple nous serve de leçon. Je demande l'ordre du jour sur la proposition de Briot, et que la Commission de la liberté de la presse soit tenue de faire un rapport dans trois jours. »

Lamarque. « Je suis très-éloigné de penser que le message ait été dicté par aucunes intentions perfides et attentatoires à la sûreté de la République. Je déclare que je connais les opinions des membres du directoire, et je suis convaincu qu'ils veulent le maintien de la République et de la Constitution ; leur intérêt même leur en fait un devoir, et l'on ne peut, sans extravagance, leur supposer aucune transaction avec les puissances étrangères, car ils ont tous marqué dans la révolution. Mais ce qui m'afflige et ce qui m'alarme, c'est de voir la divergence d'opinions qui existe entre les membres de cette assemblée, relativement aux mesures à prendre dans les circonstances. Les uns veulent que, pour repousser les Russes, on se serve de la force populaire ; les autres craignent qu'en mettant cette force en mouvement, on ne soit ramené à de nouveaux renversemens ; c'est-à-dire qu'ils redoutent autant les républicains énergiques et exagérés, que les ennemis extérieures. (Agitation, murmures.) Ces hommes, dans lesquels je reconnais d'ailleurs des intentions pures, craignent que les patriotes exagérés ne servent la cause des Russes, et ils veulent les contenir ; mais c'est une grande erreur. Si on les repousse, nous sommes menacés des plus grands malheurs. Oublions, mes collègues, tous les excès de l'action et de la réaction. On m'oppose que je n'ai pas été témoin du régime de 1793 ; mais j'ai vu les horreurs de la réaction, j'ai pardonné aux réacteurs ; imitez mon exemple. Réunissons-nous, formons une phalange de républicains, car nous voulons tous la République,

» Il y a dans le message beaucoup d'expressions qui ont échappé à la sagesse du directoire. La motion de François de Nantes était dans un sens absolument opposé ; vous aviez résolu d'élever, pour la fête de la République, un autel à la Concorde, le message a renversé cet autel. Jugez de la situation des esprits dans la République, à la lecture de ce message, par l'agitation que cette lecture a causée dans cette enceinte ; craignons que notre exemple ne divise les citoyens, travaillons au contraire à les réunir en un faisceau pour les opposer à l'ennemi commun, et tempérons par une opinion sage l'émotion qui s'est manifestée. Sans doute, il n'y a nulle liberté de la presse dans celle des journaux ; mais aussi une telle liberté ne peut s'allier avec la licence. Je demande l'impression du message et du rapport, et que la commission de la liberté de la presse fasse son rapport dans trois jours. » — Adopté.

— Ce rapport n'eut pas lieu ; des occupations plus graves détournèrent l'attention de l'assemblée.

Le directoire, comme pour prouver qu'il s'occupait des affaires nationales, publia une proclamation aux Français, pour les engager à abjurer les haines, et à se réunir contre l'étranger, leur ennemi commun. Il leur détaillait longuement les motifs que chacun avait à repousser l'ennemi ; mais il faisait valoir seulement ceux de l'intérêt personnel ; il leur disait que tous les Français étaient également, aux yeux de l'étranger et des royalistes, responsables de tous les faits révolutionnaires, exposés aux mêmes vengeances, etc.; puis il énumérait longuement tous les intérêts individuels qu'il prétendait menacés. C'était, en un mot, une longue déclamation, où il n'était question ni de devoir, ni de nationalité, mais où l'on en appelait seulement à l'égoïsme de chacun, et où l'on cherchait à le montrer compromis ; singulier moyen, pour déterminer des hommes à courir les dangers de la guerre, que de les appeler à calculer les chances de leur égoïsme ! Cette proclamation, datée du 17 fructidor, ne fut publiée que le 21, même dans le *Moniteur*. Il est probable qu'elle fut provoquée par la séance dont nous venons de rendre compte.

Le parti républicain, de plus en plus inquiet, fit une nouvelle tentative pour appeler uniquement l'attention sur la situation des affaires générales.

Conseil des cinq-cents. — *Séance du 24 fructidor an vii (10 septembre 1799).*

Briot. « Vous voyez se développer autour de nous la chaîne perfide qui amène toutes les forces de la coalition autour de nous. Depuis quelques jours l'œil inquiet des amis de la liberté se portait sur la république batave ; le fait qu'on vous annonce justifie toutes nos craintes. Je demande pourquoi les hommes qui exercent la plus grande influence dans la Batavie ont négligé de prendre les mesures les plus propres à défendre le pays contre une descente ; je demande pourquoi ces mêmes hommes ont négligé d'envoyer dans nos ports la flotte hollandaise, pour se réunir à la nôtre, et par cette négligence coupable, ont diminué d'un tiers nos forces navales, et ont augmenté celles de nos ennemis. Que penser de cet amiral batave qui raconte froidement qu'une insurrection dans les équipages l'a forcé de se rendre. Quoi ! cet homme n'avait pas la *Sainte-Barbe* dans son vaisseau ? Le lâche ! il a mieux aimé se rendre que de sauter en l'air avec son vaisseau ! L'insurrection de quelques matelots le force de se rendre ! C'est à vous à marquer ce lâche, au front, du sceau de l'infamie.

» Il est ici un objet qui mérite toute votre sollicitude. Vos frontières sont entourées, menacées. Vous devez vous assurer si elles sont en état de défense. On a vendu Mantoue, Turin, l'Italie ; craignez qu'on n'en fasse de même pour vos places fortes. Les traîtres sont protégés, soutenus ; vous avez tout à redouter. Quoi ! citoyens représentans, les plus grands dangers vous menacent au dehors et au dedans, et vous resteriez dans une coupable inertie ! Attendez-vous, pour vous réveiller de votre assoupissement, qu'une insurrection éclate aux portes du sénat ? Vous devez tout faire pour empêcher l'explosion qui vous menace. Vous avez nommé au scrutin, et avec grand appareil, une commission de sept membres, pour vous présenter des mesures propres à sauver la patrie, et cette commission est restée au dessous de sa mission ; elle n'a point répondu à votre confiance ; il est temps qu'elle se montre digne d'elle, digne de vous, et qu'elle remplisse vos intentions. Un vaste précipice est creusé sous vos pieds ; gardez-vous de vous endormir sur le danger qui vous menace. Connaissez le secret de vos ennemis ; déjà ils soufflent autour de vous le feu de l'insurrection. Il importe que vous sachiez si nos frontières sont en état de défense, si nos places fortes sont approvisionnées, dans le cas d'une invasion dans la Belgique. Depuis long-temps les papiers publics annonçaient les préparatifs de l'expédition secrète qui se préparait dans les ports de l'Angleterre. C'était le secret de la comédie, personne n'ignorait qu'elle était destinée contre la Hollande ; comment donc est-il arrivé qu'il n'ait été pris aucune mesure de défense?

» Je demande : 1° qu'il soit dépêché un message au directoire pour en obtenir des renseignemens sur l'état de nos frontières et sur la situation de la République ; 2° que la commission des sept soit tenue de vous présenter dans trois jours des mesures énergiques de salut public. » — Adopté.

— Le directoire, pour détruire l'effet de ce discours, se hâta de transmettre le résultat des visites domiciliaires faites à Paris ; elles avaient produit cinq cent quarante arrestations. Il proposait de plus d'appliquer la loi des otages à dix-huit départemens.

Conseil des cinq-cents. — *Séance du 27 fructidor an* vii
(13 *septembre* 1799.)

Jourdan (de la Haute-Vienne.) Par motion d'ordre : « Les dangers de la patrie sont si grands, qu'un représentant du peuple serait coupable de garder le silence sur les maux qui pèsent sur elle et sur ceux qui la menacent. Je vais déchirer le bandeau de mort qui couvre les républicains, et arracher le bâillon que l'on s'efforce en vain de mettre à leurs bouches pour étouffer leurs plaintes. Cette entreprise n'est pas sans dangers, je ne me le dissimule point ; mais je les brave. On périt honorablement, quand on meurt pour la cause du peuple. (*Plusieurs voix* : Oui, oui.) »

Après cet exorde, l'orateur trace le tableau de tous les revers que la République a éprouvés en Italie, en Helvétie, en Hollande, puis il s'écrie : « Nos places sont livrées par la trahison ; nos soldats sont autant de victimes immolées aux mânes des tyrans ; les barbares du Nord sont à la veille de souiller de leur présence le sol de la liberté ; ils menacent d'une invasion prochaine nos départemens du Midi ; c'est sur les cadavres sanglans des républicains, qu'ils veulent proclamer la destruction de la liberté, et le rétablissement du trône.

» Dans l'intérieur, une vaste conspiration royale embrasse dans ses fils toute la République ; son comité central réside à Paris ; et dans peu le tocsin de l'esclavage sonnera dans la France, comme celui de la liberté sonna au 14 juillet. Et quand de pareils dangers nous menacent, les sentinelles établies par la Constitution gardent un coupable silence ! Au lieu d'appeler les républicains aux armes, elles restent endormies ! Représentans du peuple, c'est à vous de suppléer à ce silence, c'est à vous de signaler au peuple les dangers qui le menacent, c'est à vous de chercher dans votre sagesse les mesures de salut public que les circonstances commandent pour le sauver. En vain décrétez-vous des impôts, jamais il n'alimenteront le trésor public, si les voleurs restent impunis, et si on ne ranime l'enthousiasme des beaux jours de la liberté.

» Après le 30 prairial, vous avez senti ces vérités, et déjà les sociétés politiques relevaient l'esprit public, elles excitaient les conscrits à se rendre sous les drapeaux ; mais du moment qu'elles ont signalé les traîtres, les voleurs, on les a taxées de contre-révolutionnaires. Elles ont dénoncé une vaste conspiration royale, et on les a traitées de conspiratrices. On les a fermées, et par-là, on a arrêté l'élan du patriotisme ; et déjà le tocsin de la réaction, qui s'est fait entendre à la tribune des anciens, a ranimé l'espoir des royalistes, découragé les républicains ; les patriotes dispersés n'ont plus su à quel fil se rattacher. Confondus avec les royalistes les plus effrénés, ils ont été obligés de rester dans une inaction nuisible à la chose publique. Ce système machiavélique a éteint toute énergie républicaine.

» On craint la terreur et les comités révolutionnaires ; craintes chimériques, suscitées par les royalistes pour empêcher l'union si nécessaire entre les patriotes. Quant à moi, je le déclare, tout mon vœu est pour le maintien de la Constitution ; et si je parle aujourd'hui, c'est pour empêcher que nous retombions dans les horreurs d'une révolution nouvelle.

» Repoussons ce système machiavélique, poursuivons de bonne foi nos uniques ennemis, les royalistes et les voleurs ; faisons un appel aux républicains ; qu'ils se lèvent en masse et se précipitent aux frontières, alors le soleil de l'espérance luira pour notre patrie.

» La patrie est en danger, proclamons cette grande vérité, et qu'ensuite une commission vous présente les mesures énergiques qui seront une conséquence de cette proclamation. »

L'orateur présente un projet conforme.

Aux voix, aux voix, s'écrient plusieurs membres.—L'ordre du jour, répondent d'autres.—Une vive agitation se manifeste dans le conseil ; une vingtaine de membres, parmi lesquels figurent Blin, Stévenotte, Bigonnet, Sallicetti, Lesage-Sénault, Augereau, etc., se répandent dans la salle et volent à la tribune. Villetard et Chenier s'y trouvent avec eux ; ceux-ci ont de vives altercations à essuyer de la part des autres. Blin surtout se fait remarquer par ses cris et par la violence de ses gestes ; le marbre de la tribune retentit des coups dont il le frappe. Le tumulte augmente dans la salle, l'agitation est à son comble. Le président se couvre. Ce signal, si révéré de la Convention même dans ses séances les plus orageuses, n'est point respecté. L'agitation continue, les membres assis aux deux extrémités de la salle se menacent de la voix et du geste. Briot debout fait signe de la main aux tribunes ; celles-ci répondent au signal, en criant : *vive la République !* leurs clameurs augmentent l'agitation du conseil. On réclame à grands cris l'urgence. Enfin, le calme se rétablit, le président en profite, et demande la parole pour lui.

Le président. « Je prends à témoin le conseil, que dans cette scène orageuse je me suis comporté comme je le devais. Il était impossible de délibérer dans un pareil tumulte. J'ai dû me couvrir pour le faire cesser; et si l'on continue de se livrer aux mêmes clameurs, je déclare que je me couvrirai de nouveau, et que l'on m'arrachera plutôt de mon fauteuil que de me faire mettre aux voix aucune question, tant que le calme ne sera pas rétabli. »

Bertrand (*du Calvados*). « Quelle que soit l'évidence des dangers de la patrie et la nécessité d'y porter remède, c'est dans le silence des passions que cette question importante doit être discutée. Jourdan vous a dit que la liberté du peuple était menacée. Sans doute, l'élan qui vient de se manifester dans le sein du conseil provient du sentiment des dangers de la patrie; mais s'il se trouve ici des hommes qui ne veulent pas que l'on déclare au peuple les dangers qui le menacent, je demande qu'ils soient entendus. Afin que le peuple connaisse ses amis et ses ennemis. (*Une foule de voix*: Oui, oui.) Puisque l'union ne règne pas dans cette enceinte, il faut que la scission éclate, afin que les républicains connaissent leur point de ralliement. Je demande que l'on accorde la parole pour et contre. » — Adopté.

Chénier. « Une motion de cette nature exigeroit l'attention la plus réfléchie, et l'on veut qu'elle soit discutée sans préparation; l'auteur de la motion a développé ses idées dans un écrit médité à loisir, et l'on exige qu'elle soit combattue par des orateurs qui ne peuvent qu'improviser une faible réponse. Lorsque la législature, en 1792, déclara la patrie en danger, il existait un trône conspirateur qu'il fallait détruire. (*Quelques voix*: Il existe aujourd'hui des traîtres.) Nos armées étaient composées à la hâte, inaguerries, peu nombreuses, et commandées par des généraux nommés par des conspirateurs. Aujourd'hui nous avons des généraux républicains (*Un membre*: Latour-Foissac.); nos armées sont aguerries, elles se renforcent chaque jour, et malgré leurs revers, elles n'ont pas perdu le souvenir de leurs victoires. Quelle parité peut-on donc établir entre l'époque actuelle et celle de 1792 ! (*Murmures.*)

» On parle, il est vrai, d'un traité avec un roi, d'une constitution monarchique ; mais, comme moi sans doute, vous n'ajoutez aucune foi à de pareils bruits, et ce n'est pas sur la parole de quelques hommes nouveaux que vous irez condamner un homme qui, dès l'aurore de la révolution, a servi la cause de la liberté avec tant de lumière et de courage. (*Plusieurs voix* : Ce n'est pas là la question. *L'orateur* : Je ne m'en écarte pas. *Le président* : Je rappelle les interrupteurs à l'ordre. *Chénier continue.*) Aujourd'hui ceux qui organisent nos moyens de défense ont la confiance nationale ; en 92, ceux qui étaient à la tête du gouvernement avaient contre eux l'exécration du peuple. Tout cela démontre que les dangers de la patrie ne sont pas, à beaucoup près, aussi grands qu'ils l'étaient en 1792. » (*Murmures.*)

Lamarque fait lecture d'un discours écrit, dont voici les traits les plus saillants. « Nous sommes tous d'accord sur la nécessité de maintenir la Constitution de l'an 3 ; nous ne sommes divisés que sur les moyens d'atteindre ce but. Il serait dangereux de prolonger cette discussion ; il faut la terminer promptement.

» Faut-il, sans porter atteinte à la Constitution, imprimer à la marche constitutionnelle une force proportionnée au péril qui nous menace ? L'affirmative ne peut souffrir aucun doute ; mais cette force extraordinaire doit-elle conserver le caractère ministériel et secret, ou bien prendre le caractère national, et se déployer à la fois et dans le directoire, et dans la représentation nationale et dans le peuple ? Voilà la question.

» Les partisans de la première opinion se fondent sur les motifs suivans : Le secret est nécessaire dans les opérations, soit militaires, soit diplomatiques du gouvernement. Dans la crise actuelle, il faut concentrer le pouvoir et les forces, au lieu de les subdiviser. Le directoire seul peut donner à nos forces la direction convenable, préparer la paix par la guerre et par les négociations, fermer les réunions politiques, ou leur donner la direction qui convient au salut public. Si à ces mesures se joignent les finances, alors les barbares sont repoussés, et la liberté républicaine est inébranlable. Au contraire, si l'on déclare la patrie en danger, le gouvernement est entravé dans sa marche, et tout fait craindre le retour des excès de la démagogie.

» Ce système est faux ; il n'en est pas du gouvernement républicain comme du monarchique. Ce qui affaiblit l'un renforce l'autre. Dans les monarchies tout gît dans la force des gouvernans, et dans les républiques, tout est dans la force des gouvernans et dans celle du peuple. Les monarchies se soutiennent par le génie de quelques hommes, les républiques par l'énergie des représentations nationales. Nous sommes constitués en république ; nous connaissons la grandeur des dangers qui nous menacent, et la nécessité d'y remédier par des moyens extraordinaires, qui, sans entraver la marche du directoire, ajouteront à sa force toute celle du peuple et de la représentation nationale.

» On craint que la déclaration de la patrie en danger ne trouble l'ordre public ; et moi je dis que cette déclaration le maintiendra, en réunissant tous les Français vers un point commun, la défense commune.

» Lorsqu'au 12 juillet 1792, nous demandâmes à la législature, de déclarer la patrie en danger, des hommes, qui se prétendaient plus constitutionnels que nous, regardèrent cette motion comme une motion de désordre. Mais les amis de la liberté se réunirent, et le décret fut rendu. Ce cri de la patrie en danger opéra les plus salutaires effets ; il releva le courage, ranima l'enthousiasme des Français pour la liberté, et l'ennemi fut repoussé.

» Pendant que nous sommes tranquillement assis sur nos chaises curules, les barbares s'avancent, les conspirateurs de l'intérieur les appellent, et sont prêts à les seconder. Qu'attendons-nous donc ? Levons-nous à la fois, et crions : Aux armes, citoyens ! que ce cri, répété partout, retentisse à la fois dans toutes les communes, et vous verrez les républicains se lever en masse, se presser autour des autorités, s'organiser en bataillons. S'il était un parti qui voulût soutenir les barbares du Nord, ou seulement transiger avec eux, qu'il aille loin d'ici chercher dans la honte un infâme repos. Quant à nous, nous voulons combattre et vaincre, nous voulons la liberté ou la mort. (*Applaudissemens.*) Je demande que le conseil déclare la patrie en danger, et qu'une commission présente les mesures que cette déclaration commande. » —Impression à six exemplaires.

Lucien Bonaparte. « La liberté, ou la mort! tel est le cri que notre collègue vient de faire entendre ; cri sublime ! auquel nous avons tous répondu, en répétant après lui : La liberté, ou la mort! La liberté doit présider aux délibérations du conseil, et l'on y a porté atteinte par les violences qui se sont manifestées dans cette enceinte; leur récit va affliger la France entière ; mais aucun de nous ne s'en laissera ébranler. Tous nous émettrons franchement et librement notre opinion sur l'importante question qui s'agite.

» La proposition de déclarer la patrie en danger fut faite dans la commission des sept; je la combattis alors, je la combattrai encore. Que veut le conseil?... » (*Une voix répond* : « Sauver la République.» «Oui! oui!» s'écrient une foule de membres se levant à la fois. Une longue agitation se prolonge. *L'orateur s'écrie* : «Vos murmures ne m'effraieront pas.» — Talot s'écrie de sa place; il menace l'orateur de la voix et du geste.—*Le président* : « Je rappelle Talot à l'ordre, et j'invite le conseil au silence. Continuez.») Bonaparte continue.

« Nos intentions sont les mêmes...» («Non! non!» s'écrie-t-on d'une part. «Oui! oui!» répond-on de l'autre...) «Oui, nos intentions sont les mêmes ; nous ne sommes divisés que sur les moyens de sauver la République. On vous l'a dit, il existe à cet égard deux systèmes. J'ai repoussé loin de moi toutes les mesures semblables à une déclaration de la patrie en danger, à une fédération, etc.; je ne me suis décidé que pour tous les moyens contenus dans le cercle de la Constitution, qui consistent à donner au pouvoir exécutif toute la latitude...» (*Quelques voix.* «Ah! ah!» *Une foule d'autres.* « Oui, oui. » Agitation, clameurs. *Le président.* « J'invite l'assemblée au calme qui doit présider aux délibérations des représentans d'un grand peuple. ») Le calme se rétablit : l'orateur continue.

« Oui, il faut donner au pouvoir exécutif toute la latitude constitutionnelle; il faut de la vigueur au bras chargé de sauver la patrie. Lorsqu'un état est en proie aux factions, il ne peut se sauver qu'en donnant de la force au gouvernement existant, ou en le changeant. Hors de là, point de salut. » (*Plusieurs voix.* «Oui, oui.» *Quelques autres.* « Oui, créez une dictature. ») «J'entends parler de dictature, reprend avec fierté Bonaparte. Il n'est aucun de nous qui ne fût prêt à poignarder le premier qui oserait se porter pour dictateur de la France. (*Applaudissemens.*) Quand je propose de donner au directoire toute la latitude constitutionnelle de pouvoirs, je parle de la force qui naît de la confiance. Ce n'est pas en harcelant le pouvoir exécutif que nous lui donnerons la force dont il a besoin pour repousser l'ennemi. Imitons les Romains qui, à la vue du danger, ajournaient tout esprit d'opposition. Imitons les Anglais eux-mêmes. Du moment que nos phalanges eurent débarqué en Irlande, le parti de l'opposition se condamna au silence, parce qu'un danger moindre doit céder à un plus grand.

» Le remède aux dangers de la patrie est dans notre union, dans notre attitude, dans notre calme; toute mesure de salut public qui s'écartera de cette ligne ne sauvera point l'état. Car, je le répète, on ne peut sauver un état en proie aux factions qu'en donnant au gouvernement qui existe une grande force, ou en le changeant. Or, je vous le demande, quel est de ces deux systèmes celui qui peut sauver la République? Au 30 prairial, j'étais convaincu de la nécessité de la seconde mesure; mais, à moins que l'on ne veuille encore reprocher au directoire actuel l'ineptie et la trahison, je crois qu'il est de notre devoir de nous réunir à lui. Quant à moi, je le déclare hautement, je ne vois, dans le directoire, ni ineptie, ni trahison. » (*Plusieurs voix.* « Il ne s'agit pas de cela. »)

» Je pense donc que le système de Lamarque ne tendait à rien moins qu'à jeter l'alarme et la défiance dans les esprits, à augmenter les troubles intérieurs ; je crois que l'intérêt de la patri s'oppose à ce qu'on la proclame en danger ; je crois que toutes ces fédérations, cette permanence de nos séances sont des moyens de renversement, et non des mesures conservatrices, car jamais on ne les a employées que pour détruire ce qui existait.

» La nécessité de donner, dans les circonstances actuelles, une grande force au directoire est reconnue de tous les bons esprits. Or, je vous le demande, vaut-il mieux nous exposer aux chances d'une force révolutionnaire qui pourrait nous entraîner tous, que de donner au directoire toute la latitude du pouvoir constitutionnel? Le second système tend à étouffer du même bras, et les royalistes, et les ennemis de la Constitution de l'an III. En fermant la réunion de la rue du Bac, qui leur servait de repaire, le directoire a fait un acte méritoire, car le dépôt de la Constitution a été aussi remis entre ses mains. Ce n'est pas que je rejette les réunions politiques, mais je les veux organisées. Le système d'union avec le directoire est donc le seul qui sauvera la chose publique.

» Les moyens qu'offre ce système sont simples, les anciens l'ont employé; non pas que j'approuve la conspiration chimérique qui a été dénoncée dans ce conseil, mais je parle de son attitude actuelle et de ses actes conservateurs. (*Plusieurs voix.* « Oui, oui! ») Que peut-on espérer d'un pouvoir exécutif qui serait méprisé, bafoué même à la porte de son palais? (Murmures.) Il n'y a aucune personnalité dans ce que je dis; loin de moi d'en mettre dans une discussion qui touche de si près au salut public. Les mesures à prendre sont l'absence de tout acte révolutionnaire, la confiance au directoire, et l'éloignement de tout soupçon de trahison ou d'ineptie de sa part, sans quoi il faudrait le renverser encore, comme au 30 prairial. (Agitation.) C'est d'après ces observations que la commission des sept a rejeté la mesure proposée.

» Je persiste à croire que la déclaration de la patrie en danger ne produira rien, si elle est seule, et qu'elle excitera la défiance et le trouble, si elle n'est que le prélude de mesures nouvelles, énergiques, extraordinaires. Ici je m'arrête, et j'attends que l'on s'explique sur les mesures, et je répondrai. Je demande la question préalable. » — Impression à six exemplaires.

Quirot. « Il est nécessaire de rappeler les faits qui prouvent que la patrie est en danger. Lorsque du midi au nord, de l'est à l'ouest de la France, un système d'assassinats est organisé; lorsque la révolte éclate partout contre la République; lorsque dix départemens de l'Ouest sont en proie aux fureurs des chouans; lorsque la terreur empêche les républicains de se lever en masse contre les royalistes; lorsque la flotte batave est livrée par trahison; que la Hollande est peut-être en ce moment conquise; lorsque la Belgique est menacée; lorsque l'ennemi nous cerne et menace nos frontières sur tous les points, comment peut-on dire que la patrie n'est point aussi en danger qu'en 1792? Je dis qu'elle l'est plus.

» A cette époque, il existait une masse imposante de citoyens, ardens et vigoureux, qui n'avaient été ni déshonorés, ni découragés, ni accueillis sous les dénominations odieuses de jacobins, de terroristes, d'anarchistes. Un système flétrissant d'ignominie n'avait point été employé contre les amis de la liberté. Alors la plus touchante unanimité régnait parmi les Français. Êtes-vous dans cette position? Qu'est devenu cet enthousiasme pour la liberté? Il a été enseveli dans le même abîme où ont été précipités tant de cadavres républicains, victimes des fureurs des royalistes et des réactionnaires. Partout les patriotes purs sont tombés sous le poignard des assassins. Au dehors, vous avez à combattre les Autrichiens victorieux, les Russes qui se recrutent sans cesse, les Italiens mécontens, exaspérés. Au-dedans; au-dehors, des ennemis puissans, nombreux, irréconciliables, vous entourent et vous pressent. Votre position est donc plus terrible qu'en 1792; vous devez donc déclarer la patrie en danger, parce qu'elle l'est.

» Lucien Bonaparte n'ignore point ces faits, et il nous propose d'accorder au directoire une dictature. Mais n'est-ce pas cette dictature accordée à l'ancien directoire qui nous a amené tous ces maux? Ce moyen est donc inutile et dangereux : son résultat a été de nous arracher les conquêtes de Bonaparte et de faire exécrer le nom français en Italie, en Suisse, en Hollande. Le pouvoir directorial a-t-il maintenu la liberté au-dedans? Vous le savez. On se demandait chaque jour quand se ferait donc la cisalpinade du corps législatif. Ses membres n'osaient coucher chez eux. Pour s'assurer une majorité dans la représentation nationale, on employait les menaces, la violence et l'argent. » (Murmures, agitation.) Plusieurs membres l'interpellent des deux extrémités de la salle. Briot s'écrie : « Je demande la parole pour nommer les députés. » Le calme se rétablit, et l'orateur termine en demandant que la patrie soit déclarée en danger.

Aux voix! aux voix! Fermez la discussion! s'écrie-t-on dans plusieurs coins de la salle.

Daunou paraît à la tribune. Il a la parole. Calme.

« Lorsqu'en 1792, dit-il, l'assemblée législative déclara la patrie en danger, elle avait toute prête une loi organique de cette déclaration. Il eût été à désirer que les auteurs de la motion nous eussent présenté une loi pareille (Murmures.), une loi qui nous eût appris les résultats de la déclaration qu'ils proposent. Quant à moi, j'ignore quels seront ses résultats. Je doute qu'elle en produise aucun ; je ne crois point qu'elle soit propre à repousser nos ennemis, à diminuer leur nombre et leur force. Si du moins elle produisait d'heureux effets dans l'intérieur, je ne m'y opposerais point : fera-t-elle prendre des mesures législatives grandes, fortes, énergiques? Je n'approuve ni ne désapprouve ces mesures ; car je ne les connais pas. Mais, la déclaration une fois faite, je crains qu'elle n'amène des mesures qui détruisent l'ordre actuel ; et cependant il n'est aucun de nous qui veuille se jeter encore dans des mesures révolutionnaires. (Une foule de voix : *Non! non!*) Ce sentiment, je le sais, est dans toutes vos âmes; mais, le premier pas fait, vous en ferez un second, et vous vous trouverez poussés au point où vous ne vouliez pas aller. Ce n'est pas tout d'un coup, mais par une progression insensible, que ce régime exécré s'avance pour dévorer le peuple ; c'est par des motions incidentes, des propositions imprévues, adoptées de confiance et d'enthousiasme, que l'on y arrive. Croyez-vous que la Convention ait jamais eu la pensée de laisser se former autour d'elle ce colosse de puissance qui écrasa la sienne, et qui la tint, ainsi que la France, pendant dix-huit mois dans le plus cruel des esclavages? Non, elle eût reculé d'horreur devant la loi des suspects, devant celle du 22 prairial. Citoyens représentans, que ce grand exemple ne soit pas perdu pour vous. Dépositaires de la Charte constitutionnelle, vous devez la respecter pour votre salut, et pour celui du peuple. Vous devez rejeter toutes mesures qui sortiraient du cercle qu'elle a tracé. Mais, pour prendre ces mesures, avez-vous besoin de la déclaration préliminaire que la patrie est en danger? Est-il une mesure que vous ne puissiez prendre sans ce préliminaire? Si vous ne pouvez prendre ces mesures sans un tel préliminaire, dites-le franchement. Si cela est, s'il est des mesures qui ne puissent être amenées sans ces préliminaires, alors je vous rappelle vos sermens. Vous avez juré de maintenir la Constitution de l'an III. (*Oui! oui!* s'écrie-t-on de toutes parts.) Eh bien! ignorez-vous donc que déjà le signal de son renversement a été donné? Sans doute la position de la République exige le déploiement de toutes les forces et de toutes les autorités, mais des forces et des autorités constitutionnelles. Si vous avez le malheur de sortir de ce cercle, et de perdre le dépôt sacré de la Constitution de l'an III...» — Ici des murmures éclatent; le président, Boulay (de la Meurthe), rappelle les interrupteurs à l'ordre. Le calme se rétablit; Daunou reprend. «Oui, une fois que nous aurons perdu cette boussole, nous serons conduits à travers des fleuves de sang, à la plus cruelle des contre-révolutions.

» Je réclame donc la question préalable sur la proposition qui a été faite de déclarer la patrie en danger : 1º parce que cette déclaration n'est accompagnée d'aucune loi organique; 2º parce qu'elle ne peut produire aucun effet salutaire; 3º parce qu'elle inspire des craintes fondées aux amis de la Constitution. »

Le président quitte le fauteuil et demande la parole pour un fait. « Je ne connais, dit-il, dans les annales du monde, qu'un seul exemple où la patrie ait été déclarée en danger : c'est celui de l'assemblée législative; nous pouvons donc la prendre pour modèle. Or, le dernier article de la loi qu'elle a rendu à cet égard porte qu'en aucun cas, un pareil décret ne pourra être porté le jour même que la proposition en aura été faite. D'après cela, comme il est quatre heures, qu'il y a encore des orateurs inscrits pour la parole, que je le suis moi-même, je demande l'ajournement à demain. Je le réclame pour l'intérêt public; je le réclame pour la dignité même de l'assemblée, qui vient d'être compromise par les passions qui se sont manifestées dans son sein. »

Plusieurs voix. « L'ordre du jour ! » *Une foule d'autres.* « L'ajournement ! »

Lamarque. « Ou vous regardez la loi que l'on vient de citer comme existante, ou comme abrogée. Si, comme existante, j'en demande acte (Murmures.), vous ne pouvez vous dispenser de déclarer la patrie en danger... Le président me fait observer qu'il n'a cité cette loi que comme un exemple ; mais l'exemple ne peut nous lier. Je m'oppose à l'ajournement. Au reste, je veux que la nation française connaisse mon opinion sur cette déclaration de la patrie en danger. Je ne pense point que cette grande mesure ait provoqué le renversement de la Constitution de 1791; je le déclare, j'étais sincèrement attaché à cette Constitution. Cette déclaration produisit le plus grand bien ; elle poussa cent cinquante mille hommes aux frontières. C'est lorsqu'on eut découvert que le chef du pouvoir exécutif conspirait et trahissait lui-même, que son trône fut renversé; voilà la seule cause du renversement de la Constitution de 1791. Lors donc que l'on demande que la patrie soit déclarée en danger, ce n'est point pour renverser le gouvernement, car nous sommes tous intéressés au maintien de la Constitution de l'an III. »

On réclame l'ajournement. Le président le met aux voix. Il prononce qu'il est adopté. De vives réclamations se font entendre.

Destrem. « Je réclame l'appel nominal. Il faut, dans cette séance, nous prononcer de telle manière que le peuple entier soit assuré à quelle majorité la grande mesure que l'on propose sera adoptée. »

Blin. « Puisque l'on réclame l'ajournement, je demande que le conseil se déclare en permanence... » A ces mots, des applaudissemens partent des tribunes. Des murmures se font entendre; une vive agitation se manifeste dans le conseil. Le président, debout, s'écrie : « Je réclame le silence ; je demande la parole pour moi. (Calme.) L'ordre public vient d'être troublé, il est de mon devoir de le rétablir. Au mépris du règlement, des applaudissemens sont partis des tribunes. » *Quelques voix.* « Non! non! » *Une foule de voix.* « Oui! oui! » — « Je rappelle les citoyens des tribunes au respect qu'ils doivent à la représentation nationale, et j'ordonne aux huissiers de surveiller et d'exclure les interrupteurs. »

Blin continue. « Je ne veux point m'élever contre la décision de la majorité du conseil ; mais les dangers qui nous menacent, qui nous pressent, qui nous entourent, sont si grands, que je demande que le conseil se déclare en permanence. »

On réclame l'appel nominal. Bertrand du Calvados s'écrie : « Ce n'est qu'après deux épreuves douteuses que l'appel nominal doit avoir lieu. Je demande que l'épreuve soit renouvelée. »

Le président renouvelle l'épreuve, et il prononce encore que l'ajournement est adopté.

On réclame à grands cris l'appel nominal.

Marquésy s'élance à la tribune; il s'agite avec violence, il s'écrie : « Il est tuant pour la République de demander l'ajournement. Lorsqu'au siége de Toulon... » Des murmures couvrent la voix de l'orateur. Le président lui rappelle qu'il n'a la parole que pour parler contre l'ajournement, et que l'on va procéder à l'appel nominal, que l'on réclame de toutes parts.

Soulhiez. « Les dangers de la patrie sont grands, sans doute. Le déclarerez-vous au peuple français? Les uns disent oui ; les autres, non. On a beaucoup parlé là-dessus ; on veut parler encore. Je ne vois pas pourquoi on s'opposerait à l'ajournement.

Quelque urgence qu'il y ait de prendre une décision à cet égard, je ne vois pas qu'il y ait grand danger à l'ajourner à demain. Je réclame l'ajournement. »

Grandmaison et Briot réclament de nouveau l'appel nominal. On y procède; déjà plusieurs membres avaient été appelés et avaient déposé leur vote dans l'urne, lorsque Bertrand du Calvados réclame la parole. « Pour la dignité du conseil, dit-il, je demande qu'on ajourne à demain. Cet ajournement ne peut qu'être utile, puisqu'il fera succéder le calme à l'effervescence qui s'est manifestée. » — Le conseil ajourne à demain.

Séance du 28 fructidor.

La discussion se reprend sur la motion de Jourdan. Frison trace le tableau des désastres qui ont mis la patrie en danger; puis il s'écrie : « Il n'y a que des complices de la trahison de l'ancien directoire qui puissent s'opposer à ce que l'on déclare la patrie en danger. Ce n'est pas avec la logique astucieuse et les phrases arrondies de l'Institut que l'on se flattera d'en imposer au peuple. Il n'y a qu'un cri qu'il puisse entendre : Sauvez-vous! sauvez-nous! Ceux qui demandent que les dangers de la patrie soient proclamés sont ceux qui ont fait les membres actuels du directoire, et non ces hommes lâches qui faisaient la courbette devant les ex-directeurs. Suivez les instigations de ces hommes, et bientôt vous verrez que les royalistes feront sauter la *Périgourdine* à la République. » (On rit. — On murmure.)

Curée. « Il eût été à désirer que cette discussion n'eût pas porté les caractères de la violence. » — *Quelques voix.* « C'est le caractère de la liberté. » (Murmures.) Lesage-Sénault s'écrie : « Il n'y a point de violence ici. » — *Le président.* « La liberté des opinions est entière ici, je m'attacherai à la conserver à chaque orateur. » — L'opinant continue : « Il eût été à désirer qu'une pareille motion n'eût pas été improvisée, mais longuement approfondie. Il ne suffit pas d'imprimer un grand mouvement, il faut le régulariser. Le grand mouvement du 10 août devait être tel, parce qu'il fallait tout ébranler, tout renverser. Gensonné le prévoyait lorsqu'il s'écriait dans l'assemblée législative : « On veut faire un grand mouvement; mais, une fois le premier pas fait, où s'arrêtera-t-on? » Ce qu'il avait prévu arriva. L'ébranlement donné sans une mesure régulatrice, tout fut en pleine révolution. »

L'orateur développe ensuite les dangers d'une pareille mesure dans la situation actuelle des esprits, et il vote pour la question préalable. Doche-Delisle, Bertrand du Calvados, Poulain-Grandprey, appuient la motion de Jourdan; Chasal et Boulay de la Meurthe la combattent.

Au milieu de celle de Boulay, Levallois et Soulhiez s'écrient : « On vient de destituer Bernadotte et le commandant de Paris. » Une vive agitation se manifeste dans le conseil. Le calme se rétablit, et, après avoir entendu Poulain-Grandprey, on réclame la question préalable sur la motion faite de déclarer la patrie en danger. Le président la met aux voix. Une première épreuve est douteuse; le président la renouvelle, et il prononce que la question préalable est adoptée. De violentes clameurs se font entendre; on réclame à grands cris l'appel nominal; on allait y procéder, lorsque Jourdan de la Haute-Vienne paraît à la tribune. « On vient, dit-il, d'annoncer à nos collègues que Bernadotte et Lefebvre... » Murmures violens. *Une foule de voix.* « L'appel nominal ! » L'orateur parle dans le tumulte; interrompu vingt fois par les clameurs, vingt fois il recommence sa phrase; enfin il obtient le silence. « J'aime à croire, continue-t-il, que ceux qui les remplacent sont de bons républicains; j'aime à croire que le directoire a eu l'intention d'utiliser les talens de ces deux militaires en les plaçant dans d'autres postes. Mais si cet acte n'était que le prélude d'un coup d'état... » Cent membres se lèvent et crient : « Oui! oui!... Que le peuple français apprenne que ses représentans sauront mourir... » — « Oui! oui! » s'écrient en se levant une foule de membres. Des clameurs se font entendre. Un tumulte violent agite l'assemblée; les membres placés à de grandes distances se menacent de la voix et du geste.

L'orateur continue : « Oui, les représentans du peuple sauront faire rentrer dans le néant les conspirateurs qui oseraient attenter à la représentation nationale. Leur devise sera toujours la liberté ou la mort. » (*Tous les membres.* « Oui! oui! »)

Talot. « S'il existait un homme assez téméraire, assez contre-révolutionnaire, pour porter atteinte à la sûreté, à l'indépendance de la représentation nationale (Tous les membres se lèvent.); si l'on tentait un coup comme celui-là, citoyens représentans, vous devez tous vous rassembler ici, revêtus de vos costumes. Non, jamais les soldats de la liberté ne viendraient flétrir leurs lauriers dans le sang des représentans du peuple. Si ceux qui ont la direction de la force armée la tournaient contre vous, que la France entière se lève pour prendre notre défense. J'insiste pour que, d'une part, vous vous déclariez en permanence... (Cent voix. *Oui! oui!*) et que, de l'autre, vous déclariez la patrie en danger. Gardez-vous de vous endormir dans une fausse sécurité : elle vous serait funeste; prenez de grandes mesures de sûreté pour votre défense, tant à l'intérieur qu'à l'extérieur. Proclamez la permanence de vos séances et la patrie en danger. »

Un membre. « On parle ici d'un coup d'état contre la représentation nationale. Quelles que soient les opinions qui nous divisent, nous sommes tous solidaires quand il s'agira du maintien de notre indépendance. Je déclare donc que si l'on porte atteinte à la liberté d'un seul de nos collègues, je m'y opposerai de toutes mes forces; je lui ferai un rempart de mon corps. Mais je ne puis approuver les deux mesures proposées par Talot; je demande qu'elles soient rejetées par l'ordre du jour. »

Augereau. « J'ai confiance au directoire, et je ne crois pas qu'il fasse le coup dont on parle : 1º Il n'en a pas le droit. S'il en a été fait un au 18 fructidor, les circonstances étaient bien différentes : alors la patrie était en danger, la conspiration royale était connue. Si on en doute, que l'on se transporte chez moi, et je produirai les pièces qui la prouvent. S'il en était de même aujourd'hui, et que l'on voulût attenter à la représentation nationale, je le déclare, il faudrait que l'on me coupât le cou avant que l'on mît la main sur un de mes collègues. »

Garrau. « Je ne crois pas que le directoire ait l'intention de faire un coup d'état; et, quand il l'aurait, il n'est pas en état. Mais ce que je crains, c'est la réaction. Quand je vois que l'on parle de mettre à l'administration de la Seine un Talleyrand-Périgord, un Rœderer, un Desmeuniers, ces hommes connus par leurs sentiment inciviques, je ne puis contenir mon indignation. Je dis aux républicains que les réacteurs sont pour eux des royalistes; je leur crie : Ne vous laissez plus égorger, réfugiez-vous sous l'égide des lois; et, si elles sont insuffisantes, n'avez-vous pas des bras et du fer? (*Plusieurs voix.* « Oui ! oui ! ») On dit qu'on veut faire un coup d'état; je ne le crois pas; mais ce que je crois, c'est que l'on veut faire reposer le poids de la réaction sur les républicains. Que les républicains se liguent donc, qu'ils opposent résistance à l'oppression : les cris de : *Vive le roi!* et *A bas les Jacobins!* doivent être le même cri à leurs yeux; car c'est le cri des royalistes, c'est celui des puissances étrangères. On veut encore assassiner les républicains; eh bien ! que les républicains se mettent en état de défense. »

Lucien Bonaparte. « J'appuie la motion d'Augereau. On répand des bruits, on sème des inquiétudes; si tout cela est fondé, eh bien ! je le répète avec Augereau, que le premier qui osera porter une main sacrilége sur la représentation nationale passera sur mon corps avant que d'atteindre aucun de mes collègues. (On applaudit.) Une loi rendue avant le 30 prairial met hors de la loi quiconque portera atteinte à la liberté et à la sûreté de la représentation nationale. Cette loi existe; elle sera exécutée. »

Briot paraît à la tribune. On réclame à grands cris l'appel nominal. Il demande à être entendu pour des faits; il a la parole. « Les faits qui se passent autour de vous, dit-il, méritent de fixer votre plus sérieuse attention. Le ministre Bernadotte, qui avait rendu l'espérance aux armées, est destitué; le général Lefebvre est remplacé par Macdonald. Mais il est d'autres faits qui prouvent jusqu'à quel point nous avons à craindre. Je le demande, comment a-t-on pu nommer Talleyrand président de l'administration centrale de la Seine, cet homme qui est l'auteur de toutes nos calamités ; cet émissaire de l'Autriche, cet agent de la contre-révolution ? » (*Une foule de voix* : L'appel nominal !) « Voici le fait que j'ai à citer. Le chef de brigade Dufour, commandant des conscrits à Courbevoie, a dit l'autre jour dans un repas... (Murmures. — L'appel nominal !...) Il a dit que si la représentation nationale était attaquée, il marcherait à sa défense avec ses conscrits. Eh bien ! ce brave républicain a reçu l'ordre de partir dans les vingt-quatre heures. Des symptômes alarmans se manifestent dans cette commune ; partout des mouvemens s'organisent, des groupes se forment. Je propose au conseil de demander compte au directoire de la situation de la commune de Paris, et de ne pas lever votre séance sans avoir reçu sa réponse... » (Murmures. On s'écrie : « Cela n'est pas appuyé ! »)

Curée, après avoir prouvé que la proclamation des dangers de la patrie serait une mesure inefficace et dangereuse, s'écrie : « Si l'auteur de la motion, le général Jourdan, en présence de l'ennemi, se fût avisé de proclamer à son armée les dangers qu'elle avait à courir, croyez-vous que ce moyen eût été propre à relever son courage ? n'eût-il pas au contraire provoqué l'attaque de l'ennemi ?.. » (*Jourdan*. « Je demande à répondre aux insultes de notre collègue. » Violens murmures. *Le président*. « Silence ! la parole est à l'orateur. » Celui-ci continue :) « Quand on a abusé d'une institution, et qu'il est démontré que le principe de cet abus est dans l'institution même, comment peut-on la reproduire de nouveau ? La peur des maux éprouvés ne raisonne pas. Proclamez les dangers de la patrie, et la crainte se répandra jusque dans les chaumières. Cette crainte, selon vous, sera chimérique, mais ses effets n'en seront pas moins certains. Vous verrez disparaître le peu de numéraire qui circule ; tous les canaux qui alimentent le trésor public se dessécheront. Avec la planche aux assignats, la Convention faisait face à tout ; aujourd'hui il vous faut de l'énergie, mais de la sagesse : 1° parce que les dangers sont grands ; 2° parce qu'il est à craindre que la crise violente que vous voulez donner au corps politique, au lieu de lui être salutaire, n'amène sa dissolution. »

Jourdan. « Je demande à expliquer mes intentions. Les orateurs qui ont parlé jusqu'à ce moment se sont attachés à démontrer que nous avions l'intention de renverser le gouvernement. C'est une tactique perfide, que l'on n'emploie que pour éloigner la mesure salutaire que j'ai proposée. »

Thiessé. « Je demande à faire une observation sur ce que vient de dire Jourdan... (*Plusieurs voix.* « Maintenez l'ordre de la parole. » — Agitation. — Tumulte. — *Poulain-Grandprey.* « Je demande la parole pour éclairer le conseil... » — Thiessé la conserve pour un fait.) Jourdan, dit-il, a exprimé une vérité qui est dans son cœur, lorsqu'il vous a dit que son intention n'était pas de renverser le gouvernement, et je pense aussi que ce n'est pas celle d'un très-grand nombre de nos collègues... » A ces mots, une violente agitation se manifeste; Salicetti, Grandmaison, Texier-Olivier s'élancent à la tribune; ils entourent l'orateur, et l'interpellent de la manière la plus violente. Des clameurs se font entendre de diverses parties de la salle; plusieurs membres, oubliant la gravité du costume qui les décore, se livrent aux agitations, aux vociférations, aux gestes les plus menaçans, contre ceux qui leur sont opposés. — *Plusieurs voix s'écrient :* « Rappelez l'orateur à l'ordre. » — Après un long tumulte, le calme se rétablit.

Le président met aux voix le rappel de l'orateur à l'ordre. Il est adopté, et Thiessé est rappelé à l'ordre.

Grandmaison. « Quand nous voyons paraître sur la scène de vils flatteurs de l'ancien gouvernement; quand de pareils hommes prétendent ici en imposer aux républicains... (Les tribunes applaudissent; murmures, agitation.); oui, quand de pareils hommes accusent les autres de conspirer, peut-on contenir son indignation? Je le déclare, nous les signalerons, nous les poursuivrons jusqu'au fond des enfers..... » L'orateur continue à parler sur ce ton, et avec la plus grande véhémence; mais le feu qui l'anime nuit à son débit; sa voix s'altère, on ne peut l'entendre; il quitte la tribune. — *Texier-Olivier* s'écrie : « Je demande que Thiessé déclare ceux qui conspirent! » — *Plusieurs voix.* « C'est cela. »

Thiessé, avec calme. « Je vais le faire ; je ne suis monté que pour cela à la tribune. Je tiens en main une motion d'ordre imprimée et signée de quatre membres, à la fin de laquelle on demande que la patrie soit déclarée en danger, et qu'une commission présente ensuite les mesures extraordinaires que les circonstances exigent. J'ai parcouru cet écrit, et j'y ai lu que le centre du mouvement à imprimer à toute la République devait prendre son impulsion dans les conseils. (Murmures.) Si l'auteur a prétendu que le centre de ce mouvement fût dans les conseils de concert avec le directoire, il a eu raison ; si séparément, il a tort ; et c'est ce qu'il n'a pas dit. Il va plus loin ; il soutient que l'on ne doit pas être assez pusillanime pour s'assujettir à rester dans le cercle étroit que trace la Constitution. (Murmures.) Cette motion est de Déclerck du Nord. »

Texier-Olivier et plusieurs autres. « Lisez-la. » — *Thiessé*. « Je vais la lire. » Cette lecture était commencée, lorsque Bertrand du Calvados et Voussen du Nord paraissent à la tribune.

Voussen. Mon collègue Declerck ne désavoue point la motion qu'il a fait distribuer ; il la croit conforme à la Constitution ; il demande qu'on en fasse lecture. »

Thiessé allait continuer la lecture, lorsque Texier-Olivier s'écrie : « Ce n'est pas à l'accusateur à lire l'écrit qu'il dénonce ; qu'un secrétaire le fasse. » — *Quirot*. « Je demande qu'on lise l'écrit de Bailleul. » — Ici la discussion s'embrouille ; la délibération s'enchevêtre ; motions sur motions sont faites. Les uns demandent que l'on continue la lecture ; les autres qu'on la cesse ; d'autres qu'un secrétaire remplace Thiessé. Après deux épreuves douteuses, une voix s'écrie : « L'ordre du jour sur le tout. » — L'ordre du jour est adopté, et la discussion est reprise sur la motion de Jourdan.

Doche-Delisle, Bertrand du Calvados et Poulain-Grandprey, y reproduisent en sa faveur les motifs développés par les précédens orateurs, et qui se tirent principalement des dangers qui menacent la patrie au dedans et au dehors. Nous les avons fait connaître.

Chasal. « La déclaration que l'on demande n'est pas celle de la vérité. L'Italie, il est vrai, est envahie ; la République batave est sur le point de l'être ; mais il est faux que la France soit en péril. (Murmures.) Non, s'écrie l'orateur, la France n'est pas en péril, parce qu'une nation de trente millions d'hommes ne peut périr ; parce que ses périls, qu'on exagère, sont pour ses ennemis. J'en jure par vous-mêmes, j'en jure par ses magistrats, j'en jure par nos généraux, par nos conscrits ; j'en jure par les républicains de la Haute-Garonne, du Midi et de l'Ouest ; j'en jure par l'universalité des Français ; j'en jure par la liberté et par ses miracles ; non, la République n'est point en péril ; il n'appartient de la déclarer telle qu'à ceux qui en désespèrent.

» Quand le général Jourdan fut deux fois battu par le prince Charles, et qu'il effectuait sa retraite sur Kell, il destitua Châteauneuf-Randon pour avoir fait sonner le tocsin dans le département du Bas-Rhin. Ce qu'il désavoua alors, il le fait aujourd'hui. Ce n'est pas dans un département qu'il veut qu'on sonne le tocsin, c'est dans toute la République. Prenez cette mesure, et les lâches deviendront traîtres ; les incertains, conspirateurs ; les patriotes s'exaspéreront, et l'exaspération amènera des vengeances, des fureurs, des excès ; l'ordre sera détruit, l'ordre sans lequel point de gouvernement, point de victoire ; le dernier écu s'enfouira, le commerce sera nul, les travaux seront suspendus, la classe ouvrière sera sans travail, vos conscrits resteront sans armes, et vos armées se dissoudront faute de solde. Qui retiendra alors ce Souvarow, que l'on affecte tant de redouter ? Le péril n'existe point, vous le créez en le proclamant.

» Ce cri, dit-on, entraînera des mesures de salut public. Mais ces mesures, quelles seront-elles ? Proclamera-t-on que la France est un camp, les Français une armée, et qu'il ne faut, pour les gouverner, qu'un état-major et des généraux ? Viendra-t-on, comme en 1793, nous arracher de nos chaises curules ? La patrie est en péril !... Il faudra donc concentrer tous les pouvoirs, créer un comité de salut public, des tribunaux révolutionnaires, des comités révolutionnaires, faire des lois de suspects, etc. Le principe une fois admis, serez-vous maîtres des conséquences? On enchaînera votre courage comme celui de la Convention, et vos cadavres sanglans iront au cimetière de la Madeleine joindre ceux des Vergniaud, des Gensonné, etc. Et toi, Lamarque, échappé aux fers de l'Autriche, tu as osé te proclamer l'ami de Condorcet; le même sort t'attend.

» Sous prétexte de salut public, la France sera encore une fois couverte d'échafauds; la moitié des terres sera sous le séquestre, les travaux seront suspendus, la famine couronnera ces excès, et bientôt après viendra l'horrible, la sanglante réaction.

» Serions-nous donc condamnés à revoir les mêmes horreurs? Non, non, j'en jure par mon énergie. J'ai lutté contre toutes les tyrannies. J'ai protesté contre le 31 mai, source funeste de tous nos maux; j'ai combattu au 9 thermidor, au 13 vendémiaire; j'étais au 18 fructidor, au 30 prairial, et je prends acte de mon opposition à la mesure que l'on vous propose. Je me découvre pour être une des premières victimes. »

Bertrand du Calvados s'attache à prouver que la proclamation de la patrie en danger ne ramènera point le régime exécré de 1793. «Qu'y a-t-il de commun, dit-il, entre quelques scélérats, une municipalité conspiratrice, et un sénat composé de deux conseils, dictant les lois, et un directoire les faisant exécuter? Entre une Convention abandonnée à elle-même, et sans boussole sur une mer orageuse, et un gouvernement établi, qui a une Constitution? En donnant l'éveil au peuple, nous ne voulons point le précipiter dans les excès du crime, mais enflammer son courage, relever son énergie, et la diriger par des lois. »

Sudot combat la motion; Cazalis en prend la défense.

Boulay de la Meurthe. « Quoique l'on ait dit, à cette tribune, qu'il n'y a que les royalistes et les plats valets du directoire qui votent contre la mesure proposée, cette assertion, qui ne prouve autre chose que l'intolérance, ne m'empêchera point de la combattre. »

L'orateur prouve que la déclaration de la patrie en danger ne produira aucun bien, mais qu'elle fera beaucoup de mal.

« Pour repousser l'ennemi extérieur, que vous faut-il? Des hommes et de l'argent. Vous avez décrété l'un et l'autre objet sans la mesure proposée, et elle ne fera pas entrer un écu de plus dans le trésor public, ni aller un homme de plus sous les drapeaux.

» Pour comprimer les ennemis intérieurs, que nous faut-il encore? des hommes et des lois sévères. Ces lois existent, et jamais aucun code n'en offrit de pareilles. Si elles ne suffisent pas, nous en ferons d'autres, mais tout cela est indépendant de la déclaration des dangers de la patrie.

» On nous fait de beaux tableaux de nos revers en Italie et ailleurs; on les attribue à la trahison; mais, d'après le cours ordinaire des choses, il était impossible qu'il en fût autrement. Nous nous étions tellement étendus, qu'il nous aurait fallu douze cent mille hommes pour nous soutenir sur tous les points. Il est plus aisé de conquérir que de conserver ses conquêtes. Ce principe s'applique à la coalition. Ses succès mêmes tourneront contre elle. Les élémens qui la composent sont hétérogènes; ils ne manqueront pas de se dissoudre. Cette coalition monstrueuse ne s'est formée que par les bruits répandus par l'Anglais que nous voulions républicaniser toute l'Europe. Démentons ces bruits par notre conduite : soyons sages; restons dans notre territoire; respectons les gouvernemens étrangers, et la coalition tombera.

» La mesure proposée est dangereuse. Ne serait-il pas insensé, le médecin qui dirait à son malade : Vous êtes en danger. Le peuple français est le malade : depuis long-temps il est travaillé, déchiré en tous sens par les factions. Il a besoin de calme pour se rétablir. Au lieu donc de lui crier : Levez-vous! recommandez-lui de rester assis. Dans son imagination, la déclaration des dangers de la patrie est liée à des mesures de subversion. Il n'y a, dans l'histoire, qu'un seul exemple d'une déclaration pareille, et cet exemple nous offre le renversement du trône en 1792. En vain a-t-on dit, que c'était pour avoir des troupes; mais un an auparavant les levées d'hommes avaient été faites, mais la Convention en a levé un million sans cet appareil. Le vrai motif de l'assemblée législative, en proclamant les dangers de la patrie, a été le renversement de la Constitution de 1791. Je sais bien que ce n'était pas le but de la masse de l'assemblée, mais c'était celui des fondateurs de la République. » L'orateur cite, à l'appui de son assertion, un passage du discours de Vergniaud. — *Lamarque s'écrie* : « Je demande la parole pour un fait. » — Boulay continue.

« Mais j'accorde à Lamarque que les intentions des amis de la liberté n'étaient pas de renverser la Constitution de 1791. Du moins ils ne peuvent disconvenir qu'après la mesure prise, on s'empara du pouvoir exécutif; le 10 août arriva : ainsi les effets de cette mesure ont été plus loin que l'on ne voulait. Eh bien ! craignez que ce qui est arrivé alors ne se reproduise aujourd'hui ; craignez d'être poussés au-delà du but que vous avez en vue. Songez à la situation actuelle des esprits, et craignez que si vous mettez en mouvement cette force révolutionnaire, elle ne tourne contre la République, comme en 92, elle tourna contre la monarchie. Je vote pour la question préalable. »

Lamarque. « Il est un fait de la plus haute importance, et sur lequel il est nécessaire de fixer l'attention du conseil, parce qu'il peut influer sur notre délibération. Boulay vient de répéter à la tribune ce qu'il avait déjà dit hier, que le but de l'assemblée législative, en proclamant les dangers de la patrie, avait été de renverser le trône. On nous rend beaucoup plus méchans que nous ne le fûmes. Nous n'avions nulle intention de renverser la Constitution de 91. (Murmures. Agitation.) Si la déclaration de la patrie en danger, proclamée en 92, et sollicitée par les plus sages, les plus énergiques, les plus purs amis de la liberté, avait eu pour motif de détruire le gouvernement établi, quel qu'en eût été le résultat, nous eussions été coupables.... » (*Auguis s'écrie* : « Eh bien ! je suis coupable. »)

« Lorsque l'assemblée législative, entourée de conspirations, menacée par une guerre étrangère, vit qu'elle ne pouvait obtenir l'état des bataillons à opposer à l'ennemi, elle crut devoir prendre cette mesure extraordinaire. Le roi était si peu attaqué personnellement à cette époque, que le 7 juillet il se rendit à la séance, et vint y protester de son attachement à la Constitution. Il est bien vrai que nous n'y crûmes pas. (Murmures.) Le but du décret qui déclarait la patrie en danger fut de relever l'esprit public ; mais il ne faut pas confondre cette mesure avec le 10 août, qui arriva un mois après. Alors, quand nous vîmes que la cour s'entourait d'une force armée choisie, et qu'elle se disposait à l'attaque, nous pensâmes que nous étions trahis et menacés ; mais Vergniaud avait si peu l'intention que le préopinant lui a supposée, qu'il n'était point déterminé à consentir au 10 août. Il y a donné ensuite son assentiment, et cependant ses intentions étaient pures. »

On procède à l'appel nominal. En voici le résultat. Il y avait 416 votans : 171 ont voté pour la déclaration du danger de la patrie, et 245 contre. Le projet du général Jourdan est en conséquence rejeté. (*Journal de Paris.*)

— Ces séances excitèrent assez vivement l'attention de la capitale. Des rassemblemens nombreux se formèrent autour du palais des cinq-cents. (C'était l'ancien Palais-Bourbon, local actuel de la chambre des députés.) La police essaya vainement de les dissiper à l'aide de la force armée ; il est vrai que celle-ci agissait mollement. Les députés qui avaient parlé contre la déclaration, et les directoriaux, furent insultés en sortant de l'assemblée ; le résultat de la délibération fut accueilli par de vives clameurs de mécontentement.

Le lendemain 29, le directoire annonça, par un message, qu'il avait saisi, à Paris, quelques milliers d'exemplaires d'une proclamation royaliste. Il demandait l'autorisation d'en envoyer les auteurs devant une commission militaire ; mais, pendant qu'il faisait ainsi preuve de zèle, il accomplissait un acte public qui augmenta, s'il était possible, le mécontentement du parti républicain : il destituait le ministre de la guerre Bernadotte, le seul homme qui eût mérité l'estime du parti national, celui auquel on attribuait, avec raison, l'activité et la vigueur qui régnaient dans l'administration militaire. Il n'y avait aucun motif pour écarter ce général dont les services, comme ministre, étaient aussi évidens que réels, et dont la présence avait réussi à relever le moral des conscrits et le zèle des administrateurs. Le gouvernement montrait trop clairement en cela l'esprit de tracasserie et de parti qui l'animait. Bernadotte fut en effet destitué comme républicain. Le directoire chercha cependant à dissimuler ses véritables motifs sous une apparence. Dans l'arrêté qui ôtait le ministère à Bernadotte et le donnait au général Milet-Mureau, il disait que le premier avait donné sa démission pour raison de santé, et il ne donnait au second que le titre de ministre provisoire; mais Bernadotte s'empressa d'écrire dans tous les journaux qu'il n'avait point donné sa démission, et qu'il était bien positivement destitué. Le secrétaire-général du ministère de la guerre, Rousselin, suivit le sort du ministre : il fut également destitué. Moulins et Gohier se plaignirent vivement qu'on eût pris cette mesure. Quel en fut le motif immédiat? Quelques historiens disent que l'on craignait que Bernadotte ne se mît à la tête des troupes, et ne fît un 30 prairial en faveur de la minorité républicaine.

La guerre était évidemment déclarée entre la majorité du directoire et la minorité des cinq-cents. Le 2 vendémiaire, celle-ci arracha au conseil une résolution rédigée en ces termes : « Sont » déclarés traîtres à la patrie, et seront punis de mort, tous négo- » ciateurs, généraux, ministres, directeurs, représentans du peu- » ple et tous autres citoyens français qui pourraient accepter, » proposer et appuyer des conditions de paix, tendant à modifier » en tout ou en partie la Constitution, ou à altérer l'intégralité de » la République, soit les parties qui ont été déterminées par la » Constitution, soit celles qui ont été réunies par les lois. » Cette déclaration annonçait une profonde défiance à l'égard du gouvernement ; on craignait qu'il ne méditât un coup d'état contre la minorité, un 18 fructidor contre les républicains. Le conseil des anciens la rejeta. Il en fut de même d'une autre résolution qui ordonnait que le directoire ferait, tous les dix jours, au corps législatif, un rapport sur la situation intérieure et extérieure de la République ; le conseil des anciens la rejeta encore. Il se montrait ainsi à toute occasion l'appui déterminé de la majorité du pouvoir exécutif. Voici, au reste, une preuve que les soupçons qu'inspiraient aux républicains la résistance du conseil des anciens; la destitution de Bernadotte, et plus encore quelques démarches de Siéyès, n'étaient pas dépourvus de fondement.

CONSEIL DES CINQ-CENTS. — *Séance du 9 vendémiaire an* VIII (1er *octobre* 1799).

Destrem, par motion d'ordre. « Je fus instruit hier au soir que l'imprimeur Baudouin avait imprimé un avis pour les représentans du peuple, conçu en ces termes: « Paris, le..... Vous êtes in-
» vité à vous rendre dans la salle du conseil des cinq-cents, pour
» y assister à la séance extraordinaire qui aura lieu à..... heure.....
» le..... de l'an..... »

» Je me suis assuré que les exemplaires de cet avis ont été portés au bureau de nos distributions. Je ne veux point jeter de soupçon sur personne; mais il est essentiel de rechercher la source d'où est venu l'ordre d'imprimer cette pièce, car nul n'a le droit de convoquer une séance générale du conseil. »

Vezin, l'un des inspecteurs. « Il ne nous appartient pas de rendre aucun compte, jusqu'à ce que le conseil ait entendu tous ceux qui sont dans le cas de lui donner des renseignemens sur cette affaire; je me contente de lui dire que deux mots suffisent pour l'éclaircir. »

Destrem. « Puisqu'il ne faut que deux mots, que mon collègue les dise. Je l'invite à s'expliquer; si j'en savais plus, je le dirais. »

Vezin. « Les membres de la commission sont tombés des nues à la vue d'un avis portant convocation d'une séance extraordinaire du conseil; ils n'avaient donné aucun ordre pour cela. Le commis du bureau de distribution a dit : Ce paquet m'a été remis. Baudouin, interrogé, a répondu : Ceci est bien simple : c'est un billet que j'ai reçu ordre d'imprimer, pour s'en servir dans le cas où il serait nécessaire de convoquer extraordinairement les membres des deux conseils. Quant à moi, je déclare que c'est un rêve pour moi; je n'y entends rien. Si les membres du conseil croient y voir de la malveillance, qu'ils tirent la chose au clair. »

Grandmaison. « Ceux qui, comme moi, connaissent la loyauté et la franchise de mon collègue Vezin, sont bien convaincus que, s'il savait autre chose, il en eût instruit le conseil. Quant à moi, voici ce que j'en sais. Je me suis rendu chez Baudouin; je lui ai demandé par quel ordre il avait imprimé cet avis ; il m'a exhibé un ordre signé *Beaupré*, secrétaire-général de la commission des inspecteurs du conseil des cinq-cents, en date du 7 vendémiaire an viii. J'ai demandé à Baudouin si c'était la première fois qu'il avait imprimé de pareils avis ; il m'a répondu : Oui. »

Plusieurs voix. « Mandez Beaupré à la barre. »

Barthélemy, membre de la commission des inspecteurs, déclare que Beaupré a commandé cette impression sans y avoir été autorisé par la commission ; que celle-ci l'a mandé et lui en a fait des reproches : 1° à cause des inquiétudes que cette mesure pouvait inspirer ; 2° à cause de l'économie; qu'enfin elle a mandé Baudouin, et que celui-ci a répondu : Déjà une mesure pareille a été prise par le conseil des anciens. « Ainsi, conclut l'opinant, comme il y a contradiction entre la déclaration faite à Grandmaison par Baudouin, et celle qu'il a faite à la commission, je demande qu'il soit aussi mandé à la barre. »

Le conseil arrête que Beaupré et Baudouin seront mandés à la barre. Ils y paraissent.

Beaupré, interrogé par le président, fait une réponse dont voici le précis. « Il fut question, il y a un mois environ, d'une séance extraordinaire du conseil. Un des inspecteurs me demanda si, ce cas arrivant, j'étais en mesure de convoquer sur-le-champ les membres du conseil ; c'est pour être en état de le faire, promptement, que j'ai donné l'ordre à Baudouin d'imprimer l'avis dont il s'agit, au nombre de cinq cents exemplaires. Si les feuilles ont été portées au bureau de distribution, c'est une erreur du porteur. Au reste, c'était une simple précaution que je prenais dans le cas qu'il y aurait une séance extraordinaire. »

Bergasse-Laziroulles. « Si c'est par pure précaution que le secrétaire a donné les ordres d'imprimer cet avis, je demande pourquoi il n'en a demandé que cinq cents exemplaires, car le conseil pouvait être convoqué plus d'une fois. »

Réponse. « Par des raisons d'économie. »

Un membre. « Puisqu'il y a un mois que le secrétaire était averti de prendre ses précautions, je demande pourquoi il a différé l'impression jusqu'au 7 vendémiaire? »

Rép. « Je l'ai fait sans calcul ni combinaison. » — *Le même membre.* « Je demande à Beaupré qu'il nomme l'inspecteur avec lequel il dit avoir eu une conversation? » — *Rép.* « Lucien Bonaparte. »

Crochon. « Si Lucien Bonaparte était à la séance, il pourrait donner au conseil des explications. Je vais y suppléer. Le secrétaire n'a pas dit que Lucien Bonaparte lui eût donné l'ordre de convoquer extraordinairement le conseil, mais seulement qu'il lui avait fait cette question : « Dans le cas d'une séance extraordinaire, quel moyen auriez-vous de convoquer le conseil? » Or, je me rappelle que, lors de la discussion de l'emprunt forcé, il fut question de proroger la séance, et de se réunir à 6 heures du soir. Il était donc bien naturel que Lucien Bonaparte demandât au secrétaire-général les moyens qu'il avait de convoquer le conseil. »

Vezin. « Je me rappelle parfaitement que cette question fut faite à l'époque où l'on dépouillait le scrutin pour la mise en accusation des ex-membres du directoire. Chacun sait que pendant le dépouillement, l'on s'aperçut qu'il y avait dans l'urne des billets blancs et rouges ; et comme cette question était embarrassante, et que les membres du conseil étaient presque tous absens, on proposa de le convoquer extraordinairement. Ce fut moi-même qui en fis la proposition à la tribune. Je me rappelle le fait parfaitement. »

Bérenger, et Quirot, qui était président à cette époque, rendent hommage au dire de Vezin.

Un membre demande si les anciens ont fait imprimer de pareils avis.

Beaupré répond que oui, et que même il s'est concerté pour

cela avec le secrétaire-général de la commission des inspecteurs du conseil des anciens.

Labrouste. « Je demande à quelle époque vous avez eu cette conférence? » — *Rép.* « Il y a environ deux décades. »

Grandmaison. « Le modèle de convocation qui était entre les mains du secrétaire-général des inspecteurs des anciens était-il manuscrit ou imprimé? » — *Rép.* « Imprimé. »

Grandmaison. « Je demande si quelqu'un des membres du conseil des cinq-cents vous a donné l'ordre de faire cette impression? » — *Rép.* « Non. »

Beaupré se retire, et Baudouin paraît à son tour à la barre; il exhibe la minute de l'ordre signé *Beaupré*, en vertu duquel il a imprimé l'avis dont il s'agit; puis il s'exprime ainsi :

« Ce matin, le citoyen Grandmaison est venu me demander si le conseil des anciens avait fait imprimer de pareils billets de convocation. Je lui ai répondu que non; c'était une erreur de ma part. Le fait est que, depuis l'an IV de la Constitution, le conseil est dans l'usage de faire imprimer de pareils billets, et c'est même sur la forme encore existante des billets des anciens que l'on a tiré ceux des cinq-cents; on n'a fait que substituer au mot *anciens* celui de *cinq-cents.* Il y a plus, la totalité des lettres de convocation des anciens est encore déposée dans la commission des inspecteurs de ce conseil avec les adresses. »

Soulhier. « Les questions qui ont été faites par divers membres du conseil prouvent l'inquiétude que l'impression de ces lettres de convocation avait jetée dans les esprits, surtout dans les circonstances où nous nous trouvons; mais les réponses qui ont été faites prouvent également que ces inquiétudes sont dénuées de fondement. Je demande l'ordre du jour sur cet incident. Mais il est question de savoir s'il appartient à la commission des inspecteurs de convoquer extraordinairement... » — De violens murmures couvrent la voix de l'orateur; on lui crie : Mais elle n'a point fait de convocation, c'est au président seul à les faire; le règlement y est formel. — L'orateur reprend : « Dans ce cas-là je retire la motion que j'allais faire. Je demande seulement que tous les billets soient déchirés en présence du conseil et à la tribune. » (Murmures.)

Le conseil rejette cette proposition par l'ordre du jour.

Blin. « Je sens que la mesure proposée par le préopinant serait violente; mais la commission des inspecteurs doit se tenir pour dit qu'il lui est essentiellement défendu de faire de pareilles convocations. »

On réclame l'ordre du jour sur le tout. — Adopté.

— La révélation de Destrem prouve que l'on s'attendait à quelque tentative de la part du directoire; elle prouve que celui-ci avait pensé à faire une journée longtemps avant le 18 brumaire, longtemps avant l'arrivée de Bonaparte. Mais son projet rencontrait un obstacle difficile à surmonter; il n'avait pas alors sous la main de général d'une réputation assez imposante pour dominer l'opinion publique et celle de l'armée, de manière à lui assurer définitivement la victoire. Il ne pouvait se confier ni à Bernadotte, ni à Jourdan, ni même à Augereau, qui étaient tous plus ou moins attachés aux républicains. Est-ce dans l'espérance de trouver un homme qui lui fût dévoué qu'il appela Moreau à Paris dans les derniers jours de vendémiaire? C'est une question sur laquelle nous ne pouvons rien affirmer. Le fait est cependant probable; il explique la haine persévérante de Bonaparte contre ce général, le singulier rôle qu'il joua le 18 brumaire, etc. Aussi quelques historiens, et entre autres Jomini, répondent affirmativement à cette question que nous avons posée. Mais Moreau était un homme trop peu décidé pour se charger de la responsabilité d'un coup d'état.

Quoi qu'il en soit, les événemens se chargeaient de fortifier le directoire, de justifier l'opposition du conseil des anciens aux mesures dernièrement proposées par les anciens. On apprenait les victoires de Brune sur les Anglais; Masséna battait les Austro-Russes à Zurich; Soūwarow lui-même perdait en Suisse la plus grande partie de son armée. L'armée d'Italie se fortifiait et allait reprendre l'offensive. La victoire, en un mot, revenait sous nos drapeaux avant même que la conscription eût achevé de remplir les cadres de notre armée ; avant que les nombreux bataillons nouvellement formés fussent entrés en ligne. Ainsi on avait l'espérance que la victoire nous serait pour long-temps fidèle ; car les forces de l'ennemi diminuaient au fur et à mesure que les nôtres augmentaient. Le 18 vendémiaire, les cinq-cents déclarèrent que les armées d'Helvétie, de Batavie et d'Orient avaient bien mérité de la patrie. Cette résolution fut aussitôt approuvée par les anciens.

Par suite, le conseil des cinq-cents n'eut plus d'autre élément d'activité que les faits d'administration intérieure, et le directoire se hâta de l'attaquer sur la question même la plus difficile de cette administration, sur les finances ; il lui adressa, le 21 vendémiaire, un message dans lequel on lisait textuellement ces mots : « Vous avez tout fait pour l'ordre et l'économie, mais vous n'avez rien fait encore pour établir le niveau entre la dépense et la recette, et pour assurer le service de l'an VIII. » C'était une accusation des plus mal fondées, car le conseil s'était incessamment occupé de créer des ressources financières, et il avait à cet égard usé de son initiative avec non moins d'ardeur que dans les affaires de défense générale. Cependant cette accusation porta coup dans l'opinion publique ; elle fit d'autant plus d'effet que cette phrase était suivie de cette autre : « Sans cet équilibre, le gouvernement ne peut faire face à ses engagemens, les transactions reprendre leur cours, et les citoyens seront toujours *dans la crainte de voir se renouveler les mesures extraordinaires.* » Le directoire ensuite énumérait ainsi le déficit : « Le produit des contributions directes n'avait été que de 250 millions au lieu de 270 ; la régie de l'enregistrement et des domaines n'avait donné que 190 millions au lieu de 205 ; les douanes n'avaient produit que 8,800,000 fr. ; la poste aux lettres, que 8 millions ; la loterie, que 7 millions ; la ferme des salines, que 5 millions ; des 125 millions de biens nationaux mis à la disposition du directoire pour l'extraordinaire de la guerre, il n'en avait été vendu que 58 millions. Ainsi la totalité des recettes n'avait été que de 475 millions : la dépense ayant été de 726 millions, le déficit était de 251 millions ; il est vrai qu'il fallait ajouter aux recettes le produit de la taxe des portes et fenêtres et celui de l'emprunt forcé, qui n'étaient pas encore rentrés, ce qui réduirait le déficit à 150 millions. Ce message perfide fut renvoyé à la commission des finances, sans observation.

Cependant on annonçait les succès de Bonaparte en Égypte et en Syrie. On remplissait les journaux des détails des victoires de l'armée d'Orient et des proclamations du général en chef. Le 22 vendémiaire, on apprit que Bonaparte avait débarqué à Fréjus le 16 (8 octobre 1799). Voici comment était rédigée la lettre qui donnait cette nouvelle au *Journal de Paris* :

Aux auteurs du Journal.

« Citoyens! Vive la République! Bonaparte et Berthier sont débarqués à Fréjus! »

Le nom de ce général était tellement populaire, que la presse recueillit les plus petites circonstances de son arrivée. A peine débarqué, il se mit en route pour Paris. La ville de Lyon fut illuminée pour le recevoir; on composa une petite pièce de circonstance intitulée *le Héros de retour*. On invita Bonaparte à se rendre au spectacle; il y fut salué par les applaudissemens et les bravos du public. Cependant le directoire ignorait de quel œil les cinq-cents verraient ce retour inexplicable. Quelques journaux avaient déjà marqué un étonnement de mauvais augure. Les faiseurs de nouvelles débitaient que Berthier amenait Bonaparte prisonnier. Quelques jours après le directoire fit apposer les scellés sur les presses et les bureaux des journalistes imprudens, mais il ne pouvait imposer ainsi le silence à la tribune. Déjà, dans le sein même du directoire, Moulins avait demandé que l'on punît un général qui avait abandonné son armée sans ordre de l'autorité supérieure; il voulait qu'il fût arrêté sur-le-champ et traduit devant un conseil de guerre; Gohier semblait disposé à appuyer cet avis; Siéyès répondit qu'il ne fallait pas être plus sévère que la France, qu'une mesure aussi violente pourrait leur nuire dans l'opinion publique. Il proposa de s'en rapporter aux conseils, et de tâter leur opinion. Pendant ce temps, les amis de Bonaparte, sa femme, son frère, n'étaient pas inactifs. Voici comment se passa la séance qui décida de la fortune de ce général.

CONSEIL DES CINQ-CENTS.—*Séance du 22 vendémiaire an* VIII *(14 octobre* 1799*).*

On reprend la discussion du projet sur l'école Polytechnique. Il est définitivement adopté.

Au nom de la commission des finances, Arnould fait un rapport sur le nouveau mode de paiement des rentes et pensions. L'abonnement des contributions est-il compatible avec le mode actuel de paiemens des rentes en bons au porteur?

Le rapporteur commençait à entrer dans l'examen de cette question, quand tout à coup les portes circulaires de la salle s'ouvrent; un grand nombre d'employés descendent rapidement, une vive impatience se manifeste dans le conseil. L'orateur n'est plus entendu; il réclame l'impression de son rapport et de son projet. Le conseil l'ordonne, et à l'instant un message d'état du directoire est introduit dans la salle; la musique et une foule de citoyens l'accompagnent. Il remet un message dont la teneur suit :

« Le directoire vient d'apprendre, par une dépêche du général Brune, que les pertes des Anglo-Russes à l'affaire de Calscroom surpassent de beaucoup les premiers calculs qui en ont été donnés, et qu'elles sont aussi considérables que celles qu'ils ont essuyées à Berghem. Elles sont sensibles surtout par le grand nombre d'officiers qui ont été pris. Depuis le 16, l'ennemi battait en retraite; l'armée républicaine l'a poursuivi, et, quoiqu'il eût trois heures d'avance, elle l'a atteint, lui a pris ou tué douze cents hommes. La fuite a été si précipitée, qu'il a laissé ses tentes, ses bagages, des magasins de munitions, de vivres et d'habillemens, et qu'il a abandonné une foule de femmes et d'enfans appartenant aux Anglais, et que ceux-ci avaient amenés avec eux, croyant se rendre maîtres de la Hollande sans coup férir,

L'armée ennemie comptait plus sur la corruption que sur son courage pour vaincre les républicains. Le général Douh avait été envoyé comme parlementaire au général Daendels. Celui-ci l'a fait arrêter, et on a trouvé sur lui des proclamations du duc d'York et du prince d'Orange.

» Le directoire annonce aussi avec plaisir au conseil que le général Berthier a débarqué le 17 à Fréjus avec Bonaparte. (A ce nom, les plus vifs applaudissemens partent à la fois de l'assemblée et des tribunes, et se prolongent long-temps; le secrétaire continue). Avec lui sont les généraux Lasne, Marmont, Murat, Andréossy, et les citoyens Monge et Berthollet. Ils ont laissé l'armée française en très-bon état en Égypte; elle est dans la position la plus satisfaisante. »

Les applaudissemens recommencent; la musique exécute les airs chéris de la liberté.

Carré des Bouches-du-Rhône. « Bonaparte! Brune! Masséna! vos noms, portés sur les ailes de la Renommée, passeront à la postérité la plus reculée; vos triomphes ont vaincu de nouveau la coalition; vos succès sont si brillans que l'imagination ne peut suffire à les dépeindre. Soldats républicains, qui dans les champs d'Égypte, dans les marais de la Batavie et sur les rochers glacés de l'Helvétie, avez surmonté tous les obstacles, vaincu, dispersé des ennemis supérieurs en nombre, recevez le témoignage éclatant de la gratitude nationale. Je demande que le conseil déclare que l'armée française en Batavie ne cesse de bien mériter de la patrie. » — Impression.

Portiez de l'Oise. « C'est aujourd'hui que nous pouvons chanter victoire; c'est aujourd'hui que nous devons couronner de guirlandes la statue de la Liberté. Peuple français! c'est aujourd'hui ta fête. Trois fois attaqué par une immense coalition, tu te vis, à la première, réduit seul à te défendre. Tu te levas, tu dis : Je combattrai, je vaincrai. Tu as combattu, tu as vaincu. Du Danube au Nil, du Tibre au Rhin, tes victoires ont immortalisé ton nom. Tes ennemis défaits ont mordu la poussière. Qu'est devenu ce Souwarow, lâche assassin de femmes, d'enfans et de

vieillards? Il fuit, épouvanté, pressé plus encore par ses remords
que par la valeur républicaine. Généreux Bataves, permettez à
un représentant qui, chez vous, a été témoin de la chute du
stathouder, de vous féliciter d'une victoire qui assure votre
liberté. Reprenez votre place parmi les puissances de l'Europe,
et influez aussi dans la balance politique.

» Je demande : 1º que le directoire soit invité à déclarer aux
peuples alliés qu'ils ont bien mérité de la cause commune;
2º que les décrets de bien mérité de la patrie soient proclamés
dans toutes les communes avec la solennité convenable. »

Briot. « J'appuie la proposition de Carré, et je demande le
renvoi de celle de Portiez de l'Oise à une commission. Il est difficile de rendre les sensations agréables que nous causent les heureuses nouvelles qui nous arrivent d'heure en heure. Nos succès
élèvent la France au faîte de la gloire, et désormais elle conservera entre les nations de l'univers la place que lui assurent ses
hauts faits et les merveilles de sa révolution. Peuples de l'Europe, et vous, ministres des cabinets, qui avez médité son abais-
sement et sa ruine, une funeste expérience a dû vous détromper;
sachez que la France est invincible, sachez que c'est à elle à
donner la paix au monde et à punir les forfaits dont on s'est
rendu coupable envers elle. C'est au milieu de la désorganisation de nos armées; c'est lorsque, dénuées de tout, elles n'a-
vaient pas encore reçu les renforts qui de toutes parts s'ache-
minaient vers elles, que nous avons triomphé de la coalition en
Afrique et en Europe. Quels ne seront pas nos triomphes lorsque les nombreux bataillons qui s'organisent partout auront
présenté sur nos frontières une ceinture de baïonnettes? Quels
succès nous présage encore l'arrivée de ce héros dont le nom
seul vaut une armée, dont l'épée, qui a triomphé en Orient, va
briller de nouveau en Europe, rapporter la paix au monde et
cimenter la régénération politique de l'Italie? Celui qui à Campo-
Formio dicta les conditions de la paix, qui à Mantoue rendit des
honneurs à un vieux général, celui-là, toujours digne de la confiance des républicains, sera bientôt à la tête de nos armées;

bientôt nous n'aurons plus d'éloges à lui donner, il les aura tous épuisés. » L'orateur demande le renvoi des propositions de Portiez de l'Oise à une commission.

— Bonaparté arriva à Paris le 24 vendémiaire. Il fut reçu du public avec enthousiasme, comme ne l'avait été aucun général. On s'informait de ses moindres démarches; on recueillait ses moindres paroles; on lui prêtait même des mots. L'attention publique attira sur lui celle de tous les partis. Chacun voulut l'attirer à lui; et ainsi il reçut les confidences de tout le monde et fut mis au courant de tous les désirs et de tous les projets. Dès ce moment aussi les meneurs du directoire et des conseils furent plus occupés d'intrigues secrètes que de démarches publiques. Les séances du corps législatif devinrent froides, mornes et sans intérêt. Il ne s'occupa guère que des finances et de la réorganisation du jury. Cette monotonie fut interrompue deux ou trois fois par des observations sur l'oppression de la presse ou des dénonciations sur ce sujet; on dit aussi quelques mots des chouans, mais les discours sur ces diverses questions ne produisirent point de conclusion. Nous trouvons cependant, au milieu de ces débats sans intérêt, un renseignement que nous croyons bon à recueillir. Il est relatif à la situation de notre marine militaire. La République possédait quarante-huit vaisseaux de ligne, cinquante frégates, quarante-deux corvettes, quatorze bricks, dix lougres, seize cutters, douze avisos, six chebechs, onze goëlettes, quatorze flûtes et gabares, vingt-cinq chaloupes canonnières, cent trente-cinq bateaux canonniers et cent soixante-dix-sept bateaux construits pour la descente en Angleterre. — Il y avait sur le chantier treize vaisseaux de ligne, douze frégates, quatre corvettes et deux goëlettes.

Pendant que les républicains des cinq-cents gardaient un silence maladroit, et laissaient l'attention publique se préoccuper d'un homme et des fêtes qu'on lui donnait, on lisait, dans les journaux modérés, des articles où l'on s'entretenait des espérances que faisait naître le retour du vainqueur de l'Italie et du pacificateur de Campo-Formio.

JOURNÉES DES 18 ET 19 BRUMAIRE AN VIII

(9 et 10 novembre 1799).

Bien que la plupart des acteurs principaux de ces journées aient livré à la publicité des mémoires plus ou moins étendus, il est difficile, il est peut-être même impossible de faire une histoire exacte, soit des démarches secrètes qui précédèrent cette révolution, soit de la conjuration qui en prépara et en régla l'exécution. Chacun, dans ses mémoires, se donne le beau rôle, accuse ses adversaires, et cache avec soin le côté où il se sent coupable. Nous avons beaucoup de raisons de penser que les documens même qui semblent écrits avec le plus de franchise ne contiennent pas toute la vérité; nous ne croyons pas même à l'exactitude de la narration contenue dans les *Mémoires de Sainte-Hélène*. Napoléon ne s'explique pas sur beaucoup de faits importans : ainsi il avait à nous dire si c'était de son propre mouvement qu'il était revenu d'Égypte; il avait à prouver qu'il n'avait reçu aucun ordre à cet égard. Il y eut, a-t-on dit, un arrêté du directoire, en date du 7 prairial, signé Treilhard, Barras et Laréveillère, qui rappelait Bonaparte en France. Laréveillère déclare, il est vrai, dans ses Mémoires, qu'il ne se souvient pas d'avoir donné cette signature. Mais trop de contemporains ont assuré que Bonaparte avait reçu l'ordre de revenir; la situation du directoire avant le 30 prairial explique trop bien un tel ordre; l'opportunité même du retour de Bonaparte à l'époque où nous sommes est trop évidente, pour que l'on puisse attribuer à la seule spontanéité du jeune général une démarche qui le compromettait dans l'opinion et dans l'armée. S'il n'y eut en France personne dans la confidence de cette démarche hardie, comment pourrait-on expliquer la brusque insertion dans les journaux des bulletins de nos victoires en Égypte et en Syrie, insertion manifestement calculée de manière à précéder la nouvelle du débarquement à Fréjus, et à dissimuler l'odieux d'un retour qui était une véritable désertion?

Quoi qu'il en soit, que Bonaparte ait été rappelé par le triumvirat ou par Lucien Bonaparte et ses amis, il est certain qu'arrivé à Paris, il fut visité par tout le monde, qu'il reçut la confidence de tous les projets, et que chaque parti put se flatter de l'avoir de son côté. On espérait beaucoup en lui, parce qu'on le savait homme d'exécution ; il avait fait ses preuves en vendémiaire, et il jouissait d'une grande popularité, propre à entraîner aussi bien le peuple que l'armée.

Mais tout en laissant chacun le croire disposé en sa faveur, il s'attacha de suite à Siéyès, et en suivit les projets. Tout prouve qu'il n'hésita point jusqu'aux derniers jours, ainsi que l'ont assuré plusieurs historiens ; tout prouve qu'il ne balança point entre les deux partis, mais qu'il fit seulement semblant d'hésiter, comme il en avait peut-être reçu le conseil. En effet, nous trouvons que les agens les plus actifs de la conjuration étaient Fouché, ministre de la police, et Talleyrand, tous deux prêtres apostats comme Siéyès, ses protégés et ses amis.

Il nous paraît impossible, au milieu des documens contraires, de pénétrer plus loin dans l'intrigue qui prépara le 18 brumaire. Mais ces généralités suffisent pour nous expliquer comment la translation des conseils à St.-Cloud n'éprouva pas de la part de la minorité républicaine l'opposition à laquelle on devait s'attendre. Celle-ci pouvait croire que la journée que l'on préparait ne tournerait point contre elle.

Quoi qu'il en soit, voici la relation la plus brève comme la plus exacte des intrigues secrètes qui préparèrent cette révolution. Nous l'empruntons à Lallemend.

« Les partis avaient marché à leur but. Bonaparte a reçu leurs diverses propositions : il a donné des espérances, mais point de promesses. Dans cet état de fluctuation il n'y a plus de gouvernement : l'administrateur subalterne reste incertain entre l'obéissance et la défection ; le comptable déprédateur s'arrête, et cherche à deviner s'il devra fuir un juge ou féliciter un complice. Les royalistes ne se montrent pas ; ils espèrent que dans le choc qui se prépare l'édifice républicain s'écroulera sans leur secours.

Les citoyens paisibles commencent à s'étonner que le retour du chef de l'armée d'Orient ne reçoive pas d'explication : un soldat, revenu d'Égypte quelques jours après Bonaparte, avait rendu public le mécontentement de ses camarades à la disparition de leur général. L'armée appelle le héros de l'Italie. Enfin l'opinion, dans une agitation sombre, demande qu'un pouvoir s'élève.

» D'un côté est Siéyès, à qui Roger-Ducos, son collègue au directoire, s'attache comme à sa planète. Siéyès a dans son parti un grand nombre de membres du conseil des anciens, quelques-uns des cinq-cents, des diplomates sans mission ostensible, des proscripteurs de toutes les époques, des intrigans politiques qui se prétendent hommes d'état et publicistes. Leur projet tend à abattre les républicains, qu'ils désignent sous les noms d'anarchistes et de démagogues; à renverser la Constitution, et établir un système semi-aristocratique dont on n'a jamais bien connu les bases : l'un d'eux a dit de Siéyès qu'il ne leur avait déroulé qu'un chapitre de chacune de ses Constitutions.

» D'une autre part est la majorité du conseil des cinq-cents, grossie de tous les républicains calomniés ou trahis. Ils ont avec eux les directeurs Moulins et Gohier. Ils croient avoir aussi dans leurs rangs le général Bernadotte. Leur but est le maintien de la Constitution : ce n'est pas qu'ils la regardassent comme pouvant être durable; mais ils ne voyaient qu'en elle le moyen d'arracher la liberté à une oligarchie civile ou au despotisme militaire : leur secrète pensée était une réforme qui aurait ramené l'unité dans le système représentatif, et ils voulaient attendre l'époque fixée par l'acte constitutionnel même pour sa révision.

Ainsi les destinées de la République se trouvent placées entre une faction et un parti. Deux membres du directoire sont là; deux autres sont ici. Un directeur reste encore; c'est Barras : il dépendrait de lui de porter la majorité directoriale sur un point; et alors, que ce soit la faction ou le parti qui triomphe, le coup d'état s'exécuterait sans le secours d'une influence étrangère aux membres du gouvernement; les hommes de guerre resteraient des instrumens; le plus audacieux serait sacrifié : mais Barras, qui ne voit de sûreté nulle part (1), garde une lâche neutralité. Des deux côtés on en est donc réduit à s'attacher Bonaparte : c'est la première pensée ; c'est le dernier moyen. Désormais nous appellerons *conjurés* les membres de la faction dont Siéyès est le chef; nous laisserons à leurs adversaires le titre de *républicains*.

» Bonaparte assistait parfois aux réunions qui se tenaient de part et d'autre : il appréciait les hommes, et pesait les intentions. Le projet des conjurés répugnait à son âme; celui des républicains lui paraissait trop austère : ceux-ci lui promettaient une gloire sans éclat; avec ceux-là il ne pouvait espérer qu'un rang secondaire, et il devait craindre qu'après le succès ils n'en brisassent l'instrument. Nulle part il ne voyait un prompt remède aux maux de la patrie, et partout il voyait la guerre des opinions devenir le signal de la guerre civile. Son ambition s'agrandit de son amour pour la chose publique. Il se détermina à tromper les conjurés parce qu'il ne démêlait en eux qu'un sentiment profond d'égoïsme, et à abandonner les républicains parce qu'il n'y trouvait aucune disposition aux moyens extrêmes que lui inspirait le salut de l'état. Il est vrai de dire que parmi les républicains on rencontrait peu d'hommes supérieurs : c'était l'ouvrage du directoire; la persécution avait abattu les cœurs que la corruption n'avait pu flétrir. L'établissement d'une dictature paraissait être à Bonaparte d'une impérieuse nécessité, et il s'y croyait appelé. « Je n'estime Siéyès ni les siens, disait-il » aux patriotes; mais ils sont prêts à tout oser... Hâtez-vous; ils » feront avant vous et sans vous... Faites-moi directeur, nous les » renversons tous. » — Vous n'avez pas l'âge requis, lui répon-

(1) Barras, qui s'est fait regarder comme le protecteur de Bonaparte, est au contraire l'homme qui s'efforça le plus de l'éloigner des affaires publiques, et s'il est resté neutre au 18 brumaire, c'est par la conviction qu'il avait acquise que le général ne pouvait plus rester étranger au gouvernement. Barras, quelques jours avant la translation des conseils à Saint-Cloud, chercha à deviner Bonaparte en lui confiant avec beaucoup d'importance le projet qu'il prétendait avoir formé de se retirer en laissant à la France une *autorité vigoureuse*, un *président*...; et il portait le *général Hédouville* à cette magistrature suprême. Barras put lire dans les yeux de Bonaparte quel était celui qui donnerait à la France une *autorité vigoureuse*.

dait-on ; et il reprenait : — « Sotte Constitution, qui veut qu'on
» ait quarante ans pour être utile à son pays ! Votre respect
» pour cette Constitution est une absurdité ; elle n'existe plus. »
— Et tout à coup il brisait l'entretien ; mais, quelque nouveau
sujet qu'il abordât, son esprit frappé ramenait sur ses lèvres l'aveu
de sa passion pour le pouvoir : — « Sans Djezzar pacha ; » s'écria-t-il
dans une de ces réunions, après avoir raconté avec beaucoup de
franchise la défaite qu'il essuya devant Saint-Jean-d'Acre, —
« Sans ce pacha je serais peut-être maintenant *empereur d'Orient*,
» et je rendrais du moins des services à la République française. »
— Cette exclamation fit sourire ; on était loin d'y voir une
contre-vérité prophétique. Les républicains finirent par lui proposer, avec le généralat en chef de l'armée d'Italie, un caractère
diplomatique qui lui donnait l'initiative sur les mouvemens de
toutes les armées, et le rendait ainsi l'arbitre de la paix ou de la
guerre ; mais il voulait le titre de *généralissime*, proscrit par la
Constitution, et les républicains se refusaient à toute concession
sur ce point : ils persistaient dans le maintien d'une loi fondamentale qui leur permettait la destitution et l'accusation de trois
membres du directoire. On voit que si Bonaparte eût compté
quarante années, c'est la Constitution de l'an III qui serait devenue le premier degré de sa puissance (1).

Quant aux conjurés, ils lui promettaient tout, mais ils n'arrêtaient rien, et Bonaparte, pour éviter d'engager sa parole,
n'exigeait d'eux aucune garantie positive ; il lui suffisait que leur
vœu fût conforme au sien, le renversement de la Constitution.
Mais tandis qu'ils se reposaient déjà dans l'utopie que Siéyès, qui
se faisait *grand électeur*, déroulait verbalement à leur avidité,
Bonaparte, sans dessein formé, se promenait en quelque sorte
de la pensée dans une sphère supérieure à toutes les combinaisons ; il applaudissait complaisamment aux vues profondes de
leur chef ; il souriait même à ce rapprochement que quelques-
uns d'entre eux présentaient gravement comme un heureux

(1) Dès l'an v, à l'époque du 18 fructidor, il avait négocié pour se faire nommer directeur.

augure, savoir, que Siéyès était né dans la ville qui avait reçu Bonaparte à son débarquement (Fréjus); il les laissait enfin le considérer comme un instrument, et c'était lui qui les attachait à son char. Il ne se confia qu'à ses deux frères, Joseph et Lucien, et à l'amiral Bruix. Son intimité avec ce dernier éveilla les soupçons de Siéyès : l'amiral reçut du directoire, quelques jours avant le 18 brumaire, l'ordre de se rendre à Brest avec son état-major; Bruix resta auprès de Bonaparte.

» Les conjurés et les républicains, au moment même où leur rupture allait devenir publique, se trouvèrent réunis à une fête civique que les deux conseils avaient dédiée à Bonaparte dès les premiers jours de son arrivée à Paris. Les circonstances n'étaient plus les mêmes : alors on se disputait le héros; depuis, le dé avait été jeté : aussi n'aperçut-on sur la physionomie des convives que la contrainte et la défiance. Plusieurs députés républicains refusèrent d'assister à ce banquet (1), dont Moreau partagea les honneurs contre la volonté de ceux qui l'avaient voté. Moreau, homme d'un caractère faible et d'un esprit ambitieux, traînait une importance qu'il ne méritait pas; sa pusillanimité comme citoyen surpassait son habileté comme général, et depuis sa dénonciation contre Pichegru il ne jouissait de la confiance d'aucun parti : mais un homme faible peut devenir dangereux; cette raison détermina les conjurés, qui d'abord avaient eu des vues sur lui, à le pousser dans leurs rangs, et Bonaparte à se l'attacher (2). Ce dernier ne parut qu'un moment à la fête dont il était l'unique objet; il se retira avec Moreau, après avoir porté cette santé : *A l'union de tous les Français!* Moreau exprima froidement celle-ci : *A tous les fidèles alliés de la République!*

(1) Donné le 15 brumaire dans l'église Saint-Sulpice; il y avait huit cents couverts.

(2) Bonaparte vit Moreau pour la première fois chez le directeur Gohier quelques jours seulement avant le repas de Saint-Sulpice; il l'aborda en lui disant : « Général, j'ai eu plusieurs de vos lieutenans avec moi en Égypte; ce sont des officiers fort distingués. » Le lendemain Bonaparte envoya à Moreau un damas garni en diamans.

» Dans les deux jours qui suivent (16 et 17 brumaire), la faction et le parti redoublent d'activité pour arriver à un dénoûment. Les républicains pressent Barras de se joindre à Moulins et à Gohier pour former dans le directoire une majorité qui replace tout à coup Bernadotte au ministère de la guerre ; mais Barras hésite toujours, et Bernadotte, le seul général qui puisse être un obstacle à Bonaparte, doute ou affecte de douter de son influence sur les troupes s'il n'est revêtu d'un pouvoir spécial : il temporise. Les conjurés, rassemblés le 16 chez Lemercier (1), président des anciens, et le 17 chez Lahary, membre du même conseil, se lient d'abord par un serment énergique, puis s'arrêtent à un dernier avis ouvert par Régnier, et vivement appuyé par Lucien Bonaparte, qui déclare que son frère *le général répond de tout.* Le moyen proposé par Régnier consiste à faire usage du droit que la Constitution donne exclusivement au conseil des anciens de changer la résidence du corps législatif ; et c'est ce décret irrévocable, motivé par la calomnie, soutenu par les armes, qui va surprendre les républicains dans leurs scrupuleuses réserves.

» Les conjurés s'étaient distribué les rôles ; ils se chargèrent de voir les députés sur lesquels on pouvait compter, et de les prévenir. La commission des inspecteurs passa la soirée du 17 à préparer les lettres de convocation pour le conseil des anciens ; mais on se garda bien d'en adresser à un seul des membres que l'on soupçonnait de républicanisme. On se servit, à cet effet, de lettres de convocation depuis long-temps déposées à la commission ; ce travail achevé, Courtois resta seul aux Tuileries. A cinq heures du matin, la commission se réunit de nouveau. On chargea des sous-officiers de la garde du corps législatif de porter les lettres à domicile ; et en même temps on fit doubler les postes.

---

(1) Voici les noms de ces conjurés : c'étaient Lucien Bonaparte, Boulay, de la Meurthe, Régnier, Courtois, Lemercier, Cabanier, Villetard, Baraillon, Cornet, Fargues, Chazal, Bouteville, Vimar, Frégeville, Goupil-Préfeln, fils, Herwyn, Cornudet, Rousseau, Lahary, Délécloy.

Les membres convoqués se hâtèrent d'accourir. Un grand nombre étaient étonnés de cette réunion extraordinaire; mais au fur et à mesure de leur arrivée, ceux qui étaient du secret, allaient au-devant d'eux, et se hâtaient de les prévenir qu'on avait découvert une conspiration anarchiste, prête à éclater; que l'on n'avait plus que quelques jours, peut-être quelques heures devant soi; qu'il fallait prévenir les Jacobins, etc. Enfin, cent cinquante membres formant la majorité nécessaire pour délibérer, le président Lemercier ouvrit la séance.

CONSEIL DES ANCIENS. — *Séance du 18 brumaire an* VIII

(*9 novembre* 1799), 8 *heures du matin.*

Le président du conseil, Lemercier, ouvre la séance en donnant la parole au président de la commission des inspecteurs, à *Cornet*, qui porte la parole en ces termes :

Cornet. « Représentans du peuple, la confiance dont vous avez investi votre commission des inspecteurs lui a imposé l'obligation de veiller à votre sûreté individuelle, à laquelle se rattache le salut de la chose publique; car, dès que les représentans d'une nation sont menacés dans leurs personnes, dès qu'ils ne jouissent pas dans les délibérations de l'indépendance la plus absolue, dès que les actes qui peuvent émaner d'eux n'en ont pas l'empreinte, il n'y a plus de corps représentatif, il n'y a plus de liberté, il n'y a plus de République.

» Les symptômes les plus alarmans se manifestent depuis plusieurs jours; les rapports les plus sinistres nous sont faits. Si des mesures ne sont pas prises, si le conseil des anciens ne met pas la patrie et la liberté à l'abri des plus grands dangers qui les aient encore menacées, l'embrasement devient général; nous ne pouvons plus en arrêter les dévorans effets; il enveloppe amis et ennemis; la patrie est consumée, et ceux qui échapperont à l'incendie verseront des pleurs amers, mais inutiles, sur les cendres qu'il aura laissées sur son passage.

» Vous pouvez, représentans du peuple, le prévenir encore :

un instant suffit; mais si vous ne le saisissez pas, la République aura existé, et son squelette sera entre les mains de vautours qui s'en disputeront les membres décharnés.

» Votre commission des inspecteurs sait que les conjurés se rendent en foule à Paris; que ceux qui s'y trouvent déjà n'attendent qu'un signal pour lever leurs poignards sur des représentans de la nation, sur des membres des premières autorités de la République : elle a donc dû vous convoquer extraordinairement pour vous en instruire; elle a dû provoquer les délibérations du conseil sur le parti qu'il lui convient de prendre dans cette grande circonstance. Le conseil des anciens a dans ses mains les moyens de sauver la patrie et la liberté; ce serait douter de sa profonde sagesse que de penser qu'il ne s'en saisira pas avec son courage et son énergie accoutumée. »

Ce discours est reçu dans le silence : on attendait une proposition formelle. Le représentant qui avait conçu (1) le projet de translation du corps législatif, Régnier, se présente aussitôt à la tribune; il dit :

« Représentans du peuple, quel est l'homme assez stupide pour douter encore des dangers qui nous environnent? Les preuves n'en sont que trop multipliées; mais ce n'est pas le moment de dérouler ici leur épouvantable série. Le temps presse, et le moindre retard pourrait devenir si fatal, qu'il ne fût plus en votre puissance de délibérer sur les remèdes.

»·A Dieu ne plaise que je fasse l'injure aux citoyens de Paris

---

(1) Baudin, des Ardennes, mort subitement le jour même où l'on reçut la nouvelle du débarquement de Bonaparte, avait déjà émis l'idée de la translation du corps législatif; mais alors le héros était encore en Égypte. Cornet s'en explique ainsi dans sa *Notice sur le 18 brumaire* : « Mon cher ami (disait Baudin à » Cornet), allons-nous-en : transportons les conseils hors de Paris; la Constitu-
» tion nous en donne le pouvoir. — Je (Cornet) lui répondais : mais c'est un
» coup d'état; la conception en est facile, l'exécution difficile; dans les affaires
» de cette importance l'exécution est la pierre de touche de la capacité et de la
» prévoyance de ceux qui les entreprennent. Où est votre bras d'exécution? où
» est la tête froide qui le dirigera? Nous passions en revue généraux et hom-
» mes d'état; nous trouvions du courage, de l'esprit, mais peu de fond. Et
» moi de dire : *Je ne m'embarque pour un voyage de long cours qu'avec des
» moyens et des chances pour atteindre le port.* »

de les croire capables d'attenter à la représentation nationale! Je ne doute pas au contraire qu'ils ne lui fissent, au besoin, un rempart de leurs corps; mais cette ville immense renferme dans son sein une foule de brigands audacieux et de scélérats désespérés, vomis et jetés parmi nous de toutes les parties du globe par cette exécrable faction de l'étranger qui a causé tous nos malheurs. Ces instrumens du crime vous épient, vous observent, attendent avec une impatience féroce un moment d'imprévoyance ou de surprise pour vous frapper, et par conséquent frapper au cœur la République elle-même.

» Représentans du peuple, vos vies ne sont plus à vous; elles sont tout entières à la patrie, dont les destinées tiennent intimement à votre existence; l'insouciance sur votre propre sûreté serait donc un véritable crime envers elle.

» Arrachez-la aux dangers qui la menacent en vous menaçant vous-mêmes; transférez le corps législatif dans une commune voisine de Paris, et fixez votre choix de manière que les habitans de cette grande commune demeurent bien convaincus que votre résidence ailleurs ne sera que momentanée.

» Là, mis à l'abri des surprises et des coups de main, vous pourrez, dans le calme et la sécurité, aviser aux moyens de faire disparaître les périls actuels, et d'en détruire encore les causes pour l'avenir. Vous vous occuperez enfin efficacement des finances, par lesquelles notre perte est inévitable si vous ne vous hâtez de substituer des remèdes réels à de vains et dangereux palliatifs. Vous vous empresserez d'extirper radicalement le chancre dévorateur qui recommence à se faire sentir dans les régions désolées de l'Ouest, mais dont les progrès seront bientôt arrêtés si on le veut fortement, comme je ne doute pas que vous le voudrez; mais surtout vous n'épargnerez rien pour procurer à la France cette paix honorable, achetée par tant et de si grands sacrifices.

» Représentans du peuple, ne concevez aucune inquiétude sur l'exécution de votre décret: d'abord il est puisé dans la Constitution elle-même, à qui tout doit être soumis; ensuite il aura pour garant la confiance publique, que vous avez méritée jusqu'ici par votre courage autant que par votre sagesse, et que votre généreux dévouement dans les conjonctures où nous sommes va faire monter au plus haut degré. S'il vous fallait quelque chose de plus, je vous dirais que Bonaparte est là, prêt à exécuter votre décret aussitôt que vous l'en aurez chargé. Cet homme illustre, qui a tant mérité de la patrie, brûle de couronner ses nobles travaux par cet acte de dévouement envers la République et la représentation nationale.

» Représentans du peuple, la voix de la patrie, le voix de votre conscience se font entendre ! Point de temporisation ; elle pourrait vous coûter de bien amers regrets.

» Je vous propose, aux termes de la Constitution, le projet de décret irrévocable qui suit, et je vous le propose avec d'autant plus de confiance qu'un grand nombre de nos collègues, honorés de votre confiance, ont partagé mon vœu :

» Le conseil des anciens, en vertu des articles 102, 103 et 104 de la Constitution, décrète ce qui suit :

» Art. 1er. Le corps législatif est transféré dans la commune de Saint-Cloud. Les deux conseils y siégeront dans les deux ailes du palais.

» 2. Ils y seront rendus demain 19 brumaire à midi.

» Toute continuation de fonctions et de délibérations est interdite ailleurs et avant ce temps.

» 3. Le général Bonaparte est chargé de l'exécution du présent décret ; il prendra toutes les mesures nécessaires pour la sûreté de la représentation nationale.

» Le général commandant la dix-septième division militaire, la garde du corps législatif, les gardes nationales sédentaires, les troupes de ligne qui se trouvent dans la commune de Paris et dans l'arrondissement constitutionnel, et dans toute l'étendue de la dix-septième division, sont mis immédiatement sous ses ordres, et tenus de le reconnaître en cette qualité. Tous les citoyens lui prêteront main-forte à sa première réquisition.

» 4. Le général Bonaparte est appelé dans le sein du conseil pour y recevoir une expédition du présent décret, et prêter serment. Il se concertera avec la commission des inspecteurs des deux conseils.

» 5. Le présent décret sera de suite transmis par un messager d'état au conseil des cinq-cents et au directoire exécutif; il sera imprimé, affiché, promulgué et envoyé dans toutes les communes de la République par des courriers extraordinaires. »

Ce projet entendu, un mouvement se manifeste dans l'assemblée. Montmayou et plusieurs autres membres réclament la parole; mais la majorité se lève, et insiste pour que le projet soit mis aux voix sans discussion. Dentzel s'écrie : « La liberté des opinions!... » Le président déclare que le projet est adopté.

Sur la proposition de Cornudet, le conseil décrète ensuite cette *adresse aux Français* :

« Français, le conseil des anciens use du droit qui lui est délégué par l'article 102 de la Constitution, de changer la résidence du corps législatif.

» Il use de ce droit pour enchaîner les factions, qui prétendent subjuguer la représentation nationale, et pour vous rendre la paix intérieure.

» Il use de ce droit pour amener la paix extérieure, que vos longs sacrifices et l'humanité réclament.

» Le salut commun, la prospérité commune, tel est le but de cette mesure constitutionnelle. Il sera rempli.

» Et vous, habitans de Paris, soyez calmes; dans peu la présence du corps législatif vous sera rendue.

» Français, les résultats de cette journée feront bientôt foi si le corps législatif est digne de préparer votre bonheur, et s'il le peut.

» *Vive le peuple!* par qui et en qui est la République! »

Cornet et Baraillon, membres de la commission des inspecteurs, Huard et Luzebis, huissiers du conseil, reçoivent l'ordre de se rendre immédiatement chez Bonaparte. Il les attendait, entouré déjà des honneurs militaires dus aux fonctions dont on venait l'informer qu'il avait été revêtu; sa maison était occupée militairement; les officiers d'état-major de la division et de la place s'y étaient rendus à l'avance pour recevoir l'ordre. — Général, dit Huard à Bonaparte, le conseil des anciens m'a chargé de vous notifier le décret qui vous nomme commandant de la garde du corps législatif. C'est pour moi un grand jour, puisqu'il me procure l'honneur de voir un grand homme, et le sauveur de ma patrie. — Oui, nous la sauverons ! — répond le général. Puis, s'adressant à Cornet et à Baraillon : — Je vais aller faire prêter serment aux troupes. Si vous voulez, citoyens représentans, venir avec moi, nous nous rendrons ensemble au conseil, et j'y prêterai le serment qui m'est prescrit. — Général, lui fait observer Cornet, il faut que nous allions au conseil lui rendre compte de notre mission, et lui annoncer que vous allez venir à la barre prêter votre serment. — Citoyens représentans, reprend le général, je serai aussitôt que vous au conseil. —

Bonaparte avait réuni auprès de sa personne les officiers supérieurs qu'il voulait employer, et ceux dont il croyait devoir paralyser l'action : Bernadotte se trouvait parmi ces derniers. En lui donnant connaissance du décret Bonaparte l'invite à le suivre et à l'aider dans sa mission. Bernadotte se récrie contre des préparatifs qui lui semblent attentatoires à la représentation nationale. — Nous avons tous combattu pour la République et pour la Constitution, ajoute-t-il, et nous voulons les conserver et les défendre. Que voulez-vous? qu'allez-vous faire? — Je veux la République, repart Bonaparte; nous la voulons tous; mais nous ne voulons plus de factions. Au surplus, vous ne sortirez pas sans me promettre... — Comment! serais-je prisonnier ici? — interrompt Bernadotte avec chaleur; et en même temps, sans s'en apercevoir, il agitait une canne à épée qu'il avait à la main. Bonaparte s'offense de son mouvement; il va le faire arrêter. Mais une explication amicale ne tarda pas à s'engager; et l'on eut lieu de croire qu'elle se termina, de la part de Bernadotte, par la promesse de rester neutre dans les grands démêlés qui allaient s'élever.

Bonaparte monte à cheval, suivi d'un nombreux état-major; il traverse les Champs-Élysées, s'y montre aux troupes déjà rassemblées, reçoit leurs acclamations, donne l'ordre qu'on les fasse avancer jusque dans les Tuileries, où il les passera en revue ; enfin il arrive au conseil des anciens. Introduit à la barre avec les généraux Berthier, Lefebvre, Moreau, Macdonald, Murat, Moncey, Serrurier, Beurnonville, Marmont et quelques autres, il dit :

« Citoyens représentans, la République périssait ; vous l'avez su, et votre décret vient de la sauver. Malheur à ceux qui voudraient le trouble et le désordre ! je les arrêterai, aidé du général Lefebvre.(1), du général Berthier et de tous mes compagnons d'armes.

» Qu'on ne cherche pas dans le passé des exemples qui pourraient retarder votre marche ! Rien dans l'histoire ne ressemble à la fin du dix-huitième siècle ; rien dans la fin du dix-huitième siècle ne ressemble au moment actuel.

» Votre sagesse a rendu ce décret ; nos bras sauront l'exécuter.

» Nous voulons une République fondée sur la vraie liberté, sur la liberté civile, sur la représentation nationale : nous l'aurons, je le jure ; je le jure en mon nom et en celui de mes compagnons d'armes ! »

Le président répond à Bonaparte :

« Général, le conseil des anciens reçoit vos sermens ; il ne forme aucun doute sur leur sincérité et sur votre zèle à les remplir. Celui qui ne promit jamais en vain des victoires à la patrie ne peut qu'exécuter avec dévouement de nouveaux engagemens de la servir et de lui rester fidèle. »

Bonaparte, accompagné de ses officiers généraux, s'établit momentanément dans le local de la commission des inspecteurs ; et c'est de là qu'en un instant il a déféré les commandemens, réglé la marche des troupes, rédigé ses proclamations, etc. Son chef d'état-major, Alexandre Berthier, expédiait les ordres comme si déjà il eût été ministre de la guerre. Des soldats vien-

---

(1) Lefebvre commandait alors la dix-septième division militaire dont Paris était le chef-lieu.

nent camper dans l'enceinte de la représentation nationale, les barrières se ferment, le départ des courriers est suspendu ; Paris est comme en état de siége ; mais partout règne l'ordre le plus parfait.

Ordre du jour.

Paris, 18 brumaire an viii de la République.

« En conséquence du décret du conseil des anciens, en date du 18 brumaire, qui donne le commandement de la dix-septième division militaire, de la garde du corps législatif, du directoire exécutif, des gardes nationales sédentaires, des troupes de ligne qui se trouvent dans la commune de Paris, dans l'arrondissement constitutionnel et dans toute l'étendue de la dix-septième division, au général Bonaparte ;

» Le général Bonaparte nomme le général de division Lefebvre son premier lieutenant, et le général de brigade Andreossi chef de l'état-major-général, ayant sous ses ordres les adjudans-généraux Caffarelli et Doucet ;

» Le général de division Murat commande toutes les troupes à cheval ;

» Le général de division Lannes commande au palais national des anciens ; il aura pour chef d'état-major le chef de brigade Milhaud ;

» Le général de brigade Marmont commande l'artillerie ;

» Le général de division Berruyer conserve le commandement des Invalides ;

» Le général de brigade Morand conserve le commandement de la place de Paris ;

» Le général Macdonald est nommé commandant de la division militaire de Versailles ;

» Le général Moreau, commandant de la garde du Luxembourg ;

» Le général Serrurier est chargé du commandement de la garde des deux conseils à Saint-Cloud. »

Bonaparte, général en chef, aux citoyens composant la garde nationale sédentaire de Paris.

Du 18 brumaire an VIII de la République.

« Citoyens, le conseil des anciens, dépositaire de la sagesse nationale, vient de rendre le décret ci-joint. Il y est autorisé par les articles 102 et 103 de l'acte constitutionnel.

» Il me charge de prendre les mesures pour la sûreté de la représentation nationale. Sa translation est nécessaire et momentanée. Le corps législatif se trouvera à même de tirer la représentation du danger imminent où la désorganisation de toutes les parties de l'administration nous conduit.

» Il a besoin, dans cette circonstance essentielle, de l'union et de la confiance des patriotes. Ralliez-vous autour de lui ; c'est le seul moyen d'asseoir la République sur les bases de la liberté civile, du bonheur intérieur, de la victoire et de la paix. Vive la République ! »

Bonaparte, général en chef, aux soldats.

Au quartier général de Paris, le 13 brumaire an VIII de la République.

« Soldats, le décret extraordinaire du conseil des anciens est conforme aux articles 102 et 103 de l'acte constitutionnel. Il m'a remis le commandement de la ville et de l'armée.

» Je l'ai accepté pour seconder les mesures qu'il va prendre, et qui sont tout entières en faveur du peuple.

» La République est mal gouvernée depuis deux ans. Vous avez espéré que mon retour mettrait un terme à tant de maux ; vous l'avez célébré avec une union qui m'impose des obligations que je remplis : vous remplirez les vôtres, et vous seconderez votre général avec l'énergie, la fermeté et la confiance que j'ai toujours vues en vous.

» La liberté, la victoire et la paix replaceront la République française au rang qu'elle occupait en Europe, et que l'ineptie ou la trahison a pu seule lui faire perdre. Vive la République ! »

18 ET 19 BRUMAIRE AN VIII (1799).

Ces premières dispositions prises, il n'était pas encore onze heures. Bonaparte descendit dans le jardin national (les Tuileries) pour passer la revue des troupes : trois mille hommes environ s'y trouvaient rassemblés. Il les harangua en ces termes (1) :

« Soldats, l'armée s'est unie de cœur avec moi, comme je me suis uni avec le corps législatif. La République serait bientôt détruite si les conseils ne prenaient des mesures fortes et décisives.

» Dans quel état j'ai laissé la France, et dans quel état je l'ai retrouvée ! Je vous avais laissé la paix, et je retrouve la guerre ! Je vous avais laissé des conquêtes, et l'ennemi presse vos frontières ! J'ai laissé nos arsenaux garnis, et je n'ai pas retrouvé une arme ! J'ai laissé les millions de l'Italie, et je retrouve partout des lois spoliatrices et la misère ! Nos canons ont été vendus ! le vol a été érigé en système ! les ressources de l'état, épuisées ! On a eu recours à des moyens vexatoires, réprouvés par la justice et le bon sens ! On a livré le soldat sans défense ! Où sont-ils les braves, les cent mille camarades que j'ai laissés couverts de lauriers ! que sont-ils devenus ?

» Cet état de choses ne peut durer ; avant trois mois il nous mènerait au despotisme. Mais nous voulons la République, la République assise sur les bases de l'égalité, de la morale, de la liberté civile et de la tolérance politique. Avec une bonne admi-

---

(1) On lit dans le *Moniteur* :

« Dans la matinée on vit venir au conseil des anciens Bottot, secrétaire de Barras, qui venait parler à Bonaparte. Il entretint le général pendant quelque temps en particulier ; puis Bonaparte, élevant la voix, lui dit en présence d'une foule d'officiers et de soldats :

« Qu'avez-vous fait de cette France que je vous ai laissée si brillante ? Je vous
» ai laissé la paix ; j'ai retrouvé la guerre ! Je vous ai laissé des victoires ; j'ai re-
» trouvé des revers ! Je vous ai laissé les millions de l'Italie, et j'ai trouvé partout
» des lois spoliatrices et la misère. Qu'avez-vous fait de cent mille Français que
» je connaissais tous mes compagnons de gloire ? Ils sont morts !... »

D'après cette version, Bonaparte aurait chargé un secrétaire des reproches qu'il adressait aux directeurs ; ce qui n'est guère probable. Bottot, qui négociait en ce moment pour Barras, suivait sans doute le général pour en obtenir une réponse ; mais c'est aux troupes que Bonaparte s'adressa pour accuser le directoire. La version que nous avons adoptée est garantie d'ailleurs par des personnes présentes à la revue.

nistration tous les individus oublieront les factions dont on les fit membres pour leur permettre d'être Français. Il est temps enfin que l'on rende aux défenseurs de la patrie la confiance à laquelle ils ont tant de droits! A entendre quelques factieux, bientôt nous serions tous des ennemis de la République, nous qui l'avons affermie par nos travaux et notre courage! Nous ne voulons pas de gens plus patriotes que les braves qui sont mutilés au service de la République. »

Pendant que Bonaparte plaçait ainsi sous sa main toutes les ressources de la force militaire, les conjurés déployaient toutes les menées de la séduction pour s'appuyer de la force civile. Ils s'emparaient des administrations, ou entravaient leur marche; ils circonvenaient les magistrats du peuple, leur traçaient de nouveaux devoirs; enfin, selon leur expression, ils *travaillaient* l'esprit public, afin de le soulever contre les noms honorables qu'ils se préparaient à flétrir : les écrivains connus par leur vénalité avaient été recrutés à l'avance. Un seul ministre était entré dans la conjuration; mais c'était Fouché, le plus habile homme en intrigues politiques après Talleyrand; et Talleyrand lui-même, quoiqu'il ne fût pas ministre alors, secondait Fouché de tous ses moyens. Les conjurés comptaient encore dans leurs rangs Rœderer, Réal et Regnault de Saint-Jean-d'Angely.

A coté du décret des anciens et des proclamations de Bonaparte, affichés avant midi sur tous les murs de Paris, on lisait des écrits anonymes qui invitaient le peuple à se rattacher à *la fortune du héros dont le nom, la gloire, le génie, l'existence pouvaient seuls assurer l'existence de la République.* On y remarquait surtout un *dialogue* entre un membre des anciens et un membre des cinq-cents : celui-ci craignait un César, un Cromwel; celui-là répondait en citant Bonaparte lui-même, qui avait dit quelques jours auparavant dans une réunion particulière : « Mau-
» vais rôles, rôles usés, indignes d'un homme de sens quand ils
» ne le seraient pas d'un homme de bien... ce serait une pensée
» sacrilège que celle d'attenter au gouvernement représentatif
» dans le siècle des lumières et de la liberté. Il n'y aurait qu'un

» fou qui voulût de gaîté de cœur faire perdre la gageure de la
» République contre la royauté, après l'avoir soutenue avec
» quelque gloire et tant de périls. »

A ces pamphlets en placards se joignaient encore deux proclamations : l'une, du ministre de la police générale, Fouché; l'autre, de l'administration centrale du département de la Seine, alors présidée par Lecoulteulx, et ayant près d'elle Réal en qualité de commissaire du directoire exécutif. Dans ces deux pièces on s'attachait à montrer la République touchant à sa ruine, mais heureusement sauvée par la sagesse du conseil des anciens et par l'appui de Bonaparte ; on invitait les citoyens à suivre avec sécurité le cours de leurs affaires et de leurs habitudes domestiques. « Ce jour n'est point un jour d'alarmes, disaient les magistrats du peuple ; c'est celui qui vous promet au contraire une restauration générale. — Que les faibles se rassurent, disait le ministre; ils sont avec les forts. »

Le conseil des cinq-cents paraît une seule fois dans cette journée, mais en minorité, et surpris par une convocation précipitée. Vers dix heures Lucien Bonaparte ouvre la séance. Bientôt après un messager d'état est introduit, il apporte le décret fatal. Lucien en donne lecture, et le conseil se disperse devant cet arrêt constitutionnel.

Le directoire se trouvait également hors du mouvement qui s'opérait. Une sorte de gouvernement s'était formée dans le local de la commission des inspecteurs du conseil des anciens : Bonaparte, avec son état-major, y protégeait la masse des conjurés. Siéyès et Roger-Ducos s'y étaient rendus avant neuf heures du matin. Une invitation de se présenter devant ces nouveaux arbitres de la République avait été adressée aux trois autres directeurs. Gohier exerçait alors son trimestre de présidence directoriale. Dans ses démêlés avec Siéyès, dont il soupçonnait depuis long-temps les vues, il avait repris sa force de volonté, et son amour pour le système républicain s'était exalté aux dangers de la République. Gohier resta à son poste, disposé à faire respecter son caractère. Moulins nourrissait les mêmes sentimens; il se joignit à Gohier. Mais deux directeurs ne pouvaient délibérer seuls : c'est en vain qu'ils appellent Barras pour former la majorité.

Barras, retranché dans ses appartemens, et comme concentré dans une seule pensée, sa sûreté personnelle, feignait encore de peser le parti qu'il avait à prendre. Des conjurés le pressaient de donner sa démission : des patriotes l'engageaient à la résistance; ils espéraient, dans toute l'erreur de la bonne foi, qu'en flattant sa vanité ils serviraient la chose publique. Une personne, chargée de l'affermir dans cette résolution, écrivait à dix heures à un membre des cinq-cents : *Barras tiendra; on n'aura pas sa démission; il va se montrer.* Un instant après : *Talleyrand et Bruix viennent d'entrer chez Barras; il a cédé en lâche.* En effet, à onze heures Barras avait donné sa démission, et il ne s'occupait plus, par l'entremise de son secrétaire Bottot, que de négocier sa retraite dans sa terre de Grosbois : Bonaparte lui accorda pour sa sûreté une escorte de trente dragons.

D'un autre côté Gohier et Moulins se trouvaient privés de tout moyen d'exécution. Jubé, commandant de la garde du directoire avait conduit ses soldats à Bonaparte, quoique le décret des anciens ne l'y eût point autorisé. Moreau commandait au Luxembourg avec des troupes de ligne. Ainsi Gohier et Moulins tombaient isolés devant la défection et la force.

Vers trois heures, ils se présentent à la commission des inspecteurs. Ils réclament avec chaleur contre les mesures qui ont été prises : ils ne contestent pas au conseil des anciens le droit qu'il a d'ordonner la translation du corps législatif; mais ils démontrent que son décret viole essentiellement l'acte constitutionnel dans ses dispositions relatives à la force publique. On veut exiger leur démission; ils la refusent avec fermeté. « Mais que prétendez-vous faire? leur disait Bonaparte. Vous le voyez, il n'y a plus de directoire. Joignez-vous à nous pour établir un nouvel ordre de choses. — Comment, répondaient-ils, il n'y a plus de directoire? Il n'y a donc plus de Constitution! Et nos sermens à tous? Si trois de nos collègues ont donné leur démission, nous ne voyons là qu'une obligation pour les conseils de nommer trois nouveaux directeurs. — Il n'y a plus de directoire! répétait Gohier. Auriez-vous oublié, général, qu'aujourd'hui même vous devez dîner chez le président du directoire exécutif, et que c'est vous qui avez fixé ce jour? Était-ce un piége? (1) — Non, répondait le général, mais je ne prévoyais pas la décision du conseil des anciens. »

En ce moment on remit à Bonaparte un billet qui lui annonçait qu'un mouvement se préparait dans le faubourg Saint-Antoine. Le fait était faux. Un des conjurés, Courtois, a-t-on dit, avait voulu, par cet avis officieux, se rendre agréable au général, et le porter à des mesures violentes. Après en avoir pris lecture, Bonaparte adressa ces mots à Moulins : « Santerre est votre parent; faites-lui savoir que s'il remue je le fais fusiller à l'instant. — Santerre n'est pas mon parent, répondit Moulins; mais il est mon ami; c'est un bon citoyen, incapable de causer du trouble. »

Gohier et Moulins se retirèrent sans avoir accordé leur démission; et ils ne l'ont point donnée. Rentrés au palais directorial, ils rédigèrent une adresse aux deux conseils : ils réclamaient le concert, invoquaient le courage des représentans pour le maintien de la Constitution jurée; ils promettaient de se rendre le lendemain à Saint-Cloud. Cette pièce fut interceptée.

La journée du 18 était décidée. Les conjurés eurent la volonté de préparer le succès du 19 en faisant arrêter les députés dont ils redoutaient l'opposition ; c'est Bonaparte qui repoussa cette mesure. Mais il plaça les deux directeurs non démissionnaires sous une surveillance plus active que celle qu'il avait déjà prescrite. Moreau annonça lui-même à Moulins l'ordre qu'il avait reçu de le garder à vue dans ses appartemens. « Et c'est vous, général, qui faites les fonctions d'un gendarme! » s'écria Moulins. Et en même temps il lui fit signe de passer dans son anti-

(1) Bonaparte, dans le partage des invitations qui lui étaient faites, avait en effet fixé le 18 pour accepter le dîner de Gohier, et il l'en avait informé par un billet du 16.

chambre. Moulins eut la la faiblesse de se soustraire à la surveillance de Moreau.

Au milieu de ces événemens, les habitans de Paris montraient de l'agitation, mais point de crainte : ils ne voyaient en tout que Bonaparte, et l'amour qu'ils lui portaient fermait leur cœur au soupçon. Prévoyait-on d'ailleurs le renversement de la Constitution, on applaudissait avec une impatiente curiosité, tant le gouvernement avait perdu la confiance nationale. Le titre de dictateur venait-il dans l'esprit, ce mot n'effrayait plus s'il était joint au nom de Bonaparte. Ainsi l'opinion publique combattait encore contre les députés républicains. Mais ils savent que cette même opinion, dégagée de l'enthousiasme, leur demandera compte un jour de leur mandat, et ils veulent y rester fidèles. Des réunions de patriotes se prolongent jusque dans la nuit ; on se consume en projets, et nulle ressource ne s'offre pour l'exécution. Le dernier vœu des pères de la patrie c'est de mourir sur la chaise curule ; ils se rendent à Saint-Cloud en criant : *Vive la République!*

Les troupes, sous le commandement du général Serrurier, avaient occupé Saint-Cloud avant le jour. A une heure parut le général Bonaparte, accompagné de son état-major : il était venu dans une voiture qu'escortaient des grenadiers à cheval de la garde directoriale. Siéyès et Roger-Ducos arrivèrent à deux heures ; ils avaient avec eux Lagarde, secrétaire-général du directoire : descendus d'une même voiture, ils s'installèrent tous trois, et comme furtivement, dans une salle du palais éloignée des conseils. Informé de leur présence, le général Bonaparte vint sur-le-champ s'entretenir particulièrement avec eux ; il y resta près d'une heure : les conférences s'établirent ensuite, et très-activement, avec tous les conjurés, qui tour à tour se partagèrent entre cette commission secrète et le conseil dont ils étaient membres.

Jusqu'à l'ouverture des séances il y eut à l'extérieur un concours de monde dont les mouvemens, bruyans et variés, offraient déjà l'image du grand spectacle qui se préparait. A leur air empressé, discret, et l'on peut dire hypocritement satisfait, on reconnaissait les conjurés ; ils saluaient avec affection les officiers et même les soldats ; ils prenaient l'accent de la douleur auprès des représentans qu'ils espéraient de séduire, préjugeant l'inévitable et nécessaire abandon de l'acte constitutionnel, accordant des demi-confidences; mais ils s'écartaient avec soin de ceux dont ils avaient résolu la perte, et qu'ils savaient être inébranlables dans leurs vues et fidèles à leurs sermens. On voyait Bonaparte, suivi de quelques grenadiers, traverser rapidement les cours et les appartemens, et, plusieurs fois, s'entretenant avec lui-même, on l'entendit répéter : *Non, je ne veux plus de faction, il faut que cela finisse; je n'en veux plus absolument.* Des officiers de tous grades, cherchant de l'emploi ou de l'avancement, étaient venus offrir leur dévouement au général en chef. Des hommes selon les circonstances, des intrigans politiques se montraient çà et là, inquiets et silencieux, calculant les forces des partis, n'osant encore se prononcer. Quant aux républicains, ils avaient brûlé leurs vaisseaux. Leur démarche était lente et fière; ils levaient sans contrainte un œil accusateur sur la force qui les menaçait; leurs traits réfléchissaient la profonde tristesse de leur ame ; ils s'abordaient en se serrant la main avec émotion, et disant : *La République est perdue!* Ils relisaient, commentaient les proclamations déjà séditieuses que Bonaparte avait publiées à l'instant même de sa nomination par les anciens, et ils ajoutaient : *Aurons-nous Cromwel ou César? Il dispersera le parlement! Il passera le Rubicon!* Du reste, ils ne formaient qu'un projet; c'était, avant toute délibération, de lier la majorité des représentans par le renouvellement individuel du serment de fidélité à la Constitution. Ils voulaient ainsi contraindre les conjurés à lever le masque ou à se charger d'un nouveau parjure, et en même temps constater la défection présumée de plusieurs de leurs collègues. Salicetti éveillait leurs soupçons. Augereau, qui avait voulu se porter l'accusateur de Bonaparte, qui avait refusé de contribuer au repas de Saint-Sulpice, Augereau les avait abandonnés : dès la veille il était venu dire à Bonaparte, dans la commission des inspecteurs : « Général, lorsqu'il s'agit de sauver la patrie, tu oublierais Augereau ! » L'accueil froid qu'il en reçut ne le découragea point ; à Saint-Cloud il lui réitéra l'offre de ses services. Bonaparte persista à ne point l'employer. Augereau, en habit bourgeois, resta comme en observation dans les cours du palais de Saint-Cloud, et, selon l'événement, prêt à prendre l'épée ou la toge.

Les troupes, à qui des distributions extraordinaires avaient été faites ; le peuple, plus agité par une inquiétude curieuse que par un vœu déterminé ; les troupes et le peuple confondaient encore dans leurs vivats et la *République*, et *Bonaparte*, et la *Constitution*.

Enfin les conseils ouvrent leurs séances.

CONSEIL DES ANCIENS. — *Séance du 19 brumaire an* VIII, *tenue dans la grande galerie du palais de Saint-Cloud.* — *Président, Lemercier.*

A deux heures les représentans entrent dans le lieu de leurs délibérations, précédés de la musique du conseil, qui exécute l'hymne à la liberté (*Allons, enfans de la patrie !*).

Il résulte d'un appel nominal que le conseil est en majorité.

Un secrétaire donne lecture d'une lettre de Barras qui contient sa démission. Elle est transmise sur-le-champ, par un message, au conseil des cinq-cents.

Savary (*de Maine-et-Loire*). « Je demande que le conseil veuille bien ordonner que le procès-verbal de la séance extraordinaire d'hier soit lu. J'ai besoin de connaître ce procès-verbal d'une séance où je n'étais pas. J'ignore quel motif on a pu avoir de cacher la tenue de cette séance à un certain nombre de membres du conseil ; je n'ai été instruit qu'elle avait eu lieu que par le rapport de notre collègue Cornet qui se trouve dans la distribution d'aujourd'hui. Ce rapport contient des assertions qui seraient bien faites pour alarmer si les bases en étaient connues ; mais, quelque confiance que nous devions avoir dans la commission des inspecteurs, ce n'est l'ouvrage que de cinq de nos collègués; et il importe à la sûreté, à la dignité nationale que chaque membre du corps législatif apprenne les terribles vérités qui ont pu engager à changer sa résidence, qu'on nous explique à tous les motifs d'une mesure à laquelle nous n'étions pas préparés. Je les crois très-puissans; mais je déclare pour ma part... (*Régnier*. « Je demande la parole. ») Je demande pour ma part que tous les périls soient connus, qu'ils le soient du conseil des cinq-cents, que tous les membres du corps législatif sachent en quoi la représentation nationale a pu être compromise. Si l'on ne croit point devoir rendre ces détails publics, je demande qu'on les donne au moins en comité général. » (*Quelques membres*. « Appuyé! appuyé! »)

Régnier. « J'ignore si le préopinant a été ou non convoqué par la commission; cela ne nous regarde point; mais le décret que le conseil des anciens a rendu est qualifié d'irrévocable par la Constitution; ainsi on ne peut plus le remettre en question aujourd'hui. »

Citadella. « Ce n'est point là la question. »

Régnier. « Je prie le président de faire cesser les interruptions; il ne doit pas y en avoir plus ici qu'à Paris. On demande des détails sur les motifs qui ont déterminé la translation : vous avez tous senti la nécessité de ce changement de résidence; je ne conçois pas comment le préopinant veut qu'on publie... »

Citadella. « Hé bien! en comité général... »

Régnier. « En comité général ou en public, on ne doit point donner l'éveil à ceux qui ont causé les dangers du corps législatif. Il est irrespectueux de remettre en délibération la décision que vous avez prise hier. Si quelques membres ne se sont pas trouvés à cette séance, ceux qui étaient présens n'en avaient pas moins le droit de délibérer : ils étaient en nombre suffisant.

» Je demande l'ordre du jour. »

Guyomard. « Savary n'a pas demandé le rapport d'un décret irrévocable; il s'est plaint d'une chose dont je me plains moi-même. Je demeure dans la maison du citoyen Régnier; et il est bien étonnant que je n'aie point été averti comme lui de la convocation exraordinaire. »

Plusieurs membres. « Nous n'en avons point été instruits non plus. »

Guyomard. « Au reste on m'a dit que dans cette séance on avait voulu faire des observations, et que la liberté des opinions avait été, sinon violée, au moins étouffée. La commission a dit hier que la liberté du corps législatif était menacée; je ne me suis point aperçu que dans aucune de nos dernières séances nous ayons été gênés dans nos opinions; la translation a donc été déterminée par d'autres motifs, et je demande, comme Savary, qu'on nous les fasse connaître en comité secret. »

Fargues. « Comme membre de la commission des inspecteurs, je dois la justifier des reproches qui viennent de lui être adressés. Je déclare qu'elle a envoyé des avertissemens à tous les représentans du peuple; ces avertissemens ont été remis à sept heures du matin à des sous-officiers de la garde du corps législatif, dont l'exactitude est connue. Si quelques-uns de nos collègues n'ont point été avertis, la commission est exempte de tout reproche. J'ai entendu demander, avec un sang-froid qui m'a étonné, des preuves d'une conspiration qui est connue de Paris et de toute la République ! S'il était permis à la commission de vous dire les propositions qui ont été faites à un général sur lequel reposent toutes les espérances de la patrie, propositions qui lui ont été renouvelées plusieurs fois depuis son retour, et qui lui ont encore été faites cette nuit même, il n'est aucun de vous qui n'affranchît la commission des preuves qu'on lui demande. Il y aurait autant de danger à dévoiler en comité secret qu'en public des vérités trop accablantes... (Murmures.) Je prie le conseil de remarquer qu'il y a peu de jours il a investi la commission d'une confiance qu'elle croit avoir justifiée par son dévouement, et que ce serait en manquer aujourd'hui que d'élever des doutes sur la vérité de ce qu'elle vous dit... (Murmures.) Il n'est aucun de vous qui ne sache que la République est en péril, que l'ennemi intérieur et l'ennemi extérieur sont coalisés pour renverser la liberté. J'invite ceux de nos collègues qu'un retard dans la réception des lettres de convocation a portés à demander des preuves d'attendre à un autre moment... (Murmures.) d'attendre que la République soit sauvée du danger qui la menace, et alors la commission ne fera aucune difficulté de donner les détails qu'on demande. »

Colombel (de la Meurthe.) « Quoique j'aie à me plaindre aussi de n'avoir pas reçu de lettre de convocation, je passerai sous silence cette petite omission. Je répondrai seulement à notre collègue Fargues que tous les représentans du peuple ont un intérêt direct à connaître la situation de la République. Nous n'en sommes plus au temps où le comité de salut public disait : « Qu'on m'en croie sur parole, » et dictait des décrets à la représentation nationale. Je pense que la commission se fera un devoir et un mérite de nous communiquer fraternellement les motifs qui ont pu l'engager à solliciter une mesure aussi extraordinaire que celle de la translation du corps législatif : mesure que j'approuve, quel qu'ait été le degré de danger qui nous a menacés; mais enfin il faut apprécier ce danger, afin de connaître les mesures ultérieures que nous aurons à prendre. Je m'oppose donc à l'ajournement demandé par notre collègue Fargues; je demande que l'on ne nous laisse pas plus long-temps dans l'incertitude; que la commission des inspecteurs fasse son rapport en comité général : là on pourra donner la plus grande latitude aux réflexions, et nous pourrons nous consulter et agir en famille. »

Cornudet. « Sans doute notre collègue Savary n'a point entendu demander le rapport du décret irrévocable que vous avez rendu hier... (*Savary.* « Non. ») Il ne s'agit donc que de savoir quand la commission entrera dans de plus grands détails des faits qu'elle vous a exposés à la séance d'hier. Je crois que, quant à présent, cette demande doit être écartée, et que vous devez donner suite dans les formes constitutionnelles au décret d'hier. Pour cela il faut que vous adressiez un message au conseil des cinq-cents et un au directoire, pour les avertir que vous êtes ici en majorité; il faut aussi que ces deux autorités vous donnent la certitude, par des messages, qu'elles sont réunies elles-mêmes en majorité dans la commune de Saint-Cloud ; car, si elles n'y sont pas, vous savez dans quels délais et par quels moyens la Constitution prescrit de les compléter. Je demande donc que l'on ne s'occupe point, quant à présent, de la proposition de notre collègue Savary, que j'approuverai quand il en sera temps, et que l'on fasse les deux messages que j'ai proposés. »

La discussion se prolonge quelques momens, réduite à des propositions dilatoires, à d'inquiètes observations sur la marche des relations entre les autorités constitutionnelles, qu'on sait bien ne plus exister. En attendant un signal ou un dénoûment qui leur permette de s'affranchir de toute réserve, les conjurés accordent successivement à l'impatience du conseil qu'il soit fait un message au directoire exécutif, un autre aux cinq-cents, et même une proclamation au peuple. Les deux messages partent ; mais on ne s'occupe point de la proclamation, et dans l'incertitude où l'on feint encore d'être sur la réunion des cinq-cents et du directoire, il est arrêté que la séance sera suspendue jusqu'à ce que ces deux autorités aient également donné connaissance de leur arrivée à Saint-Cloud.

A trois heures et demie, la séance est reprise pour entendre la lecture d'une lettre du secrétaire-général du directoire, qui annonce « que le message n'a pu être reçu, attendu que quatre directeurs ont donné leur démission, que le cinquième a été mis en surveillance par ordre du général Bonaparte, et qu'ainsi il ne se trouve plus de directoire exécutif. »

Sur la demande de plusieurs membres, le conseil ordonne le renvoi de cette lettre aux cinq-cents, afin qu'il soit procédé à la formation d'une liste de candidats au directoire.

La séance, de nouveau suspendue, est rouverte à quatre heures. La surprise et l'agitation se manifestent dans une partie de l'assemblée ; l'autre ne comprime qu'avec peine sa profonde satisfaction. On annonce le général Bonaparte ; il paraît suivi de ses aides-de-camp, et demande la parole, que le président lui accorde avec empressement.

Le général Bonaparte (1). « Représentans du peuple, vous n'êtes point dans des circonstances ordinaires; vous êtes sur un volcan. Permettez-moi de vous parler avec la franchise d'un soldat, avec celle d'un citoyen zélé pour le bien de son pays; et suspendez, je vous en prie, votre jugement jusqu'à ce que vous m'ayez entendu jusqu'à la fin.

» J'étais tranquille à Paris lorsque je reçus le décret du conseil des anciens, qui me parla de ses dangers, de ceux de la République. A l'instant j'appelai, je retrouvai mes frères d'armes, et nous vînmes vous donner notre appui; nous vînmes vous offrir les bras de la nation, parce que vous en étiez la tête. Nos intentions furent pures, désintéressées; et, pour prix du dévouement que nous avons montré hier, aujourd'hui déjà on nous abreuve de calomnies! On parle d'un nouveau César, d'un nouveau Cromwel; on répand que je veux établir un gouvernement militaire.

» Représentans du peuple, si j'avais voulu opprimer la liberté de mon pays, si j'avais voulu usurper l'autorité suprême, je ne me serais point rendu aux ordres que vous m'avez donnés, je n'aurais pas eu besoin de recevoir cette autorité du sénat. Plus d'une fois, et dans des circonstances extrêmement favorables, j'ai été appelé à la prendre. Après nos triomphes en Italie, j'y ai été appelé par le vœu de la nation; j'y ai été appelé par le vœu de mes camarades; par celui de ces soldats qu'on a tant maltraités depuis qu'ils ne sont plus sous mes ordres, de ces soldats qui

---

(1) Il y a deux versions de ce discours : l'une est le produit de notes prises pendant que Bonaparte parlait; l'autre est la rédaction officielle consignée dans le *procès-verbal* du conseil. Nous laissons la première dans le texte; voici la seconde :

« Citoyens représentans, les circonstances où vous vous trouvez ne sont pas » ordinaires; vous êtes sur un volcan.

» Permettez-moi de vous parler avec la franchise d'un soldat, et, pour échap- » per au piège qui vous est tendu, suspendez votre jugement jusqu'à ce que j'aie » achevé.

» Hier j'étais tranquille à Paris lorsque vous m'avez appelé pour me notifier » le décret de translation et me charger de l'exécuter. Aussitôt j'ai rassemblé » mes camarades; nous avons volé à votre secours. Hé bien! aujourd'hui on

sont obligés encore aujourd'hui d'aller faire dans les départemens de l'Ouest une guerre horrible, que la sagesse et le retour aux principes avaient calmée, et que l'ineptie ou la trahison viennent de rallumer.

» Je vous le jure, représentans du peuple, la patrie n'a pas de plus zélé défenseur que moi ; je me dévoue tout entier pour faire exécuter vos ordres. Mais c'est sur vous seuls que repose son salut, car il n'y a plus de directoire : quatre des membres qui en faisaient partie ont donné leur démission, et le cinquième a été mis en surveillance pour sa sûreté. Les dangers sont pressans ; le mal s'accroît : le ministre de la police vient de m'avertir que dans la Vendée plusieurs places étaient tombées entre les mains des chouans. Représentans du peuple, le conseil des anciens est investi d'un grand pouvoir ; mais il est encore animé d'une plus grande sagesse : ne consultez qu'elle, et l'imminence des dangers ; prévenez les déchiremens. Évitons de perdre ces deux choses pour lesquelles nous avons fait tant de sacrifices, la liberté et l'égalité !... »

Lenglet. « Et la Constitution ? »

Le général Bonaparte. « La Constitution ! Vous sied-il de l'invoquer ? et peut-elle être encore une garantie pour le peuple français ? Vous l'avez violée au 18 fructidor ; vous l'avez violée au 22 floréal ; vous l'avez violée au 30 prairial. La Constitution ! elle est invoquée par toutes les factions, et elle a été violée par toutes ; elle est méprisée par toutes ; elle ne peut être pour nous

---

» m'abreuve de calomnie ! On parle de César, on parle de Cromwel, on parle
» du gouvernement militaire. Le gouvernement militaire ! Si je l'avais voulu
» serais-je accouru prêter mon appui à la représentation nationale ? Après nos
» triomphes en Italie, j'y ai été appelé par le vœu de la nation ; j'y ai été appelé
» par le vœu de mes camarades, par le vœu de ces soldats qu'on a tant maltrai-
» tés depuis qu'ils ne sont plus sous mes ordres ; de ces soldats qui sont obligés
» encore aujourd'hui d'aller faire dans les départemens de l'Ouest une guerre
» horrible, que la sagesse et le retour aux principes avaient calmée et que
» l'ineptie ou la trahison viennent de rallumer.

» Citoyens représentans, les momens pressent ; il est essentiel que vous pre-
» niez de promptes mesures. La République n'a plus de gouvernement ; quatre
» des directeurs ont donné leur démission ; j'ai cru devoir mettre en surveillance

un moyen de salut, parce qu'elle n'obtient plus le respect de personne. La Constitution ! n'est-ce pas en son nom que vous avez exercé toutes les tyrannies? Et aujourd'hui encore c'est en son nom que l'on conspire. Je connais tous les dangers qui vous menacent.

» Représentans du peuple, ne voyez pas en moi un misérable intrigant qui se couvre d'un masque hypocrite! J'ai fait mes preuves de dévouement à la République, et toute dissimulation m'est inutile. Je ne vous tiens ce langage que parce que je désire que tant de sacrifices ne soient pas perdus. La Constitution, les droits du peuple ont été violés plusieurs fois; et puisqu'il ne nous est plus permis de rendre à cette Constitution le respect qu'elle devrait avoir, sauvons au moins les bases sur lesquelles elle repose; sauvons l'égalité, la liberté! Trouvons des moyens d'assurer à chaque homme la liberté qui lui est due, et que la Constitution n'a pas su lui garantir. Je vous déclare qu'aussitôt que les dangers qui m'ont fait confier des pouvoirs extraordinaires seront passés, j'abdiquerai ces pouvoirs. Je ne veux être à l'égard de la magistrature que vous aurez nommée que le bras qui la soutiendra et fera exécuter ses ordres. »

Cornudet. « Vous venez de l'entendre, représentans du peuple ! Qui douterait maintenant qu'il y eût une conspiration? Celui à qui vous avez décerné tant d'honneurs, à qui vous avez tant de fois transmis les expressions de la reconnaissance nationale, celui devant qui l'Europe et l'univers se taisent d'admiration est

---

» le cinquième en vertu du pouvoir dont vous m'avez investi. Le conseil des
» cinq-cents est divisé; il ne reste que le conseil des anciens. C'est de lui que je
» tiens mes pouvoirs; qu'il prenne des mesures; qu'il parle; me voilà pour
» exécuter. Sauvons la liberté, sauvons l'égalité!... (*Une voix* : Et la Consti-
» tution ?)

» La Constitution! vous l'avez vous-mêmes anéantie. Au 18 fructidor, vous
» l'avez violée; vous l'avez violée au 22 floréal; vous l'avez violée au 30 prai-
» rial. Elle n'obtient plus le respect de personne.

» Je dirai tout.

» Depuis mon retour, je n'ai cessé d'être entouré d'intrigues, toutes les fac-
» tions se sont empressées autour de moi pour me circonvenir, et ces hommes
» qui se qualifient insolemment *les seuls patriotes* sont venus me dire qu'il fal-

là ; c'est lui qui vous atteste l'existence de la conspiration : sera-t-il regardé comme un vil imposteur ? Je vous le déclare, j'ai participé à la mesure de translation qui vous a été proposée parce que j'avais eu connaissance de propositions faites au général Bonaparte. Où est alors le crime de les avoir prévenues par une conspiration plus sainte ? Oui, je le déclare, je suis entré dans celle-ci ; j'y suis entré pressé par ma conscience. Quelles qualifications faudra-t-il donner maintenant aux doutes de ceux qui demandent des preuves ? Je demande un comité général ; et là je m'expliquerai avec plus d'étendue. »

Fargues. « Puisqu'on a demandé des preuves, je propose qu'on fasse imprimer à trois exemplaires le discours du général Bonaparte. » — Adopté.

Plusieurs voix. « Qu'il nomme les conspirateurs ! — Oui, nommez ! nommez ! »

Le général Bonaparte. « S'il faut s'expliquer tout à fait, s'il faut nommer les hommes, je les nommerai. Je dirai que les directeurs Barras et Moulins m'ont proposé de me mettre à la tête d'un parti tendant à renverser tous les hommes qui ont des idées libérales. »

Plusieurs voix. « Un comité général ! »

Un plus grand nombre. « Non, non ! — Que tout soit dit en public. »

Laussat. « Je m'oppose à la formation d'un comité général. Puisque le général Bonaparte vient de vous dénoncer la conspi-

» lait écarter la Constitution ; et pour purifier les conseils, ils me proposaient
» d'en exclure des hommes amis sincères de la patrie. Voilà leur attachement
» pour la Constitution ! Alors j'ai craint pour la République. Je me suis uni à
» mes frères d'armes ; nous sommes venus nous ranger autour de vous. Il n'y a
» pas de temps à perdre ; que le conseil des anciens se prononce. Je ne suis point
» un intrigant ; vous me connaissez ; je crois avoir donné assez de gages de mon
» dévouement à la patrie. Ceux qui vous parlent de la Constitution savent bien
» que, violée à tous momens, déchirée à toutes les pages, la Constitution n'existe
» plus. La souveraineté, la liberté, l'égalité, ces bases sacrées de la Constitu-
» tion, demeurent encore ; il faut les sauver. Si l'on entend par Constitution ces
» principes sacrés, tous les droits qui appartiennent au peuple, tous ceux qui ap-
» partiennent à chaque citoyen, mes camarades et moi nous sommes prêts à

ration et les conspirateurs, il faut que tout soit dit et fait à la face de la France. Nous serions les plus indignes des hommes si nous ne prenions pas en cet instant toutes les mesures qui peuvent sauver la liberté et l'égalité. Général, achevez ! »

Cornudet. « Je demande que le général continue de s'expliquer en public, et après je ferai la proposition de demander au conseil des cinq-cents s'il veut proposer, et à l'instant même, les mesures de salut public que les circonstances réclament. Si le conseil des cinq-cents s'y refuse, ce sera à nous de sauver seuls la patrie ! Si, quand la liberté périt, tout citoyen est magistrat du salut public, à plus forte raison ceux qui sont déjà revêtus du caractère de la représentation nationale. Songeons, représentans du peuple, que si la liberté est perdue pour nous, elle est perdue pour l'univers entier !

» Je demande que le général Bonaparte continue ; il n'y a plus rien à cacher après ce qu'il a dit. »

Duffaux. « Je vois dans l'assemblée beaucoup d'agitation, tandis qu'il ne devrait y avoir que du calme. Ne sommes-nous pas tous Français, tous républicains, tous représentans du peuple ? On parle d'une conspiration ; nous devons la connaître : nous devons en recevoir les détails du général Bonaparte, puisque notre commission des inspecteurs n'a pas voulu nous les donner. »

Le président. « Arrêtez ; je ne souffrirai pas que nos collègues soient calomniés. La commission des inspecteurs n'a jamais refusé de donner des détails sur la conspiration ; elle a cru seule-

» verser notre sang pour les défendre. Mais je ne prostituerai pas la dénomina-
» tion d'acte constitutionnel en l'appliquant à des dispositions purement ré-
» glementaires, qui n'offrent aucune garantie au citoyen.

» Au reste, je déclare que, ceci fini, je ne serai plus rien dans la République
» que le bras qui soutiendra ce que vous aurez établi.

» Citoyens représentans, le conseil des cinq-cents est divisé : les chefs des
» factions en sont la cause. Les hommes de prairial, qui veulent ramener sur le
» sol de la liberté les échafauds et l'horrible régime de la terreur, s'entourent
» de leurs complices, et se préparent à exécuter leurs affreux projets. Déjà l'on
» blâme le conseil des anciens des mesures qu'il a prises, et de m'avoir investi
» de sa confiance. Pour moi, je n'en suis pas ébranlé ; tremblerais-je devant des
» factieux, moi que la coalition n'a pu détruire ? Si je suis un perfide, soyez
» tous des Brutus ! Et vous, mes camarades qui m'accompagnez, vous, braves

ment que ce n'était pas encore le moment de les produire ; mais elle. en a déjà donné, et il n'y a qu'un moment qu'un de ses membres disait encore qu'elle en donnerait bientôt de plus grands. Je rends la parole à l'orateur. »

Duffau. « Je demande que le conseil se forme en comité secret pour entendre le général Bonaparte. »

Plusieurs voix. « Non, non ! — Publiquement ! » — Adopté.

Le général Bonaparte. « Je vous le répète, représentans du peuple, la Constitution, trois fois violée, n'offre plus de garantie aux citoyens ; elle ne peut entretenir l'harmonie, parce qu'il n'y a plus de diapason ; elle ne peut point sauver la patrie, parce qu'elle n'est respectée de personne. Je le répète encore, qu'on ne croie point que je tiens ce langage pour m'emparer du pouvoir après la chute des autorités ; le pouvoir, on me l'a offert depuis mon retour à Paris. Les différentes factions sont venues sonner à ma porte ; je ne les ai point écoutées, parce que je ne suis d'aucune coterie, parce que je ne suis que du grand parti du peuple français.

» Plusieurs membres du conseil des anciens savent que je les ai entretenus des propositions qui m'ont été faites ; et je n'ai accepté l'autorité que vous m'avez confiée que pour soutenir la cause de la République. Je ne vous le cache pas, représentans du peuple, en prenant le commandement je n'ai compté que sur le conseil des anciens. Je n'ai point compté sur le conseil des cinq-cents, qui est divisé ; sur le conseil des cinq-cents, où se trouvent

» grenadiers que je vois autour de cette enceinte, que ces baïonnettes avec les-
» quelles nous avons triomphé ensemble se tournent aussitôt contre mon cœur !
» Mais aussi, si quelque orateur soldé par l'étranger ose prononcer contre votre
» général les mots *hors la loi*, que la foudre de la guerre l'écrase à l'instant !
» Souvenez-vous que je marche accompagné du dieu de la guerre et du dieu de
» la fortune !

» Je me retire ; vous allez délibérer. Ordonnez, et j'exécuterai.

» Chacun avait ses vues ; chacun avait ses plans ; chacun avait sa coterie. Le
» citoyen Barras, le citoyen Moulins avaient les leurs. Ils m'ont fait des pro-
» positions.

» Depuis mon arrivée, tous les magistrats, tous les fonctionnaires avec qui je
» me suis entretenu m'ont montré la conviction que la Constitution, tant de fois
» violée, perpétuellement méconnue, est sur le penchant de sa ruine, qu'elle

des hommes qui voudraient nous rendre la Convention, les comités révolutionnaires et les échafauds; sur le conseil des cinq-cents, où les chefs de ce parti viennent de prendre séance en ce moment; sur le conseil des cinq-cents, d'où viennent de partir des émissaires chargés d'aller organiser un mouvement à Paris.

» Que ces projets criminels ne vous effraient point, représentans du peuple; environné de mes frères d'armes, je saurai vous en préserver. J'en atteste votre courage, vous, mes braves camarades! vous, aux yeux de qui l'on voudrait me peindre comme un ennemi de la liberté! vous, grenadiers, dont j'aperçois les bonnets! vous, braves soldats dont j'aperçois les baïonnettes, que j'ai si souvent fait tourner à la honte de l'ennemi, à l'humiliation des rois, que j'ai employées à fonder des Républiques! Et si quelque orateur payé par l'étranger parlait de me mettre *hors la loi*, qu'il prenne garde de porter cet arrêt contre lui-même! S'il parlait de me mettre *hors la loi*, j'en appellerais à vous, mes braves compagnons d'armes! à vous, braves soldats, que j'ai tant de fois menés à la victoire! à vous, braves défenseurs de la République, avec lesquels j'ai partagé tant de périls pour affermir la liberté et l'égalité! Je m'en remettrais, mes braves amis, au courage de vous tous et à ma fortune!

» Je vous invite, représentans du peuple, à vous former en comité général, et à y prendre les mesures salutaires que l'urgence des dangers commande impérieusement. Vous trouverez toujours mon bras pour faire exécuter vos résolutions. »

» n'offre pas de garantie aux Français, parce qu'elle n'a pas de diapason. Tou-
» tes les factions en sont persuadées, toutes se disposent à profiter de la chute du
» gouvernement actuel. Toutes sont venues à moi; toutes ont voulu m'attacher
» à elles; j'ai cru ne devoir m'unir qu'au conseil des anciens, le premier corps
» de la République. Je lui répète qu'il ne peut prendre de trop promptes mesu-
» res s'il veut arrêter le mouvement qui dans un moment peut-être va tuer la
» liberté!

» Recueillez-vous, citoyens représentans! Je viens de vous dire des vérités
» que chacun s'est jusqu'ici confiées à l'oreille, mais que quelqu'un doit enfin
» avoir le courage de dire tout haut. Les moyens de sauver la patrie sont dans
» vos mains. Si vous hésitez à en faire usage, si la liberté périt, vous en serez
» comptables envers l'univers, la postérité, la France et vos familles. »

(*Extrait du procès-verbal.*)

Le président. « Général, le conseil vient de prendre une délibération pour vous inviter à dévoiler dans toute son étendue le complot dont la République était menacée. »

Le général Bonaparte. « J'ai eu l'honneur de dire au conseil que la Constitution ne pouvait sauver la patrie, et qu'il fallait arriver à un ordre de choses tel que nous puissions la retirer de l'abîme où elle se trouve. La première partie de ce que je viens de vous répéter m'a été dite par les deux membres du directoire que je vous ai nommés, et qui ne seraient pas plus coupables qu'un très-grand nombre d'autres Français, s'ils n'eussent fait qu'articuler une chose qui est connue de la France entière. Puisqu'il est reconnu que la Constitution ne peut pas sauver la République, hâtez-vous donc de prendre des moyens pour la retirer du danger, si vous ne voulez point recevoir de sanglans et d'éternels reproches du peuple français, de vos familles et de vous-mêmes! »

Le général se retire.

Courtois. « Je déclare au conseil qu'en ce moment on organise un mouvement à Paris; mais nous saurons y résister! »

Un mouvement tumultueux, les cris : *Aux armes! Vive Bonaparte!* se font entendre du dehors. Le conseil reste quelques momens dans l'agitation; plusieurs membres sortent. (En quittant le conseil des anciens, Bonaparte s'était immédiatement rendu aux cinq-cents.)

Dalphonse. « Le général vous a dit : La Constitution n'obtient plus le respect de personne, parce qu'elle a été violée... J'estime beaucoup les talens d'un général qui réunit l'admiration de l'Europe et la reconnaissance de la France; mais cela ne m'empêchera point de dire ma pensée. Le 18 fructidor a creusé l'abîme dans lequel la Constitution est tombée; mais je n'ai point participé au 18 fructidor. Quelles que soient les destinées réservées à la France, je désire qu'elle sache que j'ai traversé la révolution avec une ame pure; je ne la souillerai point aujourd'hui. Les maux qui nous environnent sont immenses; mais nous devons être au-dessus d'eux. Ces maux ont pris naissance dans l'abus qu'on a fait de la

Constitution ! Eh bien ! c'est dans la Constitution qu'il faut en trouver le remède. On peut donner à la France un directoire digne d'elle, et propre à sauver la liberté ; mais toutes les mesures doivent être prises par le corps législatif entier, et conformément à la Constitution. Tout ce qui s'écartera de cette base, loin de sauver la République, rétablira la royauté sur les débris de la liberté publique.

» Je demande que nous fassions tous le serment de fidélité à la Constitution de l'an III. » (Murmures.)

Cornudet. « Je vous conjure, représentans, de ne plus vous laisser enchaîner par de prétendus principes et par des abstractions funestes qui entraînent beaucoup plus loin qu'on ne veut ! Qu'entend-on par la Constitution ? Est-ce la souveraineté du peuple, la liberté, l'égalité, la division et l'indépendance des pouvoirs ? J'y jure obéissance ; je veux conserver ces bases sacrées.

» Mais, au nom de ces bases sacrées, gardons-nous de rétablir un directoire tyrannique qui les tue ! Rappelez-vous que c'est au nom de la liberté que ce directoire criminel vous demanda d'attenter à la liberté de la République.

» Au 18 fructidor vous l'avez vu mutiler avec audace la représentation nationale, arracher de vos côtés cent cinquante de vos collègues, en envoyer plusieurs périr sur les sables brûlans de l'Afrique. Au 22 floréal an VI, n'a-t-il pas fallu encore déférer à ses ordres souverains, et fermer la porte des conseils aux envoyés du peuple ? Non cependant que je prétende que la journée du 18 fructidor an V, et celle du 22 floréal an VI ne soient premièrement le crime : celle-là du royalisme, qui était parvenu à faire entrer quelques-uns de ses délégués dans le corps législatif ; celle-ci de la démagogie, qui avait facilement embrasé les assemblées d'élection par l'image du succès contre-révolutionnaire obtenu dans ces assemblées en l'an V. Mais ces journées, combinées par la violence, n'en furent pas moins des outrages envers la majesté du peuple. Et ce serait là un pouvoir national ! Rappelez-vous encore qu'au 27 prairial, vous avez été contraints de vous insurger contre ce directoire. Non, la puissance exécutrice des lois ne peut plus même exister désormais sous le nom de *directoire*, nom qui ne peut plus se trouver dans le code de la liberté !

» Plus d'abstractions, je le répète ; revenons au bon sens. Il nous dira qu'un pouvoir exécutif est essentiellement vicieux, lorsque son organisation est telle qu'il peut impunément déchirer la représentation nationale ; lorsque, pour lui résister, la représentation nationale elle-même est forcée de recourir à des moyens extraordinaires. Je veux un pouvoir exécutif mieux organisé ; je veux aussi un pouvoir législatif qui en soit séparé.

» C'est au nom de la souveraineté du peuple que j'invoque l'ordre du jour sur le serment proposé. Il n'y a d'excuse à cette multitude de sermens que vous avez faits que dans la nécessité où l'on vous avait mis de les faire ou de devenir les victimes d'une nouvelle mutilation.

» Je demande aussi que la dénonciation du général Bonaparte soit transmise au conseil des cinq-cents par un message. »

Guyomard. « Nous avons prêté au 1ᵉʳ vendémiaire le serment de maintenir la Constitution, et je pense, comme notre collègue Dalphonse, que nous ne devons aujourd'hui entendre ni faire aucune proposition contraire à la Constitution. Au surplus, que nous prêtions ou non le serment aujourd'hui, nous n'en sommes pas moins liés par celui que nous avons prêté précédemment. Si nous en sommes réduits au point que les partisans de la Constitution doivent être regardés comme des factieux, je déclare que je serai plutôt seul de cette faction que de manquer à mon serment ! La Constitution est au-dessus du corps législatif ; il ne peut pas y toucher. Je demande que le conseil ne prenne que des mesures sages et constitutionnelles. »

Le président (Lemercier) quitte le fauteuil, où il est remplacé par Cornudet, ex-président. Lemercier monte à la tribune. A peine a-t-il prononcé quelques mots, que Fargues, sorti depuis peu, rentre tout troublé et la voix émue.

Fargues. « Le général Bonaparte vient de me faire appeler, et je suis douloureusement affecté d'être obligé de rendre au conseil ce qu'il m'a dit.

» Vous savez avec quelle bienveillance il a été accueilli dans ce conseil : en sortant il est allé dans le conseil des cinq-cents; savez-vous comment il y a été accueilli? Avec des poignards! »

Courtois. « Par Aréna? »

Fargues. « Par Aréna, à l'égard duquel le général a commis le crime d'avoir porté la lumière dans les marchés scandaleux passés en Italie (1).

» Le général vous demande que vous preniez des mesures pour déjouer le mouvement contre-révolutionnaire que des émissaires, partis du conseil des cinq-cents, sont allés organiser à Paris. Je vous propose de vous former en comité général. » (Appuyé! appuyé!)

Le président (Cornudet). « Notre collègue Lemercier a la parole; je mettrai ensuite aux voix la proposition. »

Lemercier. « Je crois avoir donné quelques preuves d'attachement à la Constitution de l'an III, et de courage à la défendre : toute la France sait que je lui fis élever un autel dans le sanctuaire des lois au moment où il était à peine permis de l'invoquer et d'en parler (2). J'avoue qu'un des plus puissans motifs de cette détermination fut de sauver la République des dangers imminens de la résurrection, soit de la charte monstrueuse de 91, soit du code sanguinaire de 93, et l'attitude que prit le conseil des anciens à partir de cette époque a préservé la France des déchiremens dont elle était menacée. Aujourd'hui je porte au pacte social la même vénération; mais je déclare qu'elle n'est point un asservissement judaïque, littéral, à quelques articles réglementaires qui, de l'aveu de tous les partis, l'entravent, l'énervent et

---

(1) Jamais Aréna n'avait été fournisseur à l'armée d'Italie.

(2) *Arrêté du conseil des anciens, pris, le 28 messidor an VII, sur la proposition de Lemercier.*

« 1° Il sera dressé au-dessous et vis-à-vis de la tribune du conseil un autel de forme antique sur lequel sera placé le livre de la Constitution de l'an III.

» 2° Le serment que chaque membre est tenu de prêter lors de son installation sera prononcé en posant la main droite sur le livre ci-dessus mentionné. »

le tuent; mais ce respect est fondé sur les principes éternels qui lui servent de base, la souveraineté du peuple, l'unité, l'indivisibilité de la République, la division et l'indépendance des pouvoirs, la liberté de parler et d'écrire, le maintien des droits des citoyens. C'est dans l'ensemble de ces principes sacrés, et non dans quelques mots, que consiste véritablement, essentiellement, cette Constitution pour laquelle j'ai juré et proteste encore de sacrifier tous mes moyens, ma fortune et ma vie!

» J'appuie la proposition de Cornudet pour la formation d'un comité secret, où le conseil s'occupera des moyens de sauver la liberté. » (Adopté.)

Des clameurs, le bruit des armes, un violent tumulte se font entendre.

Le comité secret, formé dans l'agitation, ne se tint qu'entre quelques membres, qui annoncèrent presque aussitôt à leurs collègues que le conseil venait de charger cinq représentans de rédiger des mesures de salut public. Régnier, Cornet, Cornudet, Laloi et Dalphonse composaient cette commission : le choix du dernier n'était qu'une convenance envers l'opposition. La séance redevint publique à l'arrivée de Lucien Bonaparte et de plusieurs autres membres des cinq-cents.

Grand de la Dordogne. « La force armée vient de s'introduire dans le conseil des cinq-cents; elle a outragé la représentation nationale. Le conseil des cinq-cents est dissous. J'ai pénétré jusqu'au conseil des anciens pour lui rendre compte de ces faits, et l'inviter à prendre des mesures. »

Lucien Bonaparte. « Citoyens représentans, on vous en impose! Cette force armée, que l'on vous dit avoir outragé la représentation nationale, ne consistait que dans quelques grenadiers qui suivaient leur capitaine. Leur présence a opéré un mouvement dans le conseil. Appellerez-vous *représentans* des assassins armés de poignards? Ils se précipitaient sur moi, aidés de leurs complices, qui occupaient la tribune ; ils voulaient, les cannibales! me forcer de prononcer la mise *hors la loi* de mon frère! Une poignée de factieux tyrannise encore le conseil des cinq-cents;

mais sa majorité adhère au conseil des anciens et à sa sagesse. »

Boscq de l'Aube se dispose à parler, mais, sur la demande de plusieurs membres, le conseil des anciens déclare qu'il n'entendra que ses orateurs. La séance est suspendue. Elle n'est reprise qu'après la dispersion des cinq-cents.

Cornudet. « Je demande la parole au nom de la commission formée pendant la tenue du comité général et secret, et composée des citoyens Regnier, Cornet, Laloi, Dalphonse et moi.

» Le conseil des anciens reste donc la providence de la nation ! Il est par le fait toute la représentation nationale ; c'est donc à lui qu'il appartient de pourvoir au salut de la patrie et de la liberté, puisque seul il en a le pouvoir.

» Il n'existe plus de pouvoir exécutif ; car l'autorité militaire n'est plus qu'un moyen de pouvoir exécutif essentiellement civil.

» Voici le décret que nous vous proposons :

« Le conseil des anciens, attendu la retraite du conseil des
» cinq-cents, décrète ce qui suit :

» Quatre des membres du directoire exécutif ayant donné leur
« démission, et le cinquième étant mis en surveillance, il sera
» nommé une commission exécutive provisoire, composée de trois
» membres.

» Le corps législatif est ajourné au 1er nivose prochain, époque
» à laquelle il se réunira de droit, et sans autre convocation, dans
» la commune de Paris.

» Il sera formé une commission intermédiaire, prise dans le
» conseil des anciens, seul existant, pour conserver les droits de
» la représentation nationale pendant cet ajournement.

» La commission intermédiaire demeure autorisée à convoquer
» le corps législatif plus tôt si elle le juge convenable. »

Dalphonse. « Les propositions qui vous sont présentées n'ont pas été délibérées par la commission ; elles ne sont que l'opinion personnelle du rapporteur. »

Laloi. « C'est dans la galerie même que la commission s'est réunie. Un seul de nos collègues ne s'y est pas trouvé ; et c'est bien au nom de la majorité que le rapporteur a présenté le projet dont il a fait lecture, car il est le vœu de trois d'entre nous. »

Ce projet est immédiatement mis aux voix et adopté. Le conseil suspend sa séance jusqu'à neuf heures du soir, déclarant qu'alors il s'occupera des mesures décrétées.

CONSEIL DES CINQ-CENTS. — *Séance du 19 brumaire an* VIII, *tenue à Saint-Cloud, dans le local de l'Orangerie.* — Président, LUCIEN BONAPARTE.

La séance est ouverte à une heure et demie. Émile Gaudin obtient le premier la parole pour une motion d'ordre :

« Citoyens représentans, dit-il, un décret du conseil des anciens a transféré les séances du corps législatif dans cette commune.

» Cette mesure extraordinaire ne pouvait être provoquée que par la crainte ou l'approche d'un danger extraordinaire.

» En effet, le conseil des anciens a déclaré aux Français qu'il usait du droit qui lui est délégué par l'article 102 de la Constitution *pour enchaîner les factions qui prétendent subjuguer la représentation nationale, et pour rendre la paix intérieure.*

» Représentans du peuple, reportez-vous au 30 prairial. Dans cette journée mémorable vous voulûtes arracher le système représentatif aux usurpations du directoire exécutif, et faire jouir enfin le peuple français de cette liberté qu'il avait achetée au prix de tant de sacrifices.

» Hé bien, rappelez-vous les sinistres événemens qui l'ont suivie, et où vous avez tour à tour figuré comme tristes témoins ou comme acteurs dévoués.

» Jamais peut-être la dignité et l'indépendance de la représentation nationale ne furent plus attaquées et plus compromises!

» Jamais un plus grand oubli de toutes les idées libérales, généreuses et philanthropiques!

» Jamais on ne rétrograda plus rapidement vers les erreurs et la servitude de la monarchie!

» Jamais enfin on n'eut plus à redouter une dégénération totale des esprits et des cœurs!

» D'un côté les fauteurs du royalisme ne conspirent plus dans les ténèbres; ils ont arboré l'étendard de la rébellion;

» De l'autre les passions délirantes et destructives des démagogues s'exaltent et s'agitent d'une manière vraiment funeste et alarmante.

» Déjà même elles promènent sur toutes les têtes la hache de la terreur, qu'elles ne tiennent plus suspendue qu'à un fil.

» Représentans du peuple, il est temps de sauver la patrie!

» Il est temps de prouver les principes de la révolution.

» Il est temps enfin d'assurer au peuple la jouissance tout entière des droits et des avantages qu'elle lui avait promis.

» Vous y parviendrez aisément si vous déployez, le 19 brumaire, le dévouement des 27 et 28 fructidor (1).

» Je demande : 1° Qu'il soit formé une commission de sept membres, chargée de faire un rapport sur la situation de la République et sur les moyens de la sauver;

» 2° Que cette commission fasse son rapport séance tenante;

» 3° Que jusque-là toute délibération soit suspendue;

» 4° Que toute proposition qui serait faite lui soit renvoyée. »

Plusieurs membres. « Appuyé! Aux voix! »

Delbrel. « Oui, sans doute, représentans du peuple, de grands dangers menacent la République; mais ceux qui veulent la détruire sont ceux même qui, sous prétexte de la sauver, veulent changer ou renverser la forme du gouvernement existant. En vain ces hypocrites conspirateurs ont cru nous effrayer en déployant autour de nous l'appareil formidable de la force armée! Non, les défenseurs de la patrie ne consentiront jamais à tourner leurs armes contre ses représentans.

» Si néanmoins les conspirateurs parvenaient à tromper ou à égarer le courage de nos guerriers, nous saurions mourir à notre poste, en défendant la liberté publique contre les tyrans, contre

---

(1) Les 27 et 28 fructidor an VII, dans la discussion sur les dangers de la patrie, le conseil des cinq-cents s'était plusieurs fois levé en masse pour *jurer de vivre libre ou de mourir.*

les dictateurs qui veulent l'opprimer! Nous voulons la *Constitution ou la mort!* Les baïonnettes ne nous effraient pas : nous sommes libres ici. Je demande que tous les membres du conseil, appelés individuellement, renouvellent à l'instant le serment de maintenir la Constitution de l'an III (1). »

L'assemblée se lève en masse.

Plusieurs membres. « Point de dictature ! A bas les dictateurs! Vive la Constitution ! »

Delbrel. « Je demande qu'on renouvelle le serment de fidélité à la Constitution. »

Cette proposition est accueillie avec enthousiasme par le plus grand nombre des représentans, qui invitent le président à la mettre aux voix. Le président ne paraît consulter qu'un groupe qui forme évidemment la minorité. La majorité le rappelle à son devoir, la somme de prendre le vœu de toute l'assemblée; il tient encore la même conduite. On la lui reproche avec véhémence. Une foule de membres se portent au bureau et à la tribune ; tous les autres sont debout; diverses propositions sont faites, et se perdent dans le bruit. Au milieu de ce tumulte s'élèvent les cris : *Point de dictature ! Vive la Constitution ! Le serment !* Le président, toujours vivement pressé de mettre aux voix la proposition de Delbrel, écarte la question pour n'écouter que les reproches qu'on lui adresse ; il se couvre (2).

Le président. « Je sens trop la dignité du poste que j'occupe pour supporter plus long-temps les menaces insolentes de quelques orateurs, et pour ne pas rappeler de tout mon pouvoir l'ordre et la décence dans le conseil. »

---

(1) Nous tenons ce discours de M. Delbrel lui-même. Dans toutes les autres narrations on n'attribue à ce représentant d'autres paroles que celles-ci : « La Constitution d'abord ! oui, la constitution ou la mort ! les baïonnettes ne nous effraient pas : nous sommes libres ici. »

(2) Après la motion d'Émile Gaudin, le procès-verbal du conseil continue ainsi :

« Plusieurs membres s'élancent à la tribune.

» Les uns demandent qu'avant tout il soit prêté serment à la Constitution ; les autres, qu'il soit fait un message au conseil des anciens pour connaître les motifs de la translation du corps législatif.

» Ces propositions sont faites avec clameur, répétées avec emportement par

Le calme se rétablit, et le président accorde la parole à l'orateur qui l'avait réclamée le premier après Gaudin.

Grandmaison. « Représentans, la France ne verra pas sans étonnement que la représentation nationale et le conseil des cinq-cents, cédant au décret constitutionnel du conseil des anciens, se soient rendus dans cette nouvelle enceinte sans être instruits du danger, imminent sans doute, qui nous menaçait.

» On parle de former une commission pour proposer des mesures à prendre, pour savoir ce qu'il y a à faire; il faudrait plutôt en proposer une pour savoir ce qui a été fait. On a parlé de factieux; nous les avions signalés depuis long-temps, et certes ils ne nous épouvantent pas! Je demande qu'on s'informe des motifs qui nous amènent ici; qu'on nous dise quels sont les grands dangers qui menacent la Constitution : je dis la Constitution, car tout le monde peut parler de la République; reste à savoir quelle République on veut. Sera-ce celle de Venise, celle des États-Unis? Prétendra-t-on qu'en Angleterre la République et la liberté existent? Certes ce n'est pas pour vivre sous de tels gouvernemens que nous avons depuis dix ans fait tous les sacrifices imaginables, que nous avons épuisé nos fortunes! Le sang français coule depuis dix ans pour la liberté; ce n'est pas pour avoir une Constitution semblable à celle des États-Unis, ou un gouvernement comme celui de l'Angleterre!

» Je demande qu'à l'instant tous les membres du conseil renouvellent le serment de fidélité à la Constitution de l'an III.... »
(*Delbrel.* « Le serment conforme à la loi.») « Je demande que nous fassions le serment de nous opposer au rétablissement de toute espèce de tyrannie. Je demande en outre un message au conseil

un certain nombre de membres du conseil; la majorité reste calme. Cependant le tumulte augmente; à peine peut-on entendre la voix de ceux qui observent qu'avant toute chose la Constitution prescrit de faire un message au conseil des anciens pour lui annoncer qu'on est réuni en nombre suffisant pour délibérer.

» La tribune est encombrée, le bureau environné de ceux qui poussent des cris de fureur. Le président est assailli d'injures et de menaces; en vain il se couvre. Tout annonce, dès l'entrée de la séance, qu'une minorité factieuse et conspiratrice a formé le complot d'empêcher toute délibération.

» Le président s'écrie : — Je sens trop la dignité, etc. »

des anciens pour que nous soyons instruits du plan et des détails de cette vaste conspiration qui était à la veille de renverser la République. »

L'orateur quitte la tribune au bruit des plus vifs applaudissemens ; les cris : *Vive la Constitution!* se prolongent pendant plusieurs minutes ; puis : *Le serment! le serment!* Le président consulte l'assemblée ; elle vote en masse pour la prestation du serment ; à la contre-épreuve, faite sur la demande de Delbrel, aucun membre ne se lève, et cette démonstration d'une parfaite unanimité excite un mouvement général de satisfaction.

Chaque représentant, nominativement appelé à la tribune, jure *fidélité à la République et à la Constitution de l'an* III... Plusieurs des conjurés s'expriment avec quelque embarras, mais tous jurent. Lucien Bonaparte avait quitté le fauteuil pour prêter ce serment à la tribune; au moment où il en descendit, Briot s'écria : *Moniteur, écrivez!* Un seul député, Bergoeing, s'affranchit de l'engagement commun ; il donna sa démission.

Le résultat de l'appel nominal avait démontré que très-peu de membres étaient absens. Le conseil, par un message, fait informer les anciens qu'il est réuni en majorité dans le palais de Saint-Cloud.

Bigonnet. « Le serment de l'Orangerie de Saint-Cloud occupera sa place dans les fastes de l'histoire ; il pourra être comparé à ce serment célèbre que l'assemblée constituante prêta au Jeu-de-Paume, avec cette différence qu'alors les représentans de la nation avaient cherché un asile contre les baïonnettes de la royauté, et qu'ici ils seront défendus par les baïonnettes républicaines... » (*Plusieurs membres.* « Oui! oui! »).

» Le premier serment fonda la liberté, le second la consolidera...» (*Les mêmes.* «Oui! oui! ») Mais le serment serait illusoire si nous ne nous hâtions de le remplir, d'abord en adressant un message au directoire pour lui annoncer notre installation, et ensuite en adoptant la proposition de Grandmaison, c'est-à-dire en envoyant un message au conseil des anciens pour lui demander compte des motifs de la convocation extraordinaire qui nous réunit ici. »

Crochon. « Il est un préalable nécessaire. Vous devez vous empresser, comme dans toutes les occasions importantes, et conformément à l'article 105 de la Constitution, d'adresser à la République une proclamation qui lui annonce que le décret irrévocable du jour d'hier est exécuté ; que vous êtes réunis en majorité dans la commune de Saint-Cloud. »

La proposition de Crochon est adoptée.

Aréna Barthélemy. « Je demande qu'il soit dressé une liste des membres qui ont répondu à l'appel nominal, et qu'elle soit imprimée et envoyée aux départemens. Le corps législatif ne peut avoir changé de résidence sans de grands dangers ; il faut que la France sache que nous sommes à notre poste, et que nous sommes décidés à périr pour le maintien de la Constitution républicaine. »

Cette motion n'a pas de suite.

Darracq. « On a proposé d'adresser un message au directoire pour lui annoncer que nous sommes constitués ; cela est fort bien ; mais pour lui remettre ce message, il faudrait savoir où est le directoire. Quant à moi, je ne sais pas où il existe. S'il était quelque part, je pense qu'il nous l'eût annoncé. Je sais que la Constitution ordonne au directoire de siéger dans la commune où se trouve le corps législatif ; eh bien ! le directoire est-il dans cette commune ? voilà ce que nous ne savons pas. Vous enverrez un message ; il faut savoir où ce message ira. (Murmures.) Oui, tant que nous ne saurons où est le directoire, il est ridicule de lui envoyer un message. Voulez-vous donc que vos messagers parcourent les rues de Saint-Cloud pour demander la maison où le directoire est logé ? (Rumeurs.) Ainsi donc, je le répète, il est inutile de s'occuper de l'envoi d'un message au directoire dans le moment actuel. Je demande l'ordre du jour. »

L'ordre du jour est mis au voix et rejeté. Le conseil arrête qu'un message sera fait au directoire.

Bertrand du Calvados. « Ce n'est point inutilement que nous avons prêté le serment de fidélité à la République et à la Constitution de l'an III; il faut que la proclamation que nous avons arrêtée en fasse mention, et rassure tous les Français sur l'existence de la représentation nationale; il faut qu'en instruisant le peuple de votre installation à Saint-Cloud, vous lui fassiez connaître votre serment et la ferme résolution où vous êtes d'y rester fidèles et de maintenir la Constitution contre toute espèce de tyrannie. »

Le conseil arrête que le serment sera mentionné dans la proclamation. Crochon présente en conséquence un projet de cette adresse, votée sur sa proposition. La discussion allait s'ouvrir; un secrétaire donne lecture de la lettre qui suit, adressée au président du conseil des anciens, et transmise par ce conseil à celui des cinq-cents :

« Ce 18 brumaire.

» Citoyen président, engagé dans les affaires publiques uniquement par ma passion pour la liberté, je n'ai consenti à partager la première magistrature de l'état que pour la soutenir dans ses périls par mon dévouement, pour préserver des atteintes de ses ennemis les patriotes compromis dans sa cause, et pour assurer aux défenseurs de la patrie ces soins particuliers qui ne pouvaient leur être plus constamment donnés que par un citoyen anciennement témoin de leurs vertus héroïques, et toujours touché de leurs besoins.

» La gloire qui accompagne le retour du guerrier illustre à qui j'ai eu le bonheur d'ouvrir le chemin de la gloire, les marques éclatantes de confiance que lui donne le corps législatif, et le décret de la représentation nationale, m'ont convaincu que, quel que soit le poste où l'appelle désormais l'intérêt public, les périls de la liberté sont surmontés, et les intérêts des armées garantis. Je rentre avec joie dans les rangs de simple citoyen; heureux, après tant d'orages, de remettre entiers et plus respectables que jamais les destins de la République, dont j'ai partagé le dépôt!

» Salut et respect. » BARRAS. »

Une seconde lecture de cette lettre est demandée et aussitôt faite.

Plusieurs membres. « Qu'est-ce que cela veut dire? Est-ce une démission ? »

Duplantier. « La lettre que nous venons de recevoir annonce la démission du citoyen Barras; nous n'avons rien de plus pressé que de procéder à la formation d'une liste décuple pour le remplacer. »

Plusieurs membres. « Il y en a d'autres ; il faut attendre. »

Delbrel. « La question à examiner avant tout est celle de savoir si cette démission est légale et formelle, ou si elle ne l'est pas. »

Plusieurs membres. « Elle l'est. — Procédons à l'instant à la liste. »

Bertrand du Calvados. « Nous n'avons pas un moment à perdre. Je demande que nous nous réunissions à huit heures ce soir, pour procéder au scrutin. »

Plusieurs membres. « A présent. » — *D'autres.* « A demain. »

Crochon. « Nous ne pouvons mettre tant de précipitation à nommer à une telle magistrature; il faut y réfléchir. La Constitution nous a donné le droit de passer cinq jours à former une liste de candidats; ce délai a pour motif l'importance d'une telle liste et d'une telle élection. La Constitution nous a ainsi défendu de prononcer *ex abrupto*. C'est peut-être parce qu'on n'a pas assez médité sur les choix qui ont été faits que les événemens actuels arrivent. Je demande l'ajournement à demain. »

Grandmaison. « Le conseil doit se rappeler une circonstance très-grave où l'on réussit à discréditer des républicains en alléguant, sans preuves et sans probabilités, qu'on voulait créer un nouveau comité de salut public, dont l'influence détruirait l'indépendance et les pouvoirs constitutionnels du corps législatif et du directoire; mais telle était, et telle est encore, sans doute, votre religieuse fidélité à notre charte sacrée, qu'on s'honora alors de combattre ce fantôme, qu'on croyait déjà voir armé pour déchirer notre pacte social.

» Les circonstances où nous nous trouvons aujourd'hui ne sont-elles pas plus propres à exciter l'inquiétude des représentans du peuple, qui sont témoins de grands préparatifs de guerre sans avoir entendu parler d'hostilités commises ? La translation du corps législatif a été ordonnée et exécutée sans opposition, quoique nous ne connaissions pas encore les motifs de cette mesure extraordinaire : je pense du moins que le plus grand nombre de mes collègues ignore, ainsi que moi, le plan de cette vaste conspiration, dénoncée aux anciens quand tout Paris jouissait de la plus parfaite tranquillité. On a prétendu sauver la patrie et la représentation nationale d'un danger imminent, et l'on a usé d'un expédient constitutionnel en décrétant notre translation.

» Si nous ne pouvons plus délibérer à Paris après la notification de ce décret, nous devons maintenant nous disposer à reprendre notre prérogative constitutionnelle, pour être capables de proposer ce qui paraîtra juste et nécessaire ; mais nous ne pouvons discuter utilement, ni prendre aucune résolution, sans être bien éclairés sur notre véritable situation, sans qu'on ait précisé les projets criminels de ces factieux dont l'existence n'est encore manifestée que dans les délibérations, décrets et proclamations du conseil des anciens. Cependant on pourrait dire déjà que nous avons un véritable comité de salut public dès qu'un général a été nommé par tout autre que par le directoire, à qui l'on a encore enlevé une de ses plus importantes attributions, puisqu'il n'a pas été chargé de sceller, promulguer et exécuter la loi en vertu de laquelle nous sommes réunis dans cette commune.

» Je parle avec une grande franchise et une naïveté qui peut paraître singulière, quand je dis que je ne suis pas instruit des grands périls dont nous avons été préservés ; mais, à la sécurité que j'ai remarquée sur la physionomie de ceux qui applaudissent à la translation, je crois pouvoir assurer qu'ils ne sont pas très-effrayés de cette vaste conspiration, et qu'on a pris soin de les prévenir de ce qu'on ferait de nous à Saint-Cloud.

» Quant à la démission du directeur Barras, qu'on vient de

vous notifier, comme nous ne pouvons déterminer si elle est la cause ou l'effet des événemens extraordinaires qui nous pressent, je crois qu'il faut incessamment et sans relâche rechercher ce qui a été fait autour de nous, et ce que nous devons faire pour sauver la liberté et conserver la Constitution, avant de procéder au remplacement d'un directeur. »

Cette discussion est soudainement interrompue par un mouvement violent qui se manifeste dans l'assemblée ; tous ses membres sont debout, ou montés sur leurs siéges, ou réunis en groupes, ou attachés à la tribune, et l'œil fixé sur l'entrée de la salle. C'est le général Bonaparte qui a paru : des grenadiers le suivent à quelque distance ; ils ne dépassent pas la porte, mais on aperçoit les baïonnettes. Bonaparte s'avance seul et découvert ; son geste et ses regards annoncent qu'il se dispose à parler : l'agitation, les clameurs ne le lui permettent point. Bigonnet l'aborde le premier, et lui dit en l'arrêtant : « Que faites-vous, téméraire ? » Retirez-vous, vous violez le sanctuaire des lois ! » Dans l'expression tumultueuse des sentimens qui dominent, on entend répéter de toute part : « Quoi ! des baïonnettes, des sabres, des » hommes armés ici ! dans le sanctuaire de la représentation na- » tionale ! Hors la loi le dictateur ! A bas, à bas le dictateur ! » Mourons à notre poste ! Vivent la République et la Constitution » de l'an III ! Hors la loi le dictateur ! A bas ! à bas ! » Bonaparte est entouré, pressé, menacé par la foule des représentans ; Destrem l'apostrophe en ces termes : « Général, est-ce donc » pour cela que tu as vaincu ? » Bonaparte n'oppose pas un mot ; il rejoint précipitamment ses soldats, et s'éloigne avec eux.

Le président. « Le mouvement qui vient d'avoir lieu au sein du conseil prouve sans doute ce que tout le monde a dans le cœur, ce que moi-même j'ai dans le mien... — (*Plusieurs membres.* « Oui, oui ; c'est vive la République !) » Il était cependant naturel de croire que la démarche du général, qui a paru exciter de si vives inquiétudes, n'avait pour objet que de rendre compte de la situation des affaires ou de quelque objet intéressant la chose publique ; il venait remplir l'obligation que ses fonctions lui imposent. Mais je crois qu'en tout cas nul de vous ne peut soupçonner….»

Un membre. « Aujourd'hui Bonaparte a terni sa gloire ! Fi ! »

Un autre. « Bonaparte s'est conduit en roi ! »

Le président. « Nul de vous ne peut soupçonner de projets liberticides celui… »

Un membre. « Bonaparte a perdu sa gloire ! Je le voue à l'opprobre, à l'exécration des républicains et de tous les Français ! »

Quelques voix. « Oui, oui ! » (Applaudissemens et murmures.)

Le président. « Je demande au reste qu'on prenne tous les éclaircissemens nécessaires pour rassurer le conseil. »

Un membre. « Je demande que le général Bonaparte soit traduit à la barre pour y rendre compte de sa conduite. » (Mouvemens divers.)

Le président. « Et moi je demande à quitter le fauteuil. »

Chazal, ex-président, remplace au fauteuil Lucien Bonaparte.

Digneffe. « Quand le conseil des anciens a usé du droit constitutionnel de changer la résidence du corps législatif, il a eu sans doute de puissans motifs; il faut qu'ils soient connus. Je demande que dans ce jour solennel, qui aura tant d'influence sur les destinées de la République, on déclare, on fasse connaître quels sont les chefs et les agens de la conspiration qui nous menace, puisqu'il a fallu pour les déjouer des moyens extraordinaires. Avant tout je demande que vous preniez des mesures pour votre sûreté; que vous déterminiez sur quels endroits s'étendra la police de votre enceinte, et que vous preniez des mesures à cet effet. » (*Un grand nombre de voix.* « Appuyé ! Appuyé ! »)

Bertrand (*du Calvados*). « Lorsque le conseil des anciens a ordonné la translation du corps législatif en cette commune, il en avait le droit constitutionnel; quand il a nommé un général commandant en chef, il a usé d'un droit qu'il n'avait pas. Je demande que vous commenciez par décréter que le général Bonaparte n'est pas le commandant des grenadiers qui composent votre garde. » (*Un grand nombre de membres.* « Appuyé! Aux voix! Aux voix! »)

Talot. « N'oubliez pas dans ce moment difficile le caractère auquel on doit vous reconnaître : conservez votre union ; veillez à votre sûreté ; veillez à la publicité de vos délibérations. Je suis convaincu que le conseil des anciens, en prenant une mesure si extraordinaire et si prompte, n'a pas eu l'intention de nous faire délibérer à huis clos et sous les baïonnettes. Eh quoi! nous représentons le peuple français, et c'est dans un village, entourés d'une force armée considérable, dont nous ne disposons pas, qu'on veut que nous délibérions! Non que je craigne les soldats qui nous entourent; ils ont combattu pour la liberté; ce sont nos parens, nos fils, nos frères, nos amis; nous avons été nous-mêmes dans leurs rangs. Et moi aussi j'ai porté la giberne de la patrie! Je ne puis craindre le soldat républicain dont les parens m'ont honoré de leurs suffrages, et m'ont appelé à la représentation nationale; mais je déclare qu'hier la Constitution a été outragée ; le conseil des anciens n'avait pas le droit de nommer un général. Bonaparte n'a pas eu le droit de pénétrer dans cette enceinte sans y être mandé. Voilà la vérité. Quant à vous, vous ne pouvez voter plus long-temps dans une telle position; vous devez retourner à Paris. Marchez-y, revêtus de votre costume, et votre retour y sera protégé par les citoyens et les soldats; vous reconnaîtrez, à l'attitude des militaires, qu'ils sont les défenseurs de la patrie. Je demande qu'à l'instant vous décrétiez que les troupes qui sont actuellement dans cette commune font partie de votre garde; je demande que vous adressiez un message au conseil des anciens pour l'inviter à rendre un décret qui nous ramène à Paris. » (*Un grand nombre de voix.* « Appuyé! »)

Grandmaison. « Il faut déclarer le décret rendu hier comme non avenu sous le rapport de la nomination inconstitutionnelle du général Bonaparte. » (« Aux voix! Aux voix! »)

Crochon. « Nous ne pouvons prendre une mesure précipitée... (Murmures.) Le décret était constitutionnel : il ordonnait votre translation ; il fallait bien nommer un général pour assurer l'exécution du décret. » (Murmures.)

Un membre. « Il faut avant tout déclarer que Bonaparte n'est point le commandant de votre garde. »

Un autre. « C'est donner le signal d'un combat. »

Destrem. « J'appuie l'avis de Talot. Les circonstances ne nous permettent point de rester ici ; il faut retourner à Paris, ou aller ailleurs pour y retrouver de l'indépendance. »

La proposition d'un message au conseil des anciens est mise aux voix et adoptée.

Destrem. « Cela ne peut suffire ; vous avez des mesures urgentes à prendre. Sans entrer dans le détail de la validité de la nomination, et des observations faites sur votre garde et celui qui doit la commander, je demande que vous déclariez la permanence. »

Blin. « Six mille hommes sont autour de vous ; déclarez qu'ils font partie de la garde du corps législatif. »

Delbrel. « À l'exception de la garde du directoire. Marche, président ! mets aux voix cette proposition ! »

Un grand nombre de membres avec chaleur. « Aux voix ! aux voix, président ! Allons, allons ! »

Lucien Bonaparte. « Je ne m'oppose point à la proposition ; mais je dois faire observer qu'ici les soupçons paraissent s'élever avec bien de la rapidité et peu de fondement. Un mouvement même irrégulier aurait-il déjà fait oublier tant de services rendus à la liberté ? » (Murmures.)

Plusieurs membres. « Non, non ! On ne les oubliera pas. »

D'autres. « Le temps se passe ! Aux voix, la proposition. »

Lucien Bonaparte. « Je demande qu'avant de prendre une mesure vous appeliez le général. » (Murmures, cris. *Plusieurs voix.* « Nous ne le reconnaissons pas ! »)—Je n'insisterai pas davantage ; mais certainement, quand la première effervescence des passions sera calmée, quand l'inconvenance du mouvement extraordinaire qui s'est manifesté sera sentie, vous rendrez justice à qui elle est due, dans le silence des passions... — (*Plusieurs voix.*

Au fait, au fait! — *Un membre* : Il n'y a plus de liberté ici ; laissez donc parler l'orateur ! »)

Un membre. « Aux voix *la mise hors la loi* du général Bonaparte ! »

Un grand nombre de membres appuient cette proposition ; plusieurs veulent la motiver ; ils se pressent à la tribune ; Lucien Bonaparte, qui s'y est maintenu, veut encore justifier son frère ; sa voix est étouffée sous les reproches qu'on lui adresse ; cependant on l'invite à reprendre le fauteuil, à ne voir que la patrie, à la sauver. — « Quoi ! s'écrie-t-il, vous voulez que je prononce le *hors la loi* contre mon frère ! — Oui, oui ! répondent quelques membres ; le *hors la loi*, voilà pour les tyrans ! »

Lucien a repris le fauteuil : il espère que cette proposition sera rejetée. Et d'abord il met aux voix les différentes motions qui ont été faites. Le tumulte ne permet aucun ordre dans la délibération ; néanmoins plusieurs membres déclarent successivement qu'il a été décrété : 1° que le conseil était en permanence ; 2° qu'il se rendrait sur-le-champ dans son palais à Paris ; 3° que les troupes rassemblées à Saint-Cloud faisaient partie de la garde du corps législatif ; 4° que le commandement en était confié au général Bernadotte. Un cri : *hors la loi !* rappelle encore à Lucien la proposition fatale ; il la croit soutenue, adoptée, et il tombe suffoqué par ses larmes. Bientôt après il s'arrache des bras de ses collègues, monte à la tribune, et prononce ces mots dans une extrême agitation : — « Puisque je n'ai pu me faire entendre dans cette enceinte, je dépose, avec un sentiment profond de dignité outragée, je dépose les marques de la magistrature populaire. » Et en même temps il a quitté sa toque et son manteau. « Reprenez le fauteuil ! lui crient encore quelques membres. — Non, non ! répond-il. — Tant mieux ! ajoutent quelques autres. »

Cependant des représentans en assez grand nombre se pressent autour de lui, et cherchent à ramener le calme dans son ame ; ils le revêtent de son costume ; ils l'invitent à voir son frère, à le faire appeler, enfin à tout réparer par une explication franche, que l'assemblée se montrera disposée à entendre. Lucien parle des résolutions qu'il croit avoir été prises ; on lui prouve aisément qu'elles n'ont rien de légal. Enfin, il va céder... Mais en ce moment un peloton des grenadiers du corps législatif entre, l'arme au bras, dans la salle ; l'officier qui le commande fend la foule, pénètre jusqu'au fauteuil du président, dit quelques mots à Chazal, feint de vouloir s'adresser au conseil, revient à Lucien, l'enlève, et se retire avec lui au milieu de ses grenadiers ; et Lucien, dans le trouble de son esprit, dans l'incertitude où son frère l'a laissé sur les moyens de la conjuration, se frappe de l'idée que les républicains sont vainqueurs au dehors. Il s'écrie, pendant qu'on l'entraîne : « *Vous me parliez de réconciliation, et vous me faites arrêter !* »

La consternation succède un instant au tumulte et aux cris qui ont accompagné cette expédition. Mais bientôt après l'agitation recommence ; les cris *hors la loi le dictateur !* se font entendre de nouveau. Talot rappelle les mesures déjà proposées ; il exhorte ses collègues à venir réclamer du peuple et de l'armée la protection due à leur caractère ; les uns objectent que cette démarche serait *inconstitutionnelle* ; d'autres déclarent qu'ils veulent mourir à leur poste. C'est en ce moment qu'un officier de la garde du corps législatif, le seul défenseur que la représentation nationale eût rencontré parmi les troupes, pénètre dans la salle en s'écriant : « Citoyens représentans, donnez-moi des ordres ; je les ferai exécuter. (1). A cette offre généreuse un mouvement éclate dans la minorité ; on entend répéter : « Suivons notre président !.. Levez la séance !.. Il n'y a plus de conseil... » *Une voix.* « A bas les agitateurs !.. » Et l'on voit sortir plusieurs députés, hommes faibles ou conjurés. Ils vont se mettre sous la protection de la force ; déjà l'un d'eux pressait Bonaparte *de mettre fin à une résistance devenue coupable.*

Le représentant Scherlock annonce que, dans les corridors et

---

(1) Le soir même Bonaparte destitua cet officier ; mais, quelques jours après, le réintégra dans son grade.

dans les cours, les troupes courent aux armes, et qu'au moment où les grenadiers ont remis Lucien Bonaparte aux côtés de son frère, les cris de *Vive Bonaparte!* se sont fait entendre. Scherlock ajoute qu'il ne sait ce qu'on prépare, mais qu'il croit nécessaire et prudent de suivre le président, ou de lui envoyer l'ordre de venir sur-le-champ reprendre ses fonctions.

Ces avis sont repoussés. Des propositions plus vigoureuses se succèdent avec rapidité, se développent avec chaleur, se croisent, se confondent dans l'explosion de la douleur qui déchire les ames ; mais on ne délibère point : la passion du patriotisme se montre dans un sublime désordre. L'orateur dont la voix s'épuise retombe sur son siége en prononçant encore *Vive la République!* et ses dignes collègues, reprenant ce vœu chéri, en font retentir les voûtes. *Vive la République! Mourons pour la liberté! Hors la loi le dictateur! Vive la Constitution de l'an* III*!* voilà l'unique sentiment qui remplit les cœurs, la seule pensée que les discours expriment.

A ce concert des pères de la patrie vient se mêler tout à coup un bruit de guerre. Des grenadiers, au pas de charge, et l'arme au bras, envahissent le temple des lois : les législateurs les reçoivent en criant : *Vive la République!* et les soldats s'arrêtent avec respect. Le général Leclerc est à leur tête ; il dit : « Citoyens représentans, on ne peut plus répondre de la sûreté du conseil. Je vous invite à vous retirer. » Les représentans, en se replaçant avec calme sur leurs siéges : *Vive la République!* Un officier reprend : « Représentans, retirez-vous ; le général a donné des ordres... » Les représentans conservent la même attitude. Un autre officier : « Grenadiers, en avant! Tambours, la charge! » Les représentans lèvent un œil tranquille ; ils montrent leur poitrine ; quelques-uns s'embrassent ; plusieurs jettent leur toque et leur ceinture ; tous répètent : *Vive la République!* Bigonnet à la tribune, Talot, Jourdan et Prudhon se mêlant aux soldats, tous quatre les haranguent avec chaleur. — « Qui êtes-vous, militaires? Vous êtes les grenadiers de la représentation nationale, et vous osez attenter à sa sûreté, à son indépendance! Et vous ternissez ainsi les lauriers que vous avez cueillis ! » Et quelques soldats répondaient : « On a voulu assassiner notre général ! »

Cependant le général Leclerc a réitéré ses instances dans les termes les plus mesurés : il a montré le danger ; les députés se sont décidés à le braver. « Au nom du général Bonaparte, s'écrie Leclerc, le corps législatif est dissous. Que les bons citoyens se retirent. Grenadiers, en avant ! » Et les grenadiers pénètrent dans toute la longueur de la salle, en présentant la baïonnette, mais avec hésitation et lenteur ; ils semblaient accuser la discipline de l'outrage qu'ils faisaient aux magistrats du peuple. En circulant, ils poussent devant eux les représentans, et ceux-ci, lorsqu'ils ne sont pas poursuivis jusqu'à une issue, reviennent encore à leur place, toujours en couvrant du cri de : *Vive la République !* le roulement que les tambours exécutent. Une partie des représentans est éconduite enfin : mais il en est qui veulent mourir sur leurs bancs ; des soldats les prennent dans leurs bras et les transportent ainsi au-dehors, sans autre violence et sans injure verbale. Il était cinq heures et demie lorsque la salle fut totalement évacuée et fermée. Les représentans, dispersés dans les cours et les jardins, signalaient encore leur retraite en criant : *Vive la République* (1) !

Bonaparte sortait du conseil des cinq-cents, où pour la pre-

---

(1) Le procès-verbal du conseil s'exprime ainsi à partir de la lettre de Barras :

« Un membre demande que le conseil fixe le moment où l'on procédera à la formation de la liste de candidats à présenter au conseil des anciens pour le remplacement du citoyen Barras, démissionnaire.

» La discussion s'engage sur cet objet.

» Les uns demandent que la liste soit formée à l'instant ; les autres proposent d'y procéder à huit heures du soir. La même effervescence, le même emportement qui se sont manifestés, dès l'entrée de la séance, de la part des membres perturbateurs, règne dans cette discussion.

» Le général Bonaparte paraît dans la salle ; il est sans armes et s'avance vers le bureau ; il veut rendre compte des mesures dont l'exécution lui a été confiée par le décret du conseil des anciens.

» Il veut en outre rendre compte des propositions qui lui ont été faites par les chefs des conspirateurs, de l'investir de la dictature s'il consent à se réunir avec eux.

» A l'instant les membres de cette minorité furieuse et conspiratrice se précipitent, les uns à la tribune, les autres vers le général ; on entend, au milieu du

mière fois il avait tremblé. Rendu à ses troupes, il veut parcourir leurs rangs; mais, comme poursuivi et frappé par le décret de *hors la loi*, il tombe de cheval. Ses lieutenans l'entourent. Le général Lefebvre donne l'ordre de faire enlever Lucien du conseil. A la vue de son frère, Bonaparte reprend ses sens, et tous deux, conseillés, pressés par les conjurés réunis dans la commission

plus affreux désordre, vociférer les mots : « A bas le tyran ! à bas le dictateur ! »
» Plusieurs font à grands cris la proposition de déclarer le général Bonaparte *hors la loi*; d'autres s'écrient : *Tue ! tue !* Ils s'élancent sur lui, prêts à l'atteindre, les uns armés de pistolets et de poignards, les autres le menaçant de la main. Deux des grenadiers de la garde du corps législatif, accourus au bruit de cet effroyable désordre, lui font un rempart de leur corps et le dérobent aux coups des assassins, qui ne dissimulent pas leur rage, et exhalent hautement leurs regrets de n'avoir pu le poignarder.
» En même temps le président est assailli, menacé par une partie des assassins qui se sont emparés de la tribune; l'un d'eux lui présente le bout de son pistolet.
» Cependant les officiers généraux de l'état-major et de la garde du corps législatif maintiennent l'ordre et le calme parmi les grenadiers, qui frémissent d'indignation au poste placé à l'extérieur de la salle.
» Une multitude de membres de la majorité font d'inutiles efforts pour être entendus au milieu de cette scène d'horreur. Le président quitte le fauteuil, où il est remplacé par Chazal, ex-président. Il est à la tribune ; il demande la parole, il s'efforce de faire entendre quelques mots; il s'écrie qu'après les grands services rendus à la République par le général Bonaparte il serait odieux de lui supposer des vues liberticides : — « Quel Français, dit-il, a donné plus de gages à la liberté ? »
» Il ajoute que ce général venait sans doute rendre quelque compte important relatif aux circonstances ; il demande que le général Bonaparte soit appelé à la barre pour rendre compte de ses motifs.
» L'orateur veut continuer; mais sa voix est étouffée par les cris des séditieux. Accablé de douleur et d'indignation, Lucien Bonaparte déclare qu'il dépouille la magistrature populaire dont ses concitoyens l'ont revêtu. En achevant ces mots, il dépose sur le bureau sa toge et son écharpe. Alors la fureur des séditieux n'a plus aucun frein ; ils s'élancent sur lui à la tribune, le pressent, l'enveloppent, lorsqu'un détachement de grenadiers près la représentation nationale vient le soustraire au plus pressant danger et protéger sa sortie.
» La salle en ce moment ne présente plus que l'image de la plus horrible confusion; la tribune est devenue la proie et le théâtre des conspirateurs ; les motions ne respirent que la violence et la menace ; leurs poignards tiennent dans la stupeur et la consternation la majorité, en qui seule résident et la dignité et le pouvoir de la représentation nationale. Les membres de cette majorité qui sont dans le voisinage des portes s'éloignent; il ne reste que ceux qui se trouvent retenus par la terreur ou l'impossibilité de fuir; le conseil n'existe plus. Soudain la force armée se présente pour dissiper l'attroupement des assassins, et le lieu de la séance est évacué. »

secrète, se déterminent à *emporter la journée* par tous les moyens. Jusqu'a'ors les citoyens et les soldats avaient en vain cherché de quel côté étaient les conspirateurs : l'attitude imposante et courageuse des cinq-cents, leur serment surtout, renouvelé avec une solennité qui fit frémir les conjurés, avaient rattaché les citoyens à la représentation nationale, et les soldats la croyaient unie tout entière à Bonaparte depuis que les anciens avaient écouté ses remontrances avec tant de pusillanimité. Mais un langage atrocement calomnieux va signaler aux uns des ennemis de la République, aux autres des ennemis de Bonaparte, à tous des brigands, des assassins soldés par l'Angleterre. Les deux frères sont à cheval ; ils s'élancent au milieu des troupes.

Harangue de Lucien Bonaparte (1).

« Citoyens, soldats, le président du conseil des cinq-cents vous déclare que l'immense majorité de ce conseil est dans ce moment sous la terreur de quelques représentans à stylets, qui assiégent la tribune, présentent la mort à leurs collègues, et enlèvent les délibérations les plus affreuses !

» Je vous déclare que ces audacieux brigands, sans doute soldés par l'Angleterre, se sont mis en rébellion contre le conseil des anciens, et ont osé parler de mettre hors la loi le général chargé de l'exécution de son décret, comme si nous étions encore à ce temps affreux de leur règne, où ce mot, *hors la loi!* suffisait pour faire tomber les têtes les plus chères à la patrie !

» Je vous déclare que ce petit nombre de furieux se sont mis eux-mêmes hors la loi par leurs attentats contre la liberté de ce conseil. Au nom de ce peuple, qui depuis tant d'années est le jouet de ces misérables enfans de la terreur, je confie aux guerriers le soin de délivrer la majorité de leurs représentans ; afin que, délivrée des stylets par les baïonnettes, elle puisse délibérer sur le sort de la République !

» Général, et vous, soldats, et vous tous, citoyens, vous ne

(1) Cette pièce fut imprimée sur-le-champ, et répandue avec profusion.

reconnaîtrez pour législateurs de la France que ceux qui vont se rendre auprès de moi! Quant à ceux qui resteraient dans l'Orangerie, que la force les expulse!... Ces brigands ne sont plus représentans du peuple, mais les *représentans du poignard!* Que ce titre leur reste! qu'il les suive partout! et lorsqu'ils oseront se montrer au peuple, que tous les doigts les désignent sous ce nom mérité de *représentans du poignard!*

» Vive la République! »

Harangue du général Bonaparte.

« Soldats, je vous ai menés à la victoire; puis-je compter sur vous? — (Oui! oui!... Vive le général!... Qu'ordonnez-vous?) Soldats, on avait lieu de croire que le conseil des cinq-cents sauverait la patrie; au contraire, il se livre à des déchiremens! Des agitateurs cherchent à le soulever contre moi! Soldats, puis-je compter sur vous? — (Oui! oui!... Vive Bonaparte!) Eh bien! je vais les mettre à la raison! — (Vive Bonaparte!) — (*Ici il donne des ordres à ses lieutenans, puis il reprend.*) Depuis assez long-temps la patrie est tourmentée, pillée, saccagée! depuis assez long-temps ses défenseurs sont avilis, immolés!... — (Vive Bonaparte!) Ces braves, que j'ai habillés, payés, entretenus au prix de nos victoires, dans quel état je les retrouve?... — (Vive Bonaparte!) On dévore leur subsistance! On les livre sans défense au fer de l'ennemi! Mais ce n'est pas assez de leur sang; on veut encore celui de leurs familles! Des factieux parlent de rétablir leur domination sanguinaire! J'ai voulu leur parler; ils m'ont répondu par des poignards! Il y a trois ans que les rois coalisés m'avaient mis hors la loi pour avoir vaincu leurs armées; et j'y serais mis aujourd'hui par quelques brouillons qui se prétendent plus amis de la liberté que ceux qui ont mille fois bravé la mort pour elle! Ma fortune n'aurait-elle triomphé des plus redoutables armées que pour venir échouer contre une poignée de factieux? Trois fois, vous le savez, j'ai sacrifié mes jours pour ma patrie; mais le fer ennemi les a respectés: je viens de franchir les mers sans craindre de les exposer une quatrième fois à de nouveaux dangers ; et ces dangers, je les trouve au sein d'un sénat d'assassins ! Trois fois j'ai ouvert les portes à la République, et trois fois on les a refermées ! »

Ces derniers mots furent accueillis par des cris de *Vive Bonaparte!* poussés avec fureur. Le général Serrurier parcourt, à son tour, les rangs, répétant ces mots : « Soldats, le conseil des anciens s'est réuni au général Bonaparte ; le conseil des cinq-cents a voulu assassiner notre général. » Et les soldats, croyant à ce mensonge, répondaient encore : *Vive Bonaparte !* — « Ils ont voulu assassiner notre général ! s'écriaient la plupart avec un étonnement mêlé de colère. — Il est temps de foutre dehors ces orateurs, disaient d'autres ; avec leur bavardage ils nous laissent depuis six mois sans solde et sans souliers ! — Nous n'avons pas besoin de tant de gouvernans ! — Ah ! si Bonaparte était le maître, tout cela irait mieux ; nous serions plus heureux ! — Les scélérats voulaient nous faire périr de misère ! — (*Quelques soldats montrant leur pipe.*) Voyez, commandant, nous n'avons pas même de quoi acheter un peu de tabac ! » — « Ça ira, camarades ! et la paix au bout de ça ! » reprenait le général Serrurier. — « Vive le général ! Vive Bonaparte ! » — (*Quelques individus déguisés en hommes du peuple ajoutaient :* « Bravo ! A bas les Jacobins ! A bas les 93 ! ») — A ces clameurs succèdent le roulement des tambours, le bruit des armes, le pas de charge... L'ordre était donné de faire évacuer la salle des cinq-cents.

Parmi les représentans dispersés dans Saint-Cloud, plusieurs y cherchaient un asile, d'autres revenaient à Paris. On ne prévoyait pas que les conjurés voulussent compléter leur triomphe en faisant avouer le renversement de la représentation nationale par cette représentation même. Cependant, vers huit heures, des huissiers reçurent l'ordre de se répandre chez les traiteurs et dans les maisons particulières pour y rechercher tels et tels députés, et les informer que les conseils allaient reprendre leur séance ; on ferma les barrières, on visita les voitures, et, à l'aide de ces hommes qui forment leur opinion sur les circonstances, on parvint à rendre une apparente existence au corps législatif.

Les bases du gouvernement provisoire avaient été arrêtées en commission secrète. Mais, un fait remarquable dans les conférences tenues à ce sujet, c'est que, presque jusqu'au dernier moment, il n'y fut aucunement question de donner une place à Bonaparte ; les conjurés le considéraient encore comme un instrument lorsqu'ils devaient déjà l'écouter comme un maître ; et quand ils eurent enfin reconnu que c'étaient eux qui lui servaient d'instrument, leur âme conçut le projet d'une nouvelle défection. A Saint-Cloud même, avant l'ouverture des séances, ils cherchèrent les moyens de renverser le *dictateur*, et de se réunir à l'opposition des cinq-cents (1). Mais comment paralyser l'action de ce pouvoir militaire qu'ils avaient créé ? Sur qui se fier ? pouvaient-ils même avoir confiance les uns dans les autres ? Alors, *pâles et tremblans* (c'est l'expression et l'aveu de l'un des leurs), honteux de se trouver en ce lieu, et de *n'avoir prévu aucune conséquence*, ils eurent la pensée de revenir à Paris, où ils auraient à la fois accusé Bonaparte, dénoncé leurs complices, invoqué l'appui du peuple. L'état dans lequel se trouva Bonaparte en sortant des cinq-cents (2), son incertitude, son découragement, le trouble de son esprit, cette défaite en quelque sorte du général en chef vinrent encore les fortifier dans leur dessein ; et quelques uns prirent en effet la fuite. Quant aux autres, c'est l'activité et le dévouement des officiers supérieurs, c'est l'audace de Lucien qui les déterminèrent à se placer sous la protection plus certaine et plus prompte des baïonnettes, à s'abandonner à la fortune du héros, qui, revenu de son effroi, accepta d'eux seuls le conseil décisif de faire évacuer la salle des cinq-cents par la force armée. Bonaparte ne s'y décida qu'à regret : il avait espéré de tout obtenir par sa présence et par ses discours ; et lorsqu'il

---

(1) Syeyès avait eu la précaution, à Saint-Cloud, de se faire déclarer en surveillance par ordre du général Bonaparte.

(2) « Il était pâle, morne, la tête un peu penchée... » (*Savary*, son *Examen de conscience sur le 18 brumaire.*)

eut échoué dans sa tentative aux cinq-cents, devant qui il se proposait de parler comme il l'avait fait devant les anciens, il était resté sans aucun projet.

Après la défaite de l'opposition républicaine, les conjurés déployèrent une prodigieuse activité (1) : leur nombre s'était accru de tous les hommes qui jusque-là avaient gardé l'expectative. Discours, rapports, proclamations, projets, tout s'improvise. On convient de suivre les formes : un représentant est chargé de la proposition aux cinq-cents; une commission sera nommée, dont on choisit les membres d'avance; cette commission motivera, approuvera, et les conseils adopteront. Pour remplir tel article, qui doit contenir une liste de proscription, des représentans dénoncent leurs collègues; ils les inscrivent eux-mêmes : toutefois la liste n'est pas encore assez nombreuse; on décide qu'elle sera grossie pendant la délibération : la vue des conseils assemblés aidera à la mémoire des proscripteurs (2). Un roman calomnieux est conçu, applaudi, adopté ; tous conviennent qu'ils ont vu *les stylets*; tous attesteront que le *brave Thomé* (3) a sauvé

(1) Dans l'attitude de *vainqueurs* qu'ils avaient prise, les conjurés n'étaient pas seulement ridicules; ils étaient cruels. Voici un trait que nous fournit l'ouvrage déjà cité de Savary : « J'avais besoin de prendre quelque chose pour me soutenir; je me rendis avec un de mes collègues chez un restaurateur. Nous revenions à notre poste... Le premier individu (Réal) que je rencontrai était un de ces êtres toujours prêts à se vendre pour de l'argent. Je m'empresse de lui demander ce qui se passe; il me répond en riant : *La farce est jouée!*

(2) Un des principaux conjurés voulait que vingt-deux membres des cinq-cents fussent traduits devant une commission militaire. Bonaparte rejeta cette proposition avec horreur. Lorsque plus tard il eut annulé la liste de déportation, et même admis dans son intimité quelques-uns des proscrits, ceux-ci lui reprochèrent la calomnie qu'il avait employée contre eux : — Oublions tout cela, dit-il; il fallait emporter la journée. Et si j'avais écouté *** ; le prêtre voulait du sang! —

(3) « Le sous-officier de la garde dont j'ai déjà parlé vint me faire part le lendemain, ou deux jours après, qu'un de ses camarades, qui se trouvait à Saint-Cloud, venait d'éprouver un de ces coups de la fortune auquel il ne s'attendait pas. Il racontait, d'une manière fort plaisante, qu'il avait été mandé chez le général; que là il avait appris qu'il avait sauvé la vie au général en recevant le coup de poignard qui lui était destiné, qu'il méritait une récompense; que madame Bonaparte lui avait d'abord fait le cadeau d'une belle bague; qu'on allait lui donner une pension; qu'il serait fait officier, et qu'il fallait qu'il se disposât

18 ET 19 BRUMAIRE AN VIII (1799).

Bonaparte du *poignard d'Arena* (1). Enfin les rôles sont partagés, et les séances s'ouvrent.

Le *conseil des cinq-cents* se compose de vingt-cinq ou trente membres seulement. Aux anciens, qui sont en nombre suffisant pour délibérer, la loi proposée n'est votée que par la minorité.

Ainsi s'exécuta le passage de la Constitution de l'an III au consulat de Bonaparte. Le 18 brumaire a été nommé une *journée de dupes* ; et les conjurés ont admis cette qualification. Les républicains ont pu lui en donner une autre. Voici comment s'explique sur ce point un des principaux conjurés, Cornet (2) :

« Cette journée du 18 brumaire fut une *journée de dupes*, en ce sens que le pouvoir passa dans des mains qu'on n'avait pas assez redoutées. Le général affirmait qu'il ne voulait être que l'exécuteur des volontés des représentans de la nation et du gouvernement qu'ils établiraient. Les uns croyaient la révolution monarchique et royale ; en effet, la Constitution de l'an III avait préparé les voies pour un gouvernement constitutionnel. Les autres rêvaient une république à la romaine, et songeaient à ramener sur la scène du monde des consuls, un sénat, un tribunat. Mais Bonaparte n'a jamais connu et entendu que le pouvoir absolu. Toute sa famille avait les mêmes vues ; cela ne pouvait être autrement. Tous les hommes que le premier consul a associés à son pouvoir ne pouvaient prospérer qu'à l'aide de sa toute-puissance : aussi l'ont-ils tous secondé ; les honneurs et les richesses ont été le prix de leur asservissement extérieur. » (Au 4 nivose de l'an VIII, Cornet était *sénateur*.)

à partir... Il ajoutait en riant qu'il était fort heureux pour lui d'avoir déchiré la manche de son habit, en passant auprès d'une porte.

» Si quelqu'un doute de ce récit, je peux le faire répéter par celui qui me l'a rapporté. Je n'ai point de relations avec lui, mais je sais qu'il existe ; cela suffit. Il est des faits qui ne s'échappent point de la mémoire. »

(*Extrait de l'ouvrage de Savary*, 1819.)

(1) Quand Bonaparte s'est présenté aux cinq-cents, Aréna se trouvait, et il est resté, à une extrémité tout opposée de la salle.

(2) *Notice historique sur le 18 brumaire*, par le comte de Cornet, pair de France. Paris, 1819.

CONSEIL DES CINQ-CENTS. — *Seconde séance du 19 brumaire an* VIII, *tenue dans l'Orangerie du château de Saint-Cloud.* — Président, LUCIEN BONAPARTE.

Il est neuf heures du soir. Trente membres à peine sont présens. Un message est fait aux anciens pour les informer que le conseil est en séance. Le président prend ensuite la parole.

Discours de Lucien Bonaparte.

« Représentans du peuple, la République, mal gouvernée, tiraillée dans tous les sens, minée par l'affreux épuisement des finances, croule de toutes parts! Point de confiance, et dès lors point de ressources; ni force ni ensemble dans le gouvernement, et dès lors l'incertitude, et la guerre intestine se rallumant partout; point de garantie pour les puissances étrangères, et dès lors point d'espérance d'arriver à la paix!

» Tous les cœurs des bons citoyens sentaient le mal; tous les vœux appelaient le remède. La sagesse du conseil des anciens s'est éveillée; mais, les yeux encore fixés sur les dernières tentatives d'une faction exécrable, le conseil des anciens a transféré hors de Paris la résidence du corps législatif.

» C'est nous maintenant qui avons l'initiative; nous seuls devons proposer les remèdes à la dissolution générale qui nous menace. Le peuple et l'armée nous regardent. Pourrions-nous craindre de sonder la plaie? Pourrions-nous, par une lâche pusillanimité, changer en indignation l'allégresse publique?

» Entraînés par le torrent de l'opinion, quelques membres du directoire ont déposé leur puissance; d'autres les ont imités, persuadés que la cause de tous nos maux est dans la mauvaise organisation du système politique. Il n'y a plus de directoire exécutif.

» L'expérience comme la raison prouvent que l'organisation actuelle de la Constitution est aussi vicieuse que ses bases sont augustes. Cette organisation incohérente nécessite chaque année une secousse politique, et ce n'est pas pour avoir tous les ans des secousses que les peuples se donnent des constitutions.

» Le sentiment national universel attribue tous les malheurs de la patrie aux vices de la nôtre. Placés dans la position où nous sommes, à l'abri des factions, nous n'avons point d'excuse si nous ne faisons pas le bien : si nous oublions aujourd'hui que le salut du peuple est la suprême loi, si nous ne prêtons pas un prompt appui à l'édifice politique, qui s'écroule, nous nous chargeons de l'exécration justement méritée du siècle présent et des siècles futurs.

» Il existe des principes constitutionnels : nous voulons tous maintenir ces principes; mais il n'existe plus d'organisation constitutionnelle, car celle qui existe a été violée tour à tour par tous les partis. On peut en imposer par des mots vides de sens aux peuples ignorants et crédules, mais on ne peut en imposer au peuple le plus instruit et le plus impatient de la terre. Croyez-vous qu'il ignore que cette organisation, qui ne lui a garanti aucun de ses droits tant promis, et dont tant de mains ont arraché les pages à peine écrites, n'est plus qu'une arme offensive ou défensive dont chaque faction se prévaut tour à tour? Et s'il est vrai qu'aucun droit ne soit garanti par elle, devons-nous tarder à la modifier? Et si nous tardions, pouvons-nous douter que les fauteurs des dangers de la patrie ne ressaisissent à la première occasion le moment que nous aurons laissé échapper?

» Telle est la question que j'adresse à chacun de mes collègues. Méditons, et prononçons ensuite, dans toute la liberté de notre âme, sur la situation de la patrie.

» Cet ancien palais des rois où nous siégeons dans cette nuit solennelle atteste que la puissance n'est rien, et que la gloire est tout. Si nous sommes indignes aujourd'hui du premier peuple de la terre; si, par des considérations pusillanimes et déplacées, nous ne changeons pas l'affreux état où il se trouve; si nous trompons ses espérances, dès aujourd'hui nous perdons notre gloire, et nous ne garderons pas long-temps notre puissance :

lorsque la mesure des maux se comble, l'indignation des peuples s'approche.

» J'ai cru, représentans du peuple, pouvoir vous tenir ce langage : de vos délibérations dépendent la prospérité publique et la paix. Vous devez oublier tous les liens factices, et ne vous ressouvenir que du bonheur du peuple français, dont vous êtes chargés. Je livre à vos méditations profondes les idées que je viens d'émettre. »

Proposition faite par Bérenger.

« Représentans du peuple, les ennemis du peuple ont commis leur dernier attentat ! Les poignards levés sur Bonaparte menaçaient le corps législatif, la nation et les armées. La mort du héros citoyen qui en Europe, en Asie, en Afrique, a conduit nos défenseurs de victoire en victoire, avec qui les soldats français ont acquis à notre patrie le titre de *grande nation*, eût été le signal de la vôtre. Elle livrait la France à ses bourreaux, ouvrait ses frontières à la coalition, allumait la guerre civile, et préparait l'anéantissement du nom français ! Tel a été le projet des démagogues ; telles étaient nos destinées si le génie de la France n'eût enchaîné la fureur des assassins. Il fallait aujourd'hui périr ou vaincre avec le peuple. Nous avons vaincu ses plus cruels ennemis. Gloire et reconnaissance à Bonaparte ! aux généraux, à l'armée, qui ont délivré le corps législatif de ses tyrans, et sauvé la liberté publique sans verser une goutte de sang ! C'est aujourd'hui que l'humanité triomphe, et que le règne de la justice a commencé ; il ne finira jamais : elle sera terrible aux méchants, tutélaire pour les faibles, égale pour tous les citoyens. La journée du 19 brumaire est celle du peuple souverain, de l'égalité, de la liberté, du bonheur et de la paix ; elle terminera la révolution, et fondera la République, qui n'existait encore que dans le cœur des républicains. »

Bérenger propose et le conseil adopte par acclamation la résolution suivante :

« Le conseil des cinq-cents, considérant que le général Bona-

» parté, les généraux et l'armée sous ses ordres ont sauvé la ma-
» jorité du corps législatif et la République, attaquées par une
» minorité composée d'assassins ;

» Considérant qu'il est instant de leur témoigner la reconnais-
» sance nationale ;

» Déclare qu'il y a urgence.

» Le conseil, après avoir déclaré l'urgence, prend la résolution
» suivante :

» Art. 1er. Le général Bonaparte, les généraux Lefebvre,
» Murat, Gardanne, les autres officiers généraux et particuliers
» dont les noms seront proclamés ; les grenadiers du corps légis-
» latif et du directoire exécutif ; les sixième, soixante-dix-neu-
» vième, quatre-vingt-seizième de ligne ; les huitième et neu-
» vième de dragons ; le vingt-unième de chasseurs à cheval, et
» les grenadiers qui ont couvert le général Bonaparte de leur
» corps et de leurs armes, ont bien mérité de la patrie.

» 2. La présente sera imprimée ; elle sera envoyée aux armées,
» et portée au conseil des anciens par un messager d'état. »

Proposition faite par Chazal.

« Citoyens représentans, il ne suffit pas d'avoir vaincu ; il faut
savoir profiter de la victoire, pour se dispenser de vaincre encore.
Je viens vous proposer des mesures dont la situation de la République prouve l'urgence, et ce qui s'est passé depuis un an, ce
qui s'est passé surtout aujourd'hui, l'indispensable nécessité.
Agissons. Voici les mesures ; j'en demande le renvoi à une commission spéciale :

« Le conseil des cinq-cents, considérant la situation de la Ré-
» publique, déclare l'urgence, et prend la résolution suivante :

» Art. 1er. Il n'y a plus de directoire, et ne sont plus mem-
» bres de la représentation nationale, pour les excès et les atten-
» tats auxquels ils se sont constamment portés, et notamment le
» plus grand nombre d'entre eux dans la séance de ce matin, les
» individus ci-après nommés. »

(Ici Chazal s'arrête, et, prenant l'accent d'une douloureuse conviction, il dit : « Vous en dresserez la liste ! » puis il continue la lecture de son projet.)

« 2. Le corps législatif crée provisoirement une commission
» consulaire exécutive, composée des citoyens Siéyès, Roger-
» Ducos, ex-directeurs, et Bonaparte, général, qui porteront
» le nom de *consuls de la République française.*

» 3. Cette commission est investie de la plénitude du pouvoir
» directorial, et spécialement chargée d'organiser l'ordre dans
» toutes les parties de l'administration, de rétablir la tranquillité
» intérieure, et de procurer une paix honorable et solide.

» 4. Elle est autorisée à envoyer des délégués avec un pouvoir
» déterminé, et dans les limites du sien.

» 5. Le corps législatif s'ajourne au premier ventose prochain ;
» il se réunira de plein droit à cette époque à Paris, dans ses
» palais.

» 6. Pendant l'ajournement du corps législatif les membres
» ajournés conservent leur indemnité et leur garantie constitu-
» tionnelle.

» 7. Ils peuvent, sans perdre leur qualité de représentans du
» peuple, être employés comme ministres, agens diplomatiques,
» délégués de la commission consulaire exécutive, et dans toutes
» les autres fonctions civiles. Ils sont même invités, au nom du
» bien public, à les accepter.

» 8. Avant sa séparation, et séance tenante, chaque conseil
» nommera dans son sein une commission composée de vingt-cinq
» membres.

» 9. Les commissions nommées par les deux conseils statue-
» ront, avec la proposition formelle et nécessaire de la commis-
» sion consulaire exécutive, sur tous les objets urgens de police,
» de législation et de finances.

» 10. La commission des cinq-cents exercera l'initiative, la
» commission des anciens l'approbation.

» 11. Les deux commissions sont encore chargées de prépa-
» rer, dans le même ordre de travail et de concours, les chan-
» gemens à apporter aux dispositions organiques de la Con-

» stitution dont l'expérience a fait sentir les vices et les incon-
» véniens.

» 12. Ces changemens ne peuvent avoir pour but que de con-
» solider, garantir et consacrer inviolablement la souveraineté
» du peuple français, la République une et indivisible, le sys-
» tème représentatif, la division des pouvoirs, la liberté, l'éga-
» lité, la sûreté et la propriété.

» 13. La commission consulaire exécutive pourra leur présenter
» ses vues à cet égard.

» 14. Enfin les deux commissions sont chargées de préparer
» un code civil.

» 15. Elles siégeront à Paris, dans les palais du corps législa-
» tif, et elles pourront le convoquer extraordinairement pour la
» ratification de la paix, ou dans un grand danger public.

» 16. La présente sera imprimée, envoyée par des courriers
» extraordinaires dans les départemens, et solennellement pu-
» bliée et affichée dans toutes les communes de la République. »

Le conseil nomme, pour examiner ce projet, les représentans Boulay de la Meurthe, Chénier, Villetard, Jacqueminot et Chazal. La commission est invitée à faire son rapport séance tenante. En l'attendant, le président prend la parole.

Discours de Lucien Bonaparte.

« Ce matin, des assassins revêtus de la toge ont fait retentir ces voûtes des cris de la rage et des accens de la fureur! Votre courage, celui des soldats de la patrie, les ont arrêtés; à cette heure leur règne est passé. Mais achevons de peindre au monde épouvanté la hideuse physionomie de ces enfans de la terreur. Ce qui se dit dans cette nuit du 19 brumaire, au milieu de cette enceinte, sera répété par les siècles.

» Pendant que votre commission travaille au salut de la patrie, permettez-moi de vous entretenir pour la dernière fois de ceux qui avaient juré sa perte.

» Ils répètent sans cesse les maux d'attentat à la Constitution et de sermens violés... Eux qui, lorsqu'il faut donner au peuple français le bonheur et la paix, affectent tant de scrupules politiques, que faisaient-ils, que disaient-ils il y a quelques mois? Avaient-ils alors oublié leurs sermens, lorsque, conspirant dans les ténèbres et réunissant tous les élémens révolutionnaires, ils appelaient la discorde et l'épouvante dans le sein de la patrie, et qu'ils désignaient tous les hommes généreux à la proscription? Croient-ils que nous ayons oublié, que la France ait oublié ces jours de deuil où la terreur gravitait de nouveau sur l'horizon menaçant? Croient-ils que nous ayons oublié leurs projets de Convention, de comité de salut public, de carnage et d'effroi? Qu'avaient-ils fait alors de leurs sermens? Le peuple français nous écoute, et puisqu'ils osent se parer du masque de la vertu, je veux le leur arracher, et livrer à la France épouvantée ces figures hideuses, livides encore des projets de destruction anéantis par notre courage!

» Ils parlent de vertu, de Constitution, de sermens... Qu'ils répondent! je les interpelle. Qu'avaient-ils fait de leurs sermens ce jour où, dans cette caverne du Manége, oubliant leur caractère de représentans du peuple, ils allaient se mêler aux assassins pour appeler les poignards sur nos têtes? Parlaient-ils Constitution lorsqu'au milieu de leurs sicaires, ils s'écriaient qu'il fallait que le peuple se sauvât lui-même, et que nos têtes n'étaient plus populaires? Audacieux conspirateurs, ils appelaient alors à l'insurrection! et aujourd'hui, lâches caméléons, ils invoquent cette charte sur laquelle ils avaient déjà imprimé leurs mains ensanglantées!

» Ils espéraient faire déborder une seconde fois sur notre sol le torrent de leur affreuse domination, et ils ne trouvaient plus alors que la Constitution fût une digue suffisante pour les arrêter; et lorsqu'il s'agit de donner la paix et le bonheur à la France, ils trouvent que cette digue est un obstacle invincible! C'est ainsi que, changeant sans cesse de masque, leur figure est toujours la même : c'est la figure affreuse du crime, de la bassesse et de la tyrannie.

» Mais ce moment doit les démasquer tout entiers. Nous avions gardé le silence sur leurs complots fratricides parce que nous devions présumer qu'ils préféreraient la générosité à la justice; mais ils prennent, eux, la générosité pour la faiblesse, et nous devons cesser aujourd'hui d'être généreux.

» Ils parlent toujours du peuple et pour le peuple... Hé bien, je l'évoque autour de nous ce peuple répandu sur l'immense République ; que ses flots majestueux nous pressent, nous entourent ! qu'il nous écoute, et qu'il juge !

» Depuis que la Constitution existe, les démagogues ne cessent de conspirer contre elle pour lui substituer leur code de 93. Il y a quatre mois qu'ils avaient cru voir arriver le moment de la mort ; ils conspiraient tous les jours et toutes les nuits, et c'était sans doute en faveur du peuple, car ils voulaient lui rendre les inappréciables bienfaits du *maximum*, de la famine, des tribunaux révolutionnaires, des échafauds, et tant d'autres lois qu'ils appelaient *bonheur commun !*... La patrie fut en proie un instant aux ennemis étrangers ; et, comme s'ils avaient attendu le signal, ils s'élancèrent aussi en vautours sur la patrie, et ils crurent pouvoir accomplir leurs projets. Voulaient-ils alors la Constitution de l'an III, ces sénateurs intègres qui montrent tant de zèle aujourd'hui ? La voulaient-ils lorsque des hordes d'assassins, ramassées par leurs ordres autour de nos palais, préludaient à notre assassinat par les injures ? Les voix féroces de leurs frères demandaient notre sang ; et lorsqu'on nous offrait d'une main le poignard, de l'autre on leur offrait le sceptre de plomb. Eux observaient, écoutaient avec complaisance ces hommes bourreaux, ces femmes furies qui souriaient à leurs sourires ; ils traversaient leurs rangs d'un air calme et d'un pas lent, comme le triomphateur qui savoure à longs traits les cris de l'allégresse publique ; ils montraient leurs cartes à ces groupes infernaux, et ils étaient salués du titre de représentans fidèles !... Oui, ils étaient fidèles à l'assassinat et au brigandage... Et aujourd'hui ils osent parler principes ! Ils ont perdu le droit de le faire. Ils sont condamnés au silence et à l'exécration. Il est passé le temps de l'indulgence et de la faiblesse, et les hommes de bien ont enfin senti que la guerre civile même serait préférable à l'infamie de leur joug !

» Mais vous, pères de la patrie, vous qui voulez donner à la

France le bonheur et la paix, vous êtes enfin séparés de ces hommes, et leur petit nombre doit les épouvanter autant que la multitude de leurs crimes ! Leur groupe affreux est livré à la contemplation du public, à l'animadversion des guerriers, à l'horreur du monde.

» La France, les armées, l'Europe, l'Afrique et l'Asie nous contemplent. Si nous étions faibles aujourd'hui, nous serions les plus lâches des hommes. Quant à moi, j'ai rougi de porter plus longtemps la toge lorsque les clameurs et les poignards de quelques factieux étouffaient dans cette enceinte les cris de trente millions d'hommes qui demandent la paix ; je rougirais encore de l'avoir reprise si, délivrés du joug des démagogues assassins, vous pouviez, dans cette séance décisive, reculer devant le salut de la patrie. *Vive la République!* »

Rapport de la commission chargée d'examiner le projet présenté par Chazal, fait par Boulay de la Meurthe.

« Représentans du peuple, il y a quelque temps que, célébrant à cette tribune les victoires des armées de la République, je disais que bientôt elles nous mettraient dans « l'heureuse position
» de faire une paix glorieuse et durable. » J'ajoutais que, soi-
« gnant sans relâche le bonheur domestique de la nation (ob-
» jet unique de la révolution), il fallait que nous assurassions ce
» bonheur en donnant au gouvernement une assiette fixe et vrai-
» ment constitutionnelle, en établissant un système convenable
» et permanent de finances et d'administration, en réalisant enfin
» parmi nous les avantages de la liberté publique et particulière. »

» C'est pour remplir cette tâche honorable, qui est le but principal de notre mission, que le mouvement qui vient de s'opérer avait été concerté. Il était dans le vœu de ceux qui l'ont entrepris qu'il se fît uniquement par la force constitutionnelle et morale ; et c'est ainsi qu'il s'est effectué au conseil des anciens. Mais la démence et les fureurs de la faction démagogique, qui nous a constamment tourmentés depuis long-temps, n'ont pas permis qu'il en fût de même dans notre sein. Elle s'est opposée à toute espèce de délibération ; elle a tyrannisé l'assemblée ; elle a forcé la majorité saine et bien intentionnée à sortir de cette enceinte ; elle a fini par dissoudre le conseil et par le changer en rassemblement inconstitutionnel et séditieux ; et nous tombions dans toutes les horreurs de la guerre civile, sans la fermeté prévoyante et nécessaire de celui que la loi avait investi du droit de faire régner l'ordre dans ce grand mouvement.

» Ainsi, maintenant que nous sommes dégagés de la tyrannie de cette faction, nous pouvons réfléchir avec calme sur notre position, et chercher les moyens de sauver la République expirante. Pour y réussir nous avons de grands moyens sans doute, mais il nous reste aussi de grands obstacles à vaincre, et pour les vaincre il faut commencer par les bien connaître. Après les avoir étudiés soigneusement, j'avoue qu'ils m'ont paru tels que si nous manquions de bon sens pour les apercevoir, de franchise pour les dire, et de courage pour les surmonter, il n'y aurait pour nous aucun espoir fondé de paix et de bonheur.

» Qu'avant l'établissement du gouvernement constitutionnel la paix ne se soit pas faite, on le conçoit facilement ; il n'y avait alors qu'un gouvernement qui se qualifiait lui-même de révolutionnaire, et qui, n'étant que la domination de quelques hommes qui étaient bientôt renversés par d'autres, ne présentait, par conséquent, aucune fixité de principes et de vues, aucune garantie assurée, soit du côté des choses, soit du côté des personnes.

» Il semble que cette garantie et cette fixité auraient dû exister depuis l'établissement et par l'effet du régime constitutionnel ; et cependant il n'y en a pas eu davantage, et peut-être moins qu'auparavant. A la vérité, nous avons fait quelques traités partiels, nous avons signé la paix continentale, un congrès général a eu lieu pour la consolider ; mais ces traités, ces conférences diplomatiques paraissent avoir été la source d'une nouvelle guerre plus acharnée et plus sanglante.

» On peut en assigner comme causes la mauvaise foi de nos ennemis, les passions et les fausses vues de quelques hommes qui n'ont que trop abusé du pouvoir dont ils jouissaient dans la

République. Mais ces causes sont-elles les seules, sont-elles même les plus décisives ? Je crois pouvoir en douter. Ne doit-on pas assigner aussi le défaut d'une diplomatie sage, constante et vraiment républicaine ? La nation française n'est-elle pas assez grande, assez forte, assez victorieuse pour dire aux autres puissances : Voilà mes justes droits ; je vous ai prouvé que tous vos efforts étaient impuissans pour y porter atteinte, que dans cette lutte les risques n'étaient pas aussi grands de mon côté que du vôtre, et qu'ainsi la paix était autant dans votre intérêt que dans le mien...

» Si d'un côté la nation est assez puissante pour tenir ce langage, de l'autre n'est-elle pas assez éclairée sur son véritable intérêt pour leur dire : Je me borne à la jouissance de ces justes droits, que je tiens de la nature et de mon courage ; respectez-les, je saurai respecter les vôtres. Soumettons-nous à l'empire de ce droit naturel qui devrait toujours lier les peuples, et ne prétendons à aucune autre influence qu'à celle que donne la supériorité de sagesse et d'industrie...

» Si jamais une nation a pu tenir ce langage, et fonder sur de pareilles bases ses rapports avec les autres peuples, c'est assurément la nation française. Mais quand, dans l'état actuel de son organisation politique, on voudrait établir une pareille diplomatie, et stipuler des traités de paix, quelle en serait la garantie ? Avant le 18 fructidor de l'an v, le gouvernement français ne présentait au-dehors qu'une existence incertaine, et on refusait de traiter avec lui. Après ce grand événement tous les pouvoirs ayant été réunis dans le bassin directorial, le corps législatif fut comme non existant ; les traités de paix furent bientôt rompus, et la guerre portée partout sans qu'il y eût aucune part. Le même directoire, après avoir effrayé toute l'Europe, et détruit à son gré beaucoup de gouvernemens, n'ayant su faire ni la paix ni la guerre, n'ayant pas su s'affermir lui-même, a été renversé d'un souffle au 30 prairial, pour faire place à d'autres hommes qui peuvent avoir des vues différentes ou être soumis à une influence opposée.

» Ainsi, à ne juger que sur les faits notoires, le gouvernement français doit être considéré comme n'ayant rien de fixe, ni du côté des hommes ni du côté des choses ; et malheureusement, quand on examine cette partie de son organisation, il est évident qu'elle donne un trop libre cours aux volontés et aux passions particulières, qu'elle favorise trop le changement de système, et le triomphe éphémère et successif de toutes les factions.

» Si, par le défaut d'une diplomatie convenable et d'une marche assurée et permanente dans le gouvernement à l'égard des autres peuples, il est difficile de stipuler la paix, et plus difficile encore de la conserver ; si à cet égard il nous manque des lois organiques qui établissent un système de garantie, où est aussi pour le peuple la garantie de son bonheur domestique ? Ce bonheur consiste dans le libre exercice de ses facultés naturelles et acquises, dans la jouissance assurée de sa personne, de sa propriété, des plaisirs de son choix ; il consiste en un mot dans la liberté civile, pour laquelle seule les hommes se réunissent et restent en société, pour laquelle seule ils établissent un gouvernement et des lois, et s'y soumettent volontairement. Or les citoyens français jouissent-ils de cette liberté civile, et leur est-elle suffisamment garantie ? Non : il n'est personne qui osât l'affirmer. Il est trop notoire en effet que la sûreté personnelle peut être facilement compromise, que la plupart des propriétés sont dans l'incertitude, que les transactions, le commerce, tous les arts nécessaires et utiles, sont dans un état de stagnation ; qu'il n'y a plus de confiance réciproque, et que partout le peuple est tourmenté dans tous les sens : et tel est l'excès de son malheur, qu'il ose se plaindre à peine, et que les hommes qui voient les causes de tant de maux craignent de les faire connaître et d'indiquer les remèdes !

» Quelle est la cause principale de ce défaut de liberté civile et de bonheur domestique ? Elle est encore dans les imperfections et les vices de notre organisation sociale ; et certes ce serait mal raisonner que de la chercher ailleurs, car, le gouvernement n'étant institué que pour les gouvernés, et la liberté publique n'étant que le moyen d'assurer la liberté particulière, il est clair que si celle-ci n'existe pas, s'il y a souffrance dans la masse des gouvernés, cela vient de ce que le moyen est imparfait, de ce que l'organisation et le développement des pouvoirs publics sont vicieux. Parcourons en effet les branches principales de notre régime politique ; partout nous y trouverons des défauts essentiels, et surtout le défaut de garantie suffisante.

» Le peuple est reconnu souverain ; mais comment exerce-t-il cette souveraineté ? Il ne l'exerce lui-même qu'en choisissant les objets de sa confiance ; encore n'est-ce que par des intermédiaires qu'il choisit ses principaux magistrats et ses représentans. Or l'exercice de ce droit unique, qu'il s'est réservé, lui est-il suffisamment garanti ? Il est difficile de le croire si on en juge d'après les faits, puisque les élections du peuple n'ont presque jamais eu lieu que sous l'influence tyrannique d'une faction, et que ses choix ont été rarement respectés, et qu'en outre, quand on considère les lois existantes à cet égard, on ne voit pas comment on pourrait jamais empêcher un parti dominant de se porter à ce coupable attentat.

» Si de l'examen des droits politiques nous passons à celui des pouvoirs publics, nous voyons que la Constitution en a établi trois principaux, qu'elle a déclarés indépendans, et dont elle a réglé les attributions respectives ; mais cette indépendance est-elle bien assurée, et les limites de ces attributions suffisamment déterminées ? La distinction entre la loi, qui est l'ouvrage du corps législatif ; les actes exécutifs et administratifs, qui ne peuvent émaner que du directoire ou de ses agens, et les jugemens, qui forment le domaine exclusif du pouvoir judiciaire, cette distinction est-elle établie avec assez de précision ? Certes il est permis d'en douter, et surtout à la vue de nos actes, dont la plupart paraissent plutôt administratifs ou judiciaires que de véritables lois. Et d'ailleurs, quand la ligne de démarcation serait clairement tracée, si le corps législatif voulait la franchir, on ne voit pas quel frein pourrait l'en empêcher. Lui seul a le droit d'interpréter la Constitution ; lui seul est juge de la compétence entre lui et les autres pouvoirs ; lui seul a le droit d'en poursuivre les dépositaires comme coupables de forfaiture : l'indépendance n'est donc pas réciproque, ou du moins elle n'est pas assez fortement garantie.

» On parle de gouvernement, et on n'est pas même d'accord sur le sens constitutionnel de ce mot. Quand on recueille les diverses idées qu'on y attache, on n'y voit qu'incertitude, embarras, contradiction. Que si on veut le prendre dans le sens le plus étendu, et comme embrassant l'action du pouvoir législatif et celle du pouvoir exécutif, loin que ces deux actions marchent de concert vers le même but, elles sont au contraire dans une opposition constante, offrant le spectacle de deux ennemis acharnés qui se combattent sans cesse et s'écrasent tour à tour ; si on ajoute à cela le fréquent renouvellement de ces deux autorités, et la manière dont elles sont renouvelées, on ne peut apercevoir dans cette prétendue organisation qu'un mélange de parties incohérentes, source féconde et éternelle de confusions, de troubles et de malheurs, soit pour les gouvernans, soit pour les gouvernés.

» Si nous considérons plus particulièrement le pouvoir exécutif, nous voyons que les dépositaires en sont responsables ; mais rien de moins organisé que cette responsabilité. Si celle des agens du directoire ne peut être poursuivie que par lui, n'est-elle pas illusoire? Si elle peut l'être sans lui, ne cessent-ils pas de lui être soumis? Quant au directoire lui-même, quelle est sa garantie contre une faction injuste et violente qui a la majorité dans le corps législatif? Il ne peut en trouver que dans l'insurrection : et d'un autre côté, lors même que la poursuite est bien fondée, n'aura-t-il pas encore recours pour s'y soustraire à cette ressource de l'insurrection? Et quand on fait attention à ses moyens de séduction, à l'ascendant qu'il peut acquérir sur la force armée, n'est-on pas frappé de l'immense danger qui résulte pour la chose publique de l'exercice de cette responsabilité ?

» Si nous envisageons ensuite l'action immédiate du pouvoir exécutif sur le peuple, ou, en d'autres termes, si nous examinons notre système administratif, qu'y voyons-nous? Rien de fixe et de régulier, ni du côté des hommes, ni du côté des choses. Les administrateurs changent sans cesse au gré des partis tour à tour dominans. Et de quoi sont-ils occupés? Est-ce du bien-être des administrés? Non, mais du soin de consolider la domination de leur parti sur les ruines du parti opposé, et d'assurer leur influence sur les élections. Il y a sans doute à cela d'honorables exceptions; mais voilà ce qui depuis trop longtemps est habituel et général.

» Au reste, qu'on examine toutes les parties du service public; en est-il une seule qui soit organisée, qui ait une marche régulière et constante? Non; tout est dans le chaos, et tous nos efforts pour en sortir n'ont abouti et ne pouvaient peut-être aboutir qu'à nous y plonger davantage. Est-il donc étonnant qu'il n'y ait en France ni liberté publique ni liberté particulière, que tout le monde y commande, et que personne n'y obéisse; en un mot, qu'il n'y ait qu'un fantôme de gouvernement?

» Voilà la cause essentielle de tous nos maux. Que faut-il donc faire pour en sortir? Il faut construire un nouvel édifice politique qui soit régulier et solide. Les bases de la Constitution ou les principes généraux sont bons : ce sont les principes de tout gouvernement républicain, la souveraineté du peuple, l'unité de la République, l'égalité des droits, la liberté, le régime représentatif ; mais l'organisation constitutionnelle arrangée sur ces bases est essentiellement vicieuse ; l'expérience l'a démontré. Il faut donc s'élever à ces principes fondamentaux, ne plus voir la Constitution que dans eux, et nos obligations que dans leur maintien. Mais vouloir tenir à la partie réglementaire de la Constitution, ce serait de notre part un respect superstitieux et funeste ; ce serait favoriser la dissolution du corps politique ; ce serait manquer à ce qu'il y a d'essentiel dans notre serment.

» Il ne faut pas craindre d'énoncer cette vérité salutaire ; elle est dans l'intérêt national, elle est avouée par tous les hommes éclairés et de bonne foi ; elle est aussi dans la conviction des démagogues qui nous tourmentent depuis si long-temps. Ils sentent comme nous que l'ordre de choses actuel ne peut plus subsister ; et toute la question entre eux et nous est de savoir si le changement sera fait par eux ou par les hommes instruits et honnêtes. Ils voudraient s'emparer du mouvement, et gouverner la France à la manière de 1793 ; au lieu que nous désirons l'établissement d'une liberté convenable, d'un plan de liberté qui s'allie avec l'ordre, et fasse naître le bonheur. Nous voulons la liberté pour tous, et ils ne la voudraient que pour eux ; nous voulons nationaliser la République, et eux ne la placer que dans leur parti. C'est une nouvelle caste nobiliaire qu'ils voudraient introduire, laquelle serait beaucoup plus insupportable que celle que nous avons détruite, en ce qu'elle ne comprendrait que la portion la plus ignorante, la plus immorale et la plus vile de la nation.

» Si l'état actuel des choses ne peut plus subsister, il faut donc le détruire, et le remplacer par un autre qui arrache la République à l'abîme où elle est sur le point d'être ensevelie. Mais ce nouvel ordre de choses peut-il être définitif? Non ; il est impossible d'en improviser un qui le soit. On ne peut trop apporter de réflexions et de maturité à sa création ; il faut par conséquent prendre le temps et les précautions nécessaires à son établissement ; il faut donc créer les instrumens qui puissent l'établir. Il faut quelque chose de provisoire et d'intermédiaire ; et c'est précisément ce que vous présente le projet qui est soumis à votre délibération. Il crée un pouvoir exécutif composé de trois hommes qui porteront le nom de *consuls*, et qui, par leur moralité, leurs talens, la gloire qui les environne, feront renaître la confiance publique, imprimeront un mouvement rapide et fort à toutes les parties de l'exécution, et prépareront avec succès une paix honorable et solide.

» Dans ce projet le corps législatif est ajourné, et laisse deux commissions qui le suppléent pour tous les objets urgens de police, de législation et de finance ; elles sont aussi chargées de préparer une nouvelle organisation constitutionnelle ; travail important, qui peut seul assurer le succès de cette journée mémorable, et préparer la liberté et le bonheur public.

» Les députés ajournés pourront recevoir toute espèce de missions du pouvoir exécutif : par là ils concourront à l'exécution du plan concerté en établissant partout l'unité d'intention et de direction.

» Telles sont les vues principales du projet qui vous est proposé : il paraît nécessaire pour arriver au résultat qui est le but du grand mouvement qui vient de s'opérer. Il faut ici, représentans du peuple, juger sainement la position de la République ; il faut vous élever à des idées grandes et politiques. C'en serait fait de la liberté si vous n'aviez pas le courage de prendre un parti généreux et magnanime. »

Au nom de la même commission, Villetard succède à Boulay. Après avoir donné une seconde lecture du projet de Chazal, il en propose l'adoption sans aucun amendement. Plusieurs autres membres se présentent encore pour l'appuyer.

Discours de Cabanis.

« Représentans du peuple, votre commission spéciale ne s'est point dissimulé sa position ; mais elle a mesuré les circonstances d'un œil ferme, et elle n'a considéré que ses devoirs.

» Le temps des ménagemens, des petites transactions, des demi-mesures est passé : elle vous devait la vérité tout entière ; elle vous l'a dite sans détour. Son mandat lui prescrivait de vous présenter des mesures efficaces : elle a foulé aux pieds toute timide considération, pour vous indiquer franchement ce qui seul lui semble capable d'assurer la liberté, d'organiser solidement la République, et de faire jouir enfin le peuple de leurs bienfaits.

» Il était du devoir de votre commission de vous rappeler le vôtre, de vous présenter un tableau fidèle de l'état où se trouve la France dans ce moment, de vous montrer avec évidence qu'elle ne peut être sauvée que par de vigoureuses déterminations de votre part.

» Votre véritable mission, citoyens représentans, est de rendre heureux ce peuple magnanime pour lequel vous stipulez :

tant qu'il n'est pas heureux, il peut se croire et il est réellement en droit d'élever la voix contre vous. Et en effet, le bonheur, qui en dernier terme est le but de tous les efforts individuels, n'est-il pas aussi celui de l'organisation sociale et des lois? Les constitutions et les législations sont-elles autre chose que des moyens pour y atteindre? moyens plus ou moins sûrs, suivant qu'ils sont plus ou moins habilement appropriés à la nature de l'homme, aux circonstances locales, à l'état des esprits. Le système républicain et la liberté elle-même ne doivent être considérés que comme des moyens de bonheur ; mais ceux-là sont indispensables, puisque hors de la République la liberté ne saurait se conserver pure, et que sans liberté il est impossible de rendre heureux des êtres qui font usage de leur raison.

» Le peuple français a-t-il dans l'état présent une véritable République? jouit-il d'une liberté réelle? goûte-t-il enfin le bonheur que l'une et l'autre doivent assurer? Chacun de vous me prévient : vous répondez unanimement : *Non*. Non, ce n'est pas une véritable République que celle où l'intérêt national et le cri de l'opinion sont incessamment foulés aux pieds par les factions dominatrices; où les intrigues peuvent agiter le peuple dans tous les sens, et tourner toute sa force contre lui-même; où toutes les extravagances et tous les crimes, qu'un gouvernement quelconque a toujours pour objet de contenir, se trouvent en quelque sorte naturellement organisés en armées redoutables, et sont continuellement à la veille de se ressaisir du pouvoir.

» Non, le peuple n'est pas libre et heureux là où des milliers de lois, produites par le désordre des événemens, tiennent la hache toujours suspendue sur toutes les têtes, ébranlent ou menacent toutes les propriétés; où les talens, les vertus, les richesses deviennent tôt ou tard des titres de proscription ; où l'industrie ne trouve presque plus d'aliment à cause de la fuite des capitaux, presque plus d'encouragement à cause de l'effroi des consommateurs ; enfin où les lois et le gouvernement lui-même sont dans un état continuel d'instabilité, qui ne présente nulle garantie solide aux citoyens, nourrit l'inquiétude et les alarmes dans toutes les imaginations.

» Si ces inconvéniens tenaient à des circonstances indépendantes des hommes, il faudrait savoir les supporter avec résignation ; mais s'ils ne sont que la suite des choses qui peuvent être changées, il faut savoir y porter remède avec courage.

» Les auteurs de la Constitution de l'an III, je me plairai toujours à le redire, ont rendu des services immortels à la liberté : ils n'ont pas seulement enchaîné pour un temps assez long les fureurs des factieux, mais ils ont fixé les incertitudes et dissipé l'effroi que le gouvernement révolutionnaire avait fait naître dans toutes les âmes ; par eux le système républicain s'est enfin réalisé, puisque c'est de ce moment que le peuple l'a vu s'allier avec une certaine tranquillité publique, sans laquelle tout gouvernement doit bientôt périr. Il faut d'ailleurs rendre justice à cette Constitution : les bases en sont excellentes, et l'on ne connaissait point encore une aussi bonne division des pouvoirs. Mais ses auteurs, que l'on devra toujours citer avec reconnaissance, et qui firent dans le temps beaucoup plus peut-être qu'on ne pouvait attendre d'eux, ont reconnu depuis eux-mêmes qu'elle renfermait des vices ; que certaines parties en étaient trop faibles, d'autres mal coordonnées avec le tout ; qu'en un mot, n'offrant pas des garanties suffisantes de sa solidité, elle encourage les factions à l'attaquer sans cesse, leur fournit même des moyens périodiques de la renverser, et force les patriotes conservateurs à la violer sans cesse eux-mêmes pour la dérober à leurs coups.

» Qu'on réponde franchement. Est-il possible en effet de jouir d'une liberté véritable, d'une sécurité constante, fondée sur la force des lois et sur l'action toujours mesurée des pouvoirs protecteurs, dans un pays où des élections annuelles mettent le peuple en état de fièvre au moins six mois sur les douze ; où la proportion des nouveaux législateurs nommés chaque année est telle que, suivant tous les calculs, leur arrivée doit faire presque nécessairement changer la majorité ; où par conséquent la législation n'a rien de fixe ; où le pouvoir exécutif a tous les moyens d'usurper, mais manque presque toujours de force pour gouverner, et maintenir la paix dans l'état ; où l'administration, la plus compliquée qui fut jamais, coûte des sommes immenses au peuple, et cela seulement pour embarrasser l'action des lois, pour fatiguer les citoyens de vaines formalités ; où le système judiciaire forme une espèce d'état dans l'état, et peut à chaque instant menacer la liberté publique sans que les jugemens en soient eux-mêmes plus indépendans ; en un mot, où toutes les causes qui produisent tout à la fois l'arbitraire et l'agitation menacent toujours le peuple et de la tyrannie, et du bouleversement ?

» Maintenant qu'on joigne à ces tableaux celui de la guerre la plus acharnée, entreprise par les despotes tremblans contre la liberté naissante d'un peuple, et l'on ne sera plus surpris de voir des besoins multipliés et subits produisant des mesures précipitées ; ces mesures entraînant une nouvelle série de désordres et de dilapidations ; les dilapidations et les désordres nécessitant en quelque sorte une suite indéfinie de mauvaises lois de finance, une foule de vexations de détail ; un système d'administration fatigant, inquisitorial, tyrannique. Il est résulté de là que l'idée de république et celle de brigandage et d'oppression se sont liées dans beaucoup de têtes, comme, du temps de Chaumette et d'Hébert, celle de philosophie se trouva confondue avec celle d'un athéisme cynique et dévastateur.

» Mais ce qui, dans la chaleur révolutionnaire, fut l'effet de la désorganisation violente de l'ancien ordre de choses n'a pu se perpétuer en partie dans le système constitutionnel que par la faiblesse ou l'incohérence des lois organiques. Si telle est en effet notre situation, et malheureusement rien n'est plus certain, comment est-il possible que le peuple recueille les bienfaits qui lui furent promis de la révolution ?

» Égalité, liberté, république, noms chéris, noms sacrés ! tous nos vœux, tous nos efforts, toutes les puissances de nos âmes vous appartiennent, sont consacrés à votre culte ; c'est pour vous que nous vivons ; c'est pour votre défense que nous sommes prêts à périr ! Mais vous serez toujours de vains mots si vous n'êtes pas garantis par un ensemble d'institutions sociales vigoureuses, si dans leur propre organisation ces institutions ne trouvent pas elles-mêmes des gages certains de leur stabilité.

» Soyons de bonne foi, représentans du peuple, il n'est aucun de nous qui, dans le fond de son cœur, ne soit persuadé que la Constitution présente des lacunes, que plusieurs de ses parties sont incohérentes, mal appropriées aux effets qu'elles doivent produire, et que de là résultent cet embarras, cette confusion et ces mouvemens irréguliers qui ont sans cesse troublé sa marche presque depuis le jour de son établissement. Et, à cet égard, il faut être juste envers ceux qui voulaient faire déclarer la patrie en danger ; ils avaient bien senti qu'en restant dans les sentiers battus nos moyens actuels sont insuffisans pour sauver la République et la liberté ; mais celui qu'ils proposaient devait anéantir infailliblement l'une et l'autre, puisqu'il ne pouvait tendre qu'à désorganiser toutes les forces, à relâcher tous les liens qui les unissent à leur centre ; tandis qu'au contraire nos efforts doivent avoir pour but de régulariser plus vigoureusement toutes ces mêmes forces, de resserrer tous ces mêmes liens, d'imprimer une plus grande énergie aux ressorts moteurs.

» Mais ce ne sont pas seulement les fonctionnaires publics ou les hommes les plus éclairés dont les regards suivent la marche des affaires avec une attention particulière ; c'est le peuple lui-même, c'est le peuple tout entier qui reconnaît et signale les vices de ses lois et de son gouvernement, qui soupire après le moment heureux où des représentans dignes de lui ne craindront pas d'y faire tous les changemens qu'exige son bonheur ; les changemens sans lesquels il ne croit pouvoir se promettre ni liberté, ni sûreté, ni protection pour son industrie, ni garantie pour ses jouissances ; sans lesquels enfin les causes de la guerre se reproduisent incessamment à ses yeux, et la paix s'enfuit toujours, au moment même où il se regarde comme le plus près de la saisir. J'entends dans ce conseil citer souvent le peuple ; mais c'est presque toujours par des hommes qui connaissent bien mal ses opinions, ses sentimens, ses vœux véritables. Je puis, j'ose le dire, en parler avec plus de connaissance de cause : je vois tous les jours la classe indigente et manouvrière ; je la vois, cette classe respectable, ou dans sa chaumière ou dans son quatrième étage, et je puis attester avec vérité que nulle part l'horreur des lois prétendues populaires ne se manifeste avec plus d'énergie ; que nulle part il ne se forme des vœux plus ardens pour le retour à un système de justice et de sécurité ; que le peuple sait bien maintenant être seul capable de faire jouir tous les citoyens de la richesse de quelques-uns, et de faire circuler l'aisance dans toutes les parties du corps social. L'état des esprits en est même au point que, si le peuple ne vous voyait prendre les moyens de faire promptement dans l'ensemble de la législation tous les changemens que son intérêt exige, le désespoir, joint aux sentimens de ses droits, que rien ne saurait plus désormais étouffer en lui, peut d'un moment à l'autre le soulever, comme en 89, d'un mouvement suivi et spontané. Mais ce mouvement, sans règle et sans but précis, ne manquerait pas de précipiter dans le même gouffre et la Constitution, et la République, et la liberté ! Il périrait bientôt sans doute le tyran qu'un aveugle enthousiasme aurait investi d'un pouvoir arbitraire ; mais c'en serait fait pour toujours de la grande nation ! A la suite de ces nouvelles crises révolutionnaires, il ne resterait plus personne pour relever l'édifice de la liberté ; et les peuples, étonnés, en contemplant nos débris, ne rappelleraient les grandes choses que nous avons opérées depuis dix ans que pour en faire tourner les derniers résultats à notre éternelle confusion.

» Non, vous ne pouvez plus balancer ; il faut que vous tiriez la République de cet état d'angoisse, ou que vous périssiez avec elle ! Il faut prendre un parti décisif, et le prendre sur-le-champ.

» En consultant les besoins du peuple, en vous élevant courageusement à la hauteur de votre mission, vous vous couvrez d'une gloire impérissable ; et, ce qui vaut mieux que la gloire, les bénédictions de tout ce peuple reconnaissant vous attendent ;

tous les heureux souvenirs qui suivent l'accomplissement du devoir vous sont promis.

» Que si, au contraire, vous veniez à méconnaître votre situation, si vous persistez à laisser les choses rouler au hasard dans cet état d'incertitude et de désordre qui nous conduit si rapidement à notre perte, la République et la liberté ne périraient pas seules, je le répète, vous péririez tous avec elles, tous infailliblement, tous couverts du mépris et de l'exécration des siècles!

» Consultez l'expérience des âges écoulés; interrogez les cendres des peuples libres; ou plutôt lisez dans l'avenir votre propre histoire, comme vous lisez dans les temps passés l'histoire des Grecs et des Romains; et que les leçons qu'elle vous donne pour ainsi dire d'avance ne soient pas perdues pour vous!

» Vous serez les dignes représentans de la grande nation! Tout l'atteste; jamais le sort de la patrie fut-il remis en des mains plus dévouées?

» Que votre destinée est belle et grande, législateurs! Il vous est réservé de donner la paix à l'Europe; de rendre notre République plus stable et plus calme que ne le fut jamais aucune monarchie; d'embellir cet état tranquille, si nécessaire au développement de tous les genres de prospérités, par l'enthousiasme des sentimens généreux que la liberté seule peut nourrir.

» L'assemblée constituante brisa les fers du peuple français, et proclama l'égalité; l'assemblée législative sapa tous les fondemens de la monarchie; la Convention nationale fonda la République: vous aurez plus fait que toutes ces assemblées immortelles; vous aurez réalisé, étendu, consolidé tous les biens qu'elles s'étaient promis de leurs efforts.

» Je ne vous ferai point l'injure de parler du sacrifice personnel et momentané que chacun de nous pourrait voir dans la détermination que votre commission vous propose; le seul effet que j'en pusse craindre c'est qu'il ne vous la fît adopter avec trop de désintéressement et de zèle: heureux du moins que ces sentimens soient ici, ce qu'ils n'ont pas été toujours à beaucoup près, d'accord avec l'intérêt national! Mais au reste nous allons tous, tous individuellement, concourir à l'affermissement définitif du système républicain : répandus parmi le peuple français, nous irons y porter l'heureuse certitude que la nation va bientôt jouir enfin du prix de tant d'efforts généreux, et qu'une paix glorieuse et durable va bientôt enrichir de tous ses dons le règne de la liberté !

» J'appuie donc la proposition de votre commission spéciale ; et je crois de mon devoir et de mon honneur de déclarer au peuple que si elle n'est pas adoptée, il ne reste à ses représentans courageux et fidèles qu'à fuir dans quelque retraite inconnue, en attendant que la ruine prochaine de la République les avertisse de chercher un asile plus sûr dans la tombe des Brutus et des Caton !

» Je me résume. Il est impossible que la Constitution de l'an III, telle qu'elle est, n'entraîne point très-rapidement la ruine de la liberté, et notre état actuel la dissolution de la nation française elle-même ; il est donc indispensable de faire des changemens à cette Constitution. Or ces changemens ne peuvent être faits, et la réorganisation exécutée, qu'au moyen d'un gouvernement provisoire ; et celui que votre commission vous propose me paraît non-seulement le meilleur, mais encore le seul possible dans les circonstances où nous nous trouvons.

» J'appuie le projet. »

Discours de Chabaud du Gard.

« Représentans du peuple, la sagesse et l'énergie du conseil des anciens a sauvé, il faut le dire, la République de son anéantissement, le corps social d'une dissolution prochaine et inévitable ; mais si l'immortelle journée du 18 brumaire n'avait aucun résultat ; si, comme celles qui la précédèrent, elle ne faisait que déplacer et replacer quelques individus ; si elle ne posait enfin la liberté sur des bases inébranlables en organisant son exercice, cette divinité des ames libérales serait perdue à jamais pour la France, pour notre patrie, qui retomberait sous le joug honteux du despotisme sacerdotal et nobiliaire, après avoir momentanément passé sous celui d'une horrible et sanglante démagogie.

» La vérité reprend ses droits ; l'espérance est dans tous les cœurs : il vous appartient, citoyens représentans, de la réaliser. Vous allez être les bienfaiteurs de l'humanité : le monde vous observe ; l'histoire et la postérité vous jugeront.

» Nul homme de bonne foi ne peut défendre l'intégrité de la Constitution de l'an III depuis les violations ouvertes et peut-être nécessaires qu'elle a souffertes au 18 fructidor, au 22 floréal et depuis.

» L'égalité, la liberté, la sûreté, la propriété n'existent que pour quelques individus, pour quelques classes de citoyens, au détriment de plusieurs autres. Il est temps qu'un tel ordre de choses cesse, et que la République une et indivisible existe *de fait* pour tous ses membres, comme elle existe *de droit*.

» Les moyens d'arriver à ce but si désirable sont tous contenus dans le projet soumis à votre discussion. Pourquoi tous les citoyens français ne peuvent-ils faire entendre leur voix dans cette enceinte ? Leurs vœux unanimes adopteraient avec transport cette mesure réparatrice des maux passés, et qui ouvre le champ aux espérances les plus libérales. Je vote pour l'adoption du projet. »

Et le projet, immédiatement mis aux voix, est adopté sans aucune réclamation. Dans la nouvelle lecture qui en est faite on ne paraît pas s'apercevoir que l'article premier est ainsi complété :

« ART. 1er. Il n'y a plus de directoire ; et ne sont plus membres de la représentation nationale, pour les excès et les attentats auxquels ils se sont constamment portés, et notamment le plus grand nombre d'entre eux dans la séance de ce matin, les individus ci-après nommés :

» Joubert de l'Hérault, Jouenne, Talot, Duplantier de la Gironde, Aréna, Garau, Quirot, Leclerc-Scheppers, Brische de l'Ourthe, Poullain-Grandprey, Bertrand du Calvados, Goupilleau de Montaigu, Daubermesnil, Marquezy, Guesdon, Grandmaison, Groscassaud-Dorimond, Frison, Dessaix, Bergasse-Laziroule, Montpellier, Constant des Bouches-du-Rhône, Briot, Destrem, Carrère-Lagarrière, Gorand, Legot, Blin, Boulay-Paty, Souilhé, Demoor, Bigonnet, Mentor, Boissier,

Bailly de la Haute-Garonne, Bouvier, Brichet, Honoré-Declerck, Housset, Gasting du Var, Laurent du Bas-Rhin, Beyts, Prudhon, Porte, Truck, Delhrel, Leyris, Doche-Delisle, Stevenotte, Jourdan de la Haute-Vienne, Lesage-Senault, Chalmel, André du Bas-Rhin, Dimartinelli, Collombel de la Meurthe, Philippe, Moreau de l'Yonne, Jourdain d'Ille-et-Vilaine, Letourneux, Citadella, Bordas. »

(Pour la suite des articles, en tout conformes au projet, *voyez* plus haut Chazal.)

Cabanis pense qu'il est nécessaire d'accompagner cette résolution d'une adresse aux Français ; il en a rédigé le projet, il le propose, et l'assemblée l'adopte.

Adresse du corps législatif au peuple français.

Du 19 brumaire an 8 de la République.

« Français, la République vient encore une fois d'échapper aux fureurs des factieux ! Vos fidèles représentans ont brisé le poignard dans ces mains parricides. Mais après avoir détourné les coups dont vous étiez immédiatement menacés, ils ont senti qu'il fallait enfin prévenir pour toujours ces éternelles agitations ; et, ne prenant conseil que de leur devoir et de leur courage, ils osent dire qu'ils se sont montrés dignes de vous.

» Français, votre liberté, toute déchirée et toute sanglante encore des atteintes du gouvernement révolutionnaire, venait de trouver un asile dans les bras d'une constitution qui lui promettait du moins quelque repos. Le besoin de ce repos était alors généralement senti ; il restait dans toutes les ames une terreur profonde des crises dont vous sortiez à peine ; votre gloire militaire pouvait effacer les plus gigantesques souvenirs de l'antiquité ; dans l'étonnement et l'admiration, les peuples de l'Europe tressaillaient de votre gloire et bénissaient secrètement le but de tous vos exploits ; vos ennemis vous demandaient la paix ; tout en un mot semblait se réunir pour vous assurer enfin la jouissance tranquille de la liberté et du bonheur ; le bonheur, et la liberté, qui peut seule le garantir solidement, semblaient enfin prêts à payer dignement tant de généreux efforts !

» Mais des hommes séditieux ont attaqué sans cesse avec audace les parties faibles de votre Constitution ; ils ont habilement saisi celles qui pouvaient prêter à des commotions nouvelles. Le régime constitutionnel n'a bientôt plus été qu'une suite de révolutions dans tous les sens, dont les différens partis se sont successivement emparé : ceux mêmes qui voulaient le plus sincèrement le maintien de cette Constitution ont été forcés de la violer à chaque instant pour l'empêcher de périr. De cet état d'instabilité du gouvernement est résultée l'instabilité plus grande encore de la législation, et les droits les plus sacrés de l'homme social ont été livrés à tous les caprices des factions et des événemens.

» Il est temps de mettre un terme à ces orages ; il est temps de donner des garanties solides à la liberté des citoyens, à la souveraineté du peuple, à l'indépendance des pouvoirs constitutionnels, à la République enfin, dont le nom n'a servi que trop souvent à consacrer la violation de tous les principes ! Il est temps que la grande nation ait un gouvernement digne d'elle, un gouvernement ferme et sage, qui puisse vous donner une prompte et solide paix, et vous faire jouir d'un bonheur véritable.

» Français, telles sont les vues qui ont dicté les énergiques déterminations du corps législatif.

» Afin d'arriver plus rapidement à la réorganisation définitive et complète de toutes les parties de l'établissement public, un gouvernement provisoire est institué ; il est revêtu d'une force suffisante pour faire respecter les lois, pour protéger les citoyens paisibles, pour comprimer tous les conspirateurs et les malveillans.

» Le royalisme ne relèvera point la tête ; les traces hideuses du gouvernement révolutionnaire seront effacées ; la République et la liberté cesseront d'être de vains noms ; une ère nouvelle commence !

» Français, ralliez-vous autour de vos magistrats ! Il ne se

ralentira point, le zèle de ceux qui ont osé concevoir pour vous
de si belles et de si grandes espérances! C'est maintenant de votre
confiance, de votre union, de votre sagesse qu'en dépend
tout le succès.

» Soldats de la liberté, vous fermerez l'oreille à toute insinuation
perfide; vous poursuivrez le cour de vos victoires; vous
achèverez la conquête de la paix, pour revenir bientôt, au milieu
de vos frères, jouir de tous les biens que vous leur aurez assurés,
et recevoir de la reconnaissance publique les honneurs et les récompenses
réservés à vos glorieux travaux!

» Vive la République! »

Ces différentes délibérations avaient été transmises sur-le-
champ au conseil des anciens, qui les renvoya presque aussitôt
revêtues de son approbation.

En conséquence de la loi qui prescrit l'établissement d'une
commission consulaire et de deux commissions législatives, le
conseil des cinq-cents, pour composer celle de ces commissions
qu'il doit former dans son sein, nomme les représentans :

Cabanis, Boulay de la Meurthe, Chazal, Lucien Bonaparte,
Chénier, Creuzé-Latouche, Bérenger, Daunou, Gaudin de la
Loire, Jacqueminot, Beauvais, Arnould de la Seine, Mathieu,
Thiessé, Villetard, Girod-Pouzol, Gourlay, Casenave, Chollet
de la Gironde, Ludot, Devinck-Thierry, Frégeville, Thibaut,
Chabaud du Gard, Barra des Ardennes.

Le conseil, avant de se séparer, mande les consuls pour recevoir
leur serment. Le président commence le discours de clôture.

Discours de Lucien Bonaparte.

« Représentans du peuple, la liberté française est née dans
le Jeu de Paume de Versailles. Depuis l'immortelle séance du
Jeu de Paume elle s'est traînée jusqu'à vous en proie tour à tour
à l'inconséquence, à la faiblesse, et aux maladies convulsives de
l'enfance.

» Elle vient aujourd'hui de prendre la robe virile. Elles sont
finies dès aujourd'hui, toutes les convulsions de la liberté! A peine

venez-vous de l'asseoir sur la confiance et l'amour des Français, et déjà le sourire de la paix et de l'abondance brille sur ses lèvres!

» Représentans du peuple, entendez les bénédictions de ce peuple et de ces armées long-temps le jouet des factions intestines, et que leurs cris pénètrent jusqu'au fond de vos âmes! Entendez aussi le cri sublime de la postérité : *Si la liberté naquit dans le Jeu de Paume de Versailles, elle fut consolidée dans l'Orangerie de Saint-Cloud; les constituans de 89 furent les pères de la révolution, mais les législateurs de l'an* VIII *furent les pères et les pacificateurs de la patrie.*

» Ce cri sublime retentit déjà dans l'Europe : chaque jour il s'accroîtra, et dans sa force universelle il embrassera bientôt les cent bouches de la renommée.

» Vous venez de créer une magistrature extraordinaire et momentanée dont les effets doivent ramener l'ordre et la victoire, seul moyen d'arriver à la paix.

» Auprès de cette magistrature vous avez placé deux commissions pour la seconder, et s'occuper de l'amélioration du système social que tous les vœux réclament.

» Dans trois mois vos consuls et vos commissaires vous rendront compte de leurs opérations : il vont travailler pour le bonheur de leurs contemporains et pour la postérité. Ils son investis de tous les pouvoirs nécessaires pour faire le bien : plus d'actes oppressifs, plus de titres ni de listes de proscription, plus d'immoralité ni de bascule! Liberté, sûreté pour tous les citoyens; garantie pour les gouvernemens étrangers qui voudront faire la paix; et quant à ceux qui voudraient continuer la guerre, s'ils ont été impuissans contre la France désorganisée, livrée à l'épuisement et au pillage, que sera-ce aujourd'hui!

» Qu'il est beau le mandat que vous avez donné aux consuls de la République! Dans peu le peuple français et vous jugerez s'ils ont su le remplir.

» Je déclare, au nom du corps législatif, que le conseil des cinq-cents est ajourné au premier ventôse dans son palais.

» A cette déclaration solennelle la présente session se termine.

Puisse la prochaine s'ouvrir avant trois mois, au milieu d'un peuple heureux, tranquille et pacifié!

» *Vive la République!* »

Ici l'on entend battre aux champs. Les trois consuls arrivent dans la salle au milieu d'un nombreux cortége; ils s'arrêtent devant le bureau. Le président reprend, debout et découvert :

» Citoyens consuls, le plus grand peuple de la terre vous confie ses destinées : dans trois mois l'opinion vous attend.

» Le bonheur de trente millions d'hommes, la tranquillité intérieure, les besoins des armées, la paix, tel est le mandat qui vous est donné. Il faut sans doute du courage et du dévouement pour se charger d'aussi importantes fonctions ; mais la confiance du peuple et des guerriers vous environne, et le corps législatif sait que vos âmes sont tout entières à la patrie.

» Citoyens consuls, nous venons, avant de nous ajourner, de prêter le serment que vous allez répéter au milieu de nous, le serment sacré de « fidélité inviolable à la souveraineté du peuple, » à la République française une et indivisible, à l'égalité, à la » liberté et au système représentatif. »

Les trois consuls répètent ce serment. Le président lève la séance, et le conseil se sépare aux cris de *vive la République!*

CONSEIL DES ANCIENS. — *Seconde séance du 19 brumaire an* VIII, *tenue dans la grande galerie du château de Saint-Cloud.* — Présidence de LEMERCIER.

Le conseil est réuni à neuf heures du soir; en attendant une communication des cinq-cents, il reprend l'ordre du jour interrompu à Paris : il délibère sur des objets d'administration et de finance.

Bientôt après il reçoit et approuve sans discussion la résolution qui déclare que le général Bonaparte, les officiers supérieurs qui l'accompagnent, et toutes les troupes, ont bien mérité de la patrie.

Le conseil reçoit ensuite, avec le projet d'adresse au peuple, la résolution qui nomme trois consuls, établit deux commissions législatives, ajourne le corps législatif, etc.

Aux voix, aux voix, s'écrie un grand nombre de membres.

Guyomard. « Tous les membres désignés pour le consulat ont ma confiance; j'ai donné mon suffrage à deux d'entre eux. Mais, et en public et en comité général, j'ai déclaré que je ne voterais pour aucune mesure qui porterait atteinte à la Constitution. Je respecterai la décision de la majorité; mais je lui dois l'expression franche de toute ma pensée.

» L'ajournement qu'on propose ne blesse pas la Constitution; mais elle défend impérieusement, article 45, que le corps législatif délègue tout ou partie de ses pouvoirs; or elle serait violée par l'établissement des commissions intermédiaires.

» Je vote contre la résolution. » — (*Aux voix, aux voix.*)

Lemoyne-Desforges. « Je n'entends pas embrasser la défense des membres que la résolution écarte du corps législatif; mais je demande qu'ils soient entendus. »

Les cris *aux voix* recommencent; ils sont poussés avec force, avec impatience même. Le président met aux voix la résolution, et le conseil l'approuve. En conséquence, est rapporté le décret rendu dans la première séance du même jour, sur la proposition de Cornudet. (*Voyez* plus haut, page 199.)

On procède immédiatement à la nomination de la commission législative intermédiaire. Les représentans désignés pour la composer sont :

Lebrun, Garat, Rousseau, Vimar, Crétet, Lemercier, Régnier, Cornudet, Porcher, Vernier, Lenoir-Laroche, Cornet, Goupil-Préfeln, Sédillez, Laloi, Fargues, Péré des Hautes-Pyrénées, Depeyre, Laussat, Chassiron, Perrin des Voges, Caillemer, Chatry-Lafosse, Herwyn, Beaupuy.

Les trois consuls sont introduits; ils prêtent le serment de fidélité à la République une et indivisible, à la liberté, à l'égalité et au système représentatif. Le président leur adresse ensuite ces paroles :

« Citoyens consuls, le conseil des anciens voit en vous les plus chères espérances de la République. Quels succès n'a-t-elle pas lieu d'attendre d'un aussi heureux ensemble de lumières, de mœurs et de patriotisme! Pour donner à tous les Français l'exemple du sentiment qui doit le plus efficacement contribuer à leur bonheur, venez recevoir du conseil des anciens, dans les embrassemens de son président, un nouveau témoignage de sa confiance, de son estime, et du désir qu'il a de concourir avec vous au salut de la patrie. *Vive la République!* »

Les consuls montent au bureau; le président, après les avoir embrassés, lève la séance, et l'ajourne au 1er ventose, à Paris. Le conseil se sépare en répétant *vive la République!*

Il est quatre heures du matin (20 brumaire). Les députés et les consuls se rendent sur-le-champ dans la capitale.

Proclamation du général en chef Bonaparte. — Du 19 brumaire, onze heures du soir.

« A mon retour à Paris j'ai trouvé la division dans toutes les autorités, et l'accord établi sur cette seule vérité que la Constitution était à moitié détruite, et ne pouvait sauver la liberté.

» Tous les partis sont venus à moi, m'ont confié leurs desseins, dévoilé leurs secrets, et m'ont demandé mon appui : j'ai refusé d'être l'homme d'un parti.

» Le conseil des anciens m'a appelé; j'ai répondu à son appel. Un plan de restauration générale avait été concerté par des hommes en qui la nation est accoutumée à voir des défenseurs de la liberté, de l'égalité, de la propriété : ce plan demandait un examen calme, libre, exempt de toute influence et de toute crainte; en conséquence le conseil des anciens a résolu la translation du corps législatif à Saint-Cloud. Il m'a chargé de la disposition de la force nécessaire à son indépendance. J'ai cru devoir à mes citoyens, aux soldats périssant dans nos armées, à la gloire nationale, acquise au prix de leur sang, d'accepter le commandement.

» Les conseils se rassemblent à Saint-Cloud; les troupes républicaines garantissent la sûreté au dehors. Mais les assassins établissent la terreur au-dedans ; plusieurs députés du conseil des cinq-cents, armés de stylets et d'armes à feu, font circuler tout autour d'eux des menaces de mort.

» Les plans qui devaient être développés sont resserrés, la majorité désorganisée, les orateurs les plus intrépides déconcertés, et l'inutilité de toute proposition sage évidente.

» Je porte mon indignation et ma douleur au conseil des anciens ; je lui demande d'assurer l'exécution de ses généreux desseins ; je lui représente les maux de la patrie, qui les lui ont fait concevoir : il s'unit à moi par de nouveaux témoignages de sa constante volonté.

» Je me présente au conseil des cinq-cents, seul, sans armes, la tête découverte, tel que les anciens m'avaient reçu et applaudi : je venais rappeler à la majorité ses volontés, et l'assurer de son pouvoir.

» Les stylets qui menaçaient les députés sont aussitôt levés sur leur libérateur ; vingt assassins se précipitent sur moi, et cherchent ma poitrine ; les grenadiers du corps législatif, que j'avais laissés à la porte de la salle, accourent, et se mettent entre les assassins et moi. L'un de ces braves grenadiers, Thomé, est frappé d'un coup de stylet dont ses habits sont percés. Ils m'enlèvent.

» Au même moment les cris de *hors la loi* se font entendre contre le défenseur *de la loi* : c'était le cri farouche des assassins contre la force destinée à les réprimer.

» Ils se pressent autour du président ; la menace à la bouche, les armes à la main, ils lui ordonnent de prononcer le *hors la loi*. On m'avertit ; je donne ordre de l'arracher à leur fureur, et six grenadiers du corps législatif s'en emparent. Aussitôt après des grenadiers du corps législatif entrent au pas de charge dans la salle et la font évacuer.

» Les factieux, intimidés, se dispersent et s'éloignent. La majorité, soustraite à leurs coups, rentre librement et paisiblement dans la salle de ses séances, entend les propositions qui devaient lui être faites pour le salut public, délibère, et prépare la résolution salutaire qui doit devenir la loi nouvelle et provisoire de la République.

» Français, vous reconnaîtrez sans doute à cette conduite le zèle d'un soldat de la liberté, d'un citoyen dévoué à la République. Les idées conservatrices, tutélaires, libérales, sont rentrées dans leurs droits par la dispersion des factieux qui opprimaient les conseils, et qui, pour être devenus les plus odieux des hommes, n'ont pas cessé d'être les plus méprisables. »

Le ministre de la police générale de la République à ses concitoyens.
— *Du 20 brumaire an* VIII.

« Citoyens, le gouvernement était trop faible pour soutenir la gloire de la République contre les ennemis extérieurs, et garantir les droits des citoyens contre les factions domestiques ; il fallait songer à lui donner de la force et de la grandeur.

» La sagesse nationale, le conseil des anciens, en a conçu la pensée, en a manifesté la volonté.

» Il a ordonné la translation du corps législatif hors de l'enceinte où trop de passions grondaient autour de lui.

» Les deux conseils allaient proposer des mesures dignes des représentans du peuple français.

» Une poignée de factieux a voulu y mettre obstacle; ils se sont livrés à une fureur que l'immense majorité des conseils a rendue impuissante.

» Cette majorité libératrice s'est réunie après la dispersion des factieux ; elle a chargé deux commissions, prises dans le sein des conseils, du dépôt de la puissance législative.

» Elle a remis l'autorité exécutive entre les mains de trois consuls, qu'elle a revêtus des mêmes pouvoirs que le directoire.

» Elle a choisi les citoyens Siéyès, Bonaparte et Roger-Ducos, et aujourd'hui ils entrent en fonctions.

» De ce moment un nouvel ordre de choses commence. Le gouvernement fut oppresseur parce qu'il fut faible ; celui qui lui succède s'impose le devoir d'être fort pour remplir celui d'être juste.

» Il appelle pour le seconder tous les amis de la République et de la liberté, *tous les Français*.

» Unissons-nous pour rendre le nom de *citoyen français* si grand, que chacun de nous, orgueilleux de le porter, oublie les désignations funestes à l'aide desquelles les factions ont préparé nos malheurs par nos divisions.

» Les consuls atteindront ce but, parce qu'ils le veulent fortement.

» Bientôt les bannières de tous les partis seront détruites; tous les Français seront ralliés sous l'étendard républicain.

» Bientôt les travaux du gouvernement assureront le triomphe de la République au-dehors par la victoire, sa prospérité au-dedans par la justice, et le bonheur du peuple par la paix.

» *Le ministre de la police*, FOUCHÉ. »

Le ministre de la justice aux administrations centrales, aux tribunaux, aux commissaires du pouvoir exécutif, etc. — Du 20 brumaire an VIII.

« Depuis long-temps, citoyens, la voix publique appelait des changemens dans les dispositions organiques de notre pacte social.

» Ces changemens se feront.

» On va préparer dans le calme de la méditation et discuter avec sagesse des codes établis sur les bases immuables de la liberté, de l'égalité des droits, et du respect dû à la propriété.

» Alors tous les cœurs se rattacheront au système représentatif, et la République recevra de la législation un éclat non moins brillant que celui qu'elle tient des triomphes de ses défenseurs.

» C'est afin de parvenir à ce but si désirable que les représentans de la nation ont décrété les mesures consacrées dans la loi du 19 de ce mois, que je vous transmets avec cette lettre.

» Recevez cette loi comme un bienfait, et secondez de tous vos moyens les efforts généreux des consuls, qui travailleront sans relâche à donner à la patrie des jours de paix et de prospérité.

» Je recommande aux administrations centrales de procéder avec pompe à la publication ordonnée, et de veiller à ce que des exemplaires en placard de la loi soient affichés dans les lieux accoutumés.

» Il me sera rendu compte de l'accomplissement de cette double formalité. Salut et fraternité. — Signé CAMBACÉRÈS. » (*Suivait la loi portant établissement d'un gouvernement provisoire.*)

Proclamation des consuls. — *Du 21 brumaire an* VIII.

« La Constitution de l'an III périssait : elle n'avait su ni garantir vos droits, ni se garantir elle-même. Des atteintes multipliées lui ravissaient sans retour le respect du peuple ; des factions haineuses et cupides se partageaient la République ; la France approchait enfin du dernier terme d'une désorganisation générale.

» Les patriotes se sont entendus. Tout ce qui pouvait vous nuire a été écarté ; tout ce qui pouvait vous servir, tout ce qui était resté pur dans la représentation nationale s'est réuni sous les bannières de la liberté.

» Français, la République, raffermie et replacée dans l'Europe au rang qu'elle n'aurait jamais dû perdre, verra se réaliser toutes les espérances des citoyens, et accomplira ses glorieuses destinées.

» Prêtez avec nous le serment que nous faisons d'être fidèles à la République une et indivisible, fondée sur l'égalité, la liberté et le système représentatif.

» Par les consuls de la République, ROGER-DUCOS, BONAPARTE, SIÉYÈS. »

Les consuls conservèrent Cambacérès au ministère *de la justice* et Fouché à *la police générale*. Ils remplacèrent, à *la guerre*, Dubois-Crancé par Alexandre Berthier ; à *l'intérieur*, Quinette par Laplace ; aux *finances*, Robert Lindet par Gaudin ; aux *relations extérieures*, Reinhart par Talleyrand ; à la *marine*, Bourdon-Vatry par Forfait.

Nous terminerons l'histoire du 18 brumaire, par un document inédit qui nous a été transmis par M. Delbrel.

Notice historique sur les causes qui amenèrent et produisirent la révolution des 18 et 19 brumaire an VIII.—Par Delbrel, membre du conseil des cinq-cents, ex-conventionnel.

Les débats étaient ouverts dans la Convention nationale, sur le projet de constitution qui fut définitivement adopté par elle le 5 fructidor an III.

Pendant la discussion et dans la séance du 2 thermidor, Siéyès, à la suite d'un long discours, proposa les quatre articles suivans :

« ART. 1er. Il y aura, sous le nom de tribunat, un corps de représentans au nombre de trois fois celui des départemens, avec mission spéciale de veiller aux besoins du peuple et de proposer à la législature toute loi, réglement ou mesure qu'il jugera utile. Ses assemblées seront publiques.

» 2. Il y aura, sous le nom de gouvernement, un corps de représentans au nombre de sept, avec mission spéciale de veiller aux besoins du peuple et à ceux de l'exécution de la loi, et de proposer à la législature toute loi, réglement ou mesure qu'il jugera utile. Les assemblées ne seront pas publiques.

» 3. Il y aura, sous le nom de législature, un corps de représentans au nombre de neuf fois celui des départemens avec mission spéciale de juger et prononcer sur les propositions du tribunat et sur celles du gouvernement: Les jugemens, avant la promulgation, porteront le nom de décret.

» 4. Il y aura, sous le nom de jury constitutionnaire, un corps de représentans, au nombre des trois vingtièmes de la législature, avec mission spéciale de juger et de prononcer sur les plaintes en violation de la Constitution, qui seraient portées contre les décret de la législature. »

Après la lecture de ces quatre articles, Siéyès ajouta :

« Si ces quatre articles étaient adoptés, il deviendrait aisé de les compléter pour la nomination, les fonctions, le renouvellement, etc., etc., et d'en ajouter quelques autres au titre de l'exécution de la loi.

Ces propositions furent discutées et rejetées.

Au moment où le président, après avoir consulté l'assemblée, prononça le rejet, le dépit et le mécontentement de Siéyès se manifestèrent ouvertement. Un député qui siégeait près de moi me les fit remarquer et me dit : « Ce faiseur d'utopie est tellement orgueilleux, tellement tenace dans ses idées, que si, d'un projet par lui présenté, on retranchait une *virgule*, il n'hésiterait pas, s'il en avait l'occasion et les moyens, à faire une *révolution* pour faire rétablir la *virgule*. »

Le 10 brumaire suivant, Siéyès fut nommé membre du directoire exécutif. Le lendemain il adressa au conseil des cinq-cents une lettre conçue en ces termes :

« Quelle que soit ma sensible reconnaissance pour la marque
» de confiance que m'a donnée le conseil des anciens, je n'y ferai
» d'autre réponse que celle que j'ai déjà faite aux membres du
» corps législatif qui m'avaient annoncé qu'il me porterait au di-
» rectoire exécutif, *je n'accepterai pas*. Ma détermination a été
» prise avec toute la maturité dont je suis capable. Il m'est im-
» possible de croire qu'un homme qui, depuis le commencement
» de la révolution, a été en butte à tous les partis, puisse réunir
» la confiance ; ma véritable place est dans le conseil des cinq-
» cents où le choix de mes concitoyens m'a appelé, et j'y reste. »

On voit que cette démission fut l'épanchement d'un cœur ulcéré. Par ce refus Siéyès crut et voulut se venger de l'humiliation qu'il avait subie, le 2 thermidor an III, par le rejet de ses propositions constitutionnelles.

On dira peut-être que si le député Siéyès persistait encore alors dans l'intention de faire adopter et prévaloir ses idées, il aurait dû accepter la position qu'on lui offrait, qui lui donnait une haute influence pour l'accomplissement de ses desseins et de son système ; mais Siéyès jugea fort bien que les circonstances n'étaient pas favorables et qu'il aurait échoué dans son entreprise, par la résistance que lui aurait opposée les cinq-cents ex-conventionnels, qui, en vertu des décrets des 5 et 13 fructidor an III, devaient faire partie du nouveau corps législatif.

En l'an VII les circonstances n'étaient plus les mêmes, les mêmes difficultés n'existaient plus. Les armées de la République avaient éprouvé des revers, par suite de la mauvaise administration du directoire exécutif qui, après avoir fait le coup d'état du 18 fructidor an V, abusa de l'ascendant que cette journée lui donna sur les deux conseils législatifs. D'ailleurs, en l'an VII, les ex-conventionnels, auteurs et fondateurs de la Constitution de l'an III, n'étaient plus qu'en petit nombre dans les deux conseils législatifs.

Ces considérations durent déterminer Siéyès à accepter en l'an VII le fauteuil directorial qu'il avait refusé en l'an IV. Il était alors à Berlin ambassadeur près le roi de Prusse. Il accepta sa nomination, revint en toute hâte, et fut installé, le 20 prairial, en remplacement de Rewbell qui était sorti du directoire par la voie du sort.

Le 28 du même mois la nomination de Treilhard fut déclarée nulle : il fut remplacé par Gohier. La crise des 28, 29 et 30 prairial an VII, dont Lucien Bonaparte avait été le principal acteur et provocateur, avait forcé les directeurs Merlin et Lareveillère-Lépaux a donner leur démission. Ils furent remplacés par Roger-Ducos et le général Moulin.

Le lendemain, 1er messidor an VII la présidence du directoire fut déférée à Siéyès par ses collègues. Dans ce poste éminent, et entouré d'hommes auxquels il se croyait bien supérieur sous le rapport des lumières et des vues politiques, Siéyès jugea que les circonstances étaient favorables, et que le moment était venu de reproduire et de réaliser enfin son système constitutionnaire.

Pour réussir dans son projet, il avait besoin de se faire, dans les deux conseils législatifs, des partisans qui voulussent s'associer à lui et le seconder dans cette coupable entreprise. Il donna des dîners auxquels il invita les députés dont il redoutait le courage, ou dont il voulait se faire des auxiliaires. J'eus l'honneur d'être du nombre des conviés. Je dînai un jour chez lui, au

Luxembourg, avec Eschassériaux aîné, Berlier, Monmayou, Chazal, Lucien Bonaparte et plusieurs autres.

Après le repas, il nous engagea à descendre dans son petit jardin; nous étions à peu près douze en deux groupes. Il vint d'abord se réunir au groupe dont je faisais partie. Il commença à faire quelques doléances sur la sévérité que le conseil des cinq-cents déployait contre les ex-directeurs. Il parla de la lutte qui paraissait exister entre le pouvoir législatif et le pouvoir exécutif qui, alternativement vaincus ou vainqueurs, opprimés ou oppresseurs, employaient à se combattre la force et l'énergie qu'ils auraient dû réserver pour soutenir et défendre les intérêts de la nation. Sous ce rapport il avait raison ; mais loin d'attribuer ces inconvéniens aux vices des hommes, il les attribua aux vices de notre Constitution, et chercha à nous faire sentir que la nôtre avait besoin d'être modifiée ou refaite. Si nous eussions écouté avec patience les développemens qu'il allait donner à cette opinion, il aurait déroulé tout son plan de réforme ; mais je ne pus me comprimer et je laissai éclater l'indignation que me faisait éprouver une aussi étrange proposition. Siéyès fit un tour sur le talon, quitta le groupe où j'étais et alla joindre l'autre où était Lucien Bonaparte. Dans ce groupe, ses doléances et ses projets furent sans doute mieux accueillis. De cette époque datent les liaisons qui se formèrent entre Siéyès et Lucien pour le renversement de la Constitution de l'an III.

Dès ce moment Lucien Bonaparte, qui avait été le principal auteur et acteur des événemens des 28, 29 et 30 prairial an VII, se sépara des libéraux pour se mettre à la tête des directoriaux. Après avoir été le plus violent, le plus sévère accusateur des anciens membres du directoire, il changea tout à coup de rôle et de langage, et devint leur plus zélé, leur plus ardent défenseur. C'est dans le comité secret du 24 thermidor an VII ; c'est dans la discussion des dénonciations portées contre les anciens directeurs qu'il laissa tomber le masque et fit éclater sa coupable défection. Non content de se constituer le défenseur des membres du directoire, qu'il avait précédemment accusés avec tant de véhémence, il se déchaîna avec fureur contre les libéraux, avec lesquels il avait marché et voté jusqu'alors.

Dans la séance du lendemain, je repoussai ses attaques par un discours auquel il n'eut rien à répondre.

Siéyès et lui se concertèrent alors sur les moyens de réaliser le projet qu'ils avaient formé de renverser la Constitution existante pour en substituer une nouvelle.

Ils sentirent que, pour réussir dans une telle entreprise, ils avaient besoin d'un homme, d'un guerrier jouissant de l'affection et de la confiance de la nation et de l'armée : ils prirent la résolution de faire revenir d'Égypte le général Bonaparte. Celui-ci n'avait pas attendu leur invitation pour se décider à revenir en France. Il avait pris spontanément cette détermination, après avoir échoué au siége de Saint-Jean-d'Acre. Il confia le commandement de l'armée d'Égypte au général Kléber, et s'embarqua avant d'avoir reçu les dépêches qui lui furent adressées par Siéyès et par Lucien.

Il partit d'Aboukir le 7 fructidor, débarqua à Fréjus le 16 vendémiaire an VIII, et arriva à Paris le 24.

On avait dans les bureaux du conseil des anciens et du conseil des cinq-cents des registres de souscription pour une fête dont l'objet apparent était d'honorer les éminens services rendus par les généraux Bonaparte et Moreau, mais dont le véritable motif était de s'assurer de leur coopération au coup d'état qu'on voulait faire. Je n'assistai pas à ces fêtes, car j'avais refusé de souscrire.

Le banquet eut lieu dans le temple de la Victoire (église Saint-Sulpice) le 15 brumaire an VIII. Divers toast y furent portés. Les voici :

Par Lemercier, président du conseil des anciens, *à la République française;* par Lucien Bonaparte, président du conseil des cinq-cents, *aux armées de terre et de mer;* par Siéyès, président du directoire, *à la paix;* par le général Bonaparte, *à l'union de tous les Français;* par le général Moreau, *à tous les fidèles alliés de la République; par* l'amiral espagnol Massarédo, *à la liberté des mers.*

Il n'y eut point de toast à la Constitution de l'an III dont les meneurs méditaient et préparaient le renversement.

Je n'entrerai pas ici dans les détails de la séance dans laquelle le conseil des anciens rendit, le 18 brumaire, le décret par lequel il ordonna la translation des deux conseils législatifs et du directoire exécutif dans la commune de Saint-Cloud. Je ne retracerai pas non plus les détails des séances des deux conseils du 19 brumaire. Ils sont assez fidèlement rapportés dans le recueil parlementaire (fait par Lallement) publié par Alexis Eymery sous le titre de *Choix de rapports, opinions, discours*, etc.

Je me bornerai à faire remarquer que la Constitution produite par cette révolution fut exactement la même que Siéyès avait proposée, et que la Convention nationale avait rejetée le 2 thermidor an III.

Dans la Constitution de l'an VIII, on trouve en effet l'institution — d'un tribunat qui parlait; — d'un corps législatif muet; — et d'un jury constitutionnaire qui, sous le titre de *sénat conservateur*, détruisit pièce à pièce l'édifice qu'il devait conserver, et désorganisa tout par des *sénatus-consultes* dérisoirement qualifiés organiques.

Ainsi se trouva justifié le mot de ce député qui, dans la séance du 2 thermidor an III, pour caractériser l'orgueil et la ténacité de Siéyès, me disait que si d'un projet par lui proposé, l'on retranchait une virgule, il ferait une révolution pour faire rétablir la virgule.

C'est donc pour satisfaire sa vanité et son orgueil que Siéyès prépara et réalisa le renversement de la Constitution républicaine de l'an III.

C'est pour faire triompher son système et son opinion qu'il employa la force des armes pour dissoudre la représentation nationale.

Sous ce rapport, sa vanité pouvait être satisfaite; mais son avarice ne l'était pas. Il voulait avoir une haute récompense nationale. En conséquence, ses collègues les consuls provisoires, Bonaparte et Roger-Ducos, adressèrent à la commission législative du conseil des cinq-cents, réduite à vingt-cinq membres, un message par lequel ils firent la proposition de décerner à Siéyès la propriété de l'un des domaines qui étaient à la disposition de l'état. Sur cette proposition la commission législative du conseil des cinq-cents rendit, dans sa séance du 30 frimaire an VIII, une résolution qui, le lendemain 1er nivose, fut adoptée et convertie en loi par la commission législative du conseil des anciens aussi réduite à vingt-cinq membres. Par cette loi, on décerna à Siéyès la propriété du domaine de Crosne, département de Seine et Oise, ou tout autre équivalent.

En appelant à son secours le général Bonaparte, Siéyès avait cru se donner un instrument facile à manier, un auxiliaire subordonné et docile. Dans la séance du conseil des anciens, le 19 brumaire à Saint-Cloud, le général Bonaparte voulant dissiper les doutes qui s'élevaient déjà sur la pureté de ses intentions, chercha à calmer les inquiétudes et s'exprima ainsi : « On parle de César, on parle de Cromwel, on m'abreuve de calomnies. Eh bien ! je déclare que, ceci fini, je ne serai plus rien dans la République que le bras qui soutiendra ce que vous aurez établi. »

L'illusion fut bientôt dissipée. Dès le lendemain de la journée de Saint-Cloud l'on vit bien que le général voulait être non-seulement le bras, mais encore la tête du nouvel ordre de choses. Dès le lendemain, ceux qui l'avaient appelé virent bien qu'ils avaient un maître. C'est avec raison que la journée de Saint-Cloud fut appelée la *Journée des dupes*.

Dans les diverses crises politiques qui, dans le cours de notre révolution, amenèrent des luttes violentes entre les divers partis qui se formèrent dans le sein des assemblées nationales, le parti vainqueur abusa souvent de ses triomphes pour dénaturer les faits, en supposer de faux, tronquer et mutiler les discours des orateurs du parti vaincu. C'est ainsi qu'au 19 brumaire Lucien Bonaparte et ses complices abusèrent de la victoire qu'ils durent à la force des armes pour supposer la fable du coup de poignard dont la fausseté est aujourd'hui bien reconnue et avérée ; c'est ainsi qu'ils abusèrent de l'influence et de l'autorité que leur donna leur coupable victoire, pour contraindre les journalistes à supprimer, à tronquer ou à travestir les paroles et les discours des représentans fidèles ; c'est par suite de cette tactique qu'ils falsifièrent les miens.

Il est bien reconnu, dans tous les monumens historiques qui retracent l'histoire de notre révolution, que dans la séance du 19 brumaire à Saint-Cloud, ce fut moi qui, le premier, donnai le signal de la vigoureuse résistance que le conseil des cinq-cents opposa aux projets du Cromwel français ; mais dans ces monumens historiques mes paroles sont rapportées d'une manière inexacte et incomplète.

C'est ainsi que dans l'histoire de la révolution française par M. Thiers, tome 10, page 517, l'auteur, rendant compte de la séance du 19 brumaire, me fait dire ces mots décousus et détachés : *la Constitution ou la mort !...... Les baïonnettes ne nous effraient pas !...... Nous sommes libres ici.* On voit que l'historien remplace par une série de points les parties de mon discours qu'il ne rapporte pas.

Voici mon premier discours tel que je le prononçai.

A l'ouverture de la séance, dans la salle de l'Orangerie, à Saint-Cloud, Émile Gaudin, dans un discours concerté entre lui et ses complices, venait de parler des dangers de la patrie, dont l'imminence avait, disait-il, déterminé le conseil des anciens à rendre le décret qui transférait à Saint-Cloud les séances des deux conseils législatifs et du directoire exécutif. A peine Gaudin eut cessé de parler, que je m'élançai à la tribune où je m'exprimai en ces termes. (Voyez plus haut ce discours, p. 201.)

Ma proposition fut unanimement adoptée aux cris de *vive la République ! vive la Constitution de l'an* III !.... On procéda à l'appel nominal et tous les membres du conseil appelés individuellement l'un après l'autre prêtèrent le serment prescrit par la loi.

Les conspirateurs le prêtèrent aussi : ils n'auraient osé le refuser ; mais à la pâleur, à l'effroi qui se manifestaient sur leur visage, il nous fut facile de les distinguer et de les compter. Ils n'étaient qu'environ vingt-cinq et le conseil des cinq-cents était plus complet qu'il ne l'eut jamais été.

Si dans cette crise périlleuse le conseil des cinq-cents eût possédé et exercé sans partage la puissance législative, il aurait pu prendre des mesures et rendre des décrets dont la force morale aurait déconcerté et accablé les conspirateurs et leurs satellites; mais ce conseil n'était qu'une fraction du corps législatif. Ses résolutions restaient sans force et sans autorité si elles n'étaient revêtues de la sanction du conseil des anciens et les conspirateurs avaient eu la précaution d'empêcher toute communication entre les deux conseils en les tenant séparés par de nombreux corps de troupes (1).

DELBREL, ex-conventionnel.

(1) Cette notice historique se rattache à une autre notice que j'adressai le 10 octobre 1819 à messieurs les rédacteurs de l'histoire intitulée *Victoires, Conquêtes, Désastres*, pour réclamer la rectification des détails de la journée du 19 brumaire an VIII, dans le tome XI, p. 250 et suivantes. Ces détails, rédigés avec une infidélité et une partialité révoltantes, étaient offensans pour le conseil des cinq-cents, le seul corps de l'état qui eût énergiquement fait son devoir dans cette fatale circonstance. (*Note de Delbrel.*)

CONSULAT.

HISTOIRE DE LA CONSTITUTION DE L'AN VIII.

DU 20 BRUMAIRE AN VIII (11 NOVEMBRE 1799) AU 5 NIVOSE AN VIII (26 DÉCEMBRE 1799).

Les consuls revinrent à Paris le 20 brumaire au matin, et allèrent prendre possession du palais du directoire. A peine arrivés au Luxembourg, ils tinrent leur première séance. Il s'agissait de donner la présidence ; on convint qu'elle n'appartiendrait à personne particulièrement, et que chaque jour l'un des consuls serait président à son tour (*Journal de Paris*, n. 53). On lit dans les *Mémoires de ainte-Hélène* (tome IV page 398) que cette réunion fut signalée par une scène singulière. A peine les trois consuls furent-ils seuls, que Siéyès leur montra un meuble dans lequel était contenu 800,000 francs ; c'était une caisse destinée à indemniser secrètement les directeurs sortant de place. Sieyès demanda ce qu'il fallait faire de cette somme. Bonaparte feignit d'abord de ne pas comprendre ; puis il dit qu'elle appartenait à Siéyès et à Ducos. En effet, ces deux ex-directeurs se la partagèrent ; mais le premier prit la part du lion. Thibeaudeau (*Histoire de Bonaparte*) met cette anecdote en doute ; il ajoute que, « par un arrêté des consuls du 21 frimaire, le restant en caisse de ce fonds montant, d'après le bordereau de Lagarde, secrétaire-général, et le compte-rendu de Ramel, ex-ministre des finances, à 334,615 francs, fut affecté au remboursement des avances et dépenses extraordinaires faites dans les journées des 18 et 19 brumaire. » Il convient cependant que la notoriété publique est que Siéyès et Ducos se partagèrent cette somme. D'un autre côté, Gohier, dans ses mémoires, assure que Ducos lui a affirmé « qu'il n'avait reçu que 100,000 francs. » Cette affirmation fait supposer que l'arrêté du 24 frimaire ne fut qu'un moyen de couvrir, après coup, un vol honteux dont personne d'ailleurs ne pouvait être mieux instruit que celui qui dicta les *Mémoires de Sainte-Hélène.*

Siéyès ne fut pas content de cette part d'argent; un peu plus tard, lorsqu'il quitta le consulat, il demanda une nouvelle indemnité. En conséquence les consuls adressèrent aux commissions des conseils un message spécial, dans lequel ils demandaient de décerner au citoyen Siéyès, à titre de récompense nationale, la propriété de l'un des domaines appartenant à l'état. Et le 30 frimaire an VIII, « la commission, considérant qu'il est » instant, pour la stabilité de toute constitution politique, de don- » ner des témoignages éclatans de gratitude aux citoyens qui » ont rendu de grands services à la patrie, prend la résolution » suivante : — Le domaine national de Crosne, département de » Seine-et-Oise, ou tout autre équivalent, est décerné en toute » propriété, pleine et entière, au citoyen Siéyès, à titre de re- » connaissance nationale. » — Siéyès préféra au domaine de Crosne des *équivalens* plus faciles à cacher à l'attention publique. L'état conserva cette propriété, mais en la rachetant, selon Gohier, à un prix bien supérieur à ce qu'elle valait.

Bonaparte s'occupa, dès les premiers jours, de soins qui annonçaient une plus haute ambition. Il s'attacha à capter l'opinion de tous les hommes qui pouvaient exercer quelque influence sur les autres; il chercha à se faire louer de tous ceux dont l'éloge avait quelque prix et quelque retentissement; il alla au-devant des désirs de tout le monde, caressant la vanité des uns, donnant des espérances aux autres, flattant les désirs de tous, faisant même croire à chacun qu'il s'intéressait à lui individuellement. Il alla visiter l'École polytechnique; il alla le 22 frimaire assister à une séance de l'Institut : nous avons oublié de dire qu'il en avait été nommé membre après le 18 fructidor, en remplacement de Carnot, et que, depuis ce moment, il en avait pris le titre sur toutes ses proclamations et sur tous les actes publics qu'il avait signés.

Son attention ne se borna pas à ces quelques démarches ; il passa des revues ; profita de toutes les occasions pour causer avec l'officier et le soldat. Il disait aux fonctionnaires : « Il ne faut plus voir de Jacobins, de terroristes, de modérés, mais partout des Français. » Il visitait ses *vieux camarades* à l'Hôtel-des-Invalides ; il parcourait les prisons, et trouvait le moyen de se faire présenter tout le monde ; il reçut les citoyens aussi bien que les autorités ; il donna au commerce les assurances les plus flatteuses, et remerciant chacun des services qu'il avait rendus à une époque ou à une autre, il promettait à tous d'employer bientôt leurs lumières et leurs talens. De cette manière, il tourna rapidement l'opinion en sa faveur. D'un autre côté, on faisait dire dans les journaux les plus accrédités, entre autre dans le *Moniteur*, que le 18 brumaire avait été nécessité par la connaissance d'un complot près d'éclater. Le parti que l'on avait vaincu avait, assurait-on, l'intention de réunir les deux conseils et d'en former une convention après en avoir écarté tous les personnages honnêtes et s'en être débarrassé violemment ; il ne voulait rien moins que rappeler le régime de la terreur. Il n'y avait personne pour démentir ces bruits ; car la presse, toujours placée sous la crainte des saisies, des suppressions et des déportations, était depuis long-temps muette. Et pour ôter tout moyen de contradiction, les consuls firent fermer tous les clubs. Enfin l'on fit toutes les démarches nécessaires pour faire croire que la vie de Bonaparte avait été menacée dans la dernière séance des cinq-cents, et que ce général n'avait échappé que par miracle. Les journaux entretenaient le public du *brave grenadier Thomé*, qui, à force de s'entendre louer pour un acte qu'il n'avait point fait, finit par y croire lui même. Il y eut des fêtes publiques dont Thomas Thomé fut le héros ; Thomé eut l'honneur de déjeuner avec son général ; la citoyenne Bonaparte l'embrassa, et lui donna un diamant de la valeur de 6,000 francs ; enfin, sur la proposition formelle des consuls, les commissions législatives accordèrent à Thomé et à Poiret, autre grenadier à qui l'on fit accroire qu'il avait *également préservé le général du poignard des assassins*, une pension de 600 francs, à titre de récompense nationale.

Les consuls déployèrent la même activité dans les affaires d'administration; ils envoyèrent, comme commissaires extraordinaires dans les départemens, tous leurs complices des deux conseils qui ne faisaient pas partie des deux commissions législatives, ou n'étaient pas employés à Paris. La place de secrétaire-général des consuls fut donnée à Maret qui était connu par diverses missions diplomatiques, et qui avait été l'un de nos plénipotentiaires à Lille lors des conférences avec lord Malmesbury. Berthier eut, comme nous l'avons vu, le département de la guerre; Gaudin, les finances; Laplace, l'intérieur; l'ingénieur Forfait, la marine; Fouché conserva la police; Cambacerès, la justice; Reinhard, les relations extérieures, où il fut remplacé, le 1er frimaire, par Talleyrand.

Les départemens ne firent pas plus de résistance que Paris. La violation de la Constitution et des droits législatifs n'y excitèrent pas plus de colère. Il n'y eut qu'une seule opposition véritable. Barnabé, président du tribunal criminel de l'Yonne, eut le courage de s'opposer à l'enregistrement de la loi du 19 brumaire. Un arrêté des consuls (27 brumaire) le dénonça aux commissions législatives dont nous parlerons bientôt, et le mit en surveillance à Orléans, le déclarant, en même temps, dessaisi du droit de propriété s'il lui arrivait de quitter cette ville sans autorisation. Barnabé subit son exil avec dignité, plutôt que de reconnaître une révolution qu'il avait appelé une usurpation du pouvoir militaire, plutôt que d'être infidèle au serment qu'il avait prêté à la Constitution de l'an III.

L'attentat du 18 brumaire recevait en effet une couleur de plus en plus militaire par les proclamations des généraux aux armées. Ils se félicitaient uniformément d'un événement qui amenait au pouvoir l'un d'entre eux, et qui promettait enfin aux soldats un homme instruit de leurs besoins et capable d'apprécier leurs services. « Le héros de l'Italie, de l'Égypte et de la France, disait Championnet à l'armée d'Italie, connaît vos besoins et vos souffrances; il s'occupe de les faire cesser. » — « L'armée, disait Brune en Hollande, verra avec contentement parmi les consuls, l'illustre héros qui l'a conduite souvent à la victoire... etc. »

On mettait le bien qui se faisait ou que l'on espérait sur le compte de Bonaparte, et l'on rejetait les choses odieuses sur son union avec ses collègues. Le 26 brumaire, les consuls prirent l'arrêté suivant :

« Les consuls de la République, en exécution de l'article 3 de la loi du 19 de ce mois, qui les charge spécialement de rétablir la tranquillité intérieure, arrêtent :

» Art. 1er. Les individus ci-après nommés :

» Destrem, ex-député; Aréna, ex-député; Marquezy, ex-député; Truck, ex-député; Félix Lepelletier, Charles Hesse, Scipion du Roure, Gagni, Massard, Fournier, Giraud, Fiquet, Basch, Boyer, Vanhek, Michel, Jorry, Brutus Maignet, Marchand, Gabriel, Mamin, J. Sabathier, Clémence, Marné, Jourdeuil, Metge, Mourgoing, Corchant, Maignant de Marseille, Henriot, Lebois, Soulavie, Dubreuil, Didier, Lamberté, Daubigny, Xavier Audoin,

» Sortiront du territoire continental de la République française. Ils seront à cet effet tenus de se rendre à Rochefort, pour être ensuite conduits et retenus dans le département de la Guyane française.

» 2. Les individus ci-après nommés :

» Briot, Antonelle, Lachevardière, Poulain-Grandpré, Grandmaison; Talot, Quirot, Daubermesnil, Frison, Declercq, Jourdan de la Haute-Vienne, Lesage-Sénault, Prudhon, Groscassand-Dorimond, Guesdon, Julien de Toulouse, Santhonax, Tilly, ex-chargé des affaires à Gênes; Stévenotte, Gastaing, Bouvier, et Delbrel;

» Seront tenus de se rendre dans la commune de la Rochelle, département de la Charente-Inférieure, pour être ensuite conduits et retenus dans tel lieu de ce département qui sera indiqué par le ministre de la police générale.

» 3. Immédiatement après la publication du présent arrêté, les individus compris dans les deux articles précédens seront dessaisis de tout droit de propriété, et la remise ne leur en sera faite que sur la preuve authentique de leur arrivée au lieu fixé par le présent arrêté.

» 4. Seront pareillement dessaisis de ce droit ceux qui quitteront le lieu où ils se seront rendus, ou celui où ils auront été conduits en vertu des dispositions précédentes. »

On fut surpris et mécontent de voir sur cette liste le nom du général Jourdan, quoiqu'on eût eu le soin de ne le désigner que par son titre législatif, Jourdan de la Haute-Vienne : ce nom n'échappa point à l'attention de ses amis et de ses collègues de l'armée; mais il resta à peine vingt-quatre heures sur la liste; il fut rayé presque aussitôt. On attribua cette radiation à Bonaparte.

Cette extension odieuse des violences du 19 brumaire choqua vivement, d'ailleurs, l'opinion publique; aussi le gouvernement s'empressa-t-il d'y apporter des adoucissemens.

Arrêté des consuls du 4 frimaire an VIII.

« Les consuls de la République, après avoir entendu le ministre de la justice, tant sur la promulgation du décret du 18 et de la loi du 19 brumaire, que sur les mesures de sûreté déterminées par l'arrêté du 26, arrêtent ce qui suit :

» ART. 1er. Les individus qui, en conformité de l'arrêté du 26 brumaire, étaient tenus de sortir du territoire continental de la République, et ceux qui devaient se rendre dans le département de la Charente-Inférieure, sont mis sous la surveillance du ministre de la police générale.

» 2. Ils se retireront respectivement dans les communes qui leur seront désignées par ce ministre; ils y demeureront jusqu'à ce qu'il en soit autrement ordonné.

» 3. Il leur est enjoint de se présenter à l'administration municipale aux époques que le ministre de la police générale aura soin de déterminer. »

On attribua encore cet arrêté à l'influence de Bonaparte. Il confirma cette opinion, lorsque resté seul du consulat alors existant, après la mise à exécution de la Constitution de l'an VIII, il fit ren-

dre à ses nouveaux collègues un dernier arrêté ainsi conçu :
« Les consuls de la République arrêtent : Les individus dénommés dans l'arrêté du 4 frimaire dernier cessent d'être sous la surveillance du ministre de la police. »

Revenons maintenant à l'histoire des deux *commissions législatives* auxquelles la loi du 19 brumaire avait remis les pouvoirs des conseils, et qu'elle avait chargées de faire une nouvelle Constitution.

Elle revinrent s'installer à Paris. Elles commencèrent leurs séances le 22 brumaire; mais elles ne furent plus publiques. Les journaux cependant insérèrent le compte-rendu de ces séances dans leurs feuilles de chaque jour, aux mêmes lieux, à la même place, où elles mettaient auparavant celui des conseils. Celles-ci, bien que composées de vingt-cinq membres seulement, se donnèrent également les allures des assemblées régulières; elles se donnèrent chacune un bureau; Lucien Bonaparte fut nommé président de la commission des cinq-cents; Lebrun, président de celle des anciens. Elles se divisèrent en commissions, firent des discours de tribune; elles reçurent des messages, y répondirent par des rapports et des décrets; enfin l'imitation fut parfaite; on eût reçu sans doute le public dans la salle des séances, si l'on n'eût craint que l'aspect d'un si petit nombre de représentans ne détruisît l'effet de la comédie que l'on jouait. On ne peut appeler d'un autre nom une représentation qui n'avait de réel que la forme, puisque toutes les choses graves se décidaient ailleurs et autrement, et que les réunions des conseils n'avaient point d'autre but que de colorer des mesures arrêtées d'avance et prises par des motifs tout autres que ceux auxquels on donnait de la publicité.

Les deux commissions législatives réglèrent et vidèrent rapidement un grand nombre de mesures d'administration de finances. Sur la proposition des consuls, on rapporta la loi des otages, et l'on se hâta de remettre en liberté tous ceux qui étaient détenus en vertu de cette loi; Bonaparte alla lui-même délivrer ceux qui étaient emprisonnés à Paris. L'on rapporta la loi de l'emprunt forcé, que l'on remplaça par une taxe de guerre de

25 centimes par franc; on repartit ainsi sur les pauvres un excès d'impôt qui ne pesait auparavant que sur les riches; mais on se concilia ces derniers. Enfin on arrêta et on proclama définitivement l'étalon des poids et mesures que l'on dédia *à tous les peuples et à tous les temps.* On mit en ordre tous les matériaux et toutes les lois déjà rendues pour l'édification d'un code civil. On en jeta les bases. Enfin l'on changea la forme du serment. On statua qu'il serait prêté de la manière suivante : « Je jure fidélité à la République une et indivisible, à la liberté, à l'égalité et au système représentatif. »

Les deux commissions législatives nommèrent chacune une commission chargée d'arrêter un projet de constitution. Celle des anciens, élue le 22 brumaire, fut composée de Garat, Laussat, Lemercier, Lenoir-Laroche et Régnier; celle des cinq-cents, élue le 23 brumaire, fut composée de Lucien Bonaparte, Daunou, Boulay de la Meurthe, Chazal, Chénier, Chabaud et Cabanis. Dès leurs premières réunions, ces commissions pensèrent à consulter Siéyès, dont les mérites comme publiciste étaient alors reconnus de tout le monde, et doivent être mis au nombre des préjugés révolutionnaires les plus mal fondés; mais en définitive le travail dégénéra bientôt en une pure affaire d'arrangement entre des gens dont la plupart pensaient surtout à bien profiter de la situation acquise, ou à se préparer un avenir conforme à leurs désirs, et parmi lesquels le plus habile fut Bonaparte. L'histoire secrète de la formation de la Constitution de l'an VIII est donc une chose curieuse, que nous devons recueillir. Nous allons laisser parler un des contemporains que ses nombreux contacts avec les hommes de ce temps a mis à même de tout savoir. Nous allons emprunter quelques pages à l'histoire du consulat par Thibaudeau. Son récit est conforme d'ailleurs à toutes les révélations que nous possédons sur cette époque; et il est plus complet.

« Excepté, dit-il, la proscription essayée sur les Jacobins, les actes du gouvernement n'avaient pas démenti le respect qu'il professait pour les droits civils; sous ce rapport, sa marche était rassurante. On ne doutait pas que Bonaparte ne voulût la gloire et

la prospérité de la France. Quant aux droits politiques, il avait bien proclamé le maintien de la République et des grands résultats de la révolution, la souveraineté du peuple, la liberté, l'égalité; mais ce n'étaient que de vagues et pompeuses paroles. Les craintes et les espérances que le 18 brumaire avait fait naître n'en éclataient pas moins de toutes parts. Elles se manifestaient par une foule d'écrits fugitifs dans lesquels les représentans officieux des divers partis traçaient à Bonaparte des plans de conduite et leurs vues sur le gouvernement qui leur paraissait convenir à la France. Ceux qui voulaient la monarchie lui conseillaient, les uns, de rappeler les Bourbons sur le trône; les autres, de s'y asseoir lui-même et de fonder sa dynastie. Les républicains, alarmés du retard de la Constitution et impatiens de la voir paraître, demandaient où étaient leurs sûretés et leurs garans. On leur répondait:
« Dans la moralité de deux hommes dont l'un jouit d'une grande
» renommée, l'autre d'une gloire immense. Peut-on craindre
» qu'ils retiennent illégalement l'autorité qu'ils ont reçue de la
» loi, et qu'ils sacrifient à l'ambition, leur repos pendant leur vie;
» après leur mort, leur mémoire? Non, Bonaparte n'imitera point
» César ou Cromwell. Le héros de la France ne deviendra point
» un ambitieux vulgaire. Il ne ternira point sa gloire; il ne se li-
» vrera point au pouvoir des enthousiastes, aux conspirations de
» ses rivaux, aux complots sans cesse renaissans des partisans de
» la monarchie qu'on appelle légitime. Pour un Cromwell qui
» meurt dans son lit, combien de Césars assassinés! Non, Bona-
» parte ne ressemblera point à des personnages dont, il l'a dit lui-
« même, les rôles sont usés. Sauveur de son pays, restaurateur
» de la liberté, pacificateur du monde, quel honneur plus grand
» peut-il ambitionner? Sans doute, dans l'organisation sociale qui
» se prépare, il n'est point de bon citoyen qui ne désire le voir en-
» trer comme partie de l'autorité, surtout lorsque trois mois d'ex-
» périence auront justifié l'espérance universelle (1). »
» L'article 11 de la loi du 19 brumaire chargeait les commis-

(1) Moniteur du 29 brumaire.

sions des deux conseils de préparer des changemens à la Constitution; sous le vague de ces mots, on s'était proposé d'en faire une nouvelle. C'était un point entendu dans les conférences qui avaient précédé le renversement du directoire; mais, comme on l'a dit, elle n'était point rédigée. D'ailleurs Bonaparte s'était bien gardé d'ouvrir une discussion qui aurait pu devenir une source de divisions et lui susciter des obstacles. Il savait bien qu'il fallait d'abord s'emparer du pouvoir pour le constituer à son gré. Dans le large cadre tracé par l'article 12 de la loi du 19, Siéyès voyait enfin avec une satisfaction secrète le moment venu de donner à la France l'organisation qu'il avait long-temps méditée. Les services éminens qu'il avait rendus dès le commencement de la révolution, ses connaissances, sa renommée, promettaient qu'après avoir échappé aux tempêtes dont le vaisseau de l'état avait été battu, pilote habile, il allait le conduire au port et jeter l'ancre. Il avait en partie exposé son système aux principaux acteurs des journées de brumaire; ils avaient paru fortement l'approuver. Des membres de la commission du conseil des cinq-cents avaient recueilli ses idées, et les mettaient en œuvre. Lucien Bonaparte trouva que c'était une peine inutile. Suivant lui, la Constitution était fort simple. Il ne fallait à la République qu'un président, un conseil-d'état, des ministres et des préfets. On n'avait eu que trop de bavardage, il n'y avait plus besoin de tribune. L'essentiel était de songer aux hommes de la révolution et d'assurer leur sort. Quant à lui, il s'adjugeait d'avance le ministère de l'intérieur. Ce discours fut un motif de plus pour que, dans la commission des cinq-cents, on s'occupât avec encore plus d'activité de rédiger la Constitution. On avait déjà avancé l'organisation du pouvoir législatif, lorsque Bonaparte, jaloux de prendre part au travail, convoqua les commissions, chez lui, au Luxembourg. Des représentans trouvèrent ce procédé contraire à la dignité de leurs fonctions et à leur indépendance; cependant ils déférèrent tous à la convocation. Dès ce moment, Bonaparte présida les commissions et les fit délibérer sur la Constitution en sa présence.

« On a beaucoup parlé, dit-il d'abord, des idées du citoyen

» Siéyès. Dans une autre bouche que la sienne elles peuvent être
» dénaturées; je désire les entendre de lui-même, dans toute leur
» pureté, sans mélange. » Alors Siéyès les exposa, les développa
avec le talent d'un homme pénétré de son sujet, et produisit une
impression profonde. Bonaparte lui-même en fit l'éloge. « C'est
» très-beau, dit-il, cependant il y a aussi des objections à faire à
» ce système, il faut prendre le temps d'y réfléchir. A demain! »
Le lendemain, on rentra en matière. On s'aperçut bientôt que
Bonaparte était revenu de son opinion de la veille sur le plan de
Siéyès, et stipulait bien plus l'étendue, la force, l'indépendance
du pouvoir, que les garanties nationales. Quand il fut question
de rédiger : « Citoyen Daunou, dit Bonaparte, allons, prenez la
plume et mettez-vous là! » Daunou s'en défendit; Bonaparte insista; Daunou céda. La discussion prit alors une marche régulière. Bonaparte y prenait part, la résumait, mettait les questions
aux voix, recueillait les suffrages, et Daunou rédigeait les articles.

» Du premier abord il se forma, on ne peut pas dire deux
partis, mais deux opinions dans cette assemblée. Les uns, ayant
pour chef Siéyès, croyaient, en soutenant son plan, défendre la
République et les libertés nationales; les autres, obéissant à Bonaparte, déférant à ses vues, dotaient généreusement le pouvoir
par conviction, ou pour flatter celui qui allait en être constitutionnellement revêtu et dont on briguait déjà les faveurs : c'était
la majorité. Sans être précisément orageux, les débats eurent
quelquefois beaucoup de vivacité. Bonaparte s'enflammait contre
les défenseurs des institutions républicaines. Répondant un jour
à Mathieu : « *Votre discours*, lui dit-il, *est un discours de club.* »
Cette apostrophe jeta de la froideur dans l'assemblée. Bonaparte
saisit l'occasion de revenir à Mathieu et de s'excuser de sa vivacité.

» C'était surtout dans les élections que la Constitution de l'an III
avait paru le plus vicieuse. Avant le 18 fructidor, elles portèrent
des royalistes au corps législatif; cette journée les en chassa.
Après, vint le tour des Jacobins; le 22 floréal les écarta. Aux

élections suivantes, ils reparurent, se maintinrent et se disposèrent à écarter leurs rivaux. Il n'y avait donc rien de stable; c'était chaque année le triomphe d'un parti. Un gouvernement plus habile, ou constitué plus fortement que le directoire, aurait-il évité cette bascule? Siéyès ne le crut pas. Il imagina donc d'ôter au peuple les élections directes et de le réduire à faire des listes de notabilités, à nommer des candidats, parmi lesquels un sénat élirait les membres du corps législatif et du tribunat, et le gouvernement nommerait tous les fonctionnaires judiciaires et administratifs. Dans le plan de Siéyès il y avait pourtant une disposition transitoire d'une grande importance. Par surcroît de précaution, la première fois, et pour dix ans, ses listes devaient être composées de tous les individus républicoles qui avaient été nommés par le peuple à des fonctions publiques, ou qui avaient exercé des emplois à la nomination du gouvernement, et qui étaient par conséquent intéressés à maintenir les principes et les résultats de la révolution. Ainsi, tout citoyen qui avait été législateur, directeur, membre des principaux tribunaux, des administrations supérieures, ambassadeur, général de division, etc., était porté de droit sur la liste nationale. Les fonctionnaires inférieurs formaient chacun, d'après la hiérarchie, les listes départementales et communales : on complétait ces listes par des notabilités de toute espèce, dans la propriété, l'industrie, les arts et les sciences. Siéyès croyait qu'après dix ans, la République étant solidement assise, on pourrait sans danger laisser au peuple la formation des listes, et peut-être même lui rendre les élections directes. Ce système, il est vrai, semblait devoir paralyser les partis, et promettre que le calme succéderait aux orages; mais en transportant le droit d'élection dans un sénat, on dénaturait le gouvernement représentatif. Il y avait à craindre que le provisoire ne devînt définitif. Le peuple ne prenant pas un grand intérêt à nommer de simples candidats, la médiocrité devait triompher dans la formation des listes et dans les élections. En le privant de la nomination de ses mandataires, on le rendait indifférent au gouvernement de ses affaires, on éteignait l'esprit national. Bonaparte était contre les élections directes; elles ne trouvèrent que peu ou point de défenseurs. Le système des listes de notabilité fut adopté pour être mis à exécution dès l'an ix; mais la mesure transitoire sur leur première formation fut écartée, et les citoyens nommés dans l'organisation du gouvernement consulaire furent seuls portés de droit sur les premières listes.

» Un sénat chargé d'élire sur des listes de candidats les membres des premiers corps de l'état, de conserver la Constitution, c'est-à-dire de réprimer les usurpations ou les empiétemens des divers corps; un tribunat dénonçant les inconstitutionnalités et discutant publiquement les lois, un corps législatif les délibérant à la manière des corps judiciaires : c'était le système de Siéyès; il fut favorablement accueilli. L'aristocratie sénatoriale souriait à l'ambition de certains membres des commissions législatives. Quoique l'émancipation du peuple, la conquête de ses droits, les institutions, les lois qui leur servaient de garantie, l'indépendance de la République, fussent l'ouvrage des assemblées nationales, on était las de leur permanence; on ne voulait plus de leur omnipotence. Une seule tribune parut suffisante à la publicité, âme du système représentatif : cette petite concession fut presque un grand triomphe pour lui, car on attaquait dans les écrits du temps l'égalité des droits politiques, la publicité des séances, la liberté des débats. Se confier, disait-on, à l'ascendant de la raison et des vertus publiques, c'était exposer l'édifice constitutionnel aux orages populaires et bâtir sur un sable mouvant.

» Outre la nomination des membres du corps législatif, du tribunat et des chefs du gouvernement, d'après le plan de Siéyès, le sénat avait aussi le droit de révoquer ses chefs. Cette attribution ne lui ayant pas été conservée, le sénat, tel qu'il fut organisé, n'eut plus d'action propre ni d'indépendance, et fut au contraire tout-à-fait subordonné au gouvernement.

» L'organisation du corps législatif fut aussi mutilée. Siéyès voulait que, semblable aux anciens parlemens, il entendît les plaidoiries du conseil d'état et du tribunat sur la loi, et qu'il *délibérât*, mais en séance secrète; c'est-à-dire que les membres pussent entre eux énoncer *hautement* leurs opinions, sauf, en définitive, à voter au scrutin et à prononcer en séance publique l'arrêt ou le résultat de la délibération. On ne laissa pas même cette faculté au corps législatif; on le fit absolument muet, en ne lui permettant pas de délibérer, et en l'obligeant à voter publiquement au scrutin aussitôt après que les plaidoiries sur la loi seraient terminées.

» On a voulu décharger Bonaparte de toute influence sur l'organisation du pouvoir législatif dans la Constitution de l'an VIII, parce qu'il n'avait, dit-on, aucune expérience des assemblées, et qu'il ne pouvait s'en rapporter qu'à Siéyès, à Daunou, et aux membres des commissions qui tous s'étaient plus ou moins distingués dans les législatures (1). Sa lettre du troisième jour complémentaire, an V, à Talleyrand, sur la mission que ce ministre avait voulu donner à Siéyès pour constituer les républiques d'Italie, prouve que dans le tumulte des camps, le général, observant le jeu des pouvoirs en France, avait depuis long-temps réfléchi sur leur organisation, et qu'il s'était fait des principes très-différens de ceux que professait la nouvelle école politique. Un des principaux acteurs de cette époque atteste que Bonaparte discuta toutes les parties de la Constitution, et la marqua du sceau de son esprit (2).

» Quoique sans expérience personnelle, il avait assez de pénétration pour apercevoir, dans l'organisation des corps représentatifs proposée par Siéyès, les dispositions qui pouvaient gêner ou tempérer l'autorité du pouvoir exécutif, pour lequel le général stipulait alors dans sa propre cause. Toutes les modifications faites au plan de Siéyès en faveur de ce pouvoir, furent donc l'ouvrage du général qui, dès l'an V, voulait un corps législatif *sans rang, sans yeux, sans oreilles*, de Bonaparte soutenu par la majorité des commissions. Le sénat conservateur ayant été une des premières institutions adoptées, devint un appât qui ne contribua pas peu à former cette majorité; d'autres membres sacrifièrent aussi leurs opinions à la perspective du conseil d'état. Bonaparte

(1) Gourgaud, t. I, p. 142.
(2) Rœderer. Journal de Paris du 19 brumaire an IX.

ne laissa donc le champ libre ni à Siéyès ni à Daunou. Il arrivait souvent que celui-ci levait une main contre une proposition et la rédigeait de l'autre. Bonaparte étonna même dans toutes ces discussions par sa facilité, sa profondeur, et surtout par l'adresse avec laquelle il saisissait le côté faible des opinions de ses adversaires, et en tirait avantage contre eux. On était loin de s'attendre à ce qu'un homme de son âge, qui avait vécu dans les camps, développât autant de sens et d'aptitude dans des matières qui semblaient lui avoir été étrangères. Ceux mêmes qu'il ne convainquait pas ne pouvaient lui refuser de l'admiration.

» Le moment vint enfin où Siéyès fit connaître l'organisation du gouvernement : c'était la pointe de sa *pyramide*, ainsi qu'on appelait et qu'il figurait en effet sa Constitution; c'était la portion la plus importante de son édifice, et dont l'influence devait être le plus sentie par le peuple. Il proposa un grand électeur à vie, choisi par le sénat conservateur, ayant un revenu de six millions, une garde de trois mille hommes, et habitant le palais de Versailles : les ambassadeurs étrangers étaient accrédités près de lui; il accréditait les ambassadeurs et ministres français dans les cours étrangères. Les actes du gouvernement, les lois, la justice, étaient rendus en son nom. Il était le seul représentant de la gloire, de la puissance, de la dignité nationales; il nommait deux consuls, un de la guerre, un de la paix; mais là se bornait toute son influence sur les affaires : il pouvait, il est vrai, destituer les consuls et les changer; mais aussi le sénat pouvait, lorsqu'il jugerait cet acte arbitraire et contraire à l'intérêt national, *absorber le grand électeur*. L'effet de cette absorption équivalait à une destitution; la place devenait vacante, le grand électeur entrait dans le sénat pour le reste de sa vie. Le grand électeur avait encore le droit d'aller présider à volonté le corps-législatif, le tribunat et le conseil d'état; de surveiller l'administration des deux consuls, et de prononcer sur les conflits qui pourraient s'élever entre eux.

» Bonaparte se réservait le gouvernement : tous les suffrages le lui destinaient; cette organisation le touchait encore plus que tout le reste; elle ne lui plut pas, il la combattit vivement. « Le

» grand électeur, dit-il, s'il s'en tient strictement aux fonctions
» que vous lui assignez, sera l'ombre, mais l'ombre décharnée
» d'un roi fainéant. Connaissez-vous un homme d'un caractère as-
» sez vil pour se complaire dans une pareille singerie? S'il abuse
» de sa prérogative, vous lui donnez un pouvoir absolu. Si, par
» exemple, j'étais grand électeur, je dirais, en nommant le con-
» sul de la guerre et celui de la paix : Si vous faites un ministre,
» si vous signez un acte sans que je l'approuve, je vous destitue.
» Mais, dites-vous, le sénat, à son tour, absorbera le grand élec-
» teur. Le remède est pire que le mal; personne, dans ce projet,
» n'a de garantie. D'un autre côté, quelle sera la situation de ces
» deux premiers ministres? L'un aura sous ses ordres les mi-
» nistres de la justice, de l'intérieur, de la police, des finances
» du trésor; l'autre, ceux de la marine, de la guerre, des relations
» extérieures. Le premier ne sera environné que de juges, d'ad-
» ministrateurs, de financiers, d'hommes en robes longues ; le
» second, que d'épaulettes et d'hommes d'épée : l'un voudra de
» l'argent et des recrues pour ses armées ; l'autre n'en voudra pas
» donner. Un pareil gouvernement est une création monstrueuse,
» composée d'idées hétérogènes qui n'offre rien de raisonnable.
» C'est une grande erreur de croire que l'ombre d'une chose
» puisse tenir lieu de la réalité (1). »

» Telles furent, en résumé, les objections de Bonaparte ; il les
accompagna de plaisanteries et de sarcasmes, disant, par exemple,
à Siéyès : « Croyez-vous que la nation verrait avec plaisir un co-
» chon dépenser six millions à Versailles sans rien faire? » Le
système de Siéyès parut une nouveauté bizarre et succomba moins
encore par le raisonnement que par le ridicule dont on le couvrit.
On y soupçonna des vues personnelles. S'il avait appelé le grand
électeur *roi*, et les deux consuls *premiers ministres*, on aurait
trouvé le système beaucoup plus simple; car au fond le grand
électeur n'était ni plus ni moins que ce que doit être le roi d'une
monarchie représentative. On dit que Siéyès avait imaginé cette

(1) Gourgaud, t. I, p. 143.

royauté pour lui. Chacun peut en penser ce qu'il voudra. Il est difficile de croire qu'un homme tel que lui se fût imaginé que la France républicaine eût consenti à être gouvernée par un prêtre; et que Bonaparte, représentant la gloire militaire, eût voulu lui obéir. Au système de Siéyès, on substitua donc tout simplement, sous le nom de premier consul, la création d'un président temporaire de la République, et afin de ne pas blesser trop violemment l'opinion républicaine encore extrêmement ombrageuse, on lui accola, pour la forme, deux consuls nominaux avec simple voix consultative. Les plus chauds républicains des commissions firent tous leurs efforts pour limiter ou balancer les fonctions de cette magistrature suprême; mais Bonaparte, à qui elle était dévolue, insista pour qu'elle fût dotée de tous les attributs de la royauté et de la plus grande indépendance.

» Pour occuper les citoyens de la chose publique, ouvrir un vaste débouché aux ambitions ordinaires, laisser aux départemens l'administration de leurs intérêts locaux, et les affranchir de la bureaucratie ministérielle et de la suprématie de la capitale, Siéyès voulait de grandes municipalités investies d'autorité, d'indépendance, de considération, et assises sur de larges bases. « Une » Constitution, dit Bonaparte, ne doit pas contenir tous ces dé- » tails : on y pourvoira avec le temps et par des lois. » On se borna donc à énoncer dans la Constitution que les administrations locales, établies, soit pour chaque arrondissement communal, soit pour des portions plus étendues de territoire, étaient subordonnées aux ministres; ce qui n'avait pas besoin d'être dit, ce qui ne déterminait rien.

» Dans la Constitution de Siéyès, tout était calculé pour prévenir les divisions dans le gouvernement, l'usurpation du pouvoir et pour garantir les libertés nationales. Y avait-il assez tenu compte des passions des hommes? Était-elle exécutable? Se serait-elle soutenue? Il est permis de varier d'opinion sur ces questions. On peut contester du moins qu'il n'y eût dans cet ouvrage des combinaisons savantes et libérales; mais ces rouages, ces contrôles, ne devaient pas convenir à Bonaparte, puisqu'il était alors con-

vaincu que la France ne pouvait être que monarchique. « Il y
» avait, dit Napoléon, absence absolue d'aristocratie. Si une ré-
» publique était difficile à constituer fortement sans aristocratie,
» la difficulté était bien plus grande pour une monarchie. Faire
» une Constitution dans un pays qui n'aurait aucune aristocratie,
» ce serait tenter de naviguer dans un seul élément. La révolu-
» tion française avait entrepris un problème aussi insoluble que la
» direction des ballons (1). »

» Nous ne le croyons pas. Simple général, Bonaparte aussi pensait autrement. Distinguons : la seule aristocratie raisonnable,
celle des talens, de la vertu, même de la richesse, ne manque jamais; elle s'établit d'elle-même, comme dans une forêt certains
arbres s'élèvent au-dessus des autres. Pour l'empêcher de dégénérer et d'abuser de son influence naturelle, elle a plutôt besoin
d'être comprimée que soutenue. L'autre aristocratie, telle que Bonaparte l'avait trouvée à Venise, à Gênes, à Berne, est une institution féodale ; il la couvrit de son mépris, lui fit la guerre et la
renversa, alors convaincu, comme tous les bons esprits, que le
système véritablement représentatif faisait rentrer dans la poussière de la vieille école ces combinaisons surannées.

» Les patriotes exprimaient-ils leurs alarmes sur le sort de la
République, des membres des commissions législatives leur disaient : On est arrivé au point de ne plus penser à sauver les principes de la révolution, mais seulement les hommes qui l'ont faite,
et leurs intérêts matériels. C'est donc à tort que l'on a regardé
la Constitution de l'an VIII comme l'ouvrage de Siéyès ; de sa Constitution Bonaparte ne prit que le cadre, et se chargea de le remplir ; à la différence des constitutions précédentes, celle de
l'an VIII ne contenait rien sur la liberté des cultes, celle de la
presse, la publicité de la justice ; parmi les droits publics des
Français, elle ne consacrait que celui de pétition ; ce n'était, à
proprement parler, qu'un règlement d'organisation politique.

» Dans son discours d'introduction à l'exposition et à l'examen

(1) Gourgaud, t. I, p. 145.

de ce projet (1), Boulay de la Meurthe, en parcourant le passé, établissait que toutes les constitutions précédentes avaient échoué, parce qu'il n'y avait point de gouvernement. Il imputait ce vice à deux factions extrêmes, le royalisme et la démagogie. Il disait que le 18 brumaire avait placé la nation et les législateurs dans la même situation qu'en 1789 avec plus de sagesse et de maturité ; que c'était sur les principes de 1789 qu'il fallait refaire la liberté et asseoir un gouvernement digne de la nation. Sous cette date magique de 89, alors à la mode, se cachait un faux raisonnement. Y ramener la nation après les pas immenses qu'elle avait faits depuis dans la carrière politique, c'était dépouiller un pauvre devenu riche avec le temps, et vouloir qu'il se contentât d'un peu d'aisance. En rapportant une partie du discours de Boulay, le *Moniteur* en annonça le reste pour le jour suivant, sous le prétexte que des changemens avaient été faits aux points déjà convenus, et avaient forcé à remettre au lendemain la suite de l'exposition ; elle ne parut pas. Instruit que des membres des commissions se proposaient d'attaquer la Constitution en plusieurs points, Bonaparte ne voulut pas l'exposer à une discussion, et leur fit écrire de venir simplement la signer au Luxembourg, ce qui eut lieu le 22 frimaire. » — (THIBAUDEAU, *histoire du Consulat*, *t. I*er, *p.* 94-110.)

Boulay de la Meurthe, dans une notice qu'il a publiée sur la Constitution de l'an VIII (2), ne s'accorde pas complétement avec Thibaudeau sur quelques détails. Il diffère quant au nombre des entrevues et des pourparlers ; mais les deux auteurs sont unanimes sur les faits importans, c'est-à-dire les sentimens qui animaient les divers acteurs de ces scènes secrètes. Siéyès voulait être grand électeur ; Bonaparte ne voulait pas être subalternisé. Boulay nous apprend qu'il y eut en présence de Talleyrand une entrevue entre les deux compétiteurs ; la discussion fut très-vive ;

(1) Séance de la commission législative des cinq-cents du 21 frimaire.
(2) Théorie constitutionnelle de Siéyès, extrait des mémoires de M. Boulay de la Meurthe, — Paris, 1856.

menaçante, sans doute, puisque Talleyrand disait à ses confidens qu'il n'avait jamais tant souffert. Enfin Bonaparte l'emporta. Boulay de la Meurthe avoue que, quant à lui, bien que chargé d'être rapporteur des motifs de la Constitution, le courage lui faillit dans le cours de cette œuvre ; et qu'il était déterminé à parler dans un sens moins favorable aux projets du général qu'il ne l'avait fait espérer d'abord. Ce fut ce qui détermina la convocation nocturne des deux commissions.

Nous n'insisterons pas d'avantage sur ce récit déjà trop long; nous dirons seulement que ce ne fut pas le 22, mais, dit-on, dans la nuit du 22 au 23, que les membres des commissions législatives furent appelés, un à un, pour donner une signature que la séduction ou la crainte ne permit à aucun de refuser. Les journaux se bornèrent à annoncer que les deux commissions s'étaient réunies le 22 au soir chez Bonaparte. Voici cette Constitution, fruit de tant d'intrigues et de tant d'ambitions.

CONSTITUTION

DE LA RÉPUBLIQUE FRANÇAISE,

Décrétée le 22 frimaire an VIII (13 décembre 1799), mise en activité le 4 nivose suivant (25 décembre 1799).

TITRE Ier. — *De l'exercice des droits de cité.*

ART. 1er. La République française est une et indivisible.

Son territoire européen est distribué en départemens, et arrondissemens communaux.

2. Tout homme né et résidant en France qui, âgé de vingt-un ans accomplis, s'est fait inscrire sur le registre civique de son arrondissement communal, et qui a demeuré depuis pendant un an sur le territoire de la République, est citoyen français.

3. Un étranger devient citoyen français lorsqu'après avoir atteint l'âge de vingt-un ans accomplis, et avoir déclaré l'intention de se fixer en France, il y a résidé pendant dix années consécutives.

4. La qualité de citoyen français se perd :

Par la naturalisation en pays étranger; — Par l'acceptation de fonctions ou de pensions offertes par un gouvernement étranger; — Par l'affiliation à toute corporation étrangère qui supposerait des distinctions de naissance; — Par la condamnation à des peines afflictives ou infamantes.

5. L'exercice des droits de citoyen français est suspendu :

Par l'état de débiteur failli, ou d'héritier immédiat détenteur à titre gratuit de la succession totale ou partielle d'un failli; — Par l'état de domestique à gages, attaché au service de la personne ou du ménage; — Par l'état d'interdiction judiciaire, d'accusation ou de contumace.

6. Pour exercer les droits de cité dans un arrondissement communal il faut y avoir acquis domicile par une année de résidence, et ne l'avoir pas perdu par une année d'absence.

7. Les citoyens de chaque arrondissement communal désignent par leurs suffrages ceux d'entre eux qu'ils croient les plus propres à gérer les affaires publiques; il en résulte une *liste de confiance*, contenant un nombre de noms égal au dixième du nombre des citoyens ayant droit d'y coopérer. C'est dans cette première liste communale que doivent être pris les fonctionnaires publics de l'arrondissement.

8. Les citoyens compris dans les *listes communales* d'un département désignent également un dixième d'entre eux; il en résulte une seconde *liste* dite *départementale*, dans laquelle doivent être pris les fonctionnaires publics du département.

9. Les citoyens portés dans la liste départementale désignent pareillement un dixième d'entre eux : il en résulte une troisième liste, qui comprend les citoyens de ce département éligibles aux fonctions publiques nationales (1).

---

(1) Dans un aperçu inséré au *Moniteur*, Rœderer, par approximation, évalue le nombre d'éligibles que pouvaient contenir les listes formées en vertu des articles 7, 8 et 9, que l'on vient de lire. Selon lui, la liste de confiance aurait contenu cinq cent mille citoyens; la liste départementale, cinquante mille, et la liste nationale seulement cinq mille. (*Note des auteurs.*)

10. Les citoyens ayant droit de coopérer à la formation de l'une des listes mentionnées aux trois articles précédens sont appelés, tous les trois ans, à pourvoir au remplacement des inscrits décédés, ou absens pour toute autre cause que l'exercice d'une fonction publique.

11. Ils peuvent en même temps retirer de la liste les inscrits qu'ils ne jugent pas à propos d'y maintenir, et les remplacer par d'autres citoyens dans lesquels ils ont une plus grande confiance.

12. Nul n'est retiré d'une liste que par les votes de la majorité absolue des citoyens ayant droit de coopérer à sa formation.

13. On n'est point retiré d'une liste d'éligibles par cela seul qu'on n'est pas maintenu sur une autre liste d'un degré inférieur ou supérieur.

14. L'inscription sur une liste d'éligibles n'est nécessaire qu'à l'égard de celles des fonctions publiques pour lesquelles cette condition est expressément exigée par la Constitution ou par la loi. Les listes d'éligibles seront formées pour la première fois dans le cours de l'an IX.

Les citoyens qui seront nommés pour la première formation des autorités constituées feront partie nécessaire des premières listes d'éligibles.

TITRE II. — *Du sénat conservateur.*

15. Le sénat conservateur est composé de quatre-vingts membres, inamovibles et à vie, âgés de quarante ans au moins.

Pour la formation du sénat, il sera d'abord nommé soixante membres; ce nombre sera porté à soixante-deux dans le cours de l'an VIII, à soixante-quatre en l'an IX, et s'élèvera ainsi graduellement à quatre-vingts par l'addition de deux membres en chacune des dix premières années.

16. La nomination à une place de sénateur se fait par le sénat, qui choisit entre trois candidats, présentés le premier par le corps législatif, le second par le tribunat, et le troisième par le premier consul.

Il ne choisit qu'entre deux candidats si l'un d'eux est présenté par deux des trois autorités présentantes ; il est tenu d'admettre celui qui serait proposé à la fois par les trois autorités.

17. Le premier consul sortant de place, soit par l'expiration de ses fonctions, soit par démission, devient sénateur de plein droit et nécessairement.

Les deux autres consuls, durant le mois qui suit l'expiration de leurs fonctions, peuvent prendre place dans le sénat, et ne sont pas obligés d'user de ce droit.

Ils ne l'ont point quand ils quittent leurs fonctions consulaires par démission.

18. Un sénateur est à jamais inéligible à toute autre fonction publique.

19. Toutes les listes faites dans les départemens en vertu de l'article 9 sont adressées au sénat ; elles composent la *liste nationale*.

20. Il élit dans cette liste les législateurs, les tribuns, les consuls, les juges de cassation, et les commissaires à la comptabilité.

21. Il maintient ou annule tous les actes qui lui sont déférés comme inconstitutionnels par le tribunat ou par le gouvernement. Les listes d'éligibles sont comprises parmi ces actes.

22. Des revenus de domaines nationaux déterminés sont affectés aux dépenses du sénat. Le traitement annuel de chacun de ses membres se prend sur ces revenus, et il est égal au vingtième de celui du premier consul.

23. Les séances du sénat ne sont pas publiques.

24. Les citoyens *Siéyès* et *Roger-Ducos*, consuls sortans, sont nommés membres du sénat conservateur. Ils se réuniront avec le second et le troisième consul, nommés par la présente Constitution. Ces quatre citoyens nomment la majorité du sénat, qui se complète ensuite lui-même, et procède aux élections qui lui sont confiées.

TITRE III. — *Du pouvoir législatif.*

25. Il ne sera promulgué de lois nouvelles que lorsque le projet en aura été proposé par le gouvernement, communiqué au tribunat, et décrété par le corps législatif.

26. Les projets que le gouvernement propose sont rédigés en articles. En tout état de la discussion de ces projets, le gouvernement peut les retirer ; il peut les reproduire modifiés.

27. Le tribunat est composé de cent membres, âgés de vingt-cinq ans au moins ; ils sont renouvelés par cinquième tous les ans, et indéfiniment rééligibles tant qu'ils demeurent sur la liste nationale.

28. Le tribunat discute les projets de loi ; il en vote l'adoption ou le rejet.

Il envoie trois orateurs pris dans son sein, par lesquels les motifs du vœu qu'il a exprimé sur chacun de ces projets sont exposés et défendus devant le corps législatif.

Il défère au sénat, pour cause d'inconstitutionnalité seulement, les listes d'éligibles, les actes du corps législatif et ceux du gouvernement.

29. Il exprime son vœu sur les lois faites et à faire, sur les abus à corriger, sur les améliorations à entreprendre dans toutes les parties de l'administration publique, mais jamais sur les affaires civiles ou criminelles portées devant les tribunaux.

Les vœux qu'il manifeste en vertu du présent article n'ont aucune suite nécessaire, et n'obligent aucune autorité constituée à une délibération.

30. Quand le tribunat s'ajourne, il peut nommer une commission de dix à quinze de ses membres, chargée de le convoquer si elle le juge convenable.

31. Le corps législatif est composé de trois cents membres, âgés de trente ans au moins ; ils sont renouvelés par cinquième tous les ans.

Il doit toujours s'y trouver un citoyen au moins de chaque département de la République.

32. Un membre sortant du corps législatif ne peut y rentrer qu'après un an d'intervalle ; mais il peut être immédiatement élu à toute autre fonction publique, y compris celle de tribun, s'il y est d'ailleurs éligible.

33. La session du corps législatif commence chaque année le

premier frimaire, et ne dure que quatre mois ; il peut être extraordinairement convoqué durant les huit autres par le gouvernement.

34. Le corps législatif fait la loi en statuant par scrutin secret, et sans aucune discussion de la part de ses membres, sur les projets de loi débattus devant lui par les orateurs du tribunat et du gouvernement.

35. Les séances du tribunat et celles du corps législatif sont publiques ; le nombre des assistans, soit aux unes, soit autres, ne peut excéder deux cents.

36. Le traitement annuel d'un tribun est de quinze mille francs ; celui d'un législateur de dix mille francs.

37. Tout décret du corps législatif, le dixième jour après son émission, est promulgué par le premier consul, à moins que dans ce délai il n'y ait eu recours au sénat pour cause d'inconstitutionnalité. Ce recours n'a point lieu contre les lois promulguées.

38. Le premier renouvellement du corps législatif et du tribunat n'aura lieu que dans le cours de l'an x.

TITRE IV. — *Du gouvernement.*

39. Le gouvernement est confié à trois consuls, nommés pour dix ans, et indéfiniment rééligibles.

Chacun d'eux est élu individuellement avec la qualité distincte ou de premier, ou de second, ou de troisième consul.

La Constitution nomme *premier consul* le citoyen BONAPARTE, ex-consul provisoire ; *second consul*, le citoyen CAMBACÉRÈS, ex-ministre de la justice ; et *troisième consul*, le citoyen LEBRUN, ex-membre de la commission du conseil des anciens.

Pour cette fois le troisième consul n'est nommé que pour cinq ans.

40. Le premier consul a des fonctions et des attributions particulières, dans lesquelles il est momentanément suppléé, quand il y a lieu, par un de ses collègues.

41. Le premier consul promulgue les lois ; il nomme et révoque

à volonté les membres du conseil d'état, les ministres, les ambassadeurs et autres agens extérieurs en chef, les officiers de l'armée de terre et de mer, les membres des administrations locales, et les commissaires du gouvernement près les tribunaux. Il nomme tous les juges criminels et civils, autres que les juges de paix et les juges de cassation, sans pouvoir les révoquer.

42. Dans les autres actes du gouvernement le second et le troisième consul ont voix consultative. Ils signent le registre de ces actes pour constater leur présence, et, s'ils le veulent, ils y consignent leurs opinions; après quoi la décision du premier consul suffit.

43. Le traitement du premier consul sera de 500,000 fr. en l'an VIII. Le traitement de chacun des deux autres consuls est égal aux trois dixièmes de celui du premier.

44. Le gouvernement propose les lois, et fait les règlemens nécessaires pour assurer leur exécution.

45. Le gouvernement dirige les recettes et les dépenses de l'état, conformément à la loi annuelle qui détermine le montant des unes et des autres; il surveille la fabrication des monnaies, dont la loi seule ordonne l'émission, fixe le titre, le poids et le type.

46. Si le gouvernement est informé qu'il se trame quelque conspiration contre l'état, il peut décerner des mandats d'amener et des mandats d'arrêt contre les personnes qui en sont présumées les auteurs ou les complices; mais si, dans un délai de dix jours après leur arrestation, elles ne sont mises en liberté ou en justice réglée, il y a, de la part du ministre signataire du mandat, crime de détention arbitraire.

47. Le gouvernement pourvoit à la sûreté intérieure et à la défense extérieure de l'état; il distribue les forces de terre et de mer, et en règle la direction.

48. La garde nationale en activité est soumise aux règlemens d'administration publique : la garde nationale sédentaire n'est soumise qu'à la loi.

49. Le gouvernement entretient des relations politiques au de-

hors, conduit les négociations, fait les stipulations préliminaires, signe, fait signer et conclut tous les traités de paix, d'alliance, de trève, de neutralité, de commerce, et autres conventions.

50. Les déclarations de guerre et les traités de paix, d'alliance et de commerce, sont proposés, discutés, décrétés et promulgués comme des lois.

Seulement les discussions et délibérations sur ces objets, tant dans le tribunat que dans le corps législatif, se font en comité secret quand le gouvernement le demande.

51. Les articles secrets d'un traité ne peuvent être destructifs des articles patens.

52. Sous la direction des consuls, le conseil d'état est chargé de rédiger les projets de loi et les règlemens d'administration publique, et de résoudre les difficultés qui s'élèvent en matière administrative.

53. C'est parmi les membres du conseil d'état que sont toujours pris les orateurs chargés de porter la parole au nom du gouvernement devant le corps législatif.

Ces orateurs ne sont jamais envoyés au nombre de plus de trois pour la défense d'un même projet de loi.

54. Les ministres procurent l'exécution des lois et des règlemens d'administration publique.

55. Aucun acte du gouvernement ne peut avoir d'effet s'il n'est signé par un ministre.

56. L'un des ministres est spécialement chargé de l'administration du trésor public; il assure les recettes, ordonne les mouvemens de fonds et les paiemens autorisés par la loi. Il ne peut rien faire payer qu'en vertu 1º d'une loi, et jusqu'à la concurrence des fonds qu'elle a déterminés pour un genre de dépenses; 2º d'un arrêté du gouvernement; 3º d'un mandat signé par un ministre.

57. Les comptes détaillés de la dépense de chaque ministre, signés et certifiés par lui, sont rendus publics.

58. Le gouvernement ne peut élire ou conserver pour conseil-

lers d'état, pour ministres, que des citoyens dont les noms se trouvent inscrits sur la liste nationale.

59. Les administrations locales, établies soit pour chaque arrondissement communal, soit pour des portions plus étendues du territoire, sont subordonnées aux ministres. Nul ne peut devenir ou rester membre de ces administrations s'il n'est porté ou maintenu sur l'une des listes mentionnées aux articles 7 et 8.

TITRE V. — *Des tribunaux.*

60. Chaque arrondissement communal a un ou plusieurs juges de paix, élus immédiatement par les citoyens pour trois années.

Leur principale fonction consiste à concilier les parties, qu'ils invitent, dans le cas de non-conciliation, à se faire juger par des arbitres.

61. En matière civile il y a des tribunaux de première instance et des tribunaux d'appel. La loi détermine l'organisation des uns et des autres, leur compétence, et le territoire formant le ressort de chacun.

62. En matière de délits emportant peine afflictive ou infamante, un premier jury admet ou rejette l'accusation; si elle est admise, un second jury reconnaît le fait, et les juges, formant un tribunal criminel, appliquent la peine. Leur jugement est sans appel.

63. La fonction d'accusateur public près un tribunal criminel est remplie par le commissaire du gouvernement.

64. Les délits qui n'emportent pas peine afflictive ou infamante sont jugés par des tribunaux de police correctionnelle, sauf l'appel aux tribunaux criminels.

65. Il y a pour toute la République un tribunal de cassation, qui prononce sur les demandes en cassation contre les jugemens en dernier ressort rendus par les tribunaux, sur les demandes en renvoi d'un tribunal à un autre pour cause de suspicion légitime ou de sûreté publique, sur les prises à partie contre un tribunal entier.

66. Le tribunal de cassation ne connaît point du fond des af-

faires ; mais il casse les jugemens rendus sur des procédures dans lesquelles les formes ont été violées, ou qui contiennent quelque contravention expresse à la loi, et il renvoie le fond du procès au tribunal qui doit en connaître.

67. Les juges composant les tribunaux de première instance, et les commissaires du gouvernement établis près ces tribunaux, sont pris dans la liste communale ou dans la liste départementale.

Les juges formant les tribunaux d'appel, et les commissaires placés près d'eux, sont pris dans la liste départementale.

Les juges composant le tribunal de cassation, et les commissaires établis près ce tribunal, sont pris dans la liste nationale.

68. Les juges autres que les juges de paix conservent leurs fonctions toute leur vie, à moins qu'ils ne soient condamnés pour forfaiture, ou qu'ils ne soient pas maintenus sur les listes d'éligibles.

TITRE VI. — *De la responsabilité des fonctionnaires publics.*

69. Les fonctions des membres, soit du sénat, soit du corps législatif, soit du tribunat, celles des consuls et des conseillers d'état, ne donnent lieu à aucune responsabilité.

70. Les délits personnels emportant peine afflictive ou infamante, commis par un membre, soit du sénat, soit du tribunat, soit du corps législatif, soit du conseil d'état, sont poursuivis devant les tribunaux ordinaires, après qu'une délibération du corps auquel le prévenu appartient a autorisé cette poursuite.

71. Les ministres prévenus de délits privés emportant peine afflictive ou infamante sont considérés comme membres du conseil d'état.

72. Les ministres sont responsables : 1º de tout acte de gouvernement signé par eux, et déclaré inconstitutionnel par le sénat ; 2º de l'inexécution des lois et des règlemens d'administration publique ; 3º des ordres particuliers qu'ils ont donnés, si ces ordres sont contraires à la Constitution, aux lois et aux règlemens.

73. Dans les cas de l'article précédent le tribunat dénonce le ministre par un acte sur lequel le corps législatif délibère dans les formes ordinaires, après avoir entendu ou appelé le dénoncé.

Le ministre mis en jugement par un décret du corps législatif est jugé par une haute cour, sans appel et sans recours en cassation.

La haute cour est composée de juges et de jurés. Les juges sont choisis par le tribunal de cassation et dans son sein ; les jurés sont pris dans la liste nationale, le tout suivant les formes que la loi détermine.

74. Les juges civils et criminels sont, pour les délits relatifs à leurs fonctions, poursuivis devant les tribunaux auxquels celui de cassation les renvoie après avoir annulé leurs actes.

75. Les agens du gouvernement autres que les ministres ne peuvent être poursuivis pour des faits relatifs à leurs fonctions qu'en vertu d'une décision du conseil d'état : en ce cas la poursuite a lieu devant les tribunaux ordinaires.

TITRE VII. — *Dispositions générales.*

76. La maison de toute personne habitant le territoire français est un asile inviolable.

Pendant la nuit nul n'a le droit d'y entrer que dans le cas d'incendie, d'inondation, ou de réclamation faite de l'intérieur de la maison.

Pendant le jour on peut y entrer pour un objet spécial déterminé, ou par une loi, ou par un ordre émané d'une autorité publique.

77. Pour que l'acte qui ordonne l'arrestation d'une personne puisse être exécuté, il faut : 1° qu'il exprime formellement le motif de l'arrestation, et la loi en exécution de laquelle elle est ordonnée ; 2° qu'il émane d'un fonctionnaire à qui la loi ait donné formellement ce pouvoir ; 3° qu'il soit notifié à la personne arrêtée, et qu'il lui en soit laissé copie.

78. Un gardien ou geôlier ne peut recevoir ou détenir aucune personne qu'après avoir transcrit sur son registre l'acte qui ordonne l'arrestation : cet acte doit être un mandat donné dans les formes prescrites par l'article précédent, ou une ordonnance de prise de corps, ou un décret d'accusation, ou un jugement.

79. Tout gardien ou geôlier est tenu, sans qu'aucun ordre

puisse l'en dispenser, de représenter la personne détenue à l'officier civil ayant la police de la maison de détention toutes les fois qu'il en sera requis par cet officier.

80. La représentation de la personne détenue ne pourra être refusée à ses parens et amis porteurs de l'ordre de l'officier civil, lequel sera toujours tenu de l'accorder, à moins que le gardien ou geôlier ne représente une ordonnance du juge pour tenir la personne au secret.

81. Tous ceux qui, n'ayant point reçu de la loi le pouvoir de faire arrêter, donneront, signeront, exécuteront l'arrestation d'une personne quelconque; tous ceux qui, même dans le cas de l'arrestation autorisée par la loi, recevront ou retiendront la personne arrêtée dans un lieu de détention non publiquement et légalement désigné comme tel, et tous les gardiens ou geôliers qui contreviendront aux dispositions des trois articles précédens, seront coupables du crime de détention arbitraire.

82. Toutes rigueurs employées dans les arrestations, détentions ou exécutions, autres que celles autorisées par les lois, sont des crimes.

83. Toute personne a le droit d'adresser des pétitions individuelles à toute autorité constituée, et spécialement au tribunat.

84. La force publique est essentiellement obéissante; nul corps armé ne peut délibérer.

85. Les délits des militaires sont soumis à des tribunaux spéciaux, et à des formes particulières de jugement.

86. La nation française déclare qu'il sera accordé des pensions à tous les militaires blessés à la défense de la patrie, ainsi qu'aux veuves et aux enfans des militaires morts sur le champ de bataille ou des suites de leurs blessures.

87. Il sera décerné des récompenses nationales aux guerriers qui auront rendu des services éclatans en combattant pour la République.

88. Un institut national est chargé de recueillir les découvertes, de perfectionner les sciences et les arts.

89. Une commission de comptabilité nationale règle et vérifie

les comptes des recettes et des dépenses de la République. Cette commission est composée de sept membres, choisis par le sénat dans la liste nationale.

90. Un corps constitué ne peut prendre de délibération que dans une séance où les deux tiers au moins de ses membres se trouvent présens.

91. Le régime des colonies françaises est déterminé par des lois spéciales.

92. Dans le cas de révolte à main armée, ou de troubles qui menacent la sûreté de l'état, la loi peut suspendre, dans les lieux et pour le temps qu'elle détermine, l'empire de la Constitution.

Cette suspension peut être provisoirement déclarée, dans les mêmes cas, par un arrêté du gouvernement, le corps législatif étant en vacance, pourvu que ce corps soit convoqué au plus court terme par un article du même arrêté.

93. La nation française déclare qu'en aucun cas elle ne souffrira le retour des Français qui, ayant abandonné leur patrie depuis le 14 juillet 1789, ne sont pas compris dans les exceptions portées aux lois rendues contre les émigrés; elle interdit toute exception nouvelle sur ce point.

Les biens des émigrés sont irrévocablement acquis au profit de la République.

94. La nation française déclare qu'après une vente légalement consommée de biens nationaux, quelle qu'en soit l'origine, l'acquéreur légitime ne peut en être dépossédé, sauf aux tiers réclamans à être, s'il y a lieu, indemnisés par le trésor public.

95. La présente Constitution sera offerte de suite à l'acceptation du peuple français.

Le 23 frimaire, sur un message de consuls, les deux commissions arrêtèrent le mode de présentation de la Constitution au peuple et le mode d'acceptation. Ils se gardèrent bien de les adresser aux assemblées primaires, où il aurait pu s'élever des débats, des délibérations, et dont, par suite, on aurait pu recevoir des refus. On décida que des registres destinés à recevoir les acceptations et les non-acceptations seraient déposés au secrétariat de chaque administration, au greffe de chaque tribunal, entre les mains des agens communaux, des juges de paix et des notaires. Le délai accordé pour voter était seulement de quinze jours à partir de celui où l'acte constitutionnel serait parvenu dans le chef-lieu du département, et de trois jours dans chaque canton. Les consuls étaient chargés de recueillir et de proclamer le résultat des votes. En conséquence, les consuls publièrent la proclamation suivante :

Proclamation des consuls. — Du 24 frimaire an VIII.

« Français, une Constitution vous est présentée.

» Elle fait cesser les incertitudes que le gouvernement provisoire mettait dans les relations extérieures, dans la situation intérieure et militaire de la République.

» Elle place dans les institutions qu'elle établit les premiers magistrats dont le dévouement a paru nécessaire à son activité.

» La Constitution est fondée sur les vrais principes du gouvernement représentatif, sur les droits sacrés de la propriété, de l'égalité, de la liberté.

» Les pouvoirs qu'elle institue seront forts et stables, tels qu'ils doivent être pour garantir les droits des citoyens et les intérêts de l'état.

» Citoyens, la révolution est fixée aux principes qui l'ont commencée ; elle est finie. »

— Le 3 nivose suivant, c'est-à-dire sept jours après, Bérenger proposa à la commission législative des cinq-cents de décréter que le *sénat conservateur et les consuls entreraient en fonctions le 4 nivose an* VIII, c'est-à-dire encore le lendemain. Il fondait sa proposition sur ce que le résultat du vote populaire n'était pas douteux. La majorité, disait-il, était déjà acquise, en sorte que tout permettait de pourvoir aux intérêts de l'état qu'un provisoire plus long pouvait compromettre. Les lois qu'il proposait pourvoyaient à tout : Il remettait l'ancienne garde des conseils aux consuls. Il assignait les Tuileries aux consuls, le Luxembourg au sénat, le Palais-Royal au tribunat, le palais des cinq-cents au corps législatif ; il réglementait les costumes, ouvrait des crédits aux divers ministres. Ces lois furent acceptées par les deux commissions. Lucien Bonaparte fit rendre ensuite une loi d'amnistie qui autorisait le gouvernement à rappeler ceux des déportés *qu'il jugerait à propos*, et de les soumettre à tel mode de surveillance qui lui paraîtrait convenable (1). Enfin, par une dernière résolution, on décida que toutes les fêtes de la République étaient supprimées, sauf l'anniversaire du 10 août.

— Le même jour, 5 nivose, à huit heures du soir, les trois consuls, Bonaparte, Cambacérès, Lebrun, considérant que la Constitution était mise en activité, se réunirent et délibérèrent. Ils

---

(1) Voici comment les consuls usèrent de cette autorisation.

Arrêté des consuls du 5 nivose an VIII.

« Les consuls de la République, en vertu de la loi du 5 de ce mois, concernant les individus nominativement condamnés à la déportation, sans jugement préalable, par un acte législatif ;

» Vu les lois des 12 germinal an III et 19 fructidor an V ;

» Après avoir entendu le ministre de la police générale, arrêtent :

» Art. Ier Il est permis aux individus ci-après nommés de rentrer sur le territoire de la République.

» II. Ils se rendront et demeureront, sous la surveillance du ministre de la police générale, dans les communes désignées ainsi qu'il suit :

» Lafond-Ladebat, à Paris ; Carnot, à Paris ; Barthélemy, à Paris ; Boissy-d'Anglas, à Annonay ; Couchery, à Besançon ; Delahaye, à Rouen ; Delarue, à la Charité-sur-Loire ; Doumerc, à Paris ; Dumolard, à Grenoble ; Duplantier, à Paris ; Duprat, à Tartas ; Gau, à Auxerre ; Lemarchand-Gomicourt, à Rouen ; Jourdan (André-Joseph), à Orléans ; Mersan, à Beaugency ; Madier, à Auxerre ; Noailles, à Toulouse ; Marc-Curtin, à Auxonne ; Pavie, à Toulouse ; Pastoret, à Dijon ; Polissard, à Mâcon ; J.-J. Aimé, à Dijon ; Born, au Puy ; André (de la Lozère), à Toulouse ; Morgan, à Besançon ; Cochon, à Paris ; Portalis, à Paris ; Paradis, à Anvers ; Muraire, à Paris ; Lomont, à Nevers ; Praire-Montaud, à Paris ; Quatremère-Quincy, à Paris ; Saladin, à Valenciennes ; Siméon, à Paris ; Viennot-Vaublanc, à Melun ; Villaret-Joyeuse, à Paris ; Barbé-Marbois, à Paris ; Dumas, à Sens ; Barrère, à Paris ; Vadier, à Chartres ; Bayard, à.....

» III. Les administrations communales informeront le ministre de la police de l'arrivée de chaque individu dans leurs arrondissemens respectifs.

» IV. Tout individu compris dans l'une des lois des 12 germinal an III et 19 fructidor an V, et non dénommé ci-dessus, qui rentrera sur le continent français sans y être autorisé par une permission expresse du gouvernement, sera considéré et poursuivi comme émigré. »

nommèrent un ministère. Lucien Bonaparte fut chargé de l'intérieur, et Abrial de la justice ; les autres ministres furent conservés. Puis les consuls organisèrent le conseil d'état et en nommèrent les membres. Voici le règlement de ce conseil :

Règlement du conseil d'état. — Du 3 nivose an VIII.

Les consuls de la République arrêtent :

ART. 1er. Le conseil d'état est composé de trente à quarante membres.

2. Il se forme en assemblée générale et se divise en sections.

3. L'assemblée générale ne peut avoir lieu que sur la convocation des consuls.

Elle est présidée par le premier consul, et, en son absence, par l'un des deux autres consuls.

4. Les ministres ont la faculté d'entrer dans l'assemblée générale du conseil d'état, sans que leurs voix y soient comptées.

5. Les conseillers d'état sont divisés en cinq sections, savoir :
Une section des finances ;
Une section de législation civile et criminelle ;
Une section de la guerre ;
Une section de la marine ;
Une section de l'intérieur.

6. Chaque section est présidée par un conseiller d'état nommé chaque année par le premier consul.

Lorsque le second ou troisième consul se trouve à une section, il la préside.

Les ministres peuvent, lorsqu'ils le croient utiles assister sans voix délibérative aux séances des sections.

7. Cinq conseillers d'état sont spécialement chargés de diverses parties d'administration, quant à l'instruction seulement ; ils en suivent les détails, signent la correspondance, reçoivent et appellent toutes les informations, et portent aux ministres les propositions de décisions que ceux-ci soumettent aux consuls.

Un d'eux est chargé des bois et forêts et anciens domaines ;
Un autre, des domaines nationaux ;

Un autre, des ponts et chaussées, canaux de navigation et cadastres;

Un autre, des sciences et arts;

Un autre, des colonies.

8. La proposition d'une loi ou d'un règlement d'administration publique est provoquée par les ministres, chacun dans l'étendue de ses attributions.

Si les consuls adoptent leur opinion, ils renvoient le projet à la section compétente, pour rédiger la loi ou le règlement.

Aussitôt le travail achevé, le président de la section se transporte auprès des consuls pour les informer.

Le premier consul convoque alors l'assemblée générale du conseil d'état.

Le projet y est discuté, sur le rapport de la section qui l'a rédigé.

Le conseil d'état transmet son avis motivé aux consuls.

9. Si les consuls approuvent la rédaction, ils arrêtent définitivement le règlement; ou, s'il s'agit d'une loi, ils arrêtent qu'elle sera proposée au corps législatif.

Dans le dernier cas, le premier consul nomme, parmi les conseillers d'état, un ou plusieurs orateurs qu'il charge de présenter le projet de loi, et d'en soutenir la discussion.

Les orateurs, en présentant les projets de lois, développent les motifs de la proposition du gouvernement.

10. Quand le gouvernement retire un projet de loi, il le fait par un message.

11. Le conseil d'état prononce :

1° Sur les conflits qui peuvent s'élever entre l'administration et les tribunaux;

2° Sur les affaires contentieuses dont la décision était précédemment remise aux ministres;

3° Il développe le sens des lois, sur le renvoi qui lui est fait par les consuls des questions qui leur ont été présentées.

12. Les conseillers d'état chargés de la direction de quelque partie de l'administration publique n'ont point de voix au con-

seil d'état lorsqu'il prononce sur le contentieux de cette partie.

13. Le conseil d'état a un secrétaire général; ses fonctions sont :

1° De faire le départ des affaires entre les différentes sections;

2° De tenir la plume aux assemblées générales du conseil d'état, et aux assemblées particulières que les présidens des sections tiendront chaque décade;

3° De présenter aux consuls le résultat du travail de l'assemblée générale;

4° De contre-signer les avis motivés du conseil, et les décisions des bureaux;

5° De garder les minutes des actes de l'assemblée générale du conseil d'état, des sections et des conseillers chargés des parties d'administration, d'en délivrer ou signer les expéditions ou extraits.

14. Le traitement uniforme des conseillers d'état est de 25,000 francs.

Il est accordé un supplément de traitement aux présidens des sections, et à ceux des conseillers d'état qui seront chargés de la direction de quelques parties de l'administration publique.

15. Le traitement du secrétaire général est fixé à 15,000 fr.

16. Le costume des conseillers d'état est ainsi réglé :

Habit de velours bleu en hiver, et de soie bleue en été, brodé en soie bleue.

Divisions du conseil d'état, et noms des membres qui les remplissent.

Section de la Guerre. — Brune, président; Dejean, Lacuée, Marmont, Pétiet.

Marine. — Gantheaume, président; Champagnie, Dufalga, Fleurieu, Lescalier, Rédon.

Finances. — Defermont, président; Duchâtel, Devaisnes, Dufresne, Dubois des Vosges, Jollivet, Reigner.

Justice. — Boulay, président; Berlier, Moreau-St-Méry, Emmery, Réal.

Intérieur. — Rœderer, président; Bénézech, Crétet, Chaptal, Renaud de Saint-Jean-d'Angely, Fourcroy.

Noms des membres du conseil qui sont chargés, sous l'autorité de différens ministres, de détails d'administration.

Le citoyen Chaptal, l'instruction publique. — Le citoyen Dufresne, le trésor public. — Le citoyen Reigner, les domaines nationaux. — Le citoyen Lescalier, les colonies. — Le citoyen Crétet, les travaux publics.

Le citoyen Daunou a refusé.

Séance du conseil d'état du 4 nivose.

La séance a été présidée par le premier consul, accompagné de ses deux collègues et des ministres.

Les présidents des cinq sections, chargés, à la fin de la séance d'hier, de présenter un projet de règlement pour les séances du corps législatif et le tribunat, et régler les rapports du conseil d'état avec ces corps, ont présenté leur projet. Il a été adopté et envoyé par un message aux deux commissions législatives, dont les fonctions ne doivent finir qu'après la formation du corps législatif et du tribunat.

Les cinq présidens sont chargés de proposer incessamment aux consuls les projets de lois qu'ils croiront nécessaires pour mettre en activité la Constitution.

La section de l'intérieur est chargée de présenter un projet de loi pour la police et la pacification des départemens en désordre, qui seraient mis hors la Constitution.

— Les consuls arrêtèrent en outre la rédaction d'une proclamation qui fut publiée le lendemain et par laquelle ils annonçaient que le règne de la nouvelle Constitution commençait.

Le sénat était en effet formé. Dans une réunion qui eut lieu sans doute le 2 nivose, mais secrètement, le sénat avait été constitué. Le *Journal de Paris* donna la liste des sénateurs dans son numéro du 3. Voici comment le fait s'était passé. Aux termes de l'article 24 de la Constitution, Siéyès et Ducos, consuls sortans, s'étaient joints à Lebrun et Cambacérès, consuls entrans. Ils déclarèrent membres du sénat conservateur les personnages dont nous allons donner les noms. C'étaient Beaupuy, Berthollet, Creuzé-Latouche, Dailly, Fargues, Hatry, Lambrechts, Laplace, Lecouteulx-Canteleu, Lemercier, Lenoir-Laroche, Lespinasse, Monge, Preville-le-Pellay, Porcher, Besnier, Rousseau, Tracy, Vimar, Volney, Cabanis, Kellermann, Siéyès, Roger-Ducos, Garat, Cousin, Cornet, Dubois-Dubay, Ducis, Garan-Coulon, Resnier et Lacépède. — Cette première liste formée, les individus qui en faisaient partie se réunirent à leur tour, et s'adjoignirent comme sénateurs : Herwin, Cornudet, Vernier, Chasset, Levavasseur, Journu-Aubert, Louis Drouin, Casa-Bianca, Lagrange, Pérée des Hautes-Pyrénées, Laville-Leroux, Clément de Ris, Vien, Depeyre, Abrial, Roederer, Reigner, Crétet, Daroust, Dizez, Cholet, Sers de Bordeaux, Perregaux, Praslin, Darset, François de Neufchâteau, Villetard, Lazarre-Lejean et Daubenton.

La liste se trouva ainsi portée à soixante membres.

Abrial, Crétet, Reigner et Rœderer donnèrent leur démission, préférant les uns rester au conseil d'état, les autres au ministère, etc. Le sénat les remplaça par Bougainville, Morard de Galles, Jacqueminot, et le général Serrurier.

Aussitôt que le sénat fut formé, il se hâta de composer le tribunat. Dès le 4 nivose, on lisait la liste suivante dans les journaux.

Noms des tribuns élus par le sénat.

Goupil-Préfeln fils; Sédillès, Laloy, Laussat, Chassiron, Caillemaire, Lucien Bonaparte, Daunou, Boulay de la Meurthe, Chazal, Chénier, Chabot-Latour, Jacqueminot, Émile Godin, Barra des Ardennes, Thiessé, Ludot-Thibaut, Arnould de la Seine, Béranger, Mathieu de l'Oise, Gourlay, Beauvais, Barret de la Lys, Delpierre, Mallarmé de la Meurthe, Fabre de l'Aude, Jar-Panvilliers, Picaut, Châteauneuf de Seine-et-Oise, Bosé de l'Aude, Vezin, Carret du Rhône, Lecointe-Puyraveau, Chesnar de la Meuse, Dieudonné, Jean Debry, Bouteville, Courtois, Chabot de l'Allier, Guttinguer, Huguet, Lehary, Le Jourdan des Bouches-du-Rhône, Moricaut, Roujoux, Andrieux, Bailleul, Garat-Maibla, Jubé, Imbert de Seine-et-Marne, Jaucourt, Miot, Duverrier, Riouffe, Monges, Leroy, Barthélemy de la Lozère, Bézard, Bilouze-Lignerès, Grenier du Puy-de-Dôme, Cambe, Costé, Curée, Duchesne, Eschassériaux l'aîné, Faure, Favart, Gilet-Lajacqueminière, Gilet de Seine-et-Oise, Guinard, Labrouste de la Gironde, Legier des Forêts, Le Goupil-Duclos, Malès, Malherbes, Parent-Réal, Penières, Portier de l'Oise, Gallois, Desmousseaux, Benjamin Constant, Ganilh, Desmeuniers, Trouvé, Ginguené, Jarry fils aîné, Chauvelin, Jean-Baptiste Say, Jacquemont, Noël, Lagonidec, Perre de la Manche, Boisjolin, Adet, Fermont, Laronicquières, Dubois des Vosges, Desrenaudes, Savoye-Rolin.

Enfin, le sénat élut le corps législatif. La liste des membres appelés à le composer se trouva dans les journaux du 7 nivose.

Nom des trois cents membres du corps législatif élus par le sénat.

NOTA. *Les noms marqués d'un C sont ceux des membres du conseil des cinq-cents réélus; et les noms marqués d'un A sont ceux du conseil des anciens.*

Albert aîné (Seine), A.
Abert jeune (Bas-Rhin), C.
Allart (Rhône), A.
Anquetin (Seine-Inférieure), A.
Auverlot (Jemmappes), C.
Appert (Loiret), A.
Aubert (Seine), C.
Auguis (Deux-Sèvres), C.
Baborier (Drôme), A.
Baillon (Nord), A.
Baraillon (Creuse), A.
Baron (Marne), A.
Barré (Sarthe), A.
Barrière (Basses-Alpes), C.
Barrot (Lozère), A.
Bassaget (Vaucluse), A.
Bassange (Ourthe), C.
Bazoche (Meuse), A.
Beauchamp (Allier), C.
Beerenbroeck (Deux-Nèthes), A.

Belleville, ex-ministre de la république à Gênes.
Belzais-Courmesnil (Orne), C.
Bergeras (Basses-Pyrénées), A.
Bergier (Puy-de-Dôme), ex-législateur.
Berquier-Neuville (Pas-de-Calais), C.
Berthezen (Gard), ex-conventionnel.
Blarau (Jemmappes), A.
Boëri (Indre), C.
Boileau (Yonne), C.
Bollet (Pas-de-Calais), A.
Bollioud (Ardèche), C.
Bonaparte Joseph (département du Golo), ex-législateur.
Bordes (Ariége), C.
Bouisseren (Charente-Inférieure), A.
Bourdon (Seine-Inférieure), A.
Bourg-la-Prade (Lot-et-Garonne), C.
Bourgeois (Seine-Inférieure), A.

Brault (Vienne), A.
Bréard (Charente-Inférieure), ex-conventionnel.
Brémontier (Seine-Inférieure), C.
Bucaille (Pas-de-Calais), ex-constituant.
Cacault (Loire-Inférieure), C.
Cazenave (Basses-Pyrénées), C.
Castagné (Tarn), C.
Castaing (Orne), C.
Cayre (Rhône), C.
Cazaux (Haute-Garonne), C.
Chaillot (Seine-et-Marne), C.
Champion (Meuse), A.
Champion (Jura), A.
Charrel (Isère), C.
Chatry-Lafosse (Calvados), A.
Cherrier (Moselle), ex-conventionnel, contrôleur des postes à Metz.
Cholet-Beaufort (Puy-de-Dôme), C.
Crochon (Eure), C.
Clary, Étienne (Bouches-du-Rhône), négociant à Marseille.
Clavier (Loire-Inférieure), A.
Clavière (Cantal), C.
Clauzel (Arriége), C.
Cochon-Duvivier (Charente-Inférieure), officier de santé de première classe de la marine.
Collard (Forêts), C.
Collet (Yonne), C.
Combes-Dounous (Lot), C.
Compayre (Tarn), C.
Cornilleau (Sarthe), ex-législateur.
Coulmier (Seine), ex-constituant, administrateur de l'hospice de Charenton.
Coutausse (Lot-et-Garonne), A.
Couzard (Gironde), C.
Crevelier (Charente), C.
Dabray (Alpes-Maritimes), C.
Dalphonse (Allier), A.
Danel (Nord), C.
Danet (Morbihan), A.
Daracq (Landes), C.
Dauphole (Hautes-Pyrénées), C.
Dedelay-Dagier (Drôme), A.
Défrance (Seine-et-Marne), ex-conventionnel.
Delamarre (Oise), A.
Delattre (Somme), C.
Delecloix (Somme), A.
Delneufcourt (Jemmappes), A.
Delort (Corrèze), A.
Delpierre aîné (Vosges), C.
Delzons (Cantal), A.
Desmazières (Maine-et-Loire), A.
Desnos (Orne), C.
Desprez (Orne), C.
Deveaux (Lys), C.
Devinch-Thierry (Escaut.), C.
Dillon (Vendée), C.
Drulh (Haute-Garonne), ex-conventionnel.
Dubosq (Calvados), C.
Dubourg (Oise), A.
Duflos (Pas-de-Calais), C.
Dumas (Mont-Blanc), ex-conventionnel, accusateur public près le trinal criminel du département.
Dumoulin (Nord), C.
Dupin (Nièvre), A.
Duplaquet (Aisne), A.
Dupoix (Landes), C.
Dupuys (Seine-et-Oise), ex-conventionnel.
Durand (Loir-et-Cher), C.
Dutrou-Bornier (Vienne), C.
Duval (Seine-Inférieure), ex-ministre de la police.
Duvillard (Léman), chef de bureau à la trésorerie et membre associé de l'Institut.
Engerrand (Manche), C.
Enjubault (Mayenne), C.
Eschasseriaux jeune (Charente-Inférieure), C.
Estaque (Arriége), A.
Eversdych (l'Escaut), C.
Fabry (l'Ourte), C.
Faure (Haute-Loire), A.
Febvre (Jura), C.
Félix-Faulcon (Vienne), C.
Fery (Dyle), C.
Florent-Guyot (Côte-d'Or) ex-ministre plénipotentiaire à La Haye.
Fontenay (Indre-et-Loire), ex-législateur.
Foubert (Dyle), C.
Fouquet (Cher), A.
Fourmi (l'Orne), A.
Fournier (l'Hérault), A.

Franck (Forêts) A.
Frégeville, C.
Frochot (Côte-d'Or), ex-constituant.
Fulchiron l'aîné, Joseph, (Rhône), banquier.
Gantois (Somme), C.
Garnier-Deschesnes (Seine-et-Oise), C.
Gassendi (Basses-Alpes), ex-constituant.
Gaudin (Vendée), A.
Gauthier (Côte-d'Or), A.
Gauthier (Corrèze), A.
Geoffroi Côme, (Saône-et-Loire), ex-législateur.
Germain (Jura), C.
Gesnouin (Finistère), C.
Gheysens (Lys), A.
Gilbert, professeur à l'école vétérinaire d'Alfort.
Gintrac (Dordogne), A.
Girod (l'Ain), C.
Girot-Pouzols (Puy-de-Dôme), C.
Gonnet (Somme), A.
Gossuin (Nord), C.
Goyet Dubignon (Mayenne), A.
Grappe (Doubs), C.
Grégoire (Meurthe), ex-conventionnel.
Grenot (Jura), C.
Guérin (Deux-Sèvres), A.
Guérin (Loiret), C.
Guichard (l'Yonne), C.
Guillemot (Côte-d'Or), C.
Guirail (Basses-Pyrénées), C.
Guiter (Pyrénées-Orientales), ex-conventionnel.
Guyot-Desherbiers (Seine), C.
Hardy (Seine-Inférieure), C.
Hémart (Marne), C.
Hopsomère (l'Escaut), A.
Houdbert (Sarthe), C.
Hubard (Meuse-Inférieure), A.
Huon (Finistère), A.
Haltinguais (Seine-et-Marne), G.
Jacomet (Pyrénées-Orientales), A.
Jacomin (Drôme), G.
Janod (Jura), C.
Jan (l'Eure), A.
Jourdan (Nièvre), C.
Jouvent (l'Hérault), C.
Juhel (l'Indre), C.
Kervélegan (Finistère), C.
Laborde (Gers), ex-législateur.

Lachieze (Lot), A.
Lacrampe (Hautes-Pyrénées), C.
Lafont (Lot-et-Garonne), C.
Lagrange (Lot-et-Garonne), A.
Lametherie, Antoine (Saône-et-Loire), ex-constituant.
Langlois (l'Eure), A.
Lapotaire (Morbihan), A.
Larcher (Haute-Marne), A.
Latour-Dauvergne, capitaine de grenadiers.
Laumond (de la Creuse), C.
Leblanc (de l'Oise), C.
Leblanc (Hautes-Alpes), C.
Leblond, bibliothécaire des Quatre-Nations.
Lecerf (de l'Eure), A.
Leclerc (de Maine-et-Loire), ex-conventionnel.
Leclerc (de Seine-et-Oise).
Lefevre-Caillet (du Pas-de-Calais), ex-législateur.
Lefèbvre-la-Roche, ex-administrateur du département de la Seine.
Lefebvrier (du Morbihan), C.
Légiet (du Loiret), C.
Legrand (de l'Indre), ex-législateur.
Lemayod (du Morbihan), A.
Lemée (Côtes-du-Nord), A.
Lemesle (de Seine-Inférieure), C.
Lemoine (du Calvados), ex-conventionnel.
Lenormand (du Calvados), C.
Lerouge (de l'Aube), A.
Leroux, Étienne (de la Seine), C.
Leroy (de l'Eure), C.
Lespinasse (de la Haute-Garonne), ex-législateur.
Lesoine (de l'Ourthe), A.
Lévêque (du Calvados), commissaire central du département.
Lobjoy (de l'Aisne), A.
Louvet (de la Somme), C.
Loyaud (de la Vendée), A.
Luminais (de la Vendée), C.
Lucas (de l'Allier), ex-consul.
Mallein (de l'Isère), A.
Mansord (du Mont-Blanc), C.
Maras (d'Eure-et-Loir), C.
Marc-Aurèle (de la Haute-Garonne), ex-consul à Barcelone.

AU 5 NIVOSE AN VIII (1799).

Martinet (de la Drôme), C.
Massa (des Alpes-Maritimes), ex-conventionnel, commissaire central du département.
Maugenest (de l'Allier), C.
Maupetit (de la Mayenne), A.
Ménard (de la Dordogne), ex-conventionnel.
Menessier (de l'Aude), C.
Méric (de l'Aube), A.
Metzger (du Haut-Rhin), C.
Meyer (de l'Escaut), C.
Meyer (du Tarn), A.
Mollevault (Meurthe), C.
Montault-Desilles (de la Vienne), A.
Montardier (de Seine-et-Oise), C.
Monseignat (de l'Aveyron), C.
Morand (des Deux-Sèvres), A.
Moreau-Sigismond (du Mont-Terrible), A.
Morel (Marne), C.
Mosneron aîné, négociant à Nantes, ex-législateur.
Moulland (Calvados), A.
Nairac (Charente-Inférieure), C.
Olbrechts (Dyle), A.
Ornano Michel (Liamone).
Ortalle (Jemmappes), C.
Paillart (Eure-et-Loir), A.
Pampelone (Ardèche), ex-constituant.
Papin (Landes), A.
Pellé (Seine-et-Oise), A.
Pémartin (Basses-Pyrénées), C.
Perrier (Grenoble), négociant.
Perrin (Vosges), A.
Pictet Diodati (Léman), membre de l'administration centrale du département.
Pigeon (Dordogne), C.
Pilatre (Maine-et-Loire), ex-conventionnel, administrateur des hospices civils.
Pillet (Loire-Inférieure), C.
Poisson (Manche), A.
Poulain, Célestin (Marne), C.
Poultier (Pas-de-Calais), C.
Provost (Mayenne), C.
Rabasse (Seine-Inférieure), C.
Rabaut (Gard), A.
Raingeard (Loire-Inférieure), A.
Rallier (Ille-et-Vilaine), C.
Ramel (Loire), C.
Rampillon (Vienne), C.
Reguis (Basses-Alpes) A.
Renaud-Lascours (Gard).
Renault (Orne), C.
Reybaud-Clauzonne (Var), ex-accusateur public du tribunal criminel.
Ricard (Rhône), C.
Richard (Loire), A.
Ricour (Lys), C.
Rivière (Nord), A.
Rodat (Aveyron), A.
Rœmers (Meuse-Inférieure), C.
Roger-Martin (Haute-Garonne), ex-législateur.
Rossée (Haut-Rhin), ex-législateur.
Rousseau-d'Ételonne (Ardennes), ex-banquier à Paris.
Rouvelet (Aveyron), C.
Saint-Martin (Ardèche), C.
Saint-Pierre-Lesperet (Gers), ex-administrateur du département.
Sallenave (Basses-Pyrénées), C.
Salligny (Marne), A.
Savary (Eure), C.
Sauret (Allier), C.
Schirmer (Haut-Rhin), A.
Scherlock (Vaucluse), C.
Siéyès, Léonce (Var), ex-administrateur du département.
Simon (Sambre-et-Meuse), A.
Simon (Seine-et-Marne), C.
Simonnet (Yonne), A.
Tack, Paul (Escaut), C.
Tardy (Ain), C.
Tarte (Sambre-et-Meuse), C.
Tarteyron (Gironde), A.
Tessier (Bouches-du-Rhône), négociant, commissaire de la comptabilité intermédiaire.
Thénard (Charente-Inférieure), C.
Thevenin (Puy-de-Dôme), A.
Thierry (Somme), A.
Toulgoet (Finistère), A.
Trottier (Cher), C.
Turgan (Landes), A.
Trumeau (Indre), C.
Vacher, Charles (Cantal), A.
Van-Kempen (Nord), A.
Van-Ruymbeke (Lys), C.
Vergniaud (de la Haute-Vienne), C.

Verne (de la Loire), A.
Vigneron (de la Haute-Saône), ex-conventionnel.
Villars (de la Haute-Garonne) ex-conventionnel.
Villers (de la Loire-Inférieure), ex-conventionnel.
Villot (de l'Escaut), C.
Vozelle (de la Haute-Loire), C.

— Ce fut le 5 nivose (26 décembre 1799), que les deux commissions législatives reçurent officiellement, par un message du sénat lui-même, la notification de la constitution de ce corps, et de l'élection qu'il avait faite des membres du tribunat et du corps législatif. En conséquence, les deux commissions se déclarèrent dissoutes.

« Ainsi, dit l'ex-directeur Gohier, une minorité pitoyable crée, » le 19 brumaire, trois commissions provisoires; ces trois commissions, sans être un corps constituant, créent une Constitution; cette Constitution engendre un grand consul; le grand consul engendre deux nouveaux consuls et des conseillers d'état; les deux nouveaux petits consuls, réunis avec deux petits consuls provisoires, métamorphosés en sénateurs, engendrent la moitié du grand corps dont ceux-ci sont déjà membres; cette moitié engendrée engendre l'autre moitié; et ce grand corps politique, qu'on appelle, par antiphrase, *sénat-conservateur*, étant ainsi complétement engendré, il engendre un corps-législatif et un tribunat. Dans trois jours et trois nuits s'opèrent ces joyeux enfantemens, et toutes les autorités qui devaient gouverner la France, ainsi illégitimement engendrées, n'attendent pas qu'elles soient légitimées par l'adoption nationale, pour s'emparer des fonctions des autorités qu'elles remplacent. » — (*Mémoires de Gohier*, t. II.

— Que serait-il arrivé si, sur les registres ouverts aux votes du peuple, il se fût trouvé que les acceptations eussent été moins nombreuses que les refus? Sans doute on avait pris ses mesures en conséquence, et quantité d'anecdotes nous apprennent qu'on ne négligea aucune démarche pour s'assurer une majorité avec laquelle on pût justifier tous les attentats aux droits nationaux dont on venait de se rendre coupable. L'acceptation de la Constitution fut traitée dans les armées comme une affaire de devoir militaire; les officiers-généraux ne dédaignèrent pas d'entrer en pourpalers, même avec les simples soldats, lorsqu'ils se montraient récalcitrans. Dans les départemens et à Paris, l'acceptation fut l'effet des efforts des agens de l'administration de tous les rangs. Quoi qu'il en soit, c'est un spectacle singulier de voir une population, qui avait tant et si volontairement sacrifié au triomphe de la liberté, l'abandonner ainsi aux demandes et aux promesses de quelques ambitieux. Un fait si étrange ne peut s'expliquer que par cette confiance entière et naïve que les Français prêtent toujours à la parole de leurs semblables. Ce peuple, plein lui-même d'honneur et de bonne foi, n'a jamais pu croire au mensonge; il suppose chez les autres les vertus qu'il possède lui-même.

D'après un rapport fait au conseil d'état et publié par les consuls le 18 pluviose an VIII (18 février 1800), il résultait que le nombre des citoyens acceptant la Constitution de l'an VIII est de. 3,011,007

Et celui des non-acceptans de.   1,562

Trois constitutions avaient été précédemment proclamées.

Celle de 1791 ne fut point acceptée nominativement.

Le nombre des citoyens acceptant celle de 1793 a été de. 1,801,918

Celui des refusans s'est élevé à.   11,610

Les votans pour la Constitution de l'an III furent au nombre de. 1,057,390

Les refusans de   49,978

Ainsi, le nombre des votans pour la Constitution de l'an VIII, excède de. 1,210,089

celui des votans pour la Constitution de 1793;

Et de. 1,953,617

celui des votans pour la Constitution de l'an III.

Liste *des citoyens qui ont provoqué ou favorisé l'événement du 18 brumaire; — emplois auxquels ils ont été appelés dans le nouvel ordre de choses.* — (On ne cite ici que ceux dont les noms se trouvent mentionnés dans tout ce qui précède.)

Siéyès et Roger-Ducos, directeurs. — D'abord consuls provisoires, puis *sénateurs.*

Lemercier, président du conseil des anciens. — *Sénateur.*

Lucien Bonaparte, président du conseil des cinq-cents. — *Ministre de l'intérieur.* (En remplacement de Laplace, appelé au sénat.)

Lebrun, du conseil des anciens. — *Troisième consul.*

Cornet, Fargues, Beaupuy, membres de la commission des inspecteurs du conseil des anciens. — *Sénateurs.*

Courtois, de la commission. — *Tribun.*

Baraillon, de la même commission. — *Membre du corps législatif.*

Cornudet, Depeyre, Herwyn, Lenoir-Laroche, Peré, Rousseau, Vernier, Porcher, Vimard, du conseil des anciens. — *Sénateurs.*

Lahary, Goupil-Préfeln fils, Sédillez, Laussat, Chassiron, Caillemer, du conseil des anciens. — *Tribuns.*

Perrin, Chatry-Lafosse, Dalphonse, du conseil des anciens. — *Membres du corps législatif.*

Regnier, Crétet, du conseil des anciens. — *Conseillers d'état.*

Cabanis, Villetard, Creuzé-Latouche, Jacqueminot, Chollet, du conseil des cinq-cents. — *Sénateurs.*

Chazal, Chénier, Bérenger, Daunou, Émile Gaudin, Beauvais, Mathieu, Thiessé, Gourlay, Ludot, Thibaut, Chabaud-Latour, Barra, du conseil des cinq-cents. — *Tribuns.*

Cazenave, Darracq, Devinck-Thierry, Frégeville, Girod-Pouzol, Crochon, Scherlock, du conseil des cinq-cents. — *Membres du corps législatif.*

Boulay de la Meurthe, du conseil des cinq-cents. — *Conseiller d'état.*

Augereau, du conseil des cinq-cents. — *Nommé général en chef de l'armée française en Batavie* (7 nivôse).

Les autres membres des deux conseils, à l'exception de ceux portés sur la liste d'exclusion (*voyez* plus haut), ont presque tous été appelés tant au tribunat que dans le corps législatif.

Cambacérès, ministre de la justice. — *Second consul.* (Remplacé à la justice par Abrial.)

Fouché, ministre de la police. — *Maintenu dans ses fonctions.*

Talleyrand, ex-ministre. — *Replacé au ministère des relations extérieures.*

Bernadotte, ex-ministre de la guerre. — *Conseiller d'état*, nommé le 4 pluviôse, an VIII.

Lecouteulx, président de l'administration centrale de la Seine. — *Sénateur.*

Réal, commissaire du directoire exécutif près cette administration. — *Conseiller d'état.*

HISTOIRE PARLEMENTAIRE.

DU 11 NIVOSE AN VIII (1ᵉʳ JANVIER 1800) AU 16 THERMIDOR AN X (4 AOUT 1802).

Pendant que le sénat procédait à l'élection d'un corps législatif, le premier consul ne laissait point de repos à l'opinion publique; il l'occupait par son activité extrême; il lui fournissait chaque jour un aliment nouveau, et détournait ainsi son attention du grave attentat dont les conjurés du 18 brumaire se rendaient coupables. L'illégalité de leur conduite, l'illégitimité de leur Constitution étaient, au reste, moins vivement ressenties alors qu'elles ne le seraient sans doute aujourd'hui. Depuis le 9 thermidor, les coups d'état s'étaient succédé avec une telle rapidité, que l'on s'était habitué à les considérer comme un moyen de gouvernement. Les masses, d'ailleurs, étaient dégoûtées des hommes parlementaires; on entendait chaque jour attribuer les fautes de la révolution à leurs incertitudes, à leurs doctrines, à leurs passions, à leurs ambitions, et exalter la gloire militaire comme la seule pure et la seule nationale de celles que la France s'était acquises dans les dernières années. On espérait donc beaucoup d'un consulat dont le président sortait du seul corps qui fût resté dévoué, c'est-à-dire de l'armée. Bonaparte faisait tout pour répandre et accroître cette espérance. Les feuilles publiques n'avaient souvent pas assez de place pour enregistrer ses proclamations ainsi que les décisions du conseil d'état qu'il présidait.

Avant d'entrer dans l'histoire de la session du nouveau corps législatif, nous ferons mention de quelques-uns de ses actes. Nos lecteurs acquerront par là une idée de l'art avec lequel le premier consul captait l'opinion publique, et en même temps l'idée de l'esprit de conciliation qu'il cherchait à imprimer au gouvernement.

Le 6 et le 7 nivose, au milieu de diverses proclamations et de divers arrêtés on trouvait ceux-ci.

« *Bonaparte, premier consul de la République, à l'armée d'Italie.*

» Soldats, les circonstances qui me retiennent à la tête du gouvernement m'empêchent de me trouver au milieu de vous.

» Vos besoins sont grands; toutes les mesures sont prises pour y pourvoir.

» Les premières qualités du soldat sont la constance et la discipline; la valeur n'est que la seconde.

» Soldats! plusieurs ont quitté leurs positions; ils ont été sourds à la voix de leurs officiers. La 17e légère est de ce nombre.

» Sont-ils tous morts, les braves de Castiglione, de Rivoli, de Newmark? Ils eussent péri plutôt que de quitter leurs drapeaux, et ils eussent ramené leurs jeunes camarades à l'honneur et au devoir.

» Soldats! vos distributions ne vous sont pas régulièrement faites, dites-vous? qu'eussiez-vous fait si, comme les 4e et

22e légères, les 18e et 32e de ligne, vous vous fussiez trouvés au milieu du désert, sans pain ni eau, mangeant du cheval et des mulets? *La victoire nous donnera du pain*, disaient-elles; et vous! — vous quittez vos drapeaux?

» Soldats d'Italie! un nouveau général vous commande (1); il fut toujours à l'avant-garde dans les plus beaux jours de votre gloire. Entourez-le de votre confiance. Il ramènera la victoire dans vos rangs.

» Je me ferai rendre un compte journalier de la conduite de tous les corps, et spécialement de la 17e légère et de la 63e de ligne; elles se ressouviendront de la confiance que j'avais en elles. » (5 nivose an VIII.)

— Le même jour, 5 nivose, Bonaparte écrivait une lettre publique au général de division Saint-Cyr pour lui annoncer qu'il était, à cause de sa belle conduite, nommé premier lieutenant de l'armée; il promettait des secours aux habitans de Saint-Domingue; il adressait à tous les soldats la proclamation suivante :

« *Bonaparte, premier consul de la République, aux soldats français*.

» Soldats, en promettant la paix au peuple français, j'ai été votre organe; je connais votre valeur.

» Vous êtes les mêmes hommes qui conquirent la Hollande, le Rhin, l'Italie, et donnèrent la paix sous les murs de Vienne étonnée.

» Soldats, ce ne sont plus vos frontières qu'il faut défendre; ce sont les états ennemis qu'il faut envahir.

» Il n'est aucun de vous qui n'ait fait plusieurs campagnes, qui ne sache que la qualité la plus essentielle d'un soldat est de savoir supporter les privations avec constance. Plusieurs années d'une mauvaise administration ne peuvent être réparées dans un jour.

» Premier magistrat de la République, il me sera doux de faire connaître à la nation entière les corps qui mériteront, par

---

(1) Masséna avait remplacé Championnet; mort atteint d'une épidémie qui ravageait l'armée.

leur discipline et leur valeur, d'être proclamés les soutiens de la patrie.

» Soldats, lorsqu'il en sera temps je serai au milieu de vous, et l'Europe étonnée se souviendra que vous êtes de la race des braves. »

Arrêté des consuls du même jour.

« Les consuls de la République, considérant que l'article 87 de la Constitution porte « qu'il sera donné des récompenses aux guerriers qui auront rendu des services éclatans en combattant pour la République.(1), » et voulant statuer sur le mode et sur la nature de ces récompenses, après avoir entendu le rapport du ministre de la guerre ;

» Arrêtent ce qui suit :

» Art. 1er Il sera donné aux individus des grades ci-dessous désignés qui se distingueront par une action d'éclat, savoir :

» 1° Aux grenadiers et soldats, des fusils d'honneur qui seront garnis en argent ;

» 2° Aux tambours, des baguettes d'honneur qui seront garnies en argent ;

3° Aux militaires des troupes à cheval, des mousquetons ou carabines d'honneur garnis en argent ;

» 4° Et aux trompettes, des trompettes d'honneur en argent.

» Ces fusils, baguettes, mousquetons, carabines et trompettes porteront une inscription contenant les noms des militaires auxquels ils seront accordés, et celui de l'action pour laquelle ils l'obtiendront.

» 2. Les canonniers pointeurs les plus adroits, qui dans une bataille rendront le plus de services, recevront des grenades d'or, qu'ils porteront sur le parement de leur habit.

» 3. Tout militaire qui aura obtenu une de ces récompenses jouira de cinq centimes de haute-paie par jour.

» 4. Tout militaire qui prendra un drapeau à l'ennemi, fera

---

(1) Bonaparte, étant général en chef, avait déjà institué de semblables récompenses. En Italie, il distribua soixante-quinze sabres. En Égypte, il décerna des grenades en or, des baguettes, des trompettes et des fusils garnis en argent.

prisonnier un officier supérieur, arrivera le premier pour s'emparer d'une pièce de canon, aura droit par cela seul, chacun suivant son arme, aux récompenses ci-dessus.

» 5. Il sera accordé des sabres d'honneur aux officiers et soldats qui se distingueront par des actions d'une valeur extraordinaire, ou qui rendraient des services extrêmement importans.

» Tout militaire qui aura obtenu un sabre d'honneur jouira d'une double paie.

» 6. Les généraux en chef sont autorisés à accorder le lendemain d'une bataille, d'après la demande des généraux servant sous leurs ordres et des chefs des corps, les brevets des fusils, carabines, mousquetons, grenades, baguettes et trompettes d'honneur.

» Un procès-verbal constatera, d'une manière détaillée, l'action de l'individu ayant des droits à une des marques distinctives. Le procès-verbal sera envoyé sans délai au ministre de la guerre, qui fera sur-le-champ expédier à ce militaire la récompense qui lui est due.

» 7. Le nombre des récompenses ne pourra excéder celui de trente par demi-brigade et par régiment d'artillerie, et il sera moindre de moitié pour les régimens de troupes à cheval.

» 8. Les demandes pour les sabres seront adressées au ministre de la guerre vingt-quatre heures après la bataille; et les individus pour lesquels elles auront été faites n'en seront prévenus par le général en chef que lorsque le ministre les aura accordées. Il ne pourra pas y en avoir plus de deux cents pour toutes les armées.

» 9. Les procès-verbaux dressés par les chefs des corps et par le général en chef d'une armée, lesquels constateront les droits de chaque individu à l'une des récompenses indiquées, seront immédiatement imprimés, publiés, et envoyés aux armées par ordre du ministre de la guerre. »

— Enfin, pour satisfaire au plus ardent désir de l'opinion publique, Bonaparte faisait une démarche pour obtenir la paix. Il écrivait au roi d'Angleterre dans la forme suivante :

« République française. — Souveraineté du peuple. — Liberté, égalité.

» *Bonaparte, premier consul de la République, à sa majesté le roi de la Grande-Bretagne et d'Irlande. — Paris, le 5 nivose an VIII de la République.* — (Communiqué à lord Grenville par le ministre des relations extérieures, Talleyrand.) (1)

» Appelé par le vœu de la nation française à occuper la première magistrature de la République, je crois convenable en entrant en charge d'en faire directement part à votre majesté.

» La guerre qui depuis huit ans ravage les quatre parties du monde doit-elle être éternelle? N'est-il donc aucun moyen de s'entendre?

(1) *Note en réponse à la lettre du premier consul, communiquée à Talleyrand par lord Grenville. — Londres, 4 janvier 1809.*

« Le roi a donné des preuves fréquentes de son désir sincère pour le rétablissement d'une tranquillité sûre et permanente en Europe. Il n'est ni n'a été engagé dans aucune contestation pour une vaine et fausse gloire; il n'a eu d'autres vues que celles de maintenir contre toute agression les droits et le bonheur de ses sujets.

» C'est pour ces objets que jusqu'ici il a lutté contre une attaque non provoquée; c'est pour les mêmes objets qu'il est forcé de lutter encore, et il ne saurait espérer dans le moment actuel qu'il pût écarter cette nécessité en négociant avec ceux qu'une révolution nouvelle a si récemment investis du pouvoir en France. En effet, il ne peut résulter d'une telle négociation aucun avantage réel pour ce grand objet si désirable d'une paix générale jusqu'à ce qu'il paraisse distinctement qu'elles ont cessé d'agir ces causes qui originairement ont produit la guerre, qui en ont depuis prolongé la durée, et qui plus d'une fois en ont renouvelé les effets.

» Ce même système dont la France accuse à juste titre l'influence dominante comme la cause de ses malheurs présens est aussi celui qui a enveloppé le reste de l'Europe dans une guerre longue et destructive, et d'une nature inconnue depuis bien des années aux nations civilisées.

» C'est pour étendre ce système et exterminer tous les gouvernemens établis que d'année en année les ressources de la France ont été prodiguées et épuisées au milieu même d'une détresse sans exemple.

» A cet esprit de destruction, qui ne savait rien distinguer, on a sacrifié les Pays-Bas, les Provinces-Unies et les cantons Suisses, ces anciens amis et alliés de sa majesté. L'Allemagne a été ravagée; l'Italie, maintenant arrachée à ses envahisseurs, a été le théâtre de rapines et d'anarchie sans bornes. Sa majesté s'est vue elle-même dans la nécessité de soutenir une lutte difficile et onéreuse pour garantir l'indépendance et l'existence de ses royaumes.

» Et ces calamités ne se sont pas bornées à l'Europe seule; elles se sont étendues aux parties les plus reculées du monde, et même jusqu'à des pays si éloi-

» Comment les deux nations les plus éclairées de l'Europe, puissantes et fortes plus que ne l'exigent leur sûreté et leur indépendance, peuvent-elles sacrifier à des idées de vaine grandeur le bien du commerce, la prospérité intérieure, le bonheur des familles? Comment ne sentent-elles pas que la paix est le premier des besoins, comme la première des gloires!

» Ces sentimens ne peuvent pas être étrangers au cœur de votre majesté, qui gouverne une nation libre, et dans le seul but de la rendre heureuse.

» Votre majesté ne verra dans cette ouverture que mon désir sincère de contribuer efficacement pour la seconde fois à la pacification générale, par une démarche prompte, toute de confiance, et dégagée de ces formes qui, nécessaires peut-être pour

---

gnés de la contestation présente, tant par leur situation que par leur intérêt, que l'existence même de la guerre était peut-être inconnue à ceux qui se sont trouvés subitement enveloppés dans toutes ses horreurs.

» Tant que dominera un système pareil, et que le sang et les trésors d'une nation populeuse et puissante peuvent être prodigués pour soutenir ce système, l'expérience a démontré qu'on ne pouvait s'en garantir efficacement d'aucune autre manière que par des hostilités ouvertes et fermes. Les traités les plus solennels n'ont fait que préparer la voie à de nouvelles agressions. C'est uniquement à une résistance déterminée que l'on doit aujourd'hui la conservation de ce qui reste en Europe de stabilité pour les propriétés, pour la liberté personnelle, l'ordre social et le libre exercice de la religion.

» En veillant donc à la garantie de ces objets essentiels, sa majesté ne peut placer sa confiance dans le simple renouvellement de professions générales, annonçant des dispositions pacifiques. Ces professions ont été réitérativement proclamées par tous ceux qui ont successivement dirigé les ressources de la France vers la destruction de l'Europe; par ceux-là mêmes que les gouvernans actuels de la France ont déclaré depuis le commencement et dans tous les temps être tous incapables de maintenir les rapports d'amitié et de paix.

» Sa majesté ne pourra que ressentir un plaisir particulier dès qu'elle s'apercevra qu'il n'existe plus réellement ce danger qui a si longtemps menacé et ses propres domaines et ceux de ses alliés; dès qu'elle pourra se convaincre que la résistance n'est plus une nécessité; qu'enfin, après l'expérience de tant d'années de crimes et de malheurs, elle verra régner en France de meilleurs principes; en un mot, quand on aura totalement abandonné ces projets gigantesques d'ambition, et ces plans inquiets de destruction qui ont mis en problème jusqu'à l'existence de la société civile.

» Mais la conviction d'un pareil changement, quelque agréable qu'il doive être au vœu de sa majesté, ne peut résulter que de l'expérience et de l'évidence des faits.

» Le garant le plus naturel et le meilleur en même temps et de la réalité, et

déguiser la dépendance des états faibles, ne décèlent dans les états forts que le désir mutuel de se tromper.

» La France, l'Angleterre, par l'abus de leurs forces, peuvent long-temps encore, pour le malheur de tous les peuples, en retarder l'épuisement; mais, j'ose le dire, le sort de toutes les nations civilisées est attaché à la fin d'une guerre qui embrase le monde entier. »

Décision du conseil d'État sur la question de savoir si la Constitution a fait cesser les lois qui privaient de leurs droits politiques les parens d'émigrés et les ci-devant nobles. — Du 6 nivose an 8.

« Le conseil d'État, délibérant sur le renvoi qui lui avait été fait par les consuls de la République d'un arrêté de la section de

---

de la stabilité de ce changement se trouverait dans le rétablissement de cette race de princes qui, durant tant de siècles, surent maintenir au-dedans la prospérité de la nation française, et lui assurer de la considération et du respect au-dehors. Un tel événement aurait écarté à l'instant et dans tous les temps il écartera les obstacles qui s'opposeraient aux négociations de paix; il assurerait à la France la jouissance incontestée de son ancien territoire, et donnerait à toutes les autres nations de l'Europe, par des moyens tranquilles et paisibles, la sécurité qu'elles sont maintenant forcées de chercher par d'autres moyens.

» Mais quelque désirable que puisse être un pareil événement et pour la France et pour le monde entier, sa majesté n'y attache pas exclusivement la possibilité d'une pacification solide et durable. Sa majesté ne prétend pas prescrire à la France quelle sera la forme de son gouvernement, ni dans quelles mains elle déposera l'autorité nationale pour conduire les affaires d'une grande et puissante nation.

» Sa majesté ne regarde que la sécurité de ses propres états, de ceux de ses alliés, ainsi que celle de l'Europe en général. Dès qu'elle jugera que cette sécurité peut s'obtenir d'une manière quelconque, soit qu'elle résulte de la situation intérieure de ce pays-là, dont la situation intérieure a causé le danger primitif, soit qu'elle provienne de toute autre circonstance qui mène à la même fin, sa majesté embrassera avec ardeur l'occasion de se concerter avec ses alliés sur les moyens d'une pacification immédiate et générale.

» Malheureusement jusqu'ici il n'existe point une telle sécurité; nulle garantie des principes qui doivent diriger le nouveau gouvernement; nul motif raisonnable pour juger de sa stabilité.

» Dans cette situation il ne reste pour le présent à sa majesté qu'à poursuivre, de concert avec les autres puissances, une guerre juste et défensive que son zèle pour le bonheur de ses sujets ne lui permettra jamais ni de continuer au delà de la nécessité à laquelle elle doit son origine, ni de cesser à d'autres conditions que celles qu'elle croira devoir contribuer à leur garantir la jouissance de leur tranquillité, de leur constitution et de leur indépendance. »

la législation, présentant la question de savoir si les lois des 3 brumaire an 5, 19 fructidor an 5 et 9 frimaire an 6, qui excluent de la participation aux droits politiques et de l'admissibilité aux fonctions publiques les parens d'émigrés et les ci-devant nobles, ont cessé d'exister par le fait de la Constitution, ou s'il faut une loi pour les rapporter;

Est d'avis que les lois dont il s'agit, et toute autre loi dont le texte serait inconciliable avec celui de la Constitution, ont été abrogées par le fait seul de la promulgation de cette Constitution, et qu'il est inutile de s'adresser au législateur pour lui demander cette abrogation.

» En effet, c'est un principe éternel qu'une loi nouvelle fait cesser toute loi précédente ou toute disposition de loi précédente contraire à son texte; principe applicable à plus forte raison à la Constitution, qui est la loi fondamentale de l'État.

» Or les conditions qui déterminent le droit de voter et celui d'être élu aux diverses fonctions publiques sont réglées par l'acte constitutionnel; il n'est pas permis au législateur d'en retrancher quelques-unes, ni d'en ajouter de nouvelles; son texte est général, impérieux, exclusif.

» Donc toute loi ancienne qui en contrarierait l'application a cessé d'exister du moment où l'acte constitutionnel a été promulgué.

» Ainsi le gouvernement a le droit d'appeler aux fonctions publiques ceux des ci-devant nobles ou parens d'émigrés qu'il jugera dignes de sa confiance : il n'a pas besoin pour cela du consentement du législateur; le peuple, en acceptant la Constitution, lui en a donné le droit absolu.

» Les lois dont il s'agit n'étaient d'ailleurs que des lois de circonstance, motivées sur le malheur des temps et la faiblesse du gouvernement d'alors : aujourd'hui ces motifs ne peuvent plus être allégués; le gouvernement créé par la Constitution de l'an 8 a toute la force nécessaire pour être juste et maintenir dans toute leur pureté les principes de l'égalité et de la liberté. La seule distinction qui puisse diriger ses choix est celle de la probité, des talens et du patriotisme. »

PROCLAMATION. — *Les consuls de la République aux habitans des départemens de l'Ouest.* — *Du 8 nivose an 8.*

« Une guerre impie menace d'embraser une seconde fois les départemens de l'Ouest. Le devoir des premiers magistrats de la République est d'en arrêter les progrès et de l'éteindre dans son foyer; mais ils ne veulent déployer la force qu'après avoir épuisé les voies de la persuasion et de la justice.

» Les artisans de ces troubles sont des partisans insensés de deux hommes qui n'ont su honorer ni leur rang par des vertus, ni leur malheur par des exploits; méprisés de l'étranger, dont ils ont armé la haine sans avoir pu lui inspirer d'intérêt.

» Ce sont encore des traîtres vendus à l'Anglais, et instrumens de ses fureurs, ou des brigands qui ne cherchent dans les discordes civiles que l'aliment et l'impunité de leurs forfaits.

» A de tels hommes le gouvernement ne doit ni ménagement, ni déclaration de ses principes.

» Mais il est des citoyens chers à la patrie, qui ont été séduits par leurs artifices ; c'est à ces citoyens que sont dues les lumières de la vérité.

Des lois injustes ont été promulguées et exécutées; des actes arbitraires ont alarmé la sécurité des citoyens et la liberté des consciences; partout des inscriptions hasardées sur des listes d'émigrés ont frappé des citoyens qui n'avaient jamais abandonné ni leur patrie, ni même leurs foyers; enfin, de grands principes d'ordre social ont été violés.

» C'est pour réparer ces injustices et ces erreurs qu'un gouvernement fondé sur les bases sacrées de la liberté, de l'égalité, du système représentatif, a été proclamé et reconnu par la nation. La volonté constante, comme l'intérêt et la gloire des premiers magistrats qu'elle s'est donnés, sera de fermer toutes les plaies de la France; et déjà cette volonté est garantie par tous les actes qui sont émanés d'eux.

» Ainsi la loi désastreuse de l'emprunt forcé, la loi plus désastreuse des otages, ont été révoquées ; des individus déportés sans jugement préalable sont rendus à leur patrie, à leurs familles. Chaque jour est et sera marqué par des actes de justice; et le conseil d'état travaille sans relâche à préparer la réformation des mauvaises lois, et une combinaison plus heureuse des contributions publiques.

» Les consuls déclarent encore que la liberté des cultes est garantie par la Constitution; qu'aucun magistrat ne peut y porter atteinte; qu'aucun homme ne peut dire à un autre homme : *Tu exerceras un tel culte; tu ne l'exerceras qu'un tel jour.*

» La loi du 11 prairial an 3, qui laisse aux citoyens l'usage des édifices destinés aux cultes religieux, sera exécutée.

» Tous les départemens doivent être également soumis à l'empire des lois générales; mais les premiers magistrats accorderont toujours et des soins et un intérêt plus marqués à l'agriculture, aux fabriques et au commerce dans ceux qui ont éprouvé de plus grandes calamités.

» Le gouvernement pardonnera; il fera grâce au repentir : l'indulgence sera entière et absolue; mais il frappera quiconque, après cette déclaration, oserait encore résister à la souveraineté nationale.

» Français, habitans des départemens de l'Ouest, ralliez-vous autour d'une constitution qui donne aux magistrats qu'elle a créés la force comme le devoir de protéger les citoyens, qui les garantit également et de l'instabilité et de l'intempérance des lois.

» Que ceux qui veulent le bonheur de la France se séparent des hommes qui persisteraient à vouloir les égarer pour les livrer au fer de la tyrannie, ou à la domination de l'étranger.

» Que les bons habitans des campagnes rentrent dans leurs foyers et reprennent leurs utiles travaux; qu'ils se défendent des insinuations de ceux qui voudraient les ramener à la servitude féodale.

» Si, malgré toutes les mesures que vient de prendre le gouvernement, il était encore des hommes qui osassent provoquer la guerre civile, il ne resterait aux premiers magistrats qu'un devoir triste, mais nécessaire à remplir, celui de les subjuguer par la force.

» Mais non; tous ne connaîtront plus qu'un sentiment, l'amour de la patrie. Les ministres d'un Dieu de paix seront les premiers moteurs de la réconciliation et de la concorde : qu'ils parlent aux cœurs le langage qu'ils apprirent à l'école de leur maître ; qu'ils aillent, dans ces temples qui se rouvrent pour eux, offrir avec leurs concitoyens le sacrifice qui expiera les crimes de la guerre et le sang qu'elle a fait verser. »

— A la suite de cette proclamation, on lisait un arrêté qui promettait amnistie *entière et absolue* pour le passé à tous les habitans qui avaient pris les armes dans l'Ouest, et chargeait le général Hedouville de recueillir les armes que les Anglais avaient fournies, et de déclarer *hors de la Constitution* et de traiter comme ennemis du peuple les communes qui resteraient en rébellion (1).

Arrêté des consuls relatif au serment constitutionnel. — Du 7 nivose an 8.

« Les consuls de la République, vu l'avis motivé du conseil d'état, d'après l'acceptation faite par le peuple français de la Constitution de l'an 8, arrêtent ce qui suit :

» Tous les fonctionnaires publics, ministres des cultes, instituteurs, et autres personnes qui étaient, par les lois antérieures à la Constitution, assujettis à un serment ou déclaration quelconque, y satisferont par la déclaration suivante : *Je promets fidélité à la Constitution* (2). »

On avait surtout pour but, en amoindrissant à ce point l'énergie du serment républicain, de rassurer les consciences des ecclésiastiques. On publia en effet dans le *Moniteur* de fort longs com-

(1) Brunet vint plus tard prendre le commandement en chef de l'armée de l'Ouest; Hedouville resta son premier lieutenant.
(2) Le 21 du même mois, par une délibération prise sur la proposition du gouvernement, le tribunat et le corps législatif donnèrent à ce serment le caractère de loi; ils le consacrèrent en ces termes : *Je promets d'être fidèle à la Constitution.*

mentaires, afin de démontrer que cet engagement était purement civil, qu'il n'entraînait aucune conséquence contraire à la religion; en un mot, qu'il n'obligeait pas à défendre une constitution qu'on pouvait ne pas approuver, mais seulement à ne point s'y opposer.

Par arrêté du même jour, on autorisa à disposer pour l'exercice du culte catholique des édifices qui y étaient originairement consacrés. Le clergé demanda presque aussitôt l'usage exclusif des églises, que les lois avaient aussi affectées à la célébration des cérémonies décadaires. Le ministre de la police répondit que « le gouvernement voulait que tous les cultes fussent libres, et qu'aucun ne fût dominant. » On comprend qu'il résultait souvent de la concurrence des cérémonies du culte et de celles des décades, de graves embarras qui ne cessèrent que quelque temps après, lorsque l'on renonça à l'institution du décadi, et que l'on en revint à celle du dimanche. A Paris, les prétentions des théophilanthropes qui continuaient leurs exercices, étaient une autre cause de scandale; mais le gouvernement, malgré la clameur publique, n'osait pas encore supprimer leurs ridicules parades. Il se montrait disposé, d'ailleurs, en toutes choses à réparer les maux faits par les hébertistes. Ainsi, lorsque se présenta la question de savoir si les prêtres insermentés pouvaient reprendre leurs fonctions moyennant la simple promesse de fidélité à la Constitution, le ministre de la police répondit affirmativement, le 26 prairial. Était-ce par sentiment religieux que le pouvoir agissait ainsi? On ne peut le croire. Le ministre de la police Fouché était un apostat incrédule, et les autres membres du gouvernement n'étaient pas plus croyans que lui; mais on savait que cette conduite plaisait aux masses; et, en effet, elle les rattacha à la fortune des nouveaux gouvernans.

Enfin, le 9 nivose, les consuls ordonnèrent que de pompeuses obsèques honorassent les restes du Pape Pie VI qui était mort à Valence, en Dauphiné, à l'âge de quatre-vingt-deux ans. Pie VI, chassé de Rome par les armées républicaines, avait été d'abord confiné dans un couvent en Toscane, puis amené en France lors de nos désastres en Italie. Si le directoire s'était montré dur à son égard, il n'en avait pas été de même du peuple. Ce prince de l'Église put voir par ses propres yeux que la foi n'était pas éteinte dans le corps de cette nation qui avait été appelée la fille aînée de l'Église.

Tels furent les actes principaux qui précédèrent l'entrée en fonctions du tribunat et du corps législatif.

La session du nouveau corps législatif s'ouvrit le 11 nivose (1 janvier 1800). Le premier jour fut consacré à l'élection des bureaux. Daunou fut élu président du tribunat, et Perrin, du corps législatif. Dès le second jour, il y eut dans la seule des fractions de ce corps où il fut permis de parler, dans le tribunat, un semblant d'opposition. Elle eut lieu sur un sujet bien futile. Riouffe, par motion d'ordre, parla contre le singulier costume imposé aux tribuns. Thiessé s'éleva contre l'abus des motions d'ordre, et en particulier contre celle de Riouffe; il demanda qu'on adoptât une forme meilleure et plus calme pour les propositions à faire à l'assemblée, telle que le dépôt de la proposition sur le bureau, et le renvoi de celle-ci à une commission. Les observations de Thiessé n'empêchèrent pas Duveyrier de faire de nouveau, le 13 nivose, ce que l'on appelait une motion d'ordre; il monta à la tribune avec l'intention de défendre les auteurs de la constitution sur un fait peu important, mais dont beaucoup de gens se trouvaient offensés, et dont on faisait, dans les salons, les uns un sujet de plainte, les autres un sujet de plaisanterie. Il voulait parler du local où l'on avait placé le palais du tribunat. C'était, comme nous l'avons vu, le Palais-Royal; et, pour l'y loger, il avait fallu en chasser des maisons de jeu et d'autres encore plus malhonnêtes. Ce choix, dit Duveyrier, était satisfaisant; il en remerciait les auteurs; le Palais-Royal était le berceau de la révolution, le lieu où Camille-Desmoulins avait arboré le premier signe de la liberté, etc. Mais il lui échappa cette phrase : « C'est le lieu, en un mot, où, si l'on parlait d'une idole de quinze jours, on se rappellerait qu'une idole de quinze siècles a été brisée en un jour. »

Cette phrase blessa vivement le premier consul; elle produisit aussi quelque effet sur le public. On se mit à comparer le tribunat de 1800 au tribunat romain, ce qui déplut encore davantage à Bonaparte. Le même jour, 15 nivose, le corps législatif transmit au tribunat, par un message, un projet qui lui avait été présenté par le conseil d'état pour régler le mode de formation de la loi. On y fixait les délais dans lesquels la discussion devait avoir lieu. Ce fut l'occasion d'une opposition plus sérieuse que les précédentes. On s'en occupa pendant plusieurs séances. Les uns trouvèrent les délais fixés insuffisans; ils se plaignirent qu'on voulût emporter des décrets au pas de course; les autres défendirent les intentions du gouvernement; et l'on fut ainsi amené à parler de l'homme dont l'audacieuse activité occupait toutes les pensées.

On parla des dangers de la flatterie, des devoirs du tribunat, de la nécessité de l'austère vérité dans une république, des dangers du despotisme. Benjamin Constant se fit remarquer dans cette occasion par la justesse de ses arguments et par l'à-propos de son opposition. En définitive, le projet de loi passa à une majorité de cinquante quatre voix contre vingt-six. Le vote du corps-législatif fut au contraire presque unanime.

Bonaparte n'aimait pas l'opposition, encore moins celle où son nom était mêlé. Il fit répondre dans le *Moniteur*. On appela ambition de gloire littéraire, besoin de renommée, les tentatives de quelques tribuns; enfin, dans un article intitulé : *des Tribuns de Rome, et des Tribuns de France*, on concluait par dire aux derniers que si la peur paralysait les forces, la témérité les usait. Rœderer, dans le *Journal de Paris*, s'éleva contre cette manie de *déclamer* contre le pouvoir, de *calomnier*, d'*agiter*, etc. Il terminait par établir que le véritable tribun était le conseiller d'état.

Le tribunat était un pouvoir nouveau, et, par suite, incertain de sa marche. En conséquence, dans la plupart des discours, l'orateur ne manquait guère d'énoncer une opinion sur le but de cette institution. A la séance du 17, Desmeuniers présenta un projet de règlement sur ce sujet. Il fut discuté dans une suite de séances secrètes, et la discussion fut prolongée jusqu'au 27, jour où il fut adopté en séance publique. La disposition la plus importante était celle-ci : « Aucune motion d'ordre n'est lue à la tribune, qu'au préalable elle n'ait été déposée par écrit sur le bureau, annoncée par le président vingt-quatre heures à l'avance, afin que chaque membre puisse en prendre connaissance. » Les autres articles étaient relatifs à l'ordre et à la discipline de l'assemblée. La discussion secrète qui précéda ce règlement, plus que les dispositions qu'il contenait, fixèrent dans l'esprit de chacun des membres la portée et la puissance du corps auquel ils appartenaient. Cependant, il resta une opposition qui variait de vingt-cinq à trente voix sur toutes les mesures proposées par le gouvernement, mais qui ne présentait rien de systématique, car elle se composait, tantôt de certains membres, tantôt de certains autres. Cependant quelques projets présentés par le gouvernement furent rejetés ; il est vrai qu'ils ne contenaient rien de politique, ou qui eût été de nature à blesser l'opinion publique. Dans ces circonstances, le tribunat se montra plutôt l'ami que le critique du nouveau pouvoir. Ainsi il rejeta deux projets de loi, l'un établissant des péages au passage des ponts construits aux frais des particuliers, l'autre, présenté le 18 ventose, destiné à faire revivre les rentes foncières supprimées comme féodales.

Il ne faut pas confondre cette espèce de rentes avec celles qui étaient dues à d'autres titres par divers particuliers, et qui étaient tombées entre les mains de la république par la confiscation des biens de ceux auxquels elles appartenaient. Celles-ci furent l'objet d'une mesure législative que le tribunat vota le 18 nivose à une majorité de soixante-dix voix, et que le corps législatif approuva presque unanimement le 21. La république possédait 3,500,000 fr. de rentes de cette espèce. On autorisa les débiteurs à les racheter au denier 15, ce qui pouvait produire une somme de 50,500,000 fr. destinée à couvrir un déficit de 60,000,000, que l'on prévoyait pour l'an VIII. Ce ne fut pas la seule mesure financière que le gouvernement proposa ; il trouva toujours la même complaisance dans le tribunat et le corps législatif. On l'autorisa à aliéner encore diverses portions de biens nationaux.

Au reste, les commissions législatives avaient, avant de se séparer, voté des mesures administratives qui servirent plus que ces ressources passagères, à assurer le crédit du gouvernement. Une loi du 6 frimaire obligeait les receveurs-généraux nouvellement établis à souscrire pour le montant des contributions directes des obligations payables par mois, à jour fixe, en numéraire, et à fournir des cautionnemens qui devaient être versés dans une caisse particulière, non-seulement pour garantir leur gestion, mais encore pour être appliqués au remboursement de celles de leurs obligations précédentes qui pourraient être protestées le jour de l'échéance. Enfin, il était ordonné que le paiement des contributions directes aurait lieu par douzième et par mois.—De telles dispositions assuraient au trésor public un courant de rentrées régulières, et par suite, une puissance de crédit proportionnée.

Le 27 nivose, les consuls prirent l'un des arrêtés les plus oppressifs que nous ayons à enregistrer. Il n'excita cependant aucune réclamation. Voici cet arrêté :

Arrêté du 27 nivose. — Les consuls de la République, considérant qu'une partie des journaux qui s'impriment dans le département de la Seine sont des instrumens dans les mains des ennemis de la République; que le gouvernement est chargé spécialement, par le peuple français, de veiller à sa sûreté, arrêtent ce qui suit :

Art. 1er. Le ministre de la police ne laissera, pendant toute la durée de la guerre, imprimer, publier et distribuer que les journaux ci-après désignés :

« *Le Moniteur universel; le Journal des Débats et des Décrets; le Journal de Paris; le Bien-Informé; le Publiciste; l'Ami des Lois; la Clef des Cabinets; le Citoyen Français; la Gazette de France; le Journal des Hommes libres; le Journal du soir*; par les frères Chaigneau; *le Journal des Défenseurs de la patrie; la Décade philosophique*, et les journaux s'occupant *exclusivement* de sciences, arts, littérature, commerce, annonces et avis.

» 2. Le ministre de la police générale fera incessamment un

rapport sur tous les journaux qui s'impriment dans les autres départemens.

» 3. Le ministre de la police veillera à ce qu'il ne s'imprime aucun nouveau journal, tant dans le département de la Seine que dans les autres départemens de la République.

» 4. Les propriétaires et rédacteurs des journaux conservés par le présent arrêté se présenteront au ministre de la police, pour justifier de leur qualité de citoyens français, de leur domicile et de leur signature, et promettront fidélité à la Constitution.

» 5. Seront supprimés sur-le-champ tous les journaux qui inséreront des articles contraires au respect dû au pacte social, à la souveraineté du peuple et à la gloire des armées, ou qui publieront des invectives contre les gouvernemens et les nations amies ou alliées de la République, lors même que ces articles seraient extraits des feuilles périodiques étrangères.

— Le 18 pluviose, an VIII, le gouvernement fit présenter au corps législatif une loi qui modifiait la division du territoire et instituait les préfectures, qui en un mot fondait les bases de l'administration qui régit encore aujourd'hui les départemens. Le corps législatif renvoya ce projet au tribunat. Il n'est pas sans intérêt d'examiner les motifs par lesquels on justifia l'installation d'un système administratif aussi contraire aux opinions républicaines.

Discours prononcé par Rœderer, le 18 pluviose, an VIII (11 février 1800), en présentant au corps législatif, le projet de la nouvelle division du territoire et de l'établissement des préfectures.

§ Ier. *Division territoriale.*

« L'expérience sollicitait une nouvelle division du territoire de la République.

» Les cantons étaient trop multipliés, les administrateurs trop nombreux pour que l'administration ne fût pas excessivement coûteuse.

» Les cantons étaient d'une étendue trop bornée pour fournir généralement des administrateurs instruits; et néanmoins d'une étendue trop grande pour que l'administration municipale pût être présente à cette multitude d'actes qui dans la société exigent à chaque instant son intervention.

» Ainsi la division établie avait le triple inconvénient de mettre en fonctions beaucoup d'administrateurs incapables, d'éloigner des administrés le service le plus nécessaire de l'administration, et de la rendre aussi dispendieuse que mauvaise.

» La réforme que l'expérience demandait, la Constitution l'a exigée.

» Elle a proposé la formation d'arrondissemens communaux d'une étendue suffisante pour fournir aux tribunaux des juges éclairés, aux administrations des propriétaires intéressés à l'ordre et à l'équité; aux listes de notabilité communale des hommes connus et estimés à quelque distance de leur maison, dont le nom fût entouré d'un peu de réputation, et formât une présomption de mérite.

» Le gouvernement a donc dû travailler à une nouvelle division.

» Le projet présenté conserve les anciennes limites des départemens, mais il réunit les six à sept mille cantons de la République en trois cent quatre-vingt-dix-huit arrondissemens communaux.

» Cette division est tracée en grande partie sur celle que l'expérience a fait établir pour la police correctionnelle, et qui pourra servir aussi à la justice de première instance; elle est fort rapprochée de la division des recettes de contributions directes. Ainsi l'intérêt de la finance et celui de la justice la recommandaient au gouvernement pour l'administration.

» Elle est d'ailleurs conforme aux principes qui ont déterminé la plupart des divisions qui ont été faites par l'assemblée constituante, dont la première intention avait été de partager les départemens en quatre districts seulement, et qui n'en a partagé un certain nombre en sept, en huit et en neuf que quand elle y a été forcée par les obsessions des députés ordinaires et extraordinaires qui affluèrent alors à Paris de toutes les parties de la France. La division proposée rétablit entre les subdivisions des départemens l'égalité que l'on avait voulu y mettre dans le principe, et elle assure une grande économie dans les frais d'administration.

§ II. *Système administratif.*

» Le système administratif que présente le projet de loi est fort simple; il repose sur des principes dès long-temps familiers aux bons esprits.

» Dans *l'administration locale,* qu'il faut distinguer de l'administration générale comme on distingue les administrateurs des ministres, on reconnaît trois services distincts :

» 1° L'administration proprement dite;

» 2° Les jugemens qui se rendent d'office en matière de contributions, et qui consistent dans les différentes répartitions qui ont lieu entre les masses et les individus;

» 3° Le jugement du contentieux dans toutes les parties de l'administration.

» Le projet de loi sépare ces trois fonctions.

» Il remet la première à un seul magistrat dans chaque degré du pouvoir administratif; savoir, au préfet, au sous-préfet et au maire.

» Il remet la seconde à des conseils de départemens, à des conseils d'arrondissemens communaux, et aux répartiteurs municipaux, dont l'existence est conservée.

» Il remet la troisième à un conseil de préfecture.

» Ces dispositions sont fondées sur ces deux principes :

» Qu'administrer doit être le fait d'un seul homme, et juger le fait de plusieurs.

» Quelques développemens confirmeront le respect que l'expérience leur a dès long-temps acquis.

» L'administration proprement dite consiste en trois choses :

» 1° *L'agence de transmission* des lois aux administrés, et des plaintes des administrés au gouvernement; en d'autres mots, l'agence des communications réciproques entre la volonté publique et les intérêts particuliers;

» 2° L'action directe sur les choses et sur les personnes privées, dans toutes les parties mises sous l'autorité immédiate des administrateurs;

» 3° Enfin la *procuration d'action* dans les parties d'administration remises à des subordonnés.

» *Procurer l'action* est la principale fonction de l'administrateur du département; ainsi que les ministres, il a moins à faire par lui-même qu'à mettre le sous-administrateur dans l'obligation de faire, et celui-ci encore est moins obligé à l'action qu'à assurer celle des municipalités, qui à leur tour ont elles-mêmes presque autant à ordonner qu'à faire.

» La *procuration d'action* est donc une partie importante des devoirs et de l'art de l'administration, à tous les degrés de l'échelle administrative.

» Voici une analyse abrégée des fonctions très-diverses qui sont comprises dans ce seul mot; fonctions qui jusqu'ici n'ont été malheureusement distinguées que par ces deux autres mots très-vagues, *ordonner* et *surveiller*.

» La première est d'expliquer aux magistrats inférieurs le sens des lois, règlemens ou ordres qu'il s'agit de faire exécuter : cette fonction est l'*instruction*.

» La seconde est de donner des ordres spéciaux que les circonstances de temps et de lieux peuvent exiger pour leur exécution : cette fonction peut se nommer *direction*.

» La troisième est de presser, de déterminer cette exécution : c'est l'*impulsion*.

» La quatrième est d'en vérifier l'exécution : c'est l'*inspection*.

» La cinquième c'est de se faire rendre compte de cette exécution, de recevoir les réclamations des personnes intéressées, ou les observations des préposés : cette fonction est la *surveillance*.

» La sixième est d'autoriser ou rejeter les propositions d'intérêt public auxquelles peut s'étendre le pouvoir de l'administration : c'est *l'estimation, l'appréciation.*

» La septième est d'approuver et valider ou de laisser sans valeur les actes qui ont besoin de vérification : c'est le *contrôle.*

» La huitième est de rappeler à leurs devoirs les autorités inférieures ou les agens immédiats qui les méconnaissent ou les oublient : c'est la *censure.*

» La neuvième est d'annuler les actes contraires aux lois ou aux ordres supérieurs : c'est la *réformation.*

» La dixième est de faire réparer les omissions ou les injustices : c'est le *redressement.*

» La onzième enfin est de suspendre les fonctionnaires incapables, de destituer ou de faire destituer les négligens, de poursuivre en justice les prévaricateurs : c'est la *correction, la punition.*

» Ainsi, instruction, impulsion, direction, inspection, surveillance, sanction des propositions utiles, contrôle des actes suspects, censure, réformation, redressement, punition, voilà les fonctions que suppose cette partie de l'administration que l'on peut appeler *procuration d'action.*

» Les avoir séparées par l'analyse, c'est avoir suffisamment montré à quel point il est nécessaire qu'une même volonté les exerce si l'on veut qu'elles aient de l'accord, et par leur accord une force suffisante à leur objet. De là donc la nécessité des préfectures et sous-préfectures que le gouvernement propose d'instituer.

» Remettre le *contentieux de l'administration* à un *conseil de préfecture* a paru nécessaire :

» Pour ménager au préfet le temps que demande l'administration ;

» Pour garantir les parties intéressées de jugemens rendus sur des rapports ou des avis de bureau ;

» Pour donner à la propriété des juges accoutumés au ministère de la justice, à ses règles, à ses formes ;

» Pour donner tout à la fois à l'intérêt particulier et à l'intérêt public la sûreté qu'on ne peut attendre d'un jugement porté par un seul homme; car tel administrateur qui balance avec impartialité des intérêts collectifs peut se trouver prévenu et passionné quand il s'agit de l'intérêt d'un particulier, et être sollicité par ses affections ou ses haines personnelles à trahir l'intérêt public ou à blesser les droits individuels.

» Sous le régime qui a précédé la révolution une grande partie du contentieux de l'administration était portée devant les tribunaux, qui s'étaient fait un esprit contraire à l'intérêt du trésor public.

» Leur partialité détermina l'assemblée constituante à réunir le contentieux de l'administration avec l'administration elle-même; et comme elle réunit les fonctions administratives à des directoires nombreux, elle crut pouvoir faire de ces corporations des espèces de tribunaux. En effet, la justice pouvait trouver quelque sûreté dans ce système; c'est avec l'administration qu'il était incompatible, parce que les ordres du gouvernement et les lois elles-mêmes rencontraient la délibération là où elles ne devaient trouver qu'empressement à l'action et obéissance.

» Le gouvernement croit avoir pris un juste milieu entre l'ancien système, qui séparait la partie administrative et l'administration comme inconciliables, et le nouveau, qui les cumulait dans les mêmes mains, comme si elles eussent été une seule et même chose.

» L'objet des *conseils-généraux de départemens et d'arrondissemens communaux* est essentiellement d'assurer l'impartialité de la répartition entre les arrondissemens, villes, bourgs et villages du département, et de concilier la confiance publique à ces opérations, d'où dépend l'équité de l'assiette sur les particuliers.

» C'est accessoirement à ce service que le gouvernement propose de leur attribuer l'audition du compte des deniers levés pour les besoins particuliers du département et de l'arrondissement; convaincu que rien, après la modération de l'impôt, ne satisfait autant les citoyens que la certitude du bon emploi des deniers qui en proviennent.

» Le gouvernement a cru nécessaire de donner aux conseils de département et d'arrondissement la faculté d'exprimer une opinion sur l'état et les besoins des habitans. Il importe à un gouvernement ami de la liberté et de la justice de connaître le vœu public, et surtout de le puiser à sa véritable source, car l'ignorance est à cet égard moins funeste que les méprises. Où peut être cette source, si ce n'est dans des réunions de propriétaires choisis sur toute la surface du territoire entre les notables, dont les listes auront été formées par le concours de tous les citoyens? C'est là sans doute qu'est l'opinion publique, et non dans des pétitions dont on ne connaît ni les auteurs, ni les provocateurs, ni les véritables motifs.

» Dans les conseils de préfecture et dans les conseils généraux le nombre des membres varie suivant les départemens : c'est leur population qui a déterminé les différences. Il paraît convenable que le nombre des juges du contentieux de l'administration, et celui des arbitres de la répartition, qui sont en même temps organes de l'opinion, soient proportionnés aux affaires, aux charges et aux intérêts du pays; or il n'est pas de mesure plus approximative à cet égard que le nombre des habitans.

» Dans les arrondissemens communaux il n'y a point de conseil de sous-préfecture, parce que les sous-préfets n'ont que voix consultative en matière contentieuse.

» L'article 11 porte qu'il n'y aura point de sous-préfet dans les arrondissemens où sera situé le chef-lieu du département. Les raisons de cet article sont :

» 1° Que partout où réside le préfet c'est à lui qu'il est naturel de s'adresser, et que par cette raison le sous-préfet y est moins considéré qu'il ne devrait l'être;

» 2° Qu'il n'est pas plus difficile au préfet qu'au sous-préfet de se procurer, de toutes les parties de l'arrondissement où il réside, toutes les instructions dont il a besoin, et d'y porter son action;

3° Que, les départemens étant d'une étendue très-bornée, il est très-facile aux préfets d'exercer une administration particulière d'arrondissement en même temps qu'ils exerceront leur surveillance sur les arrondissemens voisins ;

» 4° Que ce sera une économie considérable d'épargner le traitement de quatre-vingt-dix-huit sous-préfets, et les dépenses accessoires.

» Le projet de loi n'assigne aux maires et adjoints, en matière d'administration, que les mêmes fonctions qui étaient subdéléguées aux agens municipaux, et qui par leur nature exigent la présence permanente d'un fonctionnaire public dans chaque ville, bourg ou village. Telle est la répartition sur les contribuables.

» Mais le projet étend leurs fonctions en matière de police. La police municipale et ses accessoires appartenaient ci-devant aux municipalités de canton ; l'agent et l'adjoint de la commune n'étaient chargés que de veiller sur les contraventions, et d'en dresser des procès-verbaux. La Constitution, en imposant la réunion de plusieurs cantons en un arrondissement communal, en éloignant par-là l'autorité centrale d'une grande partie des administrés, a ajouté à la nécessité de rendre aux communautés une autorité locale capable de faire observer dans leur territoire la police municipale et la portion de la police rurale qui en est un accessoire.

» Un conseil municipal a paru nécessaire pour faire connaître les intérêts des habitans, assurer leurs droits, et régler les affaires domestiques de la communauté. Il paraît que les plus petites villes seront bientôt forcées de recourir à des octrois pour subvenir à leurs dépenses ; or, comme les contributions nationales sont votées en France par les représentans du peuple, il semble en résulter que les contributions locales doivent l'être aussi par une sorte de représentations de famille. Ce principe a été reconnu et observé même sous la monarchie.

» Les traitemens des préfets, conseillers de préfecture et sous-préfets sont réglés sur la population des villes que ces magistrats doivent habiter, parce que ce n'est pas seulement le travail de l'administrateur que l'état doit payer, c'est en outre la représentation que sa place exige. Il est nécessaire qu'un préfet proportionne partout sa dépense à celle des propriétaires aisés du lieu qu'il habite, et à celle des autres officiers civils ou militaires avec lesquels il doit avoir affaire; il est nécessaire que son extérieur annonce ou l'égalité ou la prépondérance de son autorité; il est nécessaire qu'il puisse entretenir avec les personnes considérables que réunit la même cité ces relations de société qui importent plus qu'on n'a voulu le croire depuis dix ans à l'harmonie des pouvoirs collatéraux et à l'accord des administrateurs avec les administrés.

» Tels sont les motifs des principales dispositions de la loi; les autres s'expliquent d'elles-mêmes.

» L'examen du projet de loi est d'une urgence extrême : la désorganisation est générale dans l'administration.

» L'analyse du système présenté par le gouvernement est très-facile. Ce n'est qu'une nouvelle distribution des anciennes fonctions, et cette distribution est faite suivant les principes de la hiérarchie observée jusqu'à présent, à une seule exception près, celle qui concerne la police municipale.

» Nous avons mis tout notre soin à ce travail, toute notre diligence à sa rédaction. C'est au zèle du tribunat, c'est à la sagesse du corps législatif, à faire le reste. »

Le projet de loi, discuté au tribunat et devant le corps législatif, fut adopté le 28 pluviose an VIII. Presqu'aussitôt, c'est-à-dire dans le mois de ventose suivant, le consul, par différens arrêtés, organisa les préfectures de département et la préfecture de police de Paris.

Le 27 ventose suivant, on adopta le complément de cette organisation. Un premier projet présenté pour organiser le tribunal de cassation, après n'avoir passé qu'à une majorité de deux voix au tribunat, avait été rejeté par le corps législatif. Le second projet, qui contenait toute l'organisation judiciaire, fut plus heureux. Il fut, ainsi que nous venons de le dire, adopté, mais cependant après une opposition assez vive. Il créait un tribunal de première instance par arrondissement, un tribunal criminel par département, et vingt-neuf tribunaux d'appel; il rétablissait les avoués. Ainsi on reconstituait l'un des priviléges que la révolution avait supprimés. On allait au reste disant partout que *la révolution était terminée*. C'est par cet axiome que Boulay de la Meurthe avait justifié un projet de loi qui fut adopté le 12 ventose. Ce projet déclarait fermée la liste d'émigration, et remettait aux tribunaux à prononcer sur les préventions de ce genre.

Dans les derniers jours de la session dont nous faisons l'histoire, on décréta le rachat des rentes viagères dont la confiscation avait réuni les titres à la République. Ce fut enfin dans ces dernières séances que les représentans rejetèrent les lois sur les péages et sur les rentes féodales, dont nous avons déjà parlé.

La session du corps législatif fut terminée le 9 germinal an VIII (30 mars 1800). La dernière séance fut secrète; on y nomma par voie du sort les inspecteurs qui devaient rester réunis en commission pendant l'absence de l'assemblée. Quant au tribunat, qui, aux termes de la Constitution, pouvait à son choix se conserver en permanence, d'abord il espaça en quelque sorte ses séances; puis il ne se rassembla plus que tous les quinze jours; dans ses rares réunions il s'occupait de faits relatifs à des intérêts particuliers. Il accomplissait en un mot, en ces choses, la fonction de surveillance et de redressement que lui avait confiée la Constitution. Il ne l'étendit pas à des matières plus graves.

Cependant l'habitude que le public avait prise de voir chaque jour les journaux remplis du compte rendu des débats de quelque assemblée ne fut pas complétement rompue. Les relations des séances du conseil d'état succédèrent aux relations de celles du tribunat et du corps législatif; ainsi, peu à peu, les lecteurs des feuilles publiques s'habituèrent à entendre le pouvoir parler plus souvent que la représentation nationale.

Le semblant d'opposition qui s'était manifesté dans les discussions du tribunat et dans quelques votes du corps législatif fut plus utile au gouvernement qu'une soumission complète et passive. Lorsque le premier consul s'en montra blessé, il ne fit pas preuve du tact et de l'habileté qui lui étaient ordinaires. En effet, ces contradictions étaient sans conséquence; mais elles constituaient une apparence qui était plus que toute autre chose propre à faire tomber le public dans une erreur qui lui était chère ; c'est que le gouvernement représentatif était encore une réalité.

Les nouvelles lois sur l'organisation des préfectures, du système judiciaire et de la police mirent, au reste, à la disposition des consuls, un grand nombre de belles places, et par suite les moyens de s'assurer un grand nombre de partisans, et de créer au gouvernement un parti considérable, presque aussi nombreux et non moins influent que l'avait été celui des clubs à une autre époque.

Le nouveau pouvoir inspirait déjà une sécurité telle que l'on voyait apparaître les signes qui sont les indications les plus évidentes de la confiance des particuliers dans la stabilité d'un système politique. Le crédit renaissait ; le taux des rentes sur l'état s'élevait à la bourse ; le tiers consolidé était monté de 6 francs à 23 et 24 francs. Enfin, une association de banquiers s'était formée, et donnait naissance à la *Banque de France*. Le fonds capital était de trente millions, divisé en trente mille actions. Les opérations devaient consister à escompter des lettres de change, à se charger des recouvremens d'effets, à recevoir en compte courant sous dépôts et consignations, à émettre des billets au porteur et à vue, et enfin à ouvrir une caisse de placemens et d'épargnes. C'était une entreprise particulière complétement indépendante du gouvernement, mais qui pouvait lui rendre de grands services. Aussi l'avait-il favorisée de toutes ses forces. Par arrêté du 23 nivose, il avait fait verser, pour prix de cinq mille actions, cinq millions qui furent inscrits au nom de la caisse d'amortissement ; et, le 6 ventose an VIII, lorsque les régens et les censeurs de la banque vinrent présenter leurs statuts aux consuls, ils furent accueillis par Bonaparte avec un intérêt tout spécial. Il leur promit protection et secours. En effet, le 15 ventose, par un arrêté il fut ordonné de verser à la banque les fonds déposés à la caisse des réserves de la loterie nationale pour la garantie des lots. Le 16 germinal suivant, la banque fut chargée du recouvrement des sommes à verser par les receveurs de la loterie ;

enfin elle fut chargée, le 23 thermidor an VIII, de payer le second semestre des rentes et pensions, qui eut lieu, à compter de ce moment, en numéraire.

Pendant qu'ils cherchaient à reconstituer le crédit, les consuls préparaient la guerre : ils avaient prouvé, par des démarches publiques, qu'ils voulaient la paix, ce fut avec la même publicité qu'ils se préparèrent à pousser la guerre avec une nouvelle vigueur.

Le 17 ventose an VIII (8 mars 1800), ils signèrent la proclamation suivante, qui fut de suite communiquée au tribunat et au corps législatif :

« *Les consuls de la République aux Français.*

» Français, vous désirez la paix. Votre gouvernement la désire avec plus d'ardeur encore : ses premiers vœux, ses démarches constantes ont été pour elle. Le ministère anglais la repousse ; le ministère anglais a trahi le secret de son horrible politique. Déchirer la France, détruire sa marine et ses ports, l'effacer du tableau de l'Europe ou l'abaisser au rang des puissances secondaires ; tenir toutes les nations du continent divisées pour s'emparer du commerce de toutes, et s'enrichir de leurs dépouilles, c'est pour obtenir ces affreux succès que l'Angleterre répand l'or, prodigue les promesses et multiplie les intrigues.

» Mais ni l'or, ni les promesses, ni les intrigues de l'Angleterre n'enchaîneront à ses vues les puissances du continent : elles ont entendu le vœu de la France ; elles connaissent la modération des principes qui la dirigent ; elles écouteront la voix de l'humanité et la voix puissante de leur intérêt.

» Si elles balancent, le gouvernement, qui n'a pas craint d'offrir et de solliciter la paix, se souviendra que c'est à vous de la commander.

» Pour la commander il faut de l'argent, du fer et des soldats. Que tous s'empressent de payer le tribut qu'ils doivent à la défense commune ! Que les jeunes citoyens se lèvent ! Ce n'est plus pour des factions, ce n'est plus pour le choix des tyrans qu'ils vont s'armer : c'est pour la garantie de ce qu'ils ont de plus cher ; c'est pour l'honneur de la France, c'est pour les intérêts sacrés de l'humanité. Déjà les armées ont repris cette attitude, présage de la victoire. A leur aspect, à l'aspect de la nation entière réunie dans les mêmes intérêts et dans les mêmes vœux, n'en doutez pas, Français, vous n'aurez plus d'ennemis sur le continent ! Que si quelque puissance encore veut tenter le sort des combats, le premier consul a promis la paix ; il ira la conquérir à la tête de ses guerriers qu'il a plus d'une fois conduits à la victoire. Avec eux il saura retrouver ces champs encore pleins du souvenir de leurs exploits ; mais au milieu des batailles il invoquera la paix, et il jure de ne combattre que pour le bonheur de la France et le repos du monde. »

« Le corps législatif répondit le même jour, 17, à cette proclamation en votant que « tous les Français qui ont terminé leur vingtième année au premier vendémiaire dernier sont à la disposition du gouvernement, pour être mis en activité de service à mesure que les besoins de l'armée le requerront. » — De leur côté les consuls avaient joint à leur proclamation un arrêté qui contenait toutes les mesures qui étaient dans les limites de leur autorité constitutionnelle, savoir : « Il sera créé une armée de réserve forte de soixante mille hommes. Elle sera directement commandée en chef *par le premier consul.* — Les conscrits de première classe fourniront provisoirement un détachement de trente mille hommes. — Les anciens soldats qui auraient obtenu leur congé ; ceux qui même, faisant partie des compagnies de vétérans, sont encore en état de faire la campagne, les réquisitionnaires et les conscrits, tous sont sommés, au nom de l'honneur, ou de rejoindre leurs drapeaux, ou, s'ils ne sont attachés à aucun corps, de se rendre au quartier général de l'armée de réserve, à Dijon. Le premier consul les passera en revue dans le courant de germinal. — Les citoyens français autres que ceux ci-dessus dénommés, qui dans cette circonstance extraordinaire voudront accompagner le premier consul, et participer aux périls et à la gloire de la campagne, se feront inscrire chez les préfets et sous-préfets. Ils seront formés en bataillons volontaires. — Le département qui, à la fin de germinal, aura payé la plus forte partie de ses contributions sera proclamé comme ayant *bien mérité de la patrie*. Son nom sera donné à la principale place de Paris. »

C'était, disait la proclamation, pour commander la paix que l'on allait activer la guerre. Ces paroles furent commentées dans le tribunat; l'on y décida que l'on enverrait une députation au premier consul pour lui exprimer le vœu qu'il *revînt vainqueur et pacificateur*. Le sénat et le corps législatif prirent une délibération par laquelle ils s'unirent de sentimens à la démarche du tribunat. Ce premier éclat d'enthousiasme guerrier ne dura que quelques jours; l'étranger put croire qu'il ne serait point suivi d'effet, et aussi il resta dans une sécurité complète. Cependant un corps d'armée se réunissait à Dijon; il était peu nombreux; mais il détournait l'attention d'un rassemblement plus considérable qui avait lieu dans les environs de Genève. Celui-ci échappa complétement à l'espionnage de l'étranger, tellement que Mélas, qui en ce moment menaçait Gênes, ignorait qu'il eût si près de lui une armée nouvelle, et pensait que le camp même de Dijon n'était qu'une démonstration nullement redoutable. On le crut d'autant plus que, le 12 germinal, Bonaparte, renonçant au commandement de cette réserve, en nomma Berthier général en chef. A cette occasion Carnot fut appelé à prendre le portefeuille de la guerre, que quittait Berthier.

Bonaparte sentait que, pour asseoir sa position politique, il lui fallait un succès extraordinaire. Il avait choisi l'Italie, le premier théâtre de sa gloire. Il avait résolu en conséquence de tromper son ennemi avant de le vaincre; il voulait couper sa ligne de communication en s'emparant de Milan, de manière à se placer entre les états de l'empereur et l'armée autrichienne, qui était alors, sous les ordres de Mélas, dans le pays de Gênes, de manière que s'il était vainqueur de cette armée, elle n'eût point de voie de retraite, et tombât tout entière en son pouvoir. En se réservant la tâche de conduire cette opération brillante, le premier consul donna à Moreau le soin de la guerre d'Allemagne.

Bonaparte quitta Paris à l'improviste le 16 floréal (6 mai). Vingt-cinq jours après il passait en revue l'armée de réserve de Dijon ; le 18 floréal (8 mai) il était à Genève et donnait l'ordre de se mettre en mouvement à l'armée réunie autour de cette ville, et qui était forte de plus de trente-cinq mille hommes. En conséquence, ce corps, dont Lannes commandait l'avant-garde, se mit à gravir le grand Saint-Bernard, pendant que Moncey conduisait un autre corps par le Saint-Gothard et le Simplon, et que deux divisions de droite marchaient par le Mont-Genèvre, le Mont-Cenis et le petit Saint-Bernard. La totalité de ces forces formait un ensemble qui n'était pas au-dessous de soixante mille hommes. On ne comprend pas comment une pareille masse avait pu être réunie à l'insu des Autrichiens ; c'est certainement l'un des faits les plus curieux du temps.

Le passage d'un corps d'armée de trente-cinq mille hommes par le grand Saint-Bernard est encore et doit être considéré comme l'un des plus beaux mouvemens militaires. Cependant il faut faire remarquer qu'il n'était pas alors aussi extraordinaire qu'il le paraît aujourd'hui. Les soldats de cette armée avaient été habitués à des marches plus difficiles encore dans la campagne de Suisse.

Quoi qu'il en soit, l'avant-garde commandée par Lannes, composée de six vieux régimens habitués à la guerre de montagne, se mit en mouvement. Nous allons la suivre en Italie ; car bien que l'espace nous commande d'être fort réservés sur la relation des faits militaires, nous croyons ne pouvoir nous dispenser de donner une idée de cette campagne rapide, qui assura la fortune de Napoléon Bonaparte. Nous en empruntons le récit abrégé à l'*Histoire des guerres de la révolution*, déjà citée. Nous nous bornerons à rectifier quelques dates.

Les trente-cinq mille hommes formant le centre s'entassèrent rapidement dans le Valais. Lannes, ouvrant la marche, s'engagea au sortir de Saint-Pierre dans le sentier glacé qui conduit au sommet de la montagne. On avait démonté les voitures des convois ; les soldats s'attelèrent gaîment aux traîneaux qui les transportaient, et l'on se mit à gravir l'escarpement. La musique militaire, les chants patriotiques, faisaient retentir ces solitudes que le bruit de la guerre n'avait jamais troublées, et aux pas difficiles le tambour battait la charge. On parvint au bout de huit heures à l'hôpital, où l'on fit halte. Les religieux s'empressèrent de distribuer à chaque homme des vivres et une forte ration de vin. Bientôt on se remit en marche et l'on atteignit la cime du mont. On descendit à la ramasse le revers extérieur, dont la pente est moins rapide ; on rallia une poignée d'hommes, on courut sur Aoste, on l'emporta et l'on s'y établit le 26 floréal (16 mai) ; tout cela était fait en quelques heures. Cependant le passage s'opérait sans discontinuer, il dura quatre jours ; à mesure qu'on arrivait au chemin voiturable, on remettait les canons sur affûts et l'on reprenait ses rangs. Dès le 27 floréal (17 mai), Lannes fut en mesure d'assaillir le poste de Châtillon, de le culbuter et de pousser jusqu'à la petite ville de Bard. Le même jour, Bonaparte quitta Lausanne ; le lendemain, il franchit le Saint-Bernard et porta le quartier-général à Aoste. Le 28 floréal (18 mai), l'armée était arrêtée par le fort de Bard, bâti sur un rocher à pic qui ferme la vallée, et ne laisse d'autre issue que la ville, dont la rue principale était enfilée par une batterie de vingt-deux pièces. Cet obstacle, dont on n'avait point mesuré l'importance, était de nature à compromettre l'expédition. On reconnut que le fort était à l'abri d'un coup de main, et le commandant refusant ses portes, il fallut tourner la difficulté. On creusa d'abord dans le roc, hors de la portée de canon, un sentier ou plutôt un escalier, où l'infanterie et la cavalerie purent défiler. Lannes le franchit aussitôt avec l'avant-garde et se porta sur Ivrée ; puis, le fort tenant toujours malgré plusieurs assauts, on enveloppa de paille les roues des canons et des voitures, et pendant une nuit obscure on traversa la ville sous une grêle d'obus et de boulets dont un seul pouvait déterminer une explosion terrible. On réussit sans accident à dépasser le fort ; Chabran resta pour en faire le siège, et l'armée, sortant enfin de cette affreuse vallée, ne tarda pas à se former dans la plaine d'Ivrée.

Ni Mélas ni ses lieutenans ne pénétrèrent les projets du premier consul. Ils crurent reconnaître de vaines démonstrations faites dans le but de dégager Suchet, et le feld-maréchal se contenta d'envoyer à Kaim un renfort de cinq mille hommes d'élite. Le 23 mai, sur les nouveaux avis qui lui parvinrent, il partit pour le Piémont avec sa réserve forte de six mille hommes, et ne tarda pas à rappeler Elsnitz.

Kaim avait envoyé dix mille hommes au secours d'Ivrée, où était renfermée une garnison de quatre mille hommes. Mais ils en étaient encore loin quand Lannes, après deux jours de combat, fit enfoncer à coups de hache les portes de la ville, et y pénétra d'assaut.

A peine maîtresse d'Ivrée, l'avant-garde française s'élança sur la route de Turin; au bout de six jours, elle se heurta contre le secours autrichien qui venait de prendre position à Romano, derrière la Chiusella, dont le pont était défendu par une batterie. La victoire fut brusquement décidée par un trait audacieux. Quelques compagnies d'infanterie se précipitèrent dans la rivière, tournèrent le pont, prirent les pièces et déblayèrent le défilé où la colonne d'attaque se rua en masse; les Impériaux rompus s'enfuirent à Chivasso, d'où ils se replièrent jusqu'à Turin.

Lannes entra le jour suivant dans Chivasso; Bonaparte lui-même s'y rendit et donna l'ordre de jeter un pont sur le Pô. Dans le même moment, Turreau débouchait par le col de Suze. Mélas crut que ce double mouvement avait pour but d'investir Turin par les deux rives du Pô: il y porta son quartier-général, et il se mit des deux côtés sur la défensive. Mais ce n'était ni à Turin, ni au delà du Pô que l'on voulait se rendre; on tendait à un but autrement décisif. L'armée entière fit un à gauche et s'avança sur Verceil, flanquée à droite par Lannes qui longea le fleuve, et à gauche au pied des Alpes par la légion de Lecchi. On prit Verceil, et le 29 mai (9 prairial) on força à Turbigo et Bufalora le passage du Tésin, que Laudon s'était hâté de couvrir avec une partie des réserves. Le même jour, Moncey arriva sans obstacles à Bellinzona ; le lendemain, Lannes enleva Pavie, et le surlendemain Bonaparte fit son entrée à Milan, dont le château fut sur-le-champ investi.

Son arrivée tenait du prodige. Les patriotes italiens, qui subissaient depuis un an une dure réaction, osaient à peine y croire. A la vue de l'avant-garde française, leurs transports éclatèrent, et pendant ces scènes de délire Bonaparte parut ! Quels souvenirs eussent adouci les heures de sa captivité si l'ingénieuse cruauté de ses bourreaux n'avait pris soin de lui faire sentir à chaque instant ses fers !

Les prisons s'ouvrirent, les exilés rentrèrent, et la république Cisalpine fut aussitôt réorganisée. Laudon et Wukassowich s'enfuirent sous le canon de Mantoue ; séparés de leur général en chef par un état surgissant hostile à l'Autriche et par une armée de soixante mille hommes.

Mélas, pris entre le Pô et la mer, n'avait plus d'issue que par la rive droite du fleuve. On ne le laissa pas long-temps libre ; on courut à lui ; on s'occupa de délivrer Gênes, dont on ignorait le sort.

Quatre jours après l'entrée à Milan, Murat marcha sur Plaisance, et Lannes, avec l'avant-garde, partit de Belgiojoso pour se porter sur l'autre rive et saisir Stradella, position importante où la chaussée de Turin à Crémone par Alexandrie et Plaisance, au sortir de la plaine de Tortone, entre dans un long défilé, formé par les cultures qui bordent le Pô et par les prolongemens de l'Apennin.

Le premier, après avoir inutilement tenté d'enlever le pont que l'ennemi avait jeté devant Plaisance, surprit le passage pendant la nuit un peu au-dessous de la ville, rallia une division qui venait de s'emparer de Crémone, attaqua les Autrichiens, leur fit deux mille prisonniers, et les chassa jusqu'à Parme.

Le second trouva la rive droite défendue par deux à trois mille hommes. Il les culbuta, leur fit des prisonniers, et s'établit le lendemain sans combat à Stradella.

L'armée française se trouva de cette manière en possession

des deux points de la rive droite où elle avait le plus de chances pour barrer la retraite de l'ennemi. Lannes se mit en communication avec Murat. Bonaparte laissa Moncey à Milan pour surveiller le Tésin et contenir Laudon et Wukassowich. Après quoi, il porta le quartier-général à Stradella.

Ce fut là seulement qu'on apprit la capitulation de Gênes. Cette ville, défendue par Masséna, arrêtait depuis long-temps les Autrichiens. La garnison, épuisée par la famine, rendit la place le 16 prairial, mais aux conditions les plus avantageuses pour les habitans et pour l'armée. On garantissait aux premiers leur sûreté, leurs propriétés publiques et particulières, et jusqu'au respect de leurs opinions politiques. L'armée française sortit librement par terre, avec armes et bagages, et se rendit en France. Elle laissa derrière un grand nombre de malades, dont les Autrichiens garantirent la sûreté. Cependant le général autrichien Ott, maître de la place par la retraite des Français, y laissa Hohenzollern avec une garnison de dix mille hommes, et il se hâta de descendre la Bocchetta à la tête de dix-huit mille hommes pour gagner Plaisance.

Le 9 juin (20 prairial), son avant-garde attaqua Lannes, qui la repoussa, prit position avec huit mille hommes à Casteggio et Montebello, et, sachant contre qui il venait de se heurter, demanda des renforts. On lui envoya Victor, mais avant son arrivée le feu était ouvert sur tout le front des deux armées. Malgré l'infériorité du nombre, Lannes soutenait glorieusement le choc et au milieu du jour rien n'était décidé, lorsque Victor survint. Le combat prit alors une nouvelle face; cependant les Impériaux rompirent une division française et commencèrent à gagner du terrain, lorsqu'un bataillon, faisant ferme sur la chaussée, les arrêta, donna le temps de rallier les fuyards et de reprendre irrésistiblement l'attaque. Au bruit du canon, Napoléon accourut, mais la victoire était déjà assurée à ses deux lieutenans. Trois mille morts, six mille prisonniers en furent les trophées. Le général autrichien se replia sur Tortone, où il jeta deux mille hommes, et prolongea sa retraite jusqu'à la Bormida.

La situation de l'armée impériale était cruelle. Pour gagner Plaisance il fallait écraser le gros de l'armée de réserve, si avantageusement posté à Stradella. Pour s'appuyer sur Gênes, il fallait franchir les défilés de l'Apennin, que Suchet gardait avec vingt mille hommes. Enfin si l'on cherchait un passage par le Tésin et Milan, Turreau, Chabran, Moncey, étaient là, prêts à disputer pied à pied la route pour donner le temps au premier consul d'accourir.

Soit indécision, soit désir d'attirer son adversaire en plaine, afin d'utiliser sa belle cavalerie, Mélas resta pendant trois jours immobile dans son camp d'Alexandrie. Durant les mêmes journées, les corps français achevèrent de se former sur la rive droite du Pô, de s'y fortifier et de construire deux ponts. Ce fut alors que Desaix, à peine de retour d'Égypte, vint au quartier-général, impatient de prendre part à la bataille que l'on attendait; il fut accueilli avec joie, et prit le commandement des deux divisions de la gauche.

Cependant l'inquiétude commençait à gagner le premier consul. Craignant de voir les Impériaux lui échapper, il se porta d'abord sur la Scrivia, puis à San-Giuliano. Là, ses éclaireurs se répandirent dans la plaine de Marengo, où ils n'aperçurent point d'ennemis. On était en doute si Mélas marchait sur Gênes, ou s'il n'avait point quitté Alexandrie. Desaix et Victor eurent ordre de pousser de fortes reconnaissances, le premier sur Novi, le second sur la Bormida. Celui-ci se heurta à Spinetta avec l'arrière-garde de Ott, forte de trois à quatre mille hommes; il la mit en déroute, et ses avant-postes, après l'avoir poursuivie jusqu'à la Bormida, ne donnèrent point de nouvelles de Mélas, et ne découvrirent aucun indice d'une bataille prochaine.

L'armée passa la nuit, Victor à Marengo, Lannes en arrière à droite, Desaix sur la gauche, à une demi-journée de marche de Bonaparte, et les réserves à Torre-di-Garofoldo et sur la Scrivia.

Cependant l'armée impériale, encore indécise, était tout entière au delà de la Bormida, où elle avait établi des ponts. Déduction faite des garnisons, elle ne comptait pas moins de trente-un mille combattans. Dans cette même nuit, le général en chef et son conseil arrêtèrent avec transport la résolution de se frayer la route de Plaisance en passant sur le corps de leurs adversaires. Ils étaient supérieurs en nombre, surtout en cavalerie et artillerie. Ils avaient pour eux le souvenir de l'année précédente, et il s'agissait de vaincre ou de perdre l'Italie.

Le 25 prairial (14 juin), dès l'aube, ils défilèrent sur trois ponts et portèrent les têtes de colonne de droite et du centre sur la route de Tortone.

La vaste plaine où la querelle allait se vider ne présente qu'un petit nombre de points d'appui : d'abord à mille toises de la Bormida et à trois quarts de lieue l'un de l'autre, les villages de Marengo et de Castel-Ceriolo, tous deux couverts par un ruisseau parallèle à la rivière; puis, deux lieues plus loin, San Giuliano; puis encore, deux lieues au-delà, la Scrivia que l'on passe à Torre-di-Garofoldo, en avant de Tortone, et à Sale près de son confluent.

De part et d'autre, on se forma sur le ravin, et vers huit heures le feu s'alluma avec une grande activité. A la vivacité de la canonnade, Bonaparte reconnut que la journée décisive était enfin venue. Loin de s'y attendre, il n'avait songé qu'à garder en même temps les routes divergentes de Gênes et d'Alexandrie. A peine lui restait-il dix-huit mille hommes dans la plaine où se répandaient toutes les forces de Mélas, dont aucun indice ne dévoilait le plan.

Jamais peut-être plus grand péril n'inspira de plus habiles dispositions. Il ne tarda pas à savoir que deux lignes s'étaient déployées devant Marengo, cherchant surtout à peser sur la droite de Victor. Il sut que la colonne de gauche, commandée par Elsnitz, laissant de côté Castel-Ceriolo, manœuvrait de manière à déborder les deux divisions françaises. Dès lors il comprit que son adversaire voulait dégager la route de Tortone, pénétrer jusqu'à Torre-di-Garofoldo, enfin jeter l'armée de réserve dans les montagnes, où elle eût été très-gênée; et, pour déjouer ce dessein, il lui suffit de changer à la fois la ligne de retraite et l'ordre de la bataille.

Les dix-huit mille hommes étaient échelonnés, la gauche en tête de Marengo à la Scrivia, ayant pour retraite le pont en avant de Tortone et la grande route de Plaisance. Il résolut de ranger l'armée entière (28,000) par échelons de Castel-Ceriolo à San-Giuliano, la droite en avant, et de lui donner pour retraite le pont de Sale, d'où l'on peut gagner directement Voghera. Au moyen de cette belle et simple combinaison, Desaix, arrivant de Rivalta, reprenait naturellement son rang, et l'on débordait la gauche de l'ennemi, tandis que sa droite, obtenant les premiers succès, frappait à vide.

Tout s'ébranla pour prendre position. L'une des divisions de la gauche, restée en réserve sous Carra-Saint-Cyr, marcha sur Castel-Ceriolo; les grenadiers à pied de la garde consulaire (neuf cents hommes) passèrent à la droite de Lannes, et Bonaparte lui-même, avec son escorte et son état-major, se porta en première ligne. Desaix avait déjà reçu l'ordre de se rendre au pas de course à San-Giuliano.

Dans ce moment, Victor, après avoir perdu et repris plusieurs fois Marengo, constamment assailli par des troupes fraîches, avait fini par plier. Ses divisions à demi détruites, débordées, enveloppées de toutes parts, venaient de lâcher pied, et les fuyards se dispersaient dans les vignes entre Marengo et San-Giuliano. La bataille reposait sur Lannes, qui, s'étant développé pour soutenir Victor, avait attiré à lui le centre des Impériaux. La déroute de son collègue le compromettait à son tour. Sa gauche était découverte, et la cavalerie d'Elsnitz se préparait à la charger par la droite sur ses derrières.

A l'apparition du premier consul, tout changea de face. Elle produisit l'effet magique qui pendant quatorze ans a enfanté tant de prodiges; on ne douta plus du succès. Les troupes de Victor se rallièrent sur San-Giuliano; les grenadiers de la garde, se formant en carré à l'extrême droite, le flanquèrent sur la pointe de Elsnitz qui se brisa contre leurs baïonnettes et ne put exécuter le mouvement qui lui était prescrit. Lannes, poussé par le gros de l'armée ennemie, criblé par la mitraille de quatre-vingts bouches à feu, se mit à pivoter sur eux comme sur une forteresse, en refusant sa gauche. Il fit avec un imperturbable sang-froid sa retraite, qui dura trois heures ; et pendant ce temps, Carra-Saint-Cyr, marchant en sens inverse, parvint à se loger dans Castel-Ceriolo. Enfin, Desaix, accourant à travers pays, s'établit en avant de San-Giuliano.

Il était trois heures : Mélas n'avait point saisi le but des mouvemens qui s'opéraient à sa gauche. La plaine jonchée des débris de Victor, Lannes en retraite, la route de Tortone presque abandonnée, lui semblèrent des gages suffisans d'une victoire complète. Si une division s'était fourvoyée dans Castel-Ceriolo, c'était un trophée de plus à la fin de cette journée ; elle devait être tournée et enlevée. La confiance du vieux feld-maréchal ne fut point un instant ébranlée, et, comme la fatigue ne lui permettait plus de se tenir à cheval, il rentra dans Alexandrie, laissant à son chef d'état-major Zach le soin d'achever la défaite des Français. Celui-ci présuma qu'il suffisait d'enlever San-Giuliano, seul point d'appui qui leur restât en deçà de la Scrivia. Il forma en colonnes cinq à six mille grenadiers, et les conduisit lui-même par la droite de la chaussée, tandis que le reste de l'armée, continuant le feu sur toute la ligne, suivait de loin l'impulsion.

A cinq heures, ils arrivèrent à portée du canon des avant-postes de Desaix. C'était le moment critique : Bonaparte parcourut le front de l'armée en s'écriant : « C'est assez reculer. Marchons en avant ! vous savez que je couche toujours sur le champ de bataille. »

Desaix commença l'attaque ; mais au premier coup de feu une balle l'atteignit au cœur, il tomba raide mort, et Boudet prit le commandement de sa division, qui s'élança pleine de rage en jurant de le venger. Le choc fut irrésistible ; la tête des Impériaux fut rompue et l'ébranlement se fit sentir dans toute la profondeur de la colonne.

Bonaparte, plein de joie, voit l'occasion de brusquer la victoire : il prend Kellermann fils, qui se tient à la droite de San-Giuliano avec trois à quatre cents chevaux, et lui ordonne de tomber sur le flanc de cette masse déjà vacillante. La brave cavalerie traverse la plaine à toute bride, aborde les grenadiers; les coupe en plusieurs tronçons et les resserre contre l'infanterie qui continue à les accabler d'un feu terrible. Ce n'est bientôt plus qu'une foule confuse, elle dépose les armes; Zach et son état-major laissent tomber leur épée.

Alors le tambour bat la charge sur toute la ligne, et les Impériaux voient avec un indicible effroi cette armée qu'ils croyaient vaincue, dispersée, se déployer menaçante de Castel-Ceriolo à San-Giuliano. Dans le nouvel alignement, la droite était plus près de la Bormida que l'arrière-garde de l'ennemi dont les divers échelons prêtaient tous le flanc gauche. L'état-major avait disparu; à défaut d'une direction générale, chacun céda au désir de repasser la rivière. En un clin d'œil la déroute devint affreuse et les ponts furent encombrés de troupes de toutes armes, qui cherchaient dans un désordre inexprimable à se mettre en sûreté sur l'autre rive. Cependant quelques bataillons tinrent dans Marengo, où Victor ne rentra qu'à la nuit. L'armée de réserve bivouaqua sur les bords du ravin où l'action s'était engagée.

La perte en morts et blessés fut à peu près égale des deux côtés. Les Impériaux laissèrent en outre sur le champ de bataille sept à huit mille prisonniers.

Le lendemain, on se disposait à l'attaque des ponts, quand Mélas demanda une suspension d'armes qui fut suivie de la glorieuse convention d'Alexandrie (du 27 prairial), en vertu de laquelle les forces impériales évacuèrent l'Italie jusqu'au Mincio, et remirent à l'armée française Gênes et toutes les places du Piémont et du Milanais. Ainsi les Autrichiens perdirent en un seul jour les conquêtes qu'ils avaient achetées par deux années d'efforts et de succès.

Ce résultat inespéré tenait du prodige. Il frappa vivement les imaginations. Dès ce moment Bonaparte passa pour le premier général de la nation et pour le plus habile tacticien de l'Europe.

Cette campagne d'un mois, qui replaça la République dans la situation victorieuse de 1797, acquit à Bonaparte l'unanime reconnaissance des Français, et lui assura une autorité morale qui paraissait désormais inébranlable.

Le style des proclamations et des bulletins dont cette campagne fut l'occasion était de nature à accroître l'exaltation et la confiance publiques. En voici des modèles que nous choisissons afin que nos lecteurs puissent juger eux-mêmes de l'assurance qu'un tel langage annonçait chez celui qui le tenait, et devait inspirer à tous ceux qui l'entendaient.

« *Le premier consul à l'armée.*

» Milan, le 17 prairial an VIII (6 juin 1800).

» Soldats, un de nos départemens était au pouvoir de l'ennemi ; la consternation était dans tout le midi de la France.

» La plus grande partie du territoire du peuple ligurien, le plus fidèle ami de la République, était envahie.

» La république Cisalpine, anéantie dès la campagne passée, était devenue le jouet du grotesque régime féodal.

» Soldats, vous marchez ; et déjà le territoire français est délivré ! La joie et l'espérance succèdent dans notre patrie à la consternation et à la crainte.

» Vous rendrez la liberté et l'indépendance au peuple de Gênes. Il sera pour toujours délivré de ses éternels ennemis.

» Vous êtes dans la capitale de la Cisalpine.

» L'ennemi, épouvanté, n'aspire plus qu'à regagner les frontières. Vous lui avez enlevé ses hôpitaux, ses magasins, ses parcs de réserve.

» Le premier acte de la campagne est terminé.

» Des millions d'hommes, vous l'entendez tous les jours, vous adressent des actes de reconnaissance.

» Mais aura-t-on donc impunément violé le territoire français ? Laisserez-vous retourner dans ses foyers l'armée qui a porté l'alarme dans vos familles ? Vous courez aux armes... Hé bien, marchez à sa rencontre ! Opposez-vous à sa retraite ! Arrachez-lui les lauriers dont elle s'est parée ; et par là apprenez au monde que la malédiction est sur les insensés qui osent insulter le territoire du grand peuple !

» Le résultat de tous nos efforts sera *gloire sans nuage, et paix solide !* »

Bulletin de la bataille de Marengo.

« Torre di Garafola, le 26 prairial an VIII (15 juin 1800).

» Après la bataille de Montebello l'armée s'est mise en marche pour passer la Servia. L'avant-garde, commandée par le général Cardanne, a, le 24, rencontré l'ennemi, qui défendait les approches de la Bormida et les trois ponts qu'il avait près d'Alexandrie, l'a culbuté, lui a pris deux pièces de canon et fait cent prisonniers.

» La division du général Chabran arrivait en même temps le long du Pô, vis-à-vis Valence, pour empêcher l'ennemi de passer ce fleuve. Ainsi Mélas se trouvait cerné entre la Bormida et le Pô. La seule retraite qui lui restât après la bataille de Montebello se trouvait interceptée ; l'ennemi ne paraissait avoir encore aucun projet, et très incertain de ses mouvemens.

» Le 25, à la pointe du jour, l'ennemi passa la Bormida sur les trois ponts, résolu de se faire une trouée ; déboucha en force, surprit notre avant-garde, et commença, avec la plus grande vivacité, la célèbre bataille de Marengo, qui décida enfin du sort de l'Italie et de l'armée autrichienne.

» Quatre fois pendant la bataille nous avons été en retraite, et quatre fois nous avons été en avant. Plus de soixante pièces de canon ont été, de part et d'autre, sur différents points et à différentes heures, prises et reprises. Il y a eu plus de douze charges de cavalerie, et avec différens succès.

» Il était trois heures après midi. Dix mille hommes de cavalerie débordaient notre droite dans la superbe plaine de Saint-Julien ; ils étaient soutenus par une ligne de cavalerie et beaucoup d'artillerie. Les grenadiers de la garde furent placés comme une redoute de granit au milieu de cette immense plaine ; rien ne put l'entamer : cavalerie, infanterie, artillerie, tout fut dirigé contre ce bataillon, mais en vain. Ce fut alors que vraiment l'on vit ce que peut une poignée de gens de cœur.

» Par cette résistance opiniâtre la gauche de l'ennemi se trouva contenue, et notre droite, appuyée jusqu'à l'arrivée du général Mounier, qui enleva à la baïonnette le village de Castel-Ceriolo.

» La cavalerie ennemie fit alors un mouvement rapide sur notre gauche, qui déjà se trouvait ébranlée. Ce mouvement précipita sa retraite.

» L'ennemi avançait sur toute la ligne, faisant un feu de mitraille avec plus de cent pièces de canon.

» Les routes étaient couvertes de fuyards, de blessés, de débris. La bataille paraissait perdue. On laissa avancer l'ennemi jusqu'à une portée de fusil du village de Saint-Julien, où était en bataille la division Desaix, avec huit pièces d'artillerie légère en avant, et deux bataillons en potence sur les ailes. Tous les fuyards se ralliaient derrière.

» Déjà l'ennemi faisait des fautes qui présageaient sa catastrophe. Il étendait trop ses ailes.

» La présence du premier consul ranimait le moral des troupes.

» *Enfans, leur disait-il, souvenez-vous que mon habitude est de coucher sur le champ de bataille.*

» Aux cris de *vive la République! vive le premier consul!* Desaix aborda au pas de charge et par le centre. Dans un instant l'ennemi est culbuté. Le général Kellermann, qui, avec sa brigade de grosse cavalerie, avait toute la journée protégé la retraite de notre gauche, exécuta une charge avec tant de vigueur et si à propos que six mille grenadiers et le général Zach, chef de l'état-major général, furent faits prisonniers, et plusieurs généraux ennemis tués. Toute l'armée suivit ce mouvement. La droite de l'ennemi se trouva coupée. La consternation et l'épouvante se mirent dans ses rangs.

» La cavalerie autrichienne s'était portée au centre pour protéger la retraite. Le chef de brigade Bessières, à la tête des *casse-cols* et des grenadiers de la garde, exécuta une charge avec autant d'activité que de valeur, perça la ligne de cavalerie ennemie ; ce qui acheva l'entière déroute de l'armée.

» Nous avons pris quinze drapeaux, quarante pièces de canon, et fait six à huit mille prisonniers; plus de six mille ennemis sont restés sur le champ de bataille.

» La neuvième légère a mérité le titre d'*incomparable*. La grosse cavalerie et le huitième de dragons se sont couverts de gloire. Notre perte est aussi considérable ; nous avons eu six cents hommes tués, quinze cents blessés, et neuf cents prisonniers.

» Les généraux Champeaux, Mainoni et Boudet sont blessés.

» Le général en chef Berthier a eu ses habits criblés de balles ; plusieurs de ses aides-de-camp ont été démontés. Mais une perte vivement sentie par l'armée, et qui le sera par toute la République, ferme notre cœur à la joie. Desaix a été frappé d'une balle au commencement de la charge de sa division ; il est mort sur le coup ; il n'a eu que le temps de dire au jeune Lebrun, qui était avec lui : *Allez dire au premier consul que je meurs avec le regret de n'avoir pas assez fait pour vivre dans la postérité.*

» Dans le cours de sa vie le général Desaix a eu quatre chevaux tués sous lui, et reçu trois blessures. Il n'avait rejoint le quartier-général que depuis trois jours ; il brûlait de se battre, et avait dit deux ou trois fois la veille à ses aides-de-camp : *Voilà long-temps que je ne me bats plus en Europe, les boulets ne nous connaissent plus ; il nous arrivera quelque chose.* Lorsqu'on vint, au milieu du plus fort du feu, annoncer au premier consul la mort de Desaix, il ne lui échappa que ce seul mot : *Pourquoi ne m'est-il pas permis de pleurer?* Son corps a été transporté en poste à Milan pour y être embaumé.

» Pour copie conforme : Le secrétaire d'état. *Signé* Hugues-B. Maret. »

» *Le premier consul aux consuls de la République.*

» Torre di Garofala, le 27 prairial an VIII (16 juin 1800).

» Le lendemain de la bataille de Marengo, citoyens consuls, le général Mélas a fait demander aux avant-postes qu'il lui fût permis de m'envoyer le général Skal. On a arrêté dans la journée la convention dont vous trouverez ici-joint copie. Elle a été signée dans la nuit par le général Berthier et le général Mélas. J'espère que le peuple français sera content de son armée. *Signé* Bonaparte. »

(Suivait la convention d'armistice.)

Bonaparte, après avoir établi une consulte pour réorganiser la république Cisalpine, se hâta de revenir à Paris. Il partit de Milan le 5 messidor, arriva à Turin le 7, en visita la citadelle. Il rentra en France par le Mont-Cénis. En passant à Lyon, il ordonna la reconstruction de la place Bellecour, et en posa lui-même la première pierre. Il était de retour à Paris le 13 messidor (2 juillet), et recevait le lendemain les félicitations de toutes les autorités constituées.

La campagne n'avait pas été moins heureuse du côté de l'Allemagne ; mais elle n'était pas aussi brillante, et l'opinion publique n'en était point vivement frappée. On ne faisait rien en effet pour donner de l'éclat aux succès obtenus de ce côté, et s'ils produisirent de solides résultats, ils n'eurent point pour conséquence la conquête de vastes territoires ; ils ne présentèrent point cet imprévu dans les marches, les mouvemens et les triomphes, en un mot, ce qui frappe et séduit les masses.

Moreau commandait l'armée du Rhin. Il envahit l'Allemagne à la tête de cent mille hommes. Il passa le Rhin par trois points : par Strasbourg, Bâle et Constance. Du 25 avril au 1er mai, la réunion de ces trois corps devait avoir lieu à Stockach. L'ennemi se massa à Eugen pour s'opposer à la colonne du centre, commandée par Moreau en personne. Il fut battu; en même temps, Lecourbe, à la tête de la colonne de droite, forçait à se retirer les forces qui défendaient Stokach, en sorte que rien ne s'opposa à la réunion. Les Autrichiens, qui étaient commandés par Kuay, essuyèrent depuis ce moment une suite de revers. Ils furent successivement battus à Mœskirch, le 6 mai; à Biberach, le 9; à Hochstett le 19 juin. Les Français occupèrent Augsbourg, envahirent la Bavière, s'emparèrent de Munich; ils menaçaient Inspruck, lorsqu'un armistice, conséquence de la convention d'Alexandrie, vint suspendre les hostilités le 15 juillet. — Le 28 juillet (9 thermidor) le premier consul avait en effet signé à Paris les préliminaires de la paix entre la France et l'Autriche, qu'un agent de cette dernière puissance lui apportait d'Italie, où il avait été d'abord le chercher.

L'Autriche était pressée en effet de conclure la paix, et de faire ainsi retirer d'Allemagne l'armée de Moreau dont les avant-postes étaient déjà à Lintz, et dont rien ne pouvait arrêter la marche sur Vienne. Ainsi, quelques personnes blâmaient vivement à cette époque Bonaparte de traiter si précipitamment quand rien ne l'y forçait, quand il avait dans les mains le sort de la constante ennemie de l'Italie et de la France. On disait que le principal motif du premier consul en cette affaire avait été d'empêcher Moreau d'entrer à Vienne, d'éclipser la gloire de Marengo par un succès plus grand, et enfin de le mettre dans le cas de tenter dans les états impériaux quelque révolution politique opposée à ses projets ultérieurs.

Tout concourait à rendre la joie publique parfaite. Les rebelles de la Vendée et de la Bretagne avaient fait leur soumission. Les consuls avaient ordonné qu'une fête de la Concorde serait destinée à célébrer cette pacification ; mais ils n'en avaient pas arrêté l'époque. Peu de jours après le retour de Bonaparte, on décida qu'elle serait jointe à l'anniversaire du 14 juillet, qui tombait cette année le 25 thermidor.

Ce jour arrivé, il y eut présentation de drapeaux, jeux publics, qu'on appelait alors *olympiques*, etc. Enfin le premier consul réunit dans un banquet les principales autorités de la république, et porta le toast suivant : *Au 14 juillet, et au peuple français, notre souverain !* La fête de la fondation de la république qui eut lieu le 1er vendémiaire an IX (23 septembre 1800), ne fut pas moins brillante. Mais nous n'avons point le temps de parler de ces démonstrations brillantes à l'aide desquelles on captivait l'opinion publique.

Cependant la paix n'était pas aussi assurée qu'elle l'avait paru. L'empereur refusa de ratifier les préliminaires de la paix. Il désavoua même l'agent qu'il avait envoyé à Paris. Il déclara qu'il ne pouvait traiter que conjointement avec l'Angleterre, avec laquelle une convention secrète le tenait lié. Celle-ci mettait à la paix des conditions inacceptables, entre autre de l'évacuation de l'Égypte. Bonaparte ordonna aux généraux de dénoncer l'armistice en Italie et en Allemagne pour le 23 fructidor. Mais l'Autriche n'était pas en état de recommencer la guerre, en sorte qu'au moment où les hostilités allaient reprendre, elle demanda une prolongation de l'armistice, prolongation qui fut accordée moyennant la cession de trois places de sûreté en Allemagne. Les Autrichiens cédèrent aux Français, Ingolstad, Ulm et Philisbourg. Les hostilités furent donc de nouveau suspendues, et un congrès entre les trois puissances fut indiqué à Lunéville.

Les succès obtenus par le gouvernement, la fermeté qu'il montrait dans sa marche, et la confiance que lui accordait le public ne suffisaient point pour ôter l'espérance aux deux partis, que le pouvoir nouveau répudiait également : les royalistes et les républicains continuaient à conspirer. Les premiers avaient commencé par des démarches directes auprès de Bonaparte lui-même. Hyde de Neuville et Dandigné allèrent trouver le premier consul lorsqu'il demeurait encore au Luxembourg. Il les reçut à dix heures du soir. Ceux-ci lui proposèrent de rétablir le trône des Bourbons. Bonaparte s'y refusa, mais il les laissa libres. Les royalistes, déçus, se retournèrent du côté de l'Angleterre qui continuait à leur fournir des fonds et à débattre avec eux divers projets. On s'occupa particulièrement des moyens de livrer Brest aux Anglais. On se proposait de faire attaquer cette ville par des chouans, par un débarquement commandé par Bourmont et par une flotte anglaise. La soumission des chouans empêcha de donner suite à ce projet. Des royalistes se bornèrent à répandre à Paris des feuilles secrètes. C'était l'*Invisible*, l'*Avant-coureur* ou *le retour à l'ordre*. Ils s'occupèrent en outre à établir une contre-police et à soudoyer des traîtres dans les bureaux de Fouché et dans ceux du trésor. Par ce dernier moyen, ils assuraient leurs démarches, et ils purent faire enlever les caisses publiques, les messageries chargées des fonds du gouvernement, et rançonner les acquéreurs des domaines nationaux. Enfin ils projetaient de faire assassiner Bonaparte; ils préparaient des mouvemens dans les départemens, lorsque Fouché, instruit à temps, fit arrêter, le 4 prairial, un nommé Duperron qui revenait de Londres. On saisit sur lui beaucoup de papiers qui furent imprimés et publiés par ordre des consuls sous le titre de *Conspiration anglaise* (Paris, an IX). Hyde de Neuville réussit à s'échapper. On saisit aussi à Bordeaux un comité royaliste qui s'était organisé sous le nom d'*Institut* et correspondait avec Paris. L'effet le plus public des efforts des royalistes fut d'arborer un drapeau noir sur la Madeleine et d'y afficher une proclamation du comte d'Artois et le testament de Louis XVI. Nous ignorons si Louis XVIII était instruit de ces démarches et de ces projets, cependant il écrivit à Bonaparte deux lettres successives; l'une fut apportée par le marquis de Clermont-Galleraude, l'autre par l'abbé Montesquiou. Le premier consul répondit à la dernière en engageant le représentant des Bourbons à se tenir tranquille, lui promettant à cette condition protection et secours. Les démarches néanmoins continuèrent. On s'adressa même à la femme du premier consul. Mais ce sont là des faits qui appartiennent à la biographie des individus plutôt qu'à l'histoire.

Les républicains ne se tenaient pas davantage en repos. Pendant l'absence de Bonaparte, et son séjour à l'armée d'Italie, ils projetèrent un mouvement à Paris. Fouché en fut instruit. Le 18 vendémiaire, le bruit se répandit qu'on avait voulu assassiner le premier consul à l'Opéra (théâtre des Arts), à une représentation nouvelle. On fit en effet quelques arrestations dans la foule qui se pressait aux portes de ce théâtre. Demerville, Topino-Lebrun, Ceracchi et Arena furent accusés du crime. Déclarés coupables par le jury, le 17 nivose suivant, ils subirent tous quatre la peine de mort. Cette tentative d'assassinat, comme il arrive toujours dans ces genres d'affaires, eut pour conséquence d'intéresser généralement le public à Bonaparte, et de rendre sa personne plus précieuse; mais beaucoup de gens se dirent dans le secret, que les condamnés n'étaient point coupables, qu'ils avaient été compromis par des mesures de police. En effet, Ceracchi et Demerville seuls s'avouèrent coupables. C'est un fait sur lequel les historiens sont restés partagés, au moins en ce qui concerne Aréna et Topino-Lebrun.

La seconde session du nouveau corps législatif, celle de l'an x s'ouvrit le 1er frimaire (22 novembre 1800). Le ministre de l'intérieur Chaptal prononça le discours d'ouverture.

Le lendemain, le conseiller d'état Régnier lut devant le corps législatif un exposé de la situation de la République dans lequel, procédant par comparaison du présent au passé, il montrait dans le jour le plus avantageux l'administration du premier consul.

La session qui fut inaugurée par ce discours fut peu active. Le tribunat et le conseil législatif ne tinrent pas leurs séances tous les jours. La plupart des questions dont ils furent occupés étaient plutôt de nature à repousser l'attention publique qu'à l'attirer. Le premier projet qui leur fut présenté était relatif à l'organisation des archives nationales; le second à l'intérêt des cautionnemens des receveurs-généraux. L'un et l'autre furent approuvés.

On leur soumit ensuite un projet sur les justices de paix, qui les réduisait de six mille à trois mille six cents ; il fut retiré après deux jours de discussion au tribunat, rectifié en conséquence, puis représenté et enfin adopté le 8 pluviose. Dans le même mois de pluviose, les deux corps législatifs sanctionnèrent une autre loi sur l'organisation des tribunaux de police correctionnelle, et de la procédure criminelle. Quelques jours avant, ils avaient adopté une loi sur la reconstruction de la place Bellecour à Lyon qui était déjà commencée, et une autre sur la fixation des dépenses ordinaires de l'an ix qui était déjà établie. Ces travaux législatifs n'étaient pas de nature à donner un grand éclat à la session ; mais elle roula, dans sa dernière moitié, sur des questions plus importantes aux yeux des hommes prévoyans, mais qui ne l'étaient pas cependant davantage pour les masses. Le 18 ventose, le tribunat décréta la réunion à la France, des départemens de la Roër, de la Searre, de Rhin-et-Moselle et du Mont-Tonnerre. Le 29 nivose, le gouvernement proposa une loi portant création des tribunaux spéciaux. Il fondait sa proposition sur l'impossibilité de mettre un terme, sans une justice exceptionnelle, aux assassinats, aux pillages de caisses publiques, aux vols de diligences qui se commettaient chaque jour. Les crimes des bandes de brigands royalistes servirent de prétexte. Cependant il y eut au tribunat une fort longue discussion, et la loi ne fut acceptée qu'à une majorité de quarante-neuf voix contre quarante-un. Au corps législatif, elle passa à la majorité de cent quatre-vingt-douze contre quatre-vingt-huit. L'opposition des tribuns fut très-mal vue du pouvoir en cette circonstance. Les journaux qui, depuis le dernier arrêté des consuls, étaient leurs humbles serviteurs, insérèrent de longs articles contre douze ou quinze orateurs possédés de la manie de parler, sur ces métaphysiciens, sur ces sophistes dont tout l'art consiste à montrer le mal où il n'est pas, et à dénaturer les meilleures intentions, sur ces raisonneurs impitoyables qui ne savent qu'empêcher, etc. Il n'y avait aucune loi ouverte pour répondre à ces calomnies privilégiées, et certainement commandées. C'était un nouveau moyen d'oppression auquel il était difficile de résister. Cependant le tribunat eut le courage de rejeter le 27 ventose, un code de procédure qu'on lui avait présenté. Il est vrai qu'il avait adopté une loi sur la formation des listes nationales d'éligibilité ou de notabilité, une autre, qui ordonnait que les contributions de l'an ix seraient perçues en l'an x. Quelques membres remarquèrent que ce projet de finances n'énonçait ni le produit approximatif des recettes, ni le montant des dépenses prévoyables ; que ce projet de finances n'était accompagné d'aucun chiffre, ce qui était assez extraordinaire. On leur répondit que dans l'état d'incertitude où se trouvait la République à l'égard des affaires extérieures, c'était une mesure de prudence, et que le silence était nécessaire. Le corps législatif fut aussi soumis que le tribunat ; il accorda ce qu'on lui demandait. En outre, on accrut les rentrées de la caisse d'amortissement, jusqu'à les porter à un capital de 107,000,000 ; on augmenta les revenus des hôpitaux civils, en leur attribuant diverses branches de revenus qui leur avaient été retirées. Enfin, on vota une loi qui rétablissait les bourses de commerce et le privilége des agens de change. Ainsi on reconstruisait l'ancien régime pièce à pièce. La session du corps législatif fut fermée le 30 ventose.

Pendant le cours de cette session, un événement grave vint encore détourner l'attention de ces séances déjà trop monotones par elles-mêmes. Le 3 nivose (24 décembre 1800) à huit heures du soir, le premier consul traversait la rue Saint-Nicaise, se rendant des Tuileries à l'Opéra, suivi d'un piquet de sa garde. Une petite charrette, portant un tonneau, embarrasse son passage ; le cocher l'évite adroitement. Aussitôt éclate une épouvantable détonation ; elle partait de la *machine infernale* fixée sur cette charrette. Le consul ne dut son salut qu'à la vitesse de ses chevaux ; les glaces de sa voiture furent brisées. Arrivé à l'Opéra, il y resta pendant toute la représentation de l'*Oratorio* d'Haydn, morceau de musique qu'on venait d'importer depuis peu de temps sur notre théâtre. C'est par miracle que Bonaparte échappa. Le quartier Saint-Nicaise fut ébranlé et couvert de destructions. Sept personnes furent tuées et vingt-cinq blessées plus ou moins grièvement. Le gouvernement vint au secours de ces malheureux et à celui des propriétaires ruinés. Il leur fit distribuer 200,000 fr.; cette somme fut encore accrue de 80 à 100,000 francs, produit des souscriptions.

Les soupçons de Bonaparte étaient depuis long-temps excités et dirigés, par des nombreux rapports de Fouché, du côté des républicains plus particulièrement que de celui des royalistes. Plusieurs fois la police avait prêté aux premiers le projet d'attenter à la vie du premier consul. Aussi celui-ci n'hésita pas un instant, et tourna toute sa colère sur les Jacobins. Fouché, disent les mémoires du temps, pensait au contraire qu'il fallait attribuer cet attentat aux royalistes et à l'Angleterre. Bonaparte persista. « On ne me fera pas prendre le change, dit-il ; il n'y a là-dedans ni nobles, ni chouans, ni prêtres. Ce sont des septembriseurs, des scélérats couverts de crimes, qui sont en conspiration permanente, en révolte ouverte, en bataillon carré contre tous les gouvernemens qui se sont succédé. Ce sont des artisans renforcés, des peintres, (1), etc., qui ont l'imagination ardente, un peu plus d'instruction que le peuple, qui vivent avec le peuple et exercent de l'influence sur lui. Ce sont les instrumens de Versailles, de septembre, du 31 mai, de prairial, de Grenelle, de tous les attentats contre les chefs des gouvernemens (2). »

Le complaisant Fouché fit en effet opérer de nombreuses arrestations dans cette direction, et le préfet de police, non moins courtisan que le ministre, adressa aux consuls le rapport suivant :

Rapport du préfet de police, aux consuls de la République.—Paris, le 10 nivose an IX.

« Citoyens consuls, le 27 fructidor dernier, un complot a été découverte.

» Des brigades organisées étaient dirigées par des chefs. Dif-

---

(1) Allusion à Ceracchi, Topino-Lebrun, dont l'un était sculpteur et l'autre peintre.
(2) Histoire du consulat par un ancien conseiller d'état.

férens cabarets, et notamment un au coin des rues de la Loi et de Louvois servaient de points de ralliement. Les conjurés avaient leur signe de reconnaissance. Tous les moyens d'exécution concertés, le premier consul devait périr à la sortie d'un des spectacles où il se serait trouvé. Un tumulte aurait favorisé l'assassin. Chapelle eût donné le signal, et Humbert porté le coup de poignard. Ces deux hommes furent arrêtés et conduits au Temple; on y conduisit également leurs complices, Guibert, Dufour, Perrault et Sallabert.

» Le 11 vendémiaire, on arrêta Metge et Delerue, imprimeurs. Les ouvrages les plus atroces ont été trouvés sur le premier. Tous semblent appeler la mort sur la tête du premier magistrat de la République. Il suffit de jeter un coup d'œil sur le *Turc* et le *Militaire français*, sur le *Militaire* et le *Démocrate*, sur le *Jugement rendu par le tribunal de la raison*, pour connaître les intentions qui dirigeaient l'auteur de ces odieux libelles; peut-être même doit-on croire qu'il ne se bornait point à écrire. Une note tracée de sa main contient les noms de quelques individus arrêtés en fructidor.

» Le 18 vendémiaire, de nouveaux projets furent prêts d'éclater. Des sommes avaient été données, de plus fortes promises. Bonaparte devait être frappé dans la salle de l'Opéra.

» Diana, Ceracchi furent arrêtés au moment même de l'exécution; peu de temps après on s'assura de la personne de Demerville, d'Arena, de Lavigne, de Dartey et de la fille Fumey; on parvint enfin à découvrir la retraite de Topino Lebrun.

» Les différens individus qui avaient figuré dans ces divers complots furent tous traduits devant le tribunal; ceux impliqués dans l'affaire du 18 vendémiaire ont seuls passé au jury d'accusation.

» Metge, Humbert, Chapelle et les autres sont encore au Temple, et aucune instruction judiciaire n'a été commencée contre eux.

» Quelques jours s'étaient à peine écoulés, que l'on reçut d'autres renseignemens. Des hommes qui ne soupirent qu'après l'anarchie furent encore signalés. L'un d'eux s'occupait d'une machine inconnue; il était difficile de la saisir. Éloigné de son domicile, il fallait connaître l'endroit qu'il avait choisi pour exécuter ses coupables desseins. Enfin on fut averti qu'il s'était retiré dans la maison des Blancs-Manteaux.

» Le 17 brumaire, un commissaire de police, accompagné de la force armée, s'y transporte, monte au second étage et frappe à la porte désignée. Personne ne répond; un serrurier est appelé; la porte ne cède qu'en partie; elle reste embarrassée. Des précautions avaient été prises par les nommés Veycer et Chevalier, qui se trouvaient dans la chambre. Ces deux hommes sont arrêtés et reconnus pour avoir déjà été traduits devant le tribunal criminel. Ils y avaient été déclarés atteints et convaincus d'avoir participé à une conspiration dont le but était de rétablir le régime de 1793. La question intentionnelle put seule les sauver.

» Une perquisition exacte est faite. On trouve des balles, des cartouches, six paquets de marrons, et une machine infernale que Chevalier reconnaît pour lui appartenir.

» On trouve aussi des bretelles en cuir garnies d'un anneau de fer, et dans la cour une petite charrette à bras.

» Veycer dit l'avoir achetée la veille, pour vendre des falourdes.

» Chevalier, Veycer, Guérault, Bousquet, Jumillard, Decreps, Desforges et Gombault-Lachause furent amenés à la préfecture, et depuis conduits au Temple.

» Les interrogatoires subis par Chevalier ne laissent point de doute sur ses intentions. Suivant lui, sa machine pouvait être utile aux armateurs, et il n'en connaît aucun.

» Il devait la faire transporter à Bordeaux, et il ne peut désigner la personne qui l'eût reçue, et il convient qu'il est dans le dénuement le plus absolu, dénuement tel qu'il n'aurait pu même payer les frais de transport.

» La machine apportée à la préfecture, le citoyen Monge, membre de l'Institut national, consentit à l'examiner.

» Son rapport, effrayant sous un point de vue, rassurait au moins sous un autre.

» Elle pouvait blesser et même tuer indistinctement une quantité de personnes réunies, comme, par exemple, dans un cas d'abordage; mais en supposant son auteur un homme sensé, elle ne paraissait point imaginée pour une vengeance particulière, pour une personne désignée.

» Dans le courant de frimaire, l'on sut que des individus malintentionnés cherchaient à égarer cette classe estimable du peuple qui, occupée de son travail, n'est pas toujours assez instruite pour résister à des impressions étrangères; mais que bien loin de réussir, partout le peuple témoigna attachement et estime au gouvernement, et au premier consul en particulier. Dans plusieurs cabarets même, et notamment dans les faubourgs, les bons ouvriers conspuent les brigands.

» Le 1er, le 2 nivose, des rapports faisaient connaître que les enragés étaient en mouvement; mais aucun fait positif n'était encore connu, rien ne semblait devoir donner d'inquiétudes fondées.

» Le 3 nivose, deux tonneaux, l'un grand, l'autre petit, remplis de poudre, furent amenés rue Saint-Nicaise, sur une charrette attelée d'une jument. La voiture du premier consul était à peine passée, qu'une explosion terrible se fit entendre. Elle a jeté des familles dans le deuil, plongé Paris dans la consternation, et exposé la France entière.

» Le chef du gouvernement, échappé au danger, donna l'ordre au préfet de police de se transporter sur les lieux.

» Les blessés furent portés aux hospices ou conduits chez eux. Quatre cadavres ont été déposés à la basse-geôle.

(Suit l'état des uns et des autres.)

» Des procès-verbaux constatent les funestes effets de cette infernale invention.

» Quarante-six maisons sont extrêmement endommagées.

» Le dégât des immeubles est estimé à la somme de 40,845 fr.;

» Celui des meubles, à celle de 125,645 fr.

» Les maisons nationales ne sont point comprises dans cette estimation.

» Une foule de citoyens gémissent sur la perte de leur fortune.

» Le cheval, les débris de la voiture, et quelques parties des tonneaux ont été apportés à la préfecture.

» Ces débris ont été scrupuleusement recueillis; l'on a pris avec le plus grand soin le signalement du cheval.

» Dès les premiers momens de l'explosion, on a fait une enquête sur les lieux mêmes. Des déclarations furent reçues, et au milieu des cris que la douleur arrachait aux malheureuses victimes du plus atroce attentat, le cœur put encore éprouver une sensation agréable; ces infortunés s'oubliaient pour ne penser qu'au premier consul; c'était pour lui qu'ils demandaient vengeance.

» Depuis, les citoyens se sont empressés de communiquer les moindres indices qu'ils ont recueillis. Tous paraissent animés du même esprit. Tous voudraient faire connaître les auteurs du plus horrible des crimes.

» La police continue les plus actives recherches.

» Salut et respect. *Le préfet de police.* Signé DUBOIS. »

— Parmi les individus mentionnés dans ce rapport on remarquera entre autres le nom de Chevalier. Or, ce Chevalier avait été arrêté deux mois avant l'événement : il n'y avait contre lui que les soupçons vagues qui planaient alors sur tous les patriotes exaltés. Depuis plusieurs années Chevalier s'occupait laborieusement de la fabrication des poudres et des armes, et cherchait dans son art de nouvelles perfections; en 1794 il avait présenté à la Convention un fusil portant huit charges; en 1798 il avait fait l'expérience publique d'une fusée inextinguible de son invention. Il n'était donc pas étonnant qu'il eût chez lui des préparations d'artifice. On y trouva encore l'essai d'une machine propre à lancer à la fois un grand nombre de projectiles, et qu'il destinait au service de la marine. La police savait quelles étaient la profession et les vues de Chevalier; cependant cette réunion de circonstances toutes naturelles fut présentée par elle comme une preuve certaine de la coopération de Chevalier à la *machine infernale*.

Beaucoup d'autres personnes qui ne furent portées sur aucun rapport furent encore arrêtées. Il nous serait impossible d'en dire les noms, car les journaux étaient muets sur toutes ces violences. Nous avons trouvé cependant parmi les personnes soupçonnées le nom de Tissot.

Cependant, on s'occupait au conseil d'état du projet qui fut présenté aux chambres sur l'établissement des *tribunaux spéciaux* : quelqu'un proposa au premier consul d'attribuer à cette redoutable juridiction, par un article supplémentaire, la connaissance de ce forfait : « L'action du tribunal spécial serait trop lente, trop circonscrite, répondit-il. Il faut une vengeance plus éclatante pour un crime aussi atroce ; il faut qu'il soit rapide comme la foudre ; il faut du sang ; il faut fusiller autant de coupables qu'il y a eu de victimes, quinze ou vingt, en déporter deux cents, et profiter de cette circonstance pour en purger la République. Cet attentat est l'ouvrage d'une bande de scélérats, de septembriseurs qu'on retrouve dans tous les crimes de la révolution. Lorsque le parti verra son quartier-général frappé, et que la fortune abandonne les chefs, tout rentrera dans le devoir ; les ouvriers reprendront leurs travaux, et dix mille hommes qui, dans la France, tiennent à ce parti et sont susceptibles de repentir, l'abandonneront entièrement. Ce grand exemple est nécessaire pour rattacher la classe intermédiaire à la République. Il est impossible de l'espérer tant que cette classe se verra menacée par deux cents loups enragés qui n'attendent que le moment de se jeter sur leur proie. Dans un pays où les brigands restent impunis et survivent à toutes les crises révolutionnaires, le peuple n'a point de confiance dans le gouvernement des honnêtes gens timides et modérés ; il ménage toujours les méchans qui peuvent lui devenir funestes. Les métaphysiciens sont une sorte d'hommes à qui nous devons tous nos maux. Il ne faut rien faire ; il faut pardonner, comme Auguste, ou prendre une grande mesure qui soit une garantie pour l'ordre social. Il faut se défaire des scélérats en les jugeant par accumulation de crimes. Lors de la conjuration de Catilina, Cicéron fit immoler les conjurés, et dit qu'il avait sauvé son pays. Je serais indigne de la grande tâche que j'ai entreprise et de ma mission, si je ne me montrais pas sévère dans une telle occurrence. La France et l'Europe se moqueraient d'un gouvernement qui laisserait impunément miner un quartier de Paris, ou qui ne ferait de ce crime qu'un procès criminel ordinaire. Il faut considérer cette affaire en homme d'état. Je suis tellement convaincu de la nécessité de faire un grand exemple, que je suis prêt à faire comparaître devant moi les scélérats, à les interroger, à les juger, et à signer leur condamnation. Ce n'est pas, au surplus, pour moi que je parle : j'ai bravé d'autres dangers ; ma fortune m'en a préservé, et j'y compte encore. Mais il s'agit ici de l'ordre social, de la morale publique et de la gloire nationale. »

Enfin le premier consul se présenta, le 11 nivose, au conseil d'état, tenant dans les mains un rapport du ministre de la police, et demanda qu'on en finît avec les *septembriseurs*. Voici le rapport de Fouché à la délibération du conseil d'état, et le *sénatus-consulte* qui réalisa les désirs de Bonaparte.

Rapport du ministre de la police générale aux consuls de la République.— Du 11 nivose an IX.

« Citoyens consuls, la France frémira long-temps de l'attentat du 3 nivose. A la nature de ce forfait, aux nombreux homicides qu'il devait produire et qu'il a produits, même en manquant son but, on a pu voir qu'il n'a pu être commis que par des ennemis des hommes.

» Paris et la République donnent des larmes et des secours aux victimes qui ont été frappées, et le premier consul, échappé aux dangers, est plus environné, plus pressé en quelque sorte, mieux gardé que jamais par l'amour et par les forces de tous les citoyens.

» Par ce forfait inouï qu'ils viennent d'ajouter à tant d'autres forfaits, les homicides ont rendu plus inviolable encore l'union intime et sacrée de la République et de son premier magistrat; ils ont donné plus de puissance à ce qu'ils ont voulu anéantir; ils ont manifesté aux yeux de l'Europe entière combien est indestructible une autorité qui a pour fondement les lois, et pour appui l'amour de tous ceux qui leur obéissent.

» Des hommes exercés à tous les genres de forfaits renouvellent chaque jour, sous toutes les formes, le plan conçu d'anéantir en France l'ordre et le bonheur public.

» Ce ne sont pas là de ces brigands contre lesquels la justice et ses formes sont instituées, et qui menacent seulement quelques personnes et quelques propriétés; ce sont des ennemis de la France entière, et qui menacent à chaque instant tous les Français de les livrer aux fureurs de l'anarchie.

» Ces hommes affreux sont en petit nombre; mais leurs attentats sont innombrables.

» C'est par eux que la Convention nationale a été attaquée à main armée jusque dans le sanctuaire des lois de la nation; ce sont eux qui ont voulu faire tant de fois de tous les comités de gouvernement les complices ou les victimes de leur rage sanguinaire; ce sont eux qui ont essayé de faire tourner contre le directoire exécutif et contre la ville de Paris les troupes destinées à les garder. Ils ne sont pas les ennemis de tel gouvernement, mais de toute espèce de gouvernement; et celui qu'eux-mêmes auraient créé serait bientôt renversé de leurs propres mains.

» Ils ont dû changer de tactique à l'aspect d'un gouvernement constamment environné de l'opinion publique, et fort spécialement par l'affection du peuple. Sous ce gouvernement ils ont senti qu'ils ne pouvaient pas multiplier les groupes, soulever le peuple, qui leur montre tous les jours le mépris et l'aversion qu'il a pour eux.

» Aussi tout ce qu'ils ont tenté depuis un an n'avait pour but que des assassinats, soit sur le chemin de la maison de campagne du premier consul, soit à l'Opéra, soit dans les rues, soit même en s'introduisant par des souterrains dans l'intérieur des Tuileries. La stupeur, le désordre qu'aurait produit la mort du premier consul de la République paraissaient propices à leurs affreux desseins.

» C'est une guerre atroce, qui ne peut être terminée que par un acte de haute police extraordinaire.

» Parmi ces hommes que la police vient de signaler, tous n'ont pas été pris le poignard à la main; mais tous sont universellement connus pour être capables de l'aiguiser et de le prendre.

» Il ne s'agit pas seulement aujourd'hui de punir le passé, mais de garantir l'ordre social.

» Le ministre de la police,   *Signé* : FOUCHÉ. »

6°. *Extrait du registre des délibérations du conseil d'état, séance du 11 nivôse an* IX *de la République.*

« Le ministre de la police fait un rapport à la suite duquel il présente un projet d'arrêté pour mettre en surveillance hors du territoire de la République un certain nombre d'individus.

» Le premier consul soumet ensuite à la délibération du conseil les deux questions suivantes :

» *Première question.* La mesure proposée par l'arrêté présenté par le ministre est-elle nécessaire à la conservation de la Constitution et de la liberté publique?

» *Seconde question.* Cette mesure doit-elle être un acte de haute police du gouvernement, ou être convertie en projet de loi?

» Le conseil d'état, délibérant sur ces deux questions, et considérant :

» *Sur la première*, que depuis le commencement de la révolution il a existé une classe d'individus qui, profitant des divers interrègnes de la loi et de l'absence de toute force publique, s'est livrée à des crimes dont l'impunité a été une source de calomnies contre la liberté et la nation française ; que depuis l'organisation du gouvernement actuel elle n'a pas été un seul jour sans tramer l'assassinat des principaux magistrats de la République ; qu'ainsi cette classe, produit d'une révolution qui a déchaîné toutes les passions, ne peut être et n'est en effet envisagée par toute la nation que comme une ligue de brigands qui est en guerre permanente contre tout ordre public; qu'une Constitution et des lois faites pour le peuple le plus généreux et le plus doux de la terre ne peuvent offrir aucun moyen contre cette classe d'individus;

» Est d'avis que, pour assurer la Constitution et la liberté publique, le gouvernement doit mettre en surveillance hors du territoire européen de la République les individus que le ministre de la police lui indiquera, et que le gouvernement reconnaîtra comme appartenant à cette classe d'hommes.

» *Sur la seconde question*, le conseil est d'avis que l'acte de haute police dont il s'agit n'est pas de nature à être l'objet d'une loi.

» Néanmoins le conseil, considérant que cet acte étant un acte extraordinaire, et ayant pour objet le maintien de la Constitution et de la liberté publique, est par cela même de la compétence spéciale d'un corps qui, par l'esprit de son institution, doit veiller à tout ce qui intéresse la conservation du pacte social;

» Que d'ailleurs, dans un cas comme celui-ci, le référé du gouvernement au sénat conservateur, pour provoquer sur ses propres actes l'examen et la décision de ce corps tutélaire, devient par la force de l'exemple une sauvegarde capable de rassurer pour la suite la nation, et de prémunir le gouvernement lui-même contre tout acte dangereux à la liberté publique;

» Est d'avis que cet acte du gouvernement doit être porté par trois membres du conseil d'état au sénat conservateur, pour devenir la matière d'un *sénatus-consulte* prononçant sur la question de savoir si cette mesure est conservatrice de la Constitution. »

« Approuvé, le 14 nivose an ix. Le premier consul. *Signé* Bonaparte. »

Bonaparte, premier consul, au nom du peuple français, proclame le sénatus-consulte dont la teneur suit.

SÉNATUS-CONSULTE. — *Du 15 nivose an* IX.

« Le sénat conservateur, réuni au nombre de membres prescrit par l'article 90 de la Constitution ;

» Délibérant sur le message du gouvernement du 14 de ce mois, qui lui a été transmis par trois conseillers d'état, ledit message relatif à l'attentat du 3 nivose, et aux mesures de précaution et de haute police qu'il nécessite ;

» Après une seconde lecture des diverses pièces de ce message, savoir :

» 1º Le discours de l'orateur du gouvernement ;

» 2º La délibération du conseil d'état du 11 nivose ;

» 3º Le rapport du ministre de la police du 11 nivose ;

» 4º L'arrêté des consuls de la République du même jour qui met en surveillance spéciale hors du territoire européen de la République les citoyens dont les noms sont portés audit arrêté ;

» Après avoir entendu le rapport de sa commission spéciale, nommée dans la séance d'hier pour lui rendre un compte particulier desdites pièces ;

» Considérant qu'il est de notoriété que depuis plusieurs années il existe dans la République, et notamment dans la ville de Paris, un nombre d'individus qui, à diverses époques de la révolution, se sont souillés des plus grands crimes ;

» Que ces individus, s'arrogeant le nom et les droits du peuple, ont été et continuent d'être en toute occasion le foyer de tout complot, les agens de tout attentat, l'instrument vénal de tout ennemi étranger ou intérieur, les perturbateurs de tout gouvernement, et le fléau de l'ordre social ;

» Que les amnisties accordées à ces individus en diverses circonstances, loin de les rappeler à l'obéissance aux lois, n'ont fait que les enhardir par l'habitude, et les encourager par l'impunité ;

» Que leurs complots et attentats réitérés dans ces derniers temps, par cela même qu'ils ont échoué, leur deviennent un nouveau motif d'attaquer un gouvernement dont la justice les menace d'une punition finale;

» Qu'il résulte des pièces soumises au sénat conservateur que la présence de ces individus dans la République, et notamment dans cette grande capitale, est une cause continuelle d'alarmes et d'une secrète terreur pour les citoyens paisibles, qui redoutent de la part de ces hommes de sang le succès fortuit de quelque trame et le retour de leurs vengeances;

» Considérant que la Constitution n'a point déterminé les mesures de sûreté nécessaires à prendre en un cas de cette nature; que, dans ce silence de la Constitution et des lois sur les moyens de mettre un terme à des dangers qui menacent chaque jour la chose publique, le désir et la volonté du peuple ne peuvent être exprimés que par l'autorité qu'il a spécialement chargée de conserver le pacte social, et de maintenir ou d'annuler les actes favorables ou contraires à la charte constitutionnelle;

» Que, d'après ce principe, le sénat, interprète et gardien de cette charte, est le juge naturel de la mesure proposée en cette circonstance par le gouvernement;

» Que cette mesure a l'avantage de réunir le double caractère de la fermeté et de l'indulgence, en ce que d'une part elle éloigne de la société les perturbateurs qui la mettent en danger, tandis que d'autre part elle leur laisse un dernier moyen d'amendement;

» Considérant enfin, selon les propres expressions du conseil d'état, « que le référé du gouvernement au sénat conservateur, » pour provoquer sur ses propres actes l'examen et la décision de » ce corps tutélaire, devient, par la force de l'exemple, une sau- » vegarde capable de rassurer pour la suite la nation, et de pré- » munir le gouvernement lui-même contre tout acte dangereux à » la liberté publique; »

» Par tous ces motifs, le sénat conservateur déclare :

» Que l'acte du gouvernement en date du 14 nivose est une mesure conservatrice de la Constitution.

» Signé LAPLACE, président; CLÉMENT DE RIS et ROUSSEAU, secrétaires. »

Acte du gouvernement du 14 nivose an IX. — Promulgué le 18 (comme faisant partie du sénatus-consulte du 15).

« Les consuls de la République, sur le rapport du ministre de la police, le conseil d'état entendu, arrêtent ce qui suit :

» ART. 1er. Seront mis en surveillance spéciale, hors du territoire européen de la République, les citoyens dont les noms suivent :

» André (Louis);

» Bailly (A.-A.-Côme); Barbier (J.-François); Baudray; Bescher; Boisjolly, dit Chrétien; Boniface (Antoine); Bormans (A.-A.); Boin (Mathurin); Breban (Jacques); Brissevin (J.-M.); Brochet; Barlois (Laurent);

» Cardinaux (P.-M.); Caretté (Pierre); Ceyrat, président aux massacres de septembre; Château (Joseph); Châteauneuf père; Châteauneuf fils; Chalandon (Claude); Cheval (C.-A.); Chevalier (Cl.-Louis); Choudieu; Chrétien (P.-Nicolas); Colette (Claude); Coquerelle; Cordas (Jacques); Corchant (André); Cozzette (Pierre); Crepin (Jacques); Crosnier;

» David, marchand de vin; Delabarre (R.-G.-A.); Delrue (J.-B.-E.-J.); Derval (N.-Joseph); Destrem (Hugues); Derville (G.-L.); Ducatel (Pierre); Dufour (François); Dupont (Gu.-Jean); Dusoussy (Joseph);

» Eon (P.-M.-D.-B.);

» Friquet (C.-A.); Flamant (Claude); Fontaine; Fouryon (F.); Fournier l'Américain; Fremière (Barthel.); Fyou (J.-J.);

» Gabriel, ouvrier, septembriseur; Gaspard (G.), septembriseur; Georget (J.-B.); Gerbaux (J.-L.); Giraud; Gosset (Jean); Gosset (Louis); Goulard (J. B.); Guillemot (B.);

» Hesse (Charles); Humblet;

» Jacquot-Villeneuve; Jollabert (Étienne); Jolly (René), septembriseur; Jourdeuil (Didier);

» Lageraldi (J.-P.); Lamberthé (Théodore); Laporte (A.-J.-B.); Lacombe (Bertrand); Lefebvre, colonel de gendarmerie; Lefebvre (Pierre); Lefranc (J.-B.-A.); Legros aîné, septembriseur; Lemmery (L.-J.); Lepelletier (Félix); Lepine (L.-M.-D.-F.-V.); Leroy (J.), dit Églator; Lesueur (J.-N.); Lebois (R.-F.); Linage (Jean-Pierre); Linage (Christophe); Louis, dit Brutus;

» Mamin (J.-G.-A.-P.); Marlet (Michel), septembriseur; Meignan (Joseph); Marconnet (Ambroise); Marseau (R.-F.); Marquezy, de Toulon; Marcelin (J.-F.-J.); Marchand, orateur du Manége; Massad (G.-G.-A.); Ménessier (Claude); Métivier (Pierre); Michel (Étienne); Michel (Sulpice); Millières (François); Moneuse, marchand de vin; Moreau (Louis); Mulot;

» Niquive (Jean);

» Pachou (Charles); Paris (Nicolas); Perrault (François); Pepin-Desgrouettes (P.-A.); Pradel (J.-Bapt.); Prevost (G.-A.), septembriseur;

» Quinou (Joseph), septembriseur;

» Richardet (C.-Marie); Richon (Pierre); Rivière; Rossignol, général de l'armée révolutionnaire; Rousselle (Robert);

» Saint-Amand-Gallebois, septembriseur; Saulnier (Jean); Saulnois (Charles); Serpollet, dit Lyonnais; Simon (Jacq.-Marie); Souiller (Nicolas);

» Talot (Michel-Louis); Taillefer (Jacques); Thiébault (Seb.-Hub.); Thirion; Tirot (Claude); Toulotte, de Saint-Omer; Trehant (J.-N.-P.); Tacray (J.-M.);

Vanneck (J.-Bapt.); Vatar (René); Vauversin (Pierre); Vilain-d'Aubigny; Vitra (Agricole-Louis);

» 2. Les ministres de la marine et de la police générale sont chargés de l'exécution du présent arrêté, qui sera inséré au *Bulletin des lois*.

» Le premier consul, *signé* BONAPARTE. »

Tel fut le premier *sénatus-consulte* qui ait été rendu. C'était un digne avant-coureur de tous ceux qui suivirent. Ce pouvoir, dont la puissance reposait plutôt sur des souvenirs classiques, sur l'avantage d'un nom qu'on avait appris à respecter en étudiant l'histoire ancienne, que sur une légitimité réelle, fut, en effet, l'instrument à l'aide duquel Bonaparte détruisit la République et fonda l'empire. Cependant, la nuit du 14 nivose, lorsque cette proposition fut faite, il y eut une violente opposition. Garat, Lambrechts, Lenoir-Laroche, la combattirent avec véhémence. Lanjuinais s'écria : *Point de coup d'état! Les coups d'état perdent les états.* Sieyès seul prétendit justifier la mesure par des motifs de *salut public* dont les affreux développemens eussent conduit à déporter une partie de la France républicaine. On suspendit la délibération ; il y eut des pourparlers. Le pouvoir exigea : la majorité lui était dévouée. Cette circonstance révéla dans le sénat l'existence d'une minorité toujours *opposante*, mais qui d'ailleurs ne se montrera par aucun acte apparent de courage. On assure que, au moment où, le 14 nivose, on sollicita du sénat la déportation des cent trente citoyens, la conviction était matériellement et presque publiquement acquise que les républicains étaient tout à fait étrangers à l'événement de l'Opéra, à celui de la rue Saint-Nicaise, et à tous autres dont on les accusait. Fouché dit, ajoute-t-on, à une personne qui lui en faisait l'objection : « N'importe ! laissez faire ; le premier consul le veut. Ne vaut-il pas mieux en sacrifier une centaine que de les perdre tous ? » Une autre personne vint réclamer en faveur d'un proscrit. — « Vous avez raison, dit Fouché ; il faut le sauver ; mais donnez-moi un autre nom à la place ; la liste doit rester complète. Attendez, je vais y mettre... » Fouché accorda encore une autre espèce de *faveur :* en transposant deux ou trois prénoms, il sauva deux ou trois personnes.

Peu de jours s'étaient écoulés, et Fouché découvrit enfin les véritables auteurs de la *machine infernale :* c'étaient des chouans, mêlés encore à des agens de police ; mais ceux-ci avaient été dupes à leur tour. Fouché signala et fit punir les incendiaires. Quant aux citoyens qu'il avait accusés *dans un premier mouvement*, il avoua assez clairement qu'il s'était trompé, ainsi qu'on va le voir. Cependant, le gouvernement attendit un mois, c'est-à-dire tout le temps nécessaire pour que le sénatus-consulte fût mis à exécution, avant de rendre public ce qu'il savait des véritables auteurs de l'attentat.

Rapport du ministre de la police générale sur les (véritables) *auteurs de l'attentat du 3 nivose. — Du 11 pluviose an* IX.

« Citoyens consuls, deux des auteurs de l'attentat du 3 nivose sont dans les mains de la police, et leurs aveux ont nommé les autres.

» Au premier instant de l'horrible explosion, un seul soupçon se fit entendre ; une haine publique et méritée en accusa les mêmes hommes qui venaient de conspirer la mort du premier consul par les mêmes moyens de destruction.

» La police à ce premier moment eut d'autres soupçons, parce qu'elle avait d'autres indications.

» Dès le mois de brumaire dernier, j'étais instruit que Georges, de retour d'Angleterre, en avait apporté de nouveaux projets d'assassinats, et des guinées pour enhardir et payer les assassins. Ceux qui étaient venus à Paris pour préparer le crime et le consommer m'avaient été signalés. Jusqu'au 15 frimaire la police, dont les mains invisibles environnaient les scélérats, a entendu tous leurs discours, a suivi tous leurs pas ; et si elle n'a pas donné d'abord l'ordre de les arrêter, c'est qu'elle voulait les saisir avec des pièces de conviction ; autrement, on l'eût accusée d'arrêter sur des soupçons ou d'après des faux rapports.

» Les auteurs de l'attentat du 3 nivose, tous agens de Georges, paraissent successivement à Paris. Joyau, dit *d'Assas*, arrive le 13 brumaire ; Lahaye Saint-Hilaire, dit *Raoul*, le 17, et Limoelan, dit *Beaumont*, le 20 brumaire au soir.

» Le caractère de ce dernier, parvenu à mériter le titre de brigand parmi des brigands, explique bien le choix qui fut fait de sa personne.

» C'est lui qui va se mettre à la tête de tous les complots; et afin de se dérober aux regards et aux recherches de la police, il prend plusieurs logemens.

» Il n'est d'abord question dans les conciliabules que de plans pour assurer le vol des fonds publics, que de projets vagues et indéterminés contre le gouvernement, que de moyens de rallumer la guerre civile dès que les hostilités, suspendues alors par un armistice, auraient recommencé.

» Le 25 brumaire on décide le pillage de la diligence de Troyes. Le lieu en est fixé au cinquième mille de la route, au-dessus de Charenton. François Carbon, dit le *petit François*, né à Paris, ex-chef de chouans, qui va devenir l'instrument d'un plus grand crime, est chargé de faire passer les armes à la barrière dans un rouleau de toile; mais l'arrestation trop précipitée d'un des complices fait avorter le projet.

» Le 30 brumaire Limoelan reçoit par la voie de Boulogne des nouvelles de Londres; elles annoncent l'arrivée d'un commissaire nommé Rivière. Les avis qui m'en instruisent ne contiennent rien de positif sur la nature de ses projets et sur ses moyens, mais suffisent pour donner un nouvel éveil à la police.

» Ces lettres, venues d'Angleterre, sont bientôt suivies de dépêches de Georges. Limoelan en fait lecture à ses complices le 5 frimaire; elles annoncent qu'un nommé Mercier, de la Vendée, arrive à Paris avec des instructions, et qu'il descend à l'hôtel Vauban.

» Ce jour-là arrive effectivement un agent de Georges; mais, au lieu de Mercier, c'est Saint-Régent, chef de chouans du département d'Ille-et-Vilaine, connu sous le nom de Pierrot; et cet homme est un monstre dont les crimes font frémir l'humanité. *Il est chargé de frapper le premier consul.*

» L'intervalle du 7 au 11 frimaire est consacré à divers soins que conseillait la prudence; on s'assure de nouveaux logemens; on fait faire des démarches pour pénétrer la police; on lui prépare des piéges pour donner le change à sa surveillance.

» On balance long-temps sur le choix des armes. Limoelan et

Saint-Régent achètent le 8, chez Bourin, armurier, Palais-Égalité, chacun un nécessaire d'armes de cinquante louis. Ils les essaient au bois de Boulogne. Quelques jours après ils achètent des carabines à vent pour s'en servir à l'un des théâtres.

» Le 11 frimaire, arrive l'agent de l'Angleterre; mais, au lieu de Rivière, c'est le nommé Hyde, le même personnage qu'on a vu figurer dans la correspondance du comité anglais. Il rassemble ce jour-là même, à l'hôtel des Deux-Ponts, les agens de Georges, et discute avec eux les moyens de faire réussir l'attentat que le cabinet de Londres, pressé par les victoires des armées françaises, leur ordonnait de consommer *promptement*.

» Ce fut dans ce conciliabule que le complot prit pour la première fois un caractère fixe et déterminé. Il fut décidé que le premier consul serait assassiné.

» Saint-Régent reçoit une lettre de Georges le 14, par laquelle il l'informe de l'affreux succès de l'assassinat de l'évêque de Quimper : il loue le sang-froid et l'audace des assassins; il les présente pour modèles. Il annonce un envoi d'argent, et exhorte à tout mettre en usage pour presser l'exécution de la *grande affaire*.

» Le 15 frimaire on se rassemble pour arrêter définitivement le moment et le genre de l'assassinat; mais des deux individus qui, au milieu de ces scélérats, servaient la police, l'un laissa tomber son masque en entrant à midi au ministère de la police, et l'autre me fut enlevé par une circonstance imprévue et forcée qui vous est connue.

» Il y a apparence que l'idée du complot de Chevalier fit songer à l'explosion des barils à poudre. Cette idée aura été d'autant mieux accueillie, que le soupçon du crime devait naturellement tomber sur les auteurs du premier complot.

» La police n'avait dans cette circonstance d'autre parti à prendre que celui de faire arrêter ceux qu'elle ne pouvait plus suivre; j'en donnai l'ordre sur-le-champ par une lettre en date du 15, au préfet de police. Malheureusement une autre arrestation, faite à côté d'eux, leur donna l'alarme. On ne les vit plus nulle part; on ne les entendit plus; on les chercha toujours. Les ténèbres où ils se dérobaient auraient pu être dissipées par certains amnistiés qui communiquaient tous les jours avec la police et avec les conspirateurs; mais ces hommes épaississaient les ténèbres.

» Tous ces détails, citoyens consuls, sont consignés dans les rapports de la police qui sont sous vos yeux.

» Tels étaient les renseignemens au jour et au moment de l'explosion. Les premières recherches de la police dans cet état de choses devaient tendre à découvrir quelque rapport en ce qu'elle savait des complots de l'Angleterre et de Georges, et les traces qu'avait laissées dans la rue Nicaise l'attentat qui venait d'y être commis. Le bouleversement produit était si grand que les débris et les traces du crime semblaient avoir été effacés ou emportés dans la violence de l'explosion; cependant tous les débris dont la rue était semée furent conservés et interrogés, et on en vit sortir bientôt plus de lumières qu'on n'en espérait.

» Parmi les marchands de chevaux de Paris qui furent appelés par le préfet de police, celui qui avait vendu le cheval le reconnut, et donna le signalement de l'homme qui l'avait acheté; on arriva bientôt au grenetier qui avait vendu le grain dont le cheval s'était nourri, au tonnelier qui avait cerclé le baril de poudre, à l'individu qui avait vendu la charrette, à la rue où la charrette avait été remisée; au portier et au propriétaire de la maison, au fripier chez lequel les auteurs du crime avaient pris les blouses bleues dont ils étaient couverts en se préparant au crime et en l'exécutant.

» Les signalemens donnés par tant de personnes si diverses se trouvaient d'une similitude parfaite; et ce qui était plus fait encore que cette conformité pour frapper la police et pour l'éclairer, c'est que chacun de ces signalemens en particulier, et tous ensemble, se rapportaient par les traits du visage, par les proportions de la taille, par le genre des costumes et du langage, à ces agens de Georges, sur lesquels tous mes soupçons s'étaient fixés dès les premiers jours. Si ces soupçons n'étaient pas fondés, ceux qu'ils accusaient devaient paraître; en paraissant, en se faisant confronter à ceux qui avaient donné les signalemens, ils étaient justifiés. Si ces soupçons étaient fondés, ceux qu'ils accusaient devaient se cacher plus que jamais; s'ils se laissaient saisir, tous ceux qui avaient donné les signalemens auraient dit : *Ce sont eux que nous avons signalés.*

» Or, jusqu'au 3 nivose plusieurs des amnistiés les avaient vus ; et depuis le 3 nivose on eût cru qu'ils avaient disparu de la terre.

» A la suite de toutes les autres circonstances, une pareille disparition était de nature à convaincre tous les esprits ; mais je sentais et je savais que, dans la tournure que cette affaire avait prise, pour offrir une preuve, il fallait au moins avoir un des coupables.

» Tout se taisait à Paris sur les domiciles qu'ils y avaient occupés. J'ai fait demander des renseignemens autour de Georges même, et c'est de là que sont venus ceux qui ont conduit la police dans la maison habitée par le nommé François Carbon avant le 3 nivose et depuis encore : il n'y était plus, mais on y a trouvé un baril de poudre et des cercles qui auraient pu servir au même crime. On y a interrogé des personnes qui ont révélé son nouvel asile; on l'y a arrêté. L'espèce de cet asile est une circonstance remarquable de cette affaire ; c'est une maison occupée par des ci-devant religieuses, rue Notre-Dame-des-Champs : mesdames de Goyon, de Cicé et plusieurs autres se trouvent compromises.

» François Carbon, voyant que son silence ne pouvait sauver que ses complices ; reconnu d'ailleurs par tous les vendeurs, du cheval, de la charrette, des barils à poudre, par le propriétaire de la remise, etc., etc., et espérant que ses révélations le sauveraient lui-même, a fait connaître tous les détails du crime, tous ses auteurs et tous ses instrumens. Les auteurs, ce sont les mêmes agens de Georges, suivis, observés, et recherchés par la police depuis et avant le 3 nivose.

» Si les révélations de François avaient été obtenues de lui deux heures plus tôt, Saint-Régent, dit *Pierrot*, était aussi arrêté le même jour ; mais, averti de l'arrestation de François, il a pensé que son complice dirigerait la police dans son asile, et il en a cherché un autre. On a trouvé dans celui qu'il venait de quitter, et sous son lit, une lettre de sa main à Georges, dans laquelle, sans presque aucun déguisement de langage, il lui rend le compte le plus circonstancié de tout ce qui a précédé, accompagné et suivi l'explosion de la rue Nicaise.

» *Saint-Régent*, qui a mis lui-même le feu à la poudre, jeté par l'explosion sur une borne, a failli périr avec les victimes de son attentat. Le préfet de police a reçu la déclaration du médecin *Collin*, qui l'a visité, et qui, par sa conduite dans cette affaire, a rendu son arrestation indispensable. Dans les premiers jours il se croyait assez caché par l'opinion publique elle-même, qui portait tous les soupçons sur une autre classe d'hommes.

» Un agent de Georges, que j'avais laissé libre parce qu'il était désormais le seul qui pût me conduire à *Saint-Régent*, trahit sans s'en douter son asile en y entrant lui-même le 7 pluviose. Je donnai sur-le-champ ordre au préfet de police de le faire arrêter ; ce qui fut exécuté à la sortie même de la maison que je lui avais indiquée.

» Si Hyde, Limoelan, Saint-Hilaire et Joyau étaient déjà entre les mains de la police et de la justice, il ne serait pas plus avéré qu'ils sont, avec Saint-Régent et François Carbon, les auteurs de l'attentat du 3 nivose ; leurs aveux mêmes ne peuvent rien ajouter aux preuves qui existent : leur arrestation manque à leur châtiment, mais non pas à leur conviction. S'il n'y eut jamais un forfait plus horrible, il n'y eut jamais non plus de scélérats mieux dévoilés et mieux connus. Toute la France, attentive à cette découverte, attend avec impatience le jugement solennel des coupables.

» Je demande, citoyens consuls, qu'ils soient traduits devant les tribunaux. Le ministre de la police générale, *signé* Fouché. »

« Renvoyé au ministre de la justice pour faire poursuivre l'exécution des lois de la République à l'égard des individus dénommés dans le rapport du ministre de la police générale, leurs fauteurs et complices.

» Ce 14 pluviose, an ix. Le premier consul, *signé* Bonaparte. »

— Carbon et Saint-Régent furent condamnés à mort par le jury; le 16 germinal suivant ils furent guillotinés. Les pièces de ce procès furent imprimées par ordre du gouvernement pour faire suite au volume ayant pour titre *Conspiration anglaise* et dont nous avons déjà parlé.

Pendant que ces choses se passaient, les conférences de Lunéville étaient rompues, la guerre était recommencée en Allemagne et en Italie.

La reprise des hostilités eut lieu sur ces deux points vers le 22 novembre (1er frimaire). Augereau, à la tête de l'armée gallo-batave, avait pour mission de désarmer la Westphalie, la Franconie et la Thuringe. Il opéra sur le Mein. Moreau, à la tête de cent quarante mille hommes, était chargé de poursuivre les avantages déjà obtenus. Brune, à la tête de l'armée d'Italie, devait reconquérir l'Italie; et Murat devait marcher sur Naples. Ce fut Moreau qui conquit la paix. Le 3 décembre, il gagna la bataille de Hohenlinden; l'ennemi, pris en tête et en queue, perdit près de la moitié de son armée et tout son canon, le reste s'enfuit dans une déroute complète. Moreau arrivait sous les murs de Vienne, lorsqu'un nouvel armistice signé le 25 décembre (4 nivose), à Stuyer, arrêta sa marche. En Italie, les succès avaient été également rapides. On avait passé le Mincio et l'Adige, gagné une bataille à Pozzolo, et Murat avait imposé la paix au royaume de Naples, sans avoir combattu, par une marche offensive sur Ancône. Les conférences de Lunéville furent reprises, et le 9 février 1801 (21 pluviose an ix) le traité de paix entre la France et l'empereur fut signé dans cette ville par le comte de Cobentzel et Joseph Bonaparte. L'empereur ratifiait toutes les clauses du traité de Campo-Formio. Il cédait en outre, à la France, la totalité du pays situé sur la rive gauche du Rhin, depuis le point où ce fleuve sort du territoire suisse, jusqu'à celui où il entre sur le territoire hollandais; enfin, il reconnaissait l'indépendance des républiques Cisalpine, Helvétique, Batave et Ligurienne.

Toutes les puissances semblèrent s'empresser d'imiter l'empire. On ne parlait plus à Paris que des traités de paix. Le 19 mars 1801

(18 ventose an ix), traité avec l'Espagne par lequel le duché de Parme est cédé à la France, et la Toscane au prince de Parme, avec le titre de roi d'Étrurie. Le 28 mars (7 germinal), traité de paix avec le roi de Naples : Porto-Longone, l'île d'Elbe et la principauté de Piombino sont cédées à la France ; ce prince s'engage en outre à fermer ses ports aux Anglais. Le 24 juillet (6 thermidor), traité avec la Bavière. 29 septembre 1801 (7 vendémiaire an x), traité avec le Portugal. 8 octobre (16 vendémiaire an x), traité avec la Russie. 9 octobre (17 vendémiaire), préliminaires de paix signés avec la Porte.

Parmi ces traités, le plus important fut le concordat qui eut lieu entre le pape Pie VII et le premier consul. Il fut échangé le 10 septembre 1801 (23 fructidor an ix), et ratifié à la session suivante par le corps législatif. Dès ce moment, l'institution des décades fut supprimée et remplacée par celle du dimanche. Ce fut, en un mot, le signal de la restauration du culte catholique en France. Nous donnerons le texte du concordat à la fin du volume.

Enfin le 1er octobre 1801 (9 vendémiaire an x), les préliminaires de la paix avec l'Angleterre furent signés à Londres. Cette dernière puissance, lors des conférences de Lunéville, avait posé comme condition *sine quâ non* l'évacuation de l'Égypte par les Français. Le premier consul n'avait pu y consentir. Il avait demandé que l'armistice qui était convenu entre les armées de terre fût étendu aux armées de mer. Il espérait, à l'aide d'un tel armistice, faire passer des secours en Égypte ; mais les Anglais, à leur tour, refusèrent de suspendre les hostilités. Elles furent donc continuées. Les résultats en furent la prise de Malte, et l'évacuation de l'Égypte. Déjà, après le départ de Bonaparte, Kléber, nommé général en chef, était convenu de quitter le pays, et l'évacuait en effet. Les Turcs, excités par les Anglais, n'observèrent pas l'armistice par lequel on avait préludé au traité d'évacuation ; ils commirent des hostilités, massacrèrent une garnison française, et enfin refusèrent d'en donner satisfaction. Ces trahisons firent reprendre les armes aux Français ; l'armée turque fut écrasée à

Héliopolis et poursuivie ; tous les postes qu'on lui avait cédés ou qu'elle avait occupés par surprise furent repris ; tout ce qui ne fut pas tué, alla périr dans le désert. Le Caire qui s'était révolté, et avait reçu une garnison turque, fut soumis et frappé d'une contribution de guerre. Des troupes anglaises débarquées à Cosseir furent rejetées dans la mer Rouge. Enfin, la position de l'armée française se trouva plus avantageuse que jamais ; mais elle perdit tout en perdant son général en chef, qui périt sous le poignard d'un musulman fanatique. L'incapable Menou, lui succéda au commandement. Les Anglais, acharnés à nous enlever une contrée d'où ils nous voyaient menacer leurs possessions des Indes, opérèrent, après avoir repris Malte, un débarquement considérable à Aboukir. L'armée que nous avions à leur opposer était de sept mille hommes, ils en avaient dix-sept mille ; de plus, au lieu de les attaquer dans le désordre du débarquement, on attendit qu'ils se fussent couverts de redoutes et flanqués de chaloupes canonnières. On leur livra un combat acharné, mais dans lequel les républicains furent vaincus, puisqu'ils ne rejetèrent pas l'ennemi dans la mer. Le général en chef anglais, Abercrombie, fut tué dans le combat. Pendant ce temps, les Anglais opéraient un second débarquement à Cosseir, et une seconde armée turque marchait sur le Caire. Enfin, Alexandrie capitula le 27 septembre 1801 (vendémiaire an x) : la capitulation portait que l'armée française serait transportée en France avec ses armes et ses richesses scientifiques. Les Anglais observèrent la première partie de la capitulation ; mais ils s'emparèrent des collections scientifiques que le zèle de l'Institut d'Égypte avait rassemblées.

Les Anglais tentèrent un grand nombre d'autres expéditions ; mais ils ne furent pas aussi heureux. Ils opérèrent un débarquement au Ferrol en Espagne, et se mirent à assiéger cette ville ; mais leur armée, décimée par une épidémie et menacée par les secours qui s'approchaient, fut obligée de se rembarquer. Lord Nelson alla, à la tête d'une escadre de plus de cinquante voiles attaquer Copenhague. Ses succès se bornèrent à brûler quelques vaisseaux danois embossés, et à brûler par un bombardement quelques maisons de la ville. Il perdit lui-même beaucoup de monde. Les Anglais firent un autre débarquement à Porto-Ferrajo ; mais leur corps d'armée fut tout entier pris ou tué. Enfin, ils étaient eux-mêmes menacés d'un débarquement. On formait une flottille à Boulogne que deux fois Nelson essaya de brûler ; deux fois il fut repoussé avec perte. Malgré la guerre, les négociations pour la paix n'avaient pas été interrompues. L'Angleterre enfin se détermina à signer les préliminaires ; mais ce ne fut que le 4 germinal an x (25 mars 1802) que la paix fut définitivement signée à Amiens. Cet événement fut signalé à Londres par la chute du cabinet contre-révolutionnaire. Pitt, que Bonaparte appelait le banquier de la guerre civile, se retira, et en même temps il se forma dans le parlement un parti pour la guerre, une opposition qui ne tarda pas à triompher.

Voici les conseils que Shéridan donnait à l'opposition dans un discours éloquent qu'il prononça à l'occasion de la paix d'Amiens :

« La situation de Bonaparte et l'organisation de son pouvoir sont telles qu'il doit entrer avec ses sujets dans un terrible échange : il faut qu'il leur promette de les rendre les maîtres du monde, afin qu'ils consentent à être ses esclaves ; et, si tel est son but, contre quelle puissance doit-il tourner ses regards inquiets, si ce n'est contre la Grande-Bretagne ? Quelques-uns ont prétendu qu'il ne voulait avoir avec nous d'autre rivalité que celle du commerce : heureux cet homme, si des vues administratives étaient entrées dans sa tête ! Mais qui pourrait le croire ? Il suit l'ancienne méthode des taxes exagérées et des prohibitions. Toutefois il voudrait arriver par un chemin plus court à notre perte ; peut-être se figure-t-il que, ce pays une fois subjugué, il pourra transporter chez lui notre commerce, nos capitaux et notre crédit, comme il a fait venir à Paris les tableaux et les statues d'Italie. Mais ses ambitieuses espérances seraient bientôt trompées ; ce crédit disparaîtrait sous la griffe du pouvoir ; les capitaux s'enfonceraient dans la terre, s'ils étaient foulés aux pieds d'un despote ; et ces entreprises commerciales seraient sans vigueur en présence d'un gouvernement arbitraire. S'il écrit, sur

ses tablettes, des notes marginales relatives à ce qu'il doit faire des divers pays qu'il a soumis ou qu'il veut soumettre, le texte entier est consacré à la destruction de notre patrie. C'est sa première pensée en s'éveillant, c'est sa prière, à quelque divinité qu'il l'adresse, Jupiter ou Mahomet, le dieu des batailles ou la déesse de la Raison. Une importante leçon doit être tirée de l'arrogance de Bonaparte : il se dit l'instrument dont la Providence a fait choix pour rendre le bonheur à la Suisse, et la splendeur et l'importance à l'Italie ; et nous aussi, nous devons le considérer comme un instrument dont la Providence a fait choix pour nous rattacher davantage, s'il se peut, à notre constitution, pour nous faire sentir le prix de la liberté qu'elle nous assure, pour anéantir toutes les différences d'opinions en présence de cet intérêt; enfin, pour avoir sans cesse présent à l'esprit que tout homme qui arrive en Angleterre, en sortant de France, croit s'échapper d'un donjon pour respirer l'air et la vie de l'indépendance. »
(PAGANEL, *Essai sur l'établissement monarchique de Napoléon.*)

Cependant, sur l'invitation de Bonaparte, les représentans de la république Cisalpine se réunissaient à Lyon. Ils y formèrent le 9 octobre 1801 une *consulte législative* dans laquelle fut délibérée une constitution et d'après laquelle la république Cisalpine adoptait le nom de *république Italienne*. La loi organique réglait que l'administration du nouvel état serait confiée à un président et à un vice-président. Le travail législatif était confié à un corps des députés qui porterait ce nom, etc.

Cependant, la consulte législative invita le premier consul à assister à ses séances. Il s'y rendit en effet le 18 nivose an x (8 janvier 1802). Là on lui offrit le titre de président de la république cisalpine, qu'il accepta le 5 pluviose de la même année (25 janvier 1802). On voit que la route suivie par Bonaparte pour arriver au pouvoir suprême fut la même en Italie et en France.

La troisième session du corps législatif en France fut ouverte plus tard qu'à l'ordinaire. On la retarda sans doute afin de pouvoir présenter un tableau plus brillant de la situation de la République, lorsque tous les faits dont nous venons de parler seraient accomplis ou près de s'accomplir. La session fut ouverte le 1er frimaire an x (21 novembre 1801). A la seconde séance, Thibaudeau lut au corps législatif l'exposé de la situation de la République. Après cette lecture, le président du corps législatif, Dupuis, prit ainsi la parole :

« Citoyens législateurs, si c'est un des plus beaux droits d'un peuple libre que de pouvoir se faire remettre sous les yeux à certaine époque le tableau de sa situation politique, et d'apprécier les soins et les travaux de son gouvernement, c'est aussi un des devoirs les plus doux à remplir pour ses représentans que de payer un tribut solennel de reconnaissance à une administration sage dont les résultats vous sont connus. Je crois donc être en ce moment l'interprète des sentimens du corps législatif en lui proposant de nommer une commission de vingt-quatre de ses membres, tirés au sort, chargés de se rendre près le gouvernement, et de le féliciter sur le succès de ses négociations, et sur les hautes espérances qu'il donne à la République pour l'avenir. »

— Cette proposition établissait un nouvel usage pour l'ouverture de chaque session ; néanmoins elle fut accueillie avec enthousiasme, immédiatement mise aux voix, et adoptée à la presque unanimité.

Grégoire (1), membre de la députation, porta la parole devant les consuls, il dit :

« Citoyens consuls, le tableau de la situation intérieure et extérieure de la République, communiqué au corps législatif, lui a inspiré le plus vif intérêt et les plus douces espérances. Les succès qui ont couronné la sagesse du gouvernement dans tout ce qu'il a pu réaliser sont l'heureux présage de ceux qu'il obtiendra dans ce qu'il projette. Des négociations habilement dirigées ont atteint si rapidement leur terme, que la joie de la réussite s'est encore embellie par le plaisir de la surprise. Quel moment consolateur que celui où nos invincibles légions, rappelées dans leurs foyers,

---

(1) Peu de temps après, Gregoire fut élevé à la dignité de sénateur, en remplacement d'un membre décédé.

viennent y recueillir les effusions de la tendresse et de la reconnaissance ! La paix, qui fût toujours l'objet de vos désirs, arrive sur les ailes de la victoire, qui vous fut toujours fidèle. A cette nouvelle, les deux mondes ont tressailli. Echappée aux orages qui ont assiégé son berceau, aux malheurs qui ont tourmenté son enfance ; douée de l'éclat, de la vigueur de la jeunesse, tranquille au dedans, respectée au dehors par des gouvernemens amis, qu'elle respecte à son tour, la République fait son entrée solennelle dans l'univers, et s'assied majestueusement au rang des premières puissances.

» Treize ans de révolution ne sont donc pas perdus pour les amis de la liberté! Ils vont recueillir l'héritage conquis par leurs efforts. Satisfaits d'avoir recouvré leurs droits, et pénétrés de leurs devoirs, également empressés à jouir des uns et à remplir les autres, à la fierté républicaine ils sauront allier cette aménité qui signala toujours leur caractère, ces mœurs douces et hospitalières qui semblent être leur apanage. Puissent-ils désormais, dans les étreintes de l'amitié, oubliant les erreurs et les torts de quelques frères égarés, sous l'empire tutélaire des lois, désespérer par leur union les êtres qui seraient encore dévorés du besoin de haïr et de nuire!

» Les Français, rassasiés de gloire, éprouvent la soif du bonheur : heureusement sous leurs mains sont placés tous les élémens dont il se compose. Tandis que les arts consolateurs, les arts, amis de la paix, s'élèveront aux conceptions les plus hardies; tandis que l'histoire classera les matériaux accumulés autour d'elle, et remplira la tâche immense que le premier magistrat de la France lui a imposée, l'industrie et l'agriculture vivifieront toutes les parties du corps social.

» Aux fureurs de la Ligue, aux délires de la Fronde succéda un siècle illustré par les monumens du génie : ainsi le caractère national, retrempé au milieu des tempêtes révolutionnaires, va développer son énergie, et s'élancer vers tout ce qui est beau, tout ce qui est grand, c'est-à-dire tout ce qui est utile et juste; car le juste et l'utile seront désormais la mesure de l'estime, et l'opinion publique annullera tous les jugemens qui n'auront pas ce point d'appui.

» Les nations, fatiguées de discordes sanglantes, détrompées des fausses idées de grandeur, éprouvant le besoin de s'aimer, de s'unir, étendent les unes vers les autres des mains fraternelles. Malheur à celle qui tenterait de fonder sa prospérité sur le désastre des autres ! Persuadées que le bonheur est solidaire entre elles, elles vont faire un échange d'amitié, de productions, de découvertes. Une longue privation et le besoin donneront plus d'activité à leurs communications respectives à une époque où les haines nationales et religieuses, amorties, font place à la tolérance; où les progrès de la civilisation, en rapprochant les peuples, leur ont donné un caractère plus homogène.

» Telles sont, citoyens consuls, les espérances inscrites au frontispice du siècle qui vient de s'ouvrir, et qui promet à l'Europe, à la France surtout, un avenir prospère et durable !

» La sagesse et le courage du gouvernement ont amené cet ordre de choses. Recevez, citoyens consuls, les félicitations du corps législatif, qui nous a chargés d'être auprès de vous ses interprètes.

» Le corps législatif, pénétré de la dignité et de l'importance des fonctions dont il est investi, s'empressera de seconder les vues du gouvernement pour conduire par des lois sages la République au plus haut degré de félicité. Ainsi les autorités premières de la République, tout animées des mêmes sentimens et toujours unies, serviront de modèle aux autorités inférieures et à tous les citoyens; et tandis que la souveraineté nationale plane sur tous, les dépositaires de l'autorité, qui existent par le peuple et pour le peuple, trouveront dans sa confiance et son amour la douce récompense de leurs travaux pour opérer son bonheur ! »

Réponse du premier consul.

» Le gouvernement apprécie la démarche du corps législatif.
» Il est sensible à ce que vous venez de lui dire de sa part.
» Les actes du corps législatif pendant la dernière session ont

contribué à aider la marche de l'administration, et à nous faire arriver à l'état où nous sommes.

» Il portera les mêmes sentiments dans les travaux de la session qui commence. C'est un moyen sûr de faire le bien-être et la prospérité du peuple français, notre souverain à tous.

» Il juge tous nos travaux. Ceux qui le serviront avec pureté et zèle seront accompagnés dans leur retraite par la considération et l'estime de leurs concitoyens. »

— Les divers projets de paix, le concordat et le traité avec l'Angleterre exceptés, furent successivement et presque coup sur coup présentés au corps législatif et approuvés. Une réclamation cependant s'éleva dans le tribunat à l'occasion du traité avec la Russie où se trouvait le mot *sujet*. La susceptibilité de ce corps fut offensée de cette expression. Ce fait donna lieu à des explications assez vives qui furent vidées sur-le-champ, mais en comité secret, et cependant n'empêchèrent pas l'approbation du traité. Une note, dite émanée du cabinet du premier consul, fut adressée le lendemain au corps législatif; on y expliquait l'emploi du mot *sujet*, et le corps législatif, imitant le tribunat, sanctionna, le 18 frimaire, l'acte dont il sagit (1).

En même temps, on présenta à la discussion du tribunat et à l'approbation du corps législatif les trois premiers chapitres du code civil. Le premier chapitre, présenté le 3 frimaire par Portalis, était relatif à la promulgation des lois; le second, présenté le 14 fri-

(1) *Extrait du rapport fait au corps législatif.* « Un grand nombre de Français avaient méconnu la République, s'étaient armés contre elle; bannis par les lois françaises au même moment où les droits du peuple étaient reconnus, où la liberté était fondée, ils n'auraient pas pu être compris sous la qualification de *citoyens* : il a donc fallu déroger pour cette fois au protocole constamment suivi par le gouvernement français dans les nombreux traités qu'il a conclus avec diverses puissances, et recourir à l'expression générique de *sujets*, que l'usage avait plus anciennement consacrée pour tous les états, quelle que fût la forme de leur gouvernement; car enfin il était de quelque utilité pour la France que, dès lors que le cabinet de Pétersbourg attachait une sorte d'importance à ce qu'elle s'engageât à n'avoir aucune correspondance avec les ennemis intérieurs de la Russie, la Russie de son côté cessât d'accorder aucune protection à des *sujets* français armés contre leur patrie, et qui même avaient porté la guerre jusque dans son sein. »

maire, était relatif à la jouissance et à la privation des droits civils, le troisième fut apporté le 21 frimaire. Dans le premier projet, le point qui fut particulièrement discuté fut celui même du mode proposé par la promulgation. On trouva mauvais que l'on datât la force obligatoire de la loi du jour même de la promulgation qui était faite par le pouvoir exécutif; en effet, en admettant cette disposition, on mettait celui-ci à même de paralyser complétement la puissance législative par le seul fait du refus de promulgation; on lui accordait une espèce de droit de *veto*. Il y eut donc opposition; mais le scrutin prononça en faveur du projet : il fut sanctionné le 23 frimaire.

Le projet relatif à la jouissance et à la privation des droits civils fut moins heureux. Le tribunat consacra un grand nombre de séances à l'examiner. On parla plus contre que pour. Enfin il fut rejeté le 11 nivose, à une majorité de soixante et une voix contre trente. Cette décision du tribunat fit scandale. Les journaux, serviteurs complaisans du pouvoir, en prirent texte pour la rédaction de quelques articles contre les théoriciens, les idéologues, etc. Enfin, le 13 nivose, les consuls annoncèrent au corps législatif, par un message, qu'ils retiraient non-seulement les projets sur le code civil, mais encore celui qu'ils avaient présenté quelques jours avant le 3 nivose, pour le rétablissement de la *marque* chez les condamnés d'une certaine classe. « C'est avec
» peine, disaient-ils, que le gouvernement se trouve obligé de re-
» mettre à une autre époque les lois attendues avec tant d'intérêt
» par la nation; mais il s'est convaincu que le temps n'est pas venu
» où l'on portera dans ces grandes discussions le calme et l'unité
» d'intentions qu'elles demandent. »

C'était dire très-clairement que le premier consul était blessé de l'opposition qu'il rencontrait dans le tribunat. On lui avait donné un autre sujet de mécontentement peu de jours avant. Le maire de Bruxelles avait adressé au tribunat une réclamation contre un ordre du ministre de la police qui avait fait arrêter et enfermer dans le château de Ham deux négocians de la ville qu'il administrait, prévenus du délit d'importation de marchandises prohibées. Plusieurs tribuns, et entre autres Benjamin Constant, prirent la parole sur ce sujet, et prononcèrent des mots qu'on n'était plus habitué à entendre. Les uns voulaient qu'on renvoyât la réclamation à une commission, les autres qu'on passât à l'ordre du jour. Le tribunat prit la moyenne entre les deux partis, il renvoya la pétition au gouvernement. Toutes ces oppositions montraient que le tribunat était moins facile à manier que l'on ne l'avait espéré d'après la manière dont il avait été formé. En effet, jusqu'au 13 nivose, il se trouvait qu'il n'avait approuvé que quelques projets d'intérêt local, tels que des échanges de biens entre des communes et des hospices, et adopté qu'une seule loi d'intérêt général qui prorogeait l'application de la peine de mort: Celle-ci fut sanctionnée par le corps législatif le 8 nivose.

Après le retrait des lois pour la formation d'un code civil, le gouvernement ne présenta plus aucun projet au corps législatif; en sorte que les deux corps manquant de sujets pour occuper leurs séances ne s'assemblèrent plus que pour renouveler leurs bureaux. Pendant ce temps, le public était entretenu des démarches du premier consul. Il se rendait à Lyon; il y recevait des fêtes et acceptait, ainsi que nous l'avons vu, le titre de premier président de la république italienne. Tous les Français comprenaient que sous le nom de Bonaparte, c'était la France qui recevait des Italiens le gouvernement de leur nouvelle patrie. Bonaparte grandissait à leurs yeux de toute la gloire qui rejaillissait sur la nation de l'honneur d'un tel choix. Ce spectacle faisait oublier le tribunat et son opposition, on la trouvait mesquine et déplacée.

En partant de Paris et se rendant à Lyon, le premier consul avait laissé sans doute des instructions au sénat. Celui-ci s'assemblait quatre fois par décade, au lieu de deux fois, selon son usage ordinaire. Quel travail l'occupait? les journaux l'apprirent bientôt au public, mais sans donner à cette nouvelle ni le détail, ni la place par laquelle on caractérise les choses importantes. Le sénat s'occupait de former la liste des individus qui devaient continuer à faire partie, soit du corps législatif, soit du tribunat; ceux qui ne se trouveraient pas ainsi *renommés* (expression du *Journal de Paris*) devaient cesser leurs fonctions à une époque qui serait déterminée plus tard. On annonçait enfin que lorsque cette première opération serait terminée, le sénat choisirait sur la liste nationale les personnages qui devraient remplacer les éliminés. Cependant quelques personnes s'étonnèrent d'une mesure prise si à l'improviste, et suivie, en quelque sorte dans le secret, que nul acte public n'avait ni annoncée, ni provoquée. Quelques autres pensèrent et dirent qu'on avait l'intention de se débarrasser ainsi de quelques opposans. Le gouvernement fit répondre dans les journaux que la Constitution portait que les listes nationales seraient faites en l'an x, et que par conséquent la Constitution avait voulu qu'elles servissent en l'an x. Or les listes nationales d'éligibilité avaient été en effet formées.

Cette marque d'hostilité n'empêcha pas le corps législatif et le tribunat d'aller complaisamment féliciter le premier consul à son retour de Lyon, qui eut lieu dans les premiers jours de pluviose (février 1802).

Voici les actes officiels par lesquels fut opérée dans les chambres cette modification dans le personnel, qui est désignée par les écrivains contemporains sous le nom d'élimination de l'an x. Benjamin Constant en fut une des victimes.

» *Sénatus-consulte relatif à la manière dont sera fait le renouvellement des quatre premiers cinquièmes du corps législatif et du tribunat en l'an x, et dans les trois années subséquentes.*

Extrait des registres du sénat conservateur du 22 ventose an x.

» Le sénat conservateur, réuni au nombre de membres prescrit par l'article 90 de la Constitution, après avoir délibéré, dans ses séances des 25 et 28 nivose et 19 pluviose derniers, sur l'exécution de l'article 38 de la Constitution, qui a ordonné que le premier renouvellement du corps législatif et du tribunat aurait lieu cette année, sans en déterminer ni le mode ni l'époque;

» Déclare qu'il a adopté, comme plus conforme à la nature de ses fonctions, le mode d'un scrutin électif de ceux des membres composant actuellement le corps législatif et le tribunat, qui devront continuer leurs fonctions cette année;

» Arrête en conséquence : 1° qu'à compter du 1er germinal prochain, les fonctions du corps législatif et du tribunat ne pourront être exercées que par les citoyens qui se trouveront inscrits sur les deux listes des membres élus pour continuer l'exercice de ces fonctions, et par ceux qui se trouveront portés sur les listes des citoyens appelés à remplacer les sortans;

» 2° Que le sénat suivra le même mode électif pour les renouvellemens qui auront lieu dans les années XI, XII et XIII, relativement aux second, troisième et quatrième cinquièmes de l'élection de l'an VIII.

» Le présent sénatus-consulte sera transmis par un message au corps législatif, au tribunat et aux consuls de la République.
— Signé : B.-G.-E-L. LACÉPÈDE, *président*; LEFEBVRE *et* JACQUEMINOT, *secrétaires*.

Extrait des registres du sénat conservateur du 27 ventose an X.

« Le sénat conservateur, réuni au nombre de membres prescrit par l'art. 90 de la Constitution, après avoir procédé dans ses séances des 4, 6, 8, 9, 11, 13 et 14 pluviose dernier, à l'élection des deux cent quarante membres formant les quatre cinquièmes du corps législatif qui doivent continuer l'exercice de leurs fonctions;

» Arrête que la liste par ordre alphabétique des noms de ces membres sera, dans le jour, notifiée, par un message, au corps législatif, au tribunat et aux consuls de la République.

» Suit la liste alphabétique des membres formant les quatre cinquièmes restans du corps législatif :

» Allard, Rhône; Appert, Loiret; Arrighy, Golo; Auguis, Deux-Sèvres; Auverlot, Jemmapes.

» Baillon, Nord; Baraillon, Creuse, Baron, Marne; Barré, Sarthe; Barrot, Lozère; Bassaget, Vaucluse; Bazoche, Meuse; Beauchamp, Allier; Belzais-Courmesnil, Orne; Bergeras, Basses-Pyrénées; Bergier, Puy-de-Dôme; Berquier-Neuville, Pas-de-Calais; Bertezen, Gard; Blareau, Jemmappes; Bodinier, Ille-et-Vilaine; Bcëry, Indre; Boilleau, Yonne; Bollemont, Meuse; Bollet, Pas-de-Calais; Bolliond, Ardèche; Bord, Creuse; Boreau-Lajanadie, Charente; Bouisseren, Charente-Inférieure; Bourdon, Seine-Inférieure; Bourg-Laprade, Lot-et-Garonne; Bourgeois, Seine-Inférieure; Brault, Vienne; Bremontier, Seine-Inférieure; Bucaille, Pas-de-Calais.

» Cazenave, Basses-Pyrénées; Cayre, Rhône; Chaillot, Seine-et-Marne; Champion, Meuse; Champion, Jura; Chatry-Lafosse, Calvados; Cherrier, Moselle; Chollet-Beaufort, Puy-de-Dôme; Cleron, Ardennes; Clary, Bouches-du-Rhône; Clauzel, Arriége; Clavier, Loire-Inférieure; Cochon-Duvivier, Charente-Inférieure; Collard, Forêts; Combes-Donnous, Lot; Coulmiers, Seine; Couteausse, Lot-et-Garonne; Couzard, Gironde.

Danel, Nord; Darracq, Landes; Delamarre, Oise; Delattre, Somme; Delecloy, Somme; Delneufcour, Jemmappes; Delort, Corrèze; Delpierre aîné, Vosges; Delzons, Cantal; Demonceaux, Aisne; Desmazières, Mayenne-et-Loire; Desnos, Orne; Despallières, Vendée; Devaux, Lys; Devinck-Thierry, Escaut; Devisme, Aisne; Dubosq, Calvados; Dubourg, Oise; Duflos, Pas-de-Calais; Dumas, Mont-Blanc; Dumoulin, Nord; Dupin, Nièvre; Dupuis, Seine-et-Oise; Durand, Loir-et-Cher; Dutrou-Bornier, Vienne; Duval, Seine-Inférieure; Duvillard, Léman.

» Eschassériaux, Charente-Inférieure; Eversdicq, Escaut.

» Fèbvre, Jura; Félix Faulcon, Vienne; Féry, Dyle; Fontanes, Deux-Sèvres; Fontenay, Indre-et-Loire; Foubert, Dyle; Fourmy, Orne; Fournier, Hérault; Franch, Forêts; Fulchiron, Rhône.

» Gantois, Somme; Gassendi, Basses-Alpes; Gaudin, Vendée; Gothier, Corrèze; Gauthier, Côte-d'Or; Geoffroy, Saône-et-Loire; Germain, Jura; Gesnouin, Finistère; Gheyssens, Lys; Gintrac, Dordogne; Girod, Ain; Girot-Pouzols, Puy-de-Dôme; Gonner, Somme; Grappe, Doubs; Grenot, Jura; Grouvelle, Seine; Guérin, Deux-Sèvres; Guérin, Loiret; Guichard,

Yonne; Guillemot, Côte-d'Or; Guirail, Basses-Pyrénées; Guyot-Desherbiers, Seine.

» Hémart, Marne; Hopsomère, Escaut; Hubar, Meuse-Inférieure; Huon, Finistère.

» Jacomet, Pyrénées-Orientales; Jacomin, Drome; Jan, Eure; Janod, Jura; Jouvent; Hérault; Juhel, Indre.

» Keppler, Bas-Rhin; Kervélégan, Finistère.

» Laborde, Gers; Lachièze, Lot; Lacrampe, Hautes-Pyrénées; Lacretelle aîné, Seine-et-Oise; Lafont, Lot-et-Garonne; Lagrange, Lot-et-Garonne; Lamétherie, Saône-et-Loire; Langlois, Eure; Lapotaire, Morbihan; Larcher, Haute-Marne; Latour-Maubourg, Seine; Laumond, Creuse; Lebrun-Rochemont, Manche; Leclerc, Seine-et-Oise; Lecourbe, Jura; Lefebvre-Cayer, Pas-de-Calais; Lefebvre-Laroche, Seine; Lefebvrier, Morbihan; Legrand, Indre; Lemaillaud, Morbihan; Lemée, Côtes-du-Nord; Lemesle, Seine-Inférieure; Lemoine, Loir-et-Cher; Lerouge, Aube; Leroux, Seine; Leroy, Eure; Lesomme, Ourthe; Lespinasse, Haute-Garonne; Lévêque, Calvados; Lintz, Sarre; Lobjoy, Aisne; Louvet, Somme; Loyau, Vendée.

» Mallein, Isère; Marcorelle, Haute-Garonne; Martinel, Drôme; Maugenest, Allier; Maupetit, Mayenne; Menard, Dordogne; Menessier, Aude; Meric, Aude; Metzger, Haut-Rhin; Meyer, Escaut; Mollevaut, Meurthe; Monseignat, Aveyron; Montardier, Seine-et-Oise; Morand, Deux-Sèvres; Moreau, Haut-Rhin; Morel, Marne; Mosneron, Loire-Inférieure.

» Nairac, Charente-Inférieure.

» Obelin, Ille-et-Vilaine; Olbrechtz, Dyle; Ornano, Liamone.

» Paillard, Eure-et-Loir; Pampelonne, Ardèche; Papin, Landes; Pellé, Seine-et-Oise; Pémartin, Basses-Pyrénées; Perrin, Vosges; Pictet-Diodati, Léman; Pigeon, Dordogne; Pillet, Loire-Inférieure; Poulain, Marne; Provost, Mayenne.

» Rabasse, Seine-Inférieure; Raingeard, Loire-Inférieure; Rabaud, Gers; Ramel, Loire; Ramond, Hautes-Pyrénées; Reguis, Basses-Alpes; Rebaud, Var; Renaud-Lascours, Gard; Renaud, Orne; Richard, Loire; Ricourt, Lys; Rigal, Roër;

Rivière, Nord; Rodat, Aveyron; Roémers, Meuse-Inférieure; Rossée, Haut-Rhin; Rousseau, Seine.

Saget, Loire; Saint-Pierre-Lesperet, Cher; Salligny, Marne; Saur, Rhin-et-Moselle; Sauret, Allier; Savary, Eure; Schirmer, Haut-Rhin; Ségur, Seine; Siéyès, Var; Crilain-Simon, Sambre-et-Meuse; Simon, Seine-et-Marne; Sturtz, Mont-Tonnerre.

Tack, Escaut; Tardy, Ain; Tarte, Sambre-et-Meuse; Thenard-Dumousseau, Charente-Inférieure; Thévenin, Puy-de-Dôme; Thierry, Somme; Thiry, Meurthe; Toulgoët, Finistère; Trotier, Cher; Trumeau, Indre; Turgan, Landes.

Vacher, Cantal; Van-Custem, Deux-Nèthes; Van-Kempen, Nord; Van-Ruymbeke, Lys; Vauzelles, Haute-Loire; Verne, Loire; Viénot-Vaublanc, Seine-et-Marne; Vigneron, Haute-Saône; Villar, Haute-Garonne; Villiot, Escaut.

Extrait des registres du sénat conservateur du 27 ventose.

« Le sénat conservateur, réuni au nombre de membres prescrit par l'article 90 de la Constitution, après avoir procédé, dans ses séances des 14 et 16 pluviose derniers, à l'élection de quatre-vingts membres formant les quatre cinquièmes du tribunat, qui doivent continuer l'exercice de leurs fonctions.

» Arrête que la liste, par ordre alphabétique, des noms des membres, sera, dans le jour, notifiée, par un message, au corps législatif, au tribunat et aux consuls de la République.

» Suit la liste alphabétique des membres formant les quatre cinquièmes restans du tribunat :

Adet, Seine; Andrieux, Seine; Arnoud, Seine.

Beaujour, Seine; Beauvais, Seine-Inférieure; Bitouzé-Lignières, Manche; Bezard, Oise; Boisjolin, Seine; Boissy-d'Anglas, Ardèche; Bose, Aube; Bouteville, Somme.

Caillemer, Manche; Carret, Rhône; Carrion-Nizas, Hérault; Chabaud-Latour, Gard; Chabot, Allier; Challan, Seine-et-Oise; Chassiron, Charente-Inférieure; Chauvelin, Seine; Costaz, Seine; Costé, Seine-Inférieure; Curé, Hérault.

Delpierre jeune, Vosges; Duchesne, Drôme; Duveyrier, Var; Duvidal, Seine.

Eschassériaux, Charente-Inférieure.

Fabre, Aude; Faure, Seine; Favard, Puy-de-Dôme; Freville, Seine.

Gallois, Bouches-du-Rhône; Gary, Haute-Garonne; Gaudin, Loire; Gillet, Seine-et-Oise; Gillet-Lajacminière, Loiret; Girardin, Oise; Goupil-Préfeln, Orne; Gourlay, Seine-Inférieure; Grenier, Puy-de-Dôme; Guinard, Lys; Guittinquer, Seine-Inférieure.

Humbert, Seine-et-Marne; Huguet, Seine.

Jacmont, Seine; Jard-Panvilliers, Deux-Sèvres; Jaucourt, Seine-et-Marne; Jubé, Seine-et-Oise.

Labrouste, Gironde; Lahary, Gironde; Laloi, Haute-Marne; Larominière, Haute-Garonne; Laussat, Basses-Pyrénées; Lebreton, Seine; Legonidec, Landes; Legoupil-Duclos, Calvados; Lejourdan, Bouches-du-Rhône; Leroy, Seine; Ludot, Aube.

Malès, Corrèze; Malherbe, Ille-et-Vilaine; Malarmé, Meurthe; Mathieu, Oise; Mongez, Seine; Moreau, Finistère; Mouricault, Seine.

Pénières, Corrèze; Perreau, Seine; Perré, Manche; Picault, Seine-et-Marne; Potier, Oise; Riouffe, Seine; Robin, Seine; Roujoux, Finistère.

Savoye-Rollin, Isère; Say, Rhône; Sédillez, Seine-et-Marne; Siméon, Bouches-du-Rhône.

Trouvé, Maine-et-Loire.

Vezin, Aveyron.

— Le jour même où ces actes furent rendus publics par la presse quotidienne, le 29 ventose (20 mars 1802), le tribunat et le corps législatif furent convoqués extraordinairement. Trois orateurs du gouvernement se rendirent en même temps dans chacune des assemblées et leur donnèrent communication d'une proclamation et d'un arrêté du premier consul qui convoquait le corps législatif en une session extraordinaire qui commencerait le 15 germinal et finirait le 1er prairial an x. En conséquence, le tribunat s'ajourna au 1er germinal, et le président du corps législatif déclara que la *session ordinaire de l'an* x était close. Tout n'était pas rigoureusement régulier dans cette manière de procéder. Il restait évident que le gouvernement avait besoin des chambres en l'an x, mais qu'il avait besoin de chambres plus complaisantes, dont l'opinion lui fût plus assurée ; il restait évident que l'opération d'élimination faite par le sénat avait moins pour but de satisfaire à une disposition de la Constitution que de réformer l'autorité législative.

A la première réunion du corps législatif réformé, c'est-à-dire le 15 germinal (5 avril 1802), on lui présenta le concordat, les articles organiques relatifs à l'exécution de cette convention, et un projet d'organisation de tous les cultes protestans. Le tribunat en vota l'adoption en masse le 17, à une majorité de soixante-dix-huit voix sur quatre-vingt-cinq votans, et le corps législatif en fit une loi de l'état le 18, à une majorité de deux cent vingt-huit voix contre vingt et une.

La proclamation de cette loi fut faite avec un appareil de fête et toute la solennité qu'on avait adoptée, quelques années auparavant, seulement pour les décrets qui intéressaient le salut public. On attendit le 28 germinal an x (18 avril 1802) ; c'était un dimanche. La loi fut proclamée par les autorités municipales, au son du tambour et du canon, dans les principales rues et places de Paris. On lisait en même temps la proclamation suivante :

« *Les consuls de la République aux Français.*

» Français, du sein d'une révolution inspirée par l'amour de la patrie éclatèrent tout à coup au milieu de vous des dissensions religieuses qui devinrent le fléau de vos familles, l'aliment des factions et l'espoir de vos ennemis.

» Une politique insensée tenta de les étouffer sous les débris des autels, sous les ruines de la religion même. A sa voix cessèrent les pieuses solennités où les citoyens s'appelaient du doux nom de frères, et se reconnaissaient tous égaux sous la main du Dieu qui les avait créés ; le mourant, seul avec la douleur, n'entendit plus cette voix consolante qui appelle les chrétiens à une meilleure vie, et Dieu même sembla exilé de la nature.

» Mais la conscience publique, mais le sentiment de l'indépendance des opinions, se soulevèrent, et bientôt, égarés par les ennemis du dehors, dont l'explosion porta le ravage dans nos départemens, des Français oublièrent qu'ils étaient Français; et devinrent les instrumens d'une haine étrangère.

» D'un autre côté, les passions déchaînées, la morale sans appui, le malheur sans espérance dans l'avenir, tout se réunissait pour porter le désordre dans la société.

» Pour arrêter ce désordre il fallait rasseoir la religion sur sa base, et on ne pouvait le faire que par des mesures avouées par la religion même.

» C'était au souverain pontife que l'exemple des siècles et la raison commandaient de recourir pour rapprocher les opinions et réconcilier les cœurs.

» Le chef de l'Église a pesé dans sa sagesse et dans l'intérêt de l'Église les propositions que l'intérêt de l'état avait dictées; sa voix s'est fait entendre aux pasteurs : ce qu'il approuve, le gouvernement l'a consenti, et les législateurs en ont fait une loi de la République.

» Ainsi disparaissent tous les élémens de discorde; ainsi s'évanouissent tous les scrupules qui pouvaient alarmer les consciences, et tous les obstacles que la malveillance pouvait opposer au retour de la paix intérieure.

» Ministres d'une religion de paix, que l'oubli le plus profond couvre vos dissensions, vos malheurs et vos fautes; que cette religion, qui vous unit, vous attache tous par les mêmes nœuds, par des nœuds indissolubles, aux intérêts de la patrie!

» Déployez pour elle tout ce que votre ministère vous donne de force et d'ascendant sur les esprits; que vos leçons et vos exemples forment les jeunes citoyens à l'amour de nos institutions, au respect et à l'attachement pour les autorités tutélaires qui ont été créées pour les protéger; qu'ils apprennent de vous que le Dieu de la paix est aussi le Dieu des armées, et qu'il combat avec ceux qui défendent l'indépendance et la liberté de la France!

» Citoyens qui professez les religions protestantes, la loi a également étendu sur vous sa sollicitude. Que cette morale commune à tous les chrétiens, cette morale si sainte, si pure, si fraternelle, les unisse tous dans le même amour pour la patrie, dans le même respect pour ses lois, dans la même affection pour tous les membres de la grande famille!

» Que jamais des combats de doctrine n'altèrent ces sentiments, que la religion inspire et commande!

» Français, soyons tous unis pour le bonheur de la patrie et pour le bonheur de l'humanité! Que cette religion qui a civilisé l'Europe soit encore le lien qui en rapproche les habitans, et que les vertus qu'elle exige soient toujours associées aux lumières qui nous éclairent! »

— Le premier consul, accompagné de ses deux collègues, se rendit lui-même en grande pompe à *Notre-Dame*, où étaient réunis les membres du sénat, du tribunat, du corps législatif et du conseil d'état, les ministres, l'état-major, le corps judiciaire et toutes les autorités de la ville. Il fut reçu à l'entrée de la nef par l'archevêque de Paris, accompagné de son clergé, et par les archevêques de Malines, de Tours, de Besançon, de Toulouse, de Rouen, et dix-neuf évêques. Le légat du pape dit ensuite une messe basse. Après l'évangile, les évêques et archevêques furent appelés successivement par un secrétaire d'état à prêter, entre les mains du premier consul, le serment civil stipulé dans le concordat. Puis, la messe achevée, le cardinal légat entonna le *Te Deum*, qui fut exécuté à grand orchestre. On chanta ensuite, également à grand orchestre, *Domine, salvam fac rempublicam, salvos fac consules*. On remarqua que le premier consul, dans le trajet qu'il fit des Tuileries à *Notre-Dame*, et de la cathédrale aux Tuileries, fut salué par le peuple des cris empressés de *vive Bonaparte*.

Le programme de cette cérémonie avait été publié la veille. Elle avait, y disait-on, pour objet de célébrer *la paix générale et la paix de l'Église*. Dans le discours qui fut adressé à Bonaparte à son entrée dans la cathédrale, l'archevêque de Tours prononça une phrase qui eut un grand succès : « Cette solemnité, avait-il dit, consommait la réconciliation de la France avec l'Europe, et de la France avec elle-même. »

Le clergé constitutionnel avait concouru à cette réconciliation avec un zèle qu'on ne doit point oublier. Il avait essayé dans deux synodes généraux tenus à Paris le 1er en 1797, le second en 1801 (an IX), sous le nom de conciles nationaux, de réorganiser le clergé catholique, de lui rendre la puissance de corporation en rappelant dans son sein ce que l'on appelait alors les dissidens, c'est-à-dire, ceux des prêtres qui avaient pris parti pour le royalisme, ou refusé le serment. Aussitôt que le concordat eut été signé et fut venu à leur connaissance, c'est-à-dire, dès le mois de vendémiaire an X, ils s'empressèrent d'effacer en ce qui leur était personnel tout obstacle à la réconciliation dont cette convention était le signal. Ils déposèrent au nombre de quarante-cinq, évêques ou archevêques, entre les mains du cardinal légat, leur démission des siéges qu'ils occupaient. Quelques-uns même l'avaient envoyée à Rome. Ainsi, le clergé qui reçut Bonaparte dans la nef était régulièrement élu au temporel comme au spirituel.

Le premier consul eut tout lieu d'être satisfait du succès de la démarche éclatante qu'il venait d'accomplir. Ce succès même lui donnait la mesure des forces qu'avait conservées l'incrédulité philosophique et hébertiste. En déclarant que l'état était catholique, car telle était la conséquence de la réunion de toutes les autorités de la République à la messe de Notre-Dame, il éliminait, en un moment, la cause des troubles et des mécontentemens qui avaient incessamment troublé les années précédentes; il enlevait au parti royaliste le seul appui populaire et réel qu'il pût invoquer; enfin il n'acquérait aucun ennemi redoutable, soit par le nombre, soit par le dévouement.

Une nouvelle mesure de réorganisation qu'il proposa au corps législatif quelques jours après le 1er floréal, lui assura les approbations nombreuses que sa démarche du 28 germinal lui avait attirées. Il proposa au corps législatif la loi sur l'instruction qui forme encore le point de départ du système actuel, et dans laquelle on n'a guère changé que les dénominations des établissemens qui lui doivent leur existence. On appela alors lycées ce qui a reçu plus tard le nom de colléges royaux.

— Le tribunat entendit à son tour quelques orateurs dont les discours retardèrent sa décision pendant deux séances. Il adopta ce projet le 8; il fut converti en loi par le corps législatif le 11 floréal.

Pendant qu'on discutait au tribunat sur l'organisation de l'instruction publique, le sénat était saisi, par arrêté du premier consul, d'une nouvelle question de conciliation. Le résultat de ses délibérations fut consigné dans un *sénatus-consulte* du 6 floréal (26 avril 1802), que le premier consul fit aussitôt promulguer. L'article premier de ce *sénatus-consulte* portait : « Amnistie est accordée pour fait d'émigration à tout individu qui en est prévenu et n'est pas rayé définitivement. » L'article 11 y mettait les conditions suivantes : « ceux desdits individus qui ne sont point en France seront tenus d'y rentrer avant le 1er vendémiaire an XI. » Dans les autres articles, il était dit que ceux qui ne seraient point rentrés à l'époque fixée seraient déchus de l'amnistie. En rentrant les émigrés devaient prêter le serment de fidélité à la République, consentir à rester sous la surveillance du gouvernement pendant dix ans; mais en compensation ceux de leurs biens qui n'auraient pas été aliénés leur seraient remis (Art. 17). Étaient exceptés de l'amnistie les chefs de rassemblemens d'armées ennemies, les agens de guerre civile, etc., etc. La liste de ceux-ci devait être publiée dans l'espace d'une année à partir de la date du *sénatus-consulte*, et ne pourrait contenir plus de mille noms. Cette mesure qui, comme on le disait alors, fermait l'abîme de la révolution, n'excita point de murmures publics, et passa comme la plus simple des mesures administratives. Mais revenons à l'histoire des séances législatives.

Le 7 floréal on remit au tribunat le projet des contributions et des dépenses de l'an XI et le compte des dépenses de l'an X.

Le 25 floréal, le gouvernement présenta au corps législatif le projet d'organisation de la Légion-d'Honneur. Les républicains annoncèrent dès ce moment que Bonaparte avait l'intention secrète de rétablir la noblesse, et que l'institution qu'il proposait n'était qu'un acheminement à des essais encore plus hardis. Mais, quel moyen d'arrêter dans sa marche un homme qu'adoptait la volonté nationale?. Voici les motifs de ce projet de loi. Il est curieux de comparer les engagemens que le message du gouvernement prenait, au nom du premier consul, avec la conduite que celui-ci adopta plus tard et avec les intentions dont certainement Bonaparte était déjà animé.

Motifs *du projet de loi, exposés devant le corps législatif par le conseiller d'état Rœderer. — Séance du 25 floréal an x (15 mai 1802).*

« Législateurs, la Légion-d'Honneur qui vous est proposée doit être une institution auxiliaire de toutes nos lois républicaines, et servir à l'affermissement de la révolution.

» Elle paie au service militaire comme au service civil le prix du courage qu'ils ont tous mérité; elle les confond dans la même gloire, comme la nation les confond dans sa reconnaissance.

» Elle unit par une distinction commune des hommes déjà unis par d'honorables souvenirs; elle convie à de douces affections des hommes qu'une estime réciproque disposait à s'aimer.

» Elle met sous l'abri de leur considération et de leur serment nos lois conservatrices de l'égalité, de la liberté, de la propriété.

» Elle efface les distinctions nobiliaires qui plaçaient la gloire héritée avant la gloire acquise, et les descendans de grands hommes avant les grands hommes.

» C'est une institution politique qui place dans la société des intermédiaires par lesquels les actes du pouvoir sont traduits à l'opinion avec fidélité et bienveillance, et par lesquels l'opinion peut remonter jusqu'au pouvoir.

» C'est une institution morale, qui ajoute de la force et de l'activité à ce ressort de l'honneur qui meut si puissamment la nation française.

» C'est une institution militaire qui attirera dans nos armées cette portion de la jeunesse française qu'il faudrait peut-être disputer sans elle à la mollesse, compagne de la grande aisance.

» Enfin c'est la création d'une nouvelle monnaie, d'une bien autre valeur que celle qui sort du trésor public; d'une monnaie dont le titre est inaltérable, et dont la mine ne peut être épuisée puisqu'elle réside dans l'honneur français; d'une monnaie enfin qui peut seule être la récompense des actions regardées comme supérieures à toutes les récompenses. »

— Le projet dont il s'agit fut renvoyé par le corps législatif au tribunat, afin qu'il y fût discuté. Dès le 28, le tribunat entendit un rapport très-peu développé de Lucien Bonaparte. Il concluait à l'adoption. La discussion fut ouverte séance tenante. Savoye-Rollin et Chauvelin parlèrent contre les conclusions du rapport. Ils attaquèrent l'institution proposée, comme contraire à la Constitution, comme tendant à rétablir et entretenir les préjugés aristocratiques que la révolution avait voulu détruire, comme constituant une corporation privilégiée, et un état dans l'état. Fréville et Carrion-Nisas repoussèrent ces assertions, ils développèrent le thème posé par Rœderer. Enfin on alla aux voix, et le projet fut adopté par une majorité de cinquante-six voix contre trente-huit. Ainsi, en une seule séance, la discussion fut commencée et terminée. La loi fut enlevée en quelque sorte au pas de course. On ne mit pas plus de temps à se décider au corps législatif : il est vrai qu'il fallait se presser, car la session devait être close le 30 du mois. Ce fut le 29, que le projet fut apporté au corps législatif. L'opinion qui avait obtenu la majorité au tribunat, eut seule la parole. Les tribuns Lucien Bonaparte, Fréville et Girardin en furent les organes; les conseillers d'état Rœderer, Marmont et Dumas reproduisirent longuement les motifs exposés dans le discours de présentation. On insista particulièrement afin de prouver le caractère républicain de l'institution sur la teneur du serment, qu'aux termes de l'article 8 du projet devaient prêter les légionnaires (1). Néanmoins le scru-

(1) Article 8 de la loi :
« Chaque individu admis dans la Légion jurera sur son honneur de se dévouer au service de la République, à la conservation de son territoire dans son inté-

tin montra que ces discours ainsi que ces promesses avaient trouvé beaucoup d'incrédules ; le projet passa seulement à une majorité de cent soixante-six voix contre cent dix. Le résultat du scrutin fut proclamé, le 29, à minuit.

Le matin du même jour, le corps législatif avait approuvé un projet qui ordonnait les travaux nécessaires pour ouvrir le canal de navigation connu sous le nom de canal de l'Ourcq.

Enfin la veille, 28 floréal, il avait voté une loi sur le recrutement de l'armée. Parmi les discours qui furent prononcés à cette occasion, il en est un qui est trop remarquable pour que nous le puissions passer sous silence. Aussi l'insérons-nous ici.

Extrait du discours prononcé par Daru, orateur du tribunat, devant le corps législatif. — Séance du 28 floréal an x.

« Citoyens législateurs, depuis dix ans les levées de troupes ont été commandées par les dangers de la patrie ; aujourd'hui elles le sont par une sage prévoyance. Ce n'est plus pour repousser l'étranger loin de vos frontières, pour assurer votre indépendance, pour mériter la considération de vos ennemis que vous devez entretenir des armées ; c'est pour conserver tous les biens que ces armées vous ont conquis.

» Mais plus les dangers sont éloignés, plus il est nécessaire de justifier, aux yeux d'un peuple qu'on respecte, la nécessité des sacrifices qu'on lui demande. Si la charte constitutionnelle de l'état impose au législateur l'obligation de discuter publiquement les impôts pécuniaires, quelle ne doit pas être la solennité des délibérations sur les charges personnelles ?

» J'ai pensé que cette considération servirait d'excuse aux développemens dans lesquels je crois devoir entrer en examinant le projet de loi qui vous est soumis, et qui a pour objet les mesures à prendre pour le recrutement de l'armée.

grité, à la défense de son gouvernement, de ses lois, et des propriétés qu'elles ont consacrées ; de combattre, par tous les moyens que la justice, la raison et les lois autorisent, toute entreprise tendant à rétablir le régime féodal, à reproduire les titres et qualités qui en étaient l'attribut ; enfin de concourir de tout son pouvoir au maintien de la liberté et de l'égalité. »

» Je diviserai ce travail en deux parties. Dans la première j'examinerai, dans ses motifs et dans ses résultats, le système du recrutement adopté sous la monarchie, pendant la durée de l'assemblée constituante, et pendant la guerre de la liberté.

» Dans la seconde j'examinerai si la contribution personnelle est nécessaire, dans quelle proportion elle est répartie sur la masse de la population ; si la loi qui vous est soumise est sagement conçue, si elle est juste ; et je finirai par la comparaison du système de la contribution pécuniaire avec celui de la contribution personnelle.

Ire Partie. — *Système des milices établi dans presque toute l'Europe.*

» L'expérience ayant appris à toutes les puissances à entretenir constamment une armée de réserve, le système des milices est admis dans presque toute l'Europe.

» En Russie les miliciens étaient destinés à la garde des frontières ; mais depuis 1784 ils ont été fondus dans les troupes réglées, avec cette différence qu'ils n'y servent qu'un certain nombre de jours pendant la paix, et seulement pour s'exercer.

» Ce système a été emprunté du Danemarck, où une ordonnance du 20 juin 1778 l'avait établi.

» En Norwège il y a treize régimens de milices, de mille seize hommes chacun.

» En Suède la force des milices s'élève à trente-cinq mille hommes, dont neuf mille de cavalerie ; elles sont organisées en régimens qui restent dans les provinces et sont entretenus par elles.

» En Angleterre la force des milices s'élève à deux cent mille hommes, et les contribuables sont obligés à fournir un fantassin ou un cavalier, selon leur fortune.

» En Espagne, la levée s'opère par le sort, et entretient un corps d'environ trente-six mille hommes.

» En Prusse et en Suisse la milice est une véritable conscription : tout homme en âge de porter les armes est soldat.

» Il résulte de ces observations qu'en général presque toutes les puissances entretiennent pendant la paix des troupes auxiliaires destinées à renforcer l'armée active en cas de guerre ; mais que le système adopté pour la levée des troupes se modifie suivant les circonstances particulières à chaque nation.

» Il a même éprouvé parmi nous beaucoup de variations successives.

Notice historique sur les milices en France.

» Sous le régime féodal, le souverain qui n'était pas alors le même que le peuple, n'avait avec ce peuple aucunes relations immédiates ; ainsi les rois n'appelaient point à la guerre leurs sujets, mais les vassaux de la couronne ; c'étaient ceux-ci qui marchaient à la guerre avec le contingent d'hommes déterminé pour chacun d'eux ; et dans ces temps, où la monarchie n'était en quelque sorte qu'une fédération, la durée du service de chaque seigneur était limitée ordinairement à très-peu de jours (1).

» Cependant, dans les circonstances extraordinaires, le roi avait le droit d'appeler tous ses sujets à la défense de l'état. Philippe-le-Bel en fit usage lorsqu'il ordonna à tous les Français, depuis l'âge de dix-huit ans jusqu'à soixante, de se tenir prêts à marcher (2). C'était ce qu'on appelait l'arrière-ban ; mais ce n'était pas encore une levée qui répondît à l'idée que le nom de *milice* présente aujourd'hui.

» On fait assez généralement remonter cette institution à Charles VII. Il institua des compagnies d'ordonnance, et engagea les communes à se charger de leur entretien ; il ordonna ensuite que chaque paroisse choisît un des hommes les plus propres à la guerre pour aller en campagne dès qu'il serait commandé. Ainsi

---

(1) « Au siége d'Avignon, en 1226, le comte de Champagne demanda la permission de se retirer après quarante jours, *de consuetudine gallicana*, suivant la coutume française.

» Louis IX dit, dans une de ses ordonnances, que le baron et ses hommes doivent suivre le roi en son ost, et le servir soixante jours et soixante nuits quand il est en semons.

(2) » en 1502.

on voit que cette institution est née de la guerre malheureuse dont la France était alors le théâtre.

» François I*er* créa sept légions de six mille hommes, levées chacune dans une province particulière; tous les officiers et soldats devaient être de la province à laquelle la légion appartenait. Plusieurs provinces ne levèrent point leur légion, et cet établissement fut de courte durée. Il paraît que le cardinal de Richelieu avait conçu l'idée d'organiser un corps de soixante mille hommes de réserve permanent; cependant on ne trouve dans l'histoire du règne de Louis XIII qu'une levée de trois mille hommes, demandés à la ville de Paris, et fournis par des enrôlemens volontaires (1).

» Il était réservé à Louis XIV de réaliser cette idée. Il ordonna en 1688 (2) la levée de trente régimens de milices : chaque village fournissait un ou deux hommes armés et équipés ; ils étaient enrôlés pour deux ans. Ces régimens, dès leur création, servirent très-bien pendant la guerre; ils furent licenciés à la paix.

» On les rappela en 1701 (3), au nombre de trente-trois mille trois cent quarante-cinq hommes, et on les renvoya dans leurs foyers à la paix d'Utrecht. Cette levée fut faite par le sort.

» En 1719 (4) on fit une nouvelle levée, qui fut de vingt-trois mille quatre cents hommes, et on les rendit bientôt à leurs familles ; mais les dernières guerres du règne de Louis XIV avaient tellement épuisé la population, qu'on fut obligé de faire concourir au tirage qui eut lieu pour cette levée jusqu'aux hommes mariés.

» Ce ne fut qu'en 1726 que l'établissement des milices acquit quelque permanence, et par conséquent c'est de cette époque que date leur véritable institution, toutes les levées antérieures

---

(1) » Un écrivain fort instruit, le citoyen Servan, auteur de l'article *Milice* dans l'*Encyclopédie méthodique*, attribue à ce service rendu par la ville de Paris le privilége qu'elle a toujours conservé d'avoir un régiment de milices particulières, et de le former par des engagemens volontaires.
(2) » Ordonnance du 29 novembre 1688.
(3) » Ordonnance du 26 janvier 1701.
(4) » Ordonnance du 15 janvier 1719.

ne pouvant être considérées que comme des opérations commandées par le besoin, et non comme des mesures de prévoyance.

» L'ordonnance du 26 février prescrivit une levée de soixante mille hommes de milice, choisis par le sort sur tous les garçons de seize à quarante ans, et même, à leur défaut, parmi les hommes mariés. Leur engagement devait durer pendant quatre ans, soit qu'on fût en paix, soit qu'on fût en guerre (1).

» En 1742, la force des milices fut augmentée de trente mille hommes, et la durée de l'engagement portée à six ans.

» Au commencement de 1743 (2) une nouvelle levée de dix-huit cents hommes fut ordonnée dans la ville de Paris.

» La même année vit une autre levée de trente-six mille hommes (3).

» On voit déjà combien Louis XV profitait d'une institution créée dans les dernières années du règne de son prédécesseur, et combien étaient fréquentes et rapprochées ces demandes de nouveaux contingens, qui en quinze mois s'élevèrent à quatre-vingt mille hommes.

» Ce fut en 1745 (4) que le maréchal de Saxe imagina de récompenser le zèle des milices en leur offrant un noble motif d'émulation. Il fit créer, de l'élite des milices, ces régimens de grenadiers royaux qui servirent avec tant de gloire, et qui semblaient annoncer d'avance à l'Europe ce dont était capable une armée de citoyens français.

(1) » L'ordonnance du 29 janvier 1739 détermina le mode du tirage. Ces soixante mille hommes furent renouvelés, moitié au commencement de 1729, conformément à l'ordonnance du 21 juillet 1728, et moitié à la fin de 1730, d'après l'ordonnance du 12 octobre 1750.

(2) » Ordonnance du 18 janvier 1743. C'est l'origine du régiment de Paris. A cette époque les milices étaient organisées en cent trois bataillons.

(3) » L'ordonnance du 10 juillet 1743 prescrivit cette levée, à laquelle il faut remarquer que les hommes mariés, âgés de moins de vingt ans, furent assujettis. L'ordonnance du 15 septembre 1744 détermina l'organisation des bataillons en huit compagnies de fusiliers et une de grenadiers formant en tout six cent dix hommes.

(4) » Ordonnance du 10 avril 1745. On les recruta en 1746 (ordonnance du 28 janvier); on doubla la force de leurs compagnies qui étaient de cinquante hommes par ordonnance du 10 mars suivant.

» Les milices furent licenciées en 1748 (1), rassemblées ensuite momentanément pendant les années suivantes (2), et rappelées à l'époque de la guerre de sept ans, qui fut la dernière où elles eurent occasion de se signaler (3).

» Depuis la paix de 1763 elles restèrent sans activité, furent renouvelées périodiquement par le moyen du tirage au sort, et éprouvèrent quelques changemens dans leur organisation (4), jusqu'en 1775, où un ministre, qui avait plus de caractère que de talent, effaça ces corps précieux du tableau de l'armée (5) de la même main qui venait de supprimer les troupes fastueuses qui composaient la maison du roi.

» Le comte de Saint-Germain, en poursuivant rigoureusement les abus, se laissa entraîner jusqu'à ne voir dans les milices qu'une dépense inutile; cependant il conserva le tirage au sort pour désigner les hommes destinés à marcher en temps de guerre, mais qu'il était défendu d'appeler hors de cette nécessité.

» Ce licenciement ne dura que trois ans; les régimens de grenadiers royaux et les bataillons provinciaux furent recréés par l'ordonnance du 1er mars 1778, l'une des meilleures du dernier règne. Ces milices formaient un corps de soixante-quatorze mille cinq cent cinquante hommes.

» En 1776 on en avait créé un autre, sous le nom de canonniers-garde-côtes, et cette dénomination désigne leur destination. Leur nombre était de vingt-six mille, et leur enrôlement durait cinq ans.

» Ainsi, dans les derniers temps de la monarchie, la France

---

(1) » Ordonnance du 6 août 1748. »

(2) » Ordonnance des 5 décembre 1756, 4 novembre 1757, 25 août 1758, 15 août 1760. »

(3) » Elles furent licenciées par l'ordonnance du 20 novembre 1762, qui réforma les grenadiers royaux. »

(4) » Ordonnance du 25 novembre 1763, qui détermina le mode de la levée et organisa les milices en bataillons; — des 20 octobre 1766, 27 novembre 1767, 19 novembre 1768; du 4 août 1771, qui forma de ces bataillons quarante-sept régimens provinciaux et onze régimens de grenadiers royaux; des 17 avril 1772, 7 avril 1773, 19 octobre 1773, 1er décembre 1774.

(5) » Ordonnance du 15 décembre 1775.

avait une réserve de soixante-quatorze mille cinq cent cinquante auxiliaires, un corps de vingt-six mille hommes qui veillait à la sûreté de ses côtes, et une armée active qui aurait dû être d'environ cent soixante-dix mille hommes au complet.

» Les troupes réglées se recrutaient par des engagemens volontaires; les cent mille hommes de milices par des enrôlemens forcés. Un des auteurs qui ont recueilli le plus d'observations intéressantes sur les milices, le chevalier Despommelles, évaluait à six cent mille hommes le nombre des garçons ou veufs sans enfans en état de porter les armes. Cette évaluation serait aujourd'hui au-dessous de la vérité, parce que la population de la France s'est accrue, et que l'on n'admet plus les exemptions très-abusives de l'ancien régime, qui rendaient le système des milices extrêmement odieux (1).

» Sur ce nombre de six cent mille hommes on levait tous les ans :

» 1º Pour le recrutement des troupes de ligne, par enrôlement volontaire, environ. . . . . 18,000 h.

» 2º Pour le remplacement des milices, fortes de soixante-quatorze mille cinq cent cinquante hommes, et dont l'engagement durait six ans, un sixième de ce nombre, c'est-à-dire . 12,425 h. ⎫
⎬ 15,925.
» Et pour le remplacement des pertes éventuelles, environ. . . . . 3,500 ⎭

» 3º Pour le remplacement annuel de cinq cent

A reporter. . . . . 33,925 h.

---

(1) » Les ordonnances sur les milices exemptaient de cette contribution les officiers de justice et de finance, et leurs enfans; les employés aux recettes et fermes du roi; les médecins, chirurgiens et apothicaires; les avocats, procureurs, notaires et huissiers; les étudians dans les universités et les colléges, depuis un an au moins; les commerçans et maîtres de métiers dans les villes où il y avait maîtrise; les maîtres des postes aux lettres et aux chevaux, et pour ceux-ci un postillon par quatre chevaux; les laboureurs faisant valoir au moins une charrue, et un fils ou domestique à leur choix; s'ils en faisaient valoir deux; les valets servant les ecclésiastiques, officiers ou nobles. »

AU 16 THERMIDOR AN X (4 AOUT 1802).

```
                    Report. . . . . . . .    33,925 h.
vingt-six mille garde-côtes, dont le service durait
cinq ans. . . . . . . . . . . . . . .   5,200 h. ⎫
» Et pour le remplacement des per-              ⎬   6,700
tes éventuelles, environ. . . . . .     1,500   ⎭
» Total général du recrutement annuel, non    ─────────
compris l'armée de mer. . . . . . . . . . . . 40,625 h.
```

» Ce nombre était à la population, évaluée à vingt-cinq millions d'habitans, dans le rapport de 1 à 615;

» A la masse de garçons ou veufs en âge de porter les armes, évaluée à six cent mille hommes, comme 1 est à 15.

» Mais comme sur ces quarante mille six-cent vingt-cinq recrues il y en avait dix-huit mille enrôlés volontairement, il s'ensuivait que l'enrôlement forcé se réduisait à vingt-deux mille six cent vingt-cinq, qui étaient, avec la masse des hommes sujets au tirage, dans la proportion de 1 à 25 ou 26.

« *Examen des divers systèmes de recrutement par l'assemblée constituante.*

» L'assemblée constituante (1) examina les avantages des divers systèmes de recrutement. Soit qu'on dût considérer la défense de la patrie comme un devoir ou comme un droit, les principes généralement admis dès les premiers jours de la révolution rendaient ce droit ou ce devoir commun à tous les citoyens, et l'on ne proposa d'en exempter que le monarque et l'héritier présomptif de la couronne (2).

» On discuta avec quelque étendue la question de savoir si les citoyens devaient y concourir de leur personne ou de leur fortune.

» On reconnut d'abord que si on se décidait pour le service personnel, il serait juste d'autoriser à se faire remplacer ceux que

---

(1) » Son comité militaire était, d'abord, composé des députés Emmery, Wimpfen, Rostaing, d'Egmont, Dubois-Crancé, Bouthilier, Noailles, de Panat, de Flanchslanden, Menou et Mirabeau l'aîné. »

(2) » Rapport de Bouthilier, séance du 19 novembre 1789.

» leurs affaires, leurs habitudes et leur genre de vie même rendraient peu propres ou peu disposés au métier des armes (1). »

» On vit dans l'obligation du service personnel un moyen d'augmenter la population en portant les célibataires au mariage, une institution qui assurerait à l'armée une espèce d'hommes plus robustes, plus exempts des vices trop communs dans les grandes villes; et l'on sentit dès cette époque qu'une armée de citoyens était préférable sous tous les rapports à une armée de stipendiaires.

» Mais on avait pesé aussi les inconvéniens de ce système : on ne pouvait prendre d'autre base que la population pour la répartition de cette contribution personnelle.

» D'abord les hommes en état de porter les armes n'étaient pas répartis dans une égale proportion sur toute la surface de la France; l'esprit des habitans des diverses provinces ne les portait pas également au service militaire; le commerce et les manufactures perdraient un grand nombre de bras nécessaires à l'état; les campagnes seraient obligées de fournir en raison de leur population comme les villes, ce qui nuirait à l'agriculture; les citoyens appelés au service, et autorisés à se faire remplacer, paieraient pour ce remplacement une contribution infiniment plus forte que la contribution générale établie pour le recrutement.

» Enfin, on fut effrayé de la comparaison que l'on ne manquerait pas de faire entre cette institution et celle des milices, qui, quoique beaucoup moins onéreuse, avait excité des réclamations universelles, consignées dans tous les cahiers.

» Ces considérations firent proposer la préférence en faveur du système qui n'obligeait les citoyens qu'à contribuer de leur fortune à la défense publique.

» On avouait les inconvéniens de ce système, qui était celui du recrutement volontaire.

» Le plus grand de tous était son insuffisance.

» Le ministre de la guerre (2), qui proposait d'entretenir une

(1) » Rapport de Bouthilier, séance du 19 novembre 1799.
(2) » Latour-du-Pin; mémoire dont le rapport fut fait le 12 décembre 1789.

armée de cent cinquante mille hommes, avouait qu'aux premiers bruits de la guerre la prudence commanderait de la doubler. Tout le monde devait reconnaître que le recrutement ordinaire ne pouvait fournir un accroissement si rapide, et on proposa une conscription.

» Mais l'esprit de parti, qui s'empara de cette idée, la couvrit de quelque défaveur en l'exagérant.

» Il voulait que la conscription comprît depuis le dernier citoyen jusqu'à la seconde tête de l'empire, et que tout remplacement fût absolument interdit (1).

» Ce système de la conscription n'eut que peu de défenseurs (2). Mirabeau lui-même, dont l'opinion avait tant d'influence dans cette assemblée, se borna à demander que le rejet de cette proposition ne compromît pas l'existence de la garde nationale (3). Un grand nombre d'orateurs (4) s'attachèrent à prouver les inconvéniens de la conscription.

» On y vit un impôt qui ne pesait que sur le pauvre, une loi destructive de l'égalité. Dans cette délibération l'esprit de système entraîna la plupart des orateurs au-delà de la vérité : les uns ne voyaient dans l'armée actuelle que des mercenaires; les autres ne voulaient voir dans un soldat enrôlé qu'un homme libre, qui, par un amour raisonné de son pays ou de la gloire, faisait volontairement le sacrifice de sa liberté individuelle et de ses jours : ils oubliaient que les recruteurs, « peu délicats sur le
» choix des moyens, pourvu qu'ils procurent des hommes, favo-
» risent le libertinage et le provoquent même; qu'ils emploient
» la fraude, souvent la violence, toujours la séduction; que,
» répandus en grand nombre, surtout dans les grandes villes,
» ils y trafiquent ouvertement des hommes; ils en établissent un
» commerce entre eux, et que cette manière d'opérer, égale-

---

(1) » Opinion de Dubois-Crancé, séance du 12 décembre 1789.
(2) » Dubois-Crancé, Beauharnais, d'Harambure.
(3) » Séance du 16 décembre 1789.
(4) » Bouthilier, Liancourt, Mirabeau cadet, Wimpfen, Dambly, Bureau-de-Puzy, Toulongeon, Noailles, d'Egmont.

» ment immorale et fâcheuse pour les villes dans lesquelles ils sont
» établis, devient en même temps très-dispendieuse pour les ré-
» gimens qui les emploient, et par conséquent pour l'état qui les
» paie. »

» Ils oubliaient ces vérités, et cependant elles venaient d'être prononcées à la tribune; et à qui étaient-elles échappées? A l'un (1) des orateurs de ce parti. « Quelle loi, disait l'un des
» membres les plus estimables de cette assemblée (2), quelle loi
» que celle qui peut écraser le cœur d'un homme de bien entre
» la douleur ou l'infamie et la nécessité d'obéir à des devoirs qui
» lui répugnent, auxquels il n'est appelé ni par sa complexion,
» ni par sa force physique, ni par son énergie morale, ni par ses
» talens, ni par ses goûts ! Et ce serait chez la même nation qui
» vient de fonder avec tant d'éclat l'édifice de sa liberté politique
» et civile que le patriotisme égaré érigerait cet étrange monu-
» ment à la servitude et à l'immoralité ! Et les mêmes législateurs
» qui viennent de donner à l'univers l'exemple d'un respect reli-
» gieux pour les droits imprescriptibles de l'humanité, pour-
» raient dans cet instant contredire à ce point leurs principes,
» et violer par une loi fondamentale de l'état la liberté person-
» nelle de tous les citoyens ! Et ce serait à des hommes dont
» on aurait éteint l'émulation, flétri le caractère, découragé les
» vertus par une contrainte légale, aussi rigoureuse que peu
» nécessaire, que la France confierait l'honneur de ses armes,
» la garde et la tutelle de son indépendance et de ses droits ! »

» Ce discours était éloquent peut-être, et je me réserve de l'approfondir; mais une raison plus forte, et que personne n'osait dire, déterminait l'opinion de cette grande assemblée : elle craignait de se dépopulariser, et elle rejeta ce système de la conscription pour prononcer que l'armée se recruterait par des enrôlemens volontaires (3).

» Ce même esprit perce dans la suite de ses opérations. Peut-

(1) » Bouthillier.
(2) » Bureau-de-Puzy, séance du 16 décembre 1789.
(3) » Décret du 16 décembre 1789.

être cette assemblée ne prévoyait-elle pas dès lors combien l'édifice qu'elle venait de commencer aurait besoin de défenseurs; elle montrait, elle cherchait à inspirer une sécurité parfaite; et lorsqu'elle délibéra sur l'organisation de l'armée on établit en principe que la France, constante dans ses intentions pacifiques, et assurée de celles de ses voisins, n'avait besoin d'entretenir habituellement que cent quarante-deux mille hommes, et on proposa de réduire de vingt et un mille l'armée actuelle, qui s'élevait à cent soixante-trois (1).

» Ainsi on diminuait ses moyens de défense au moment où l'on se faisait des ennemis; et dans le même discours on ajoutait que les circonstances politiques pouvaient tourner à la fois contre nous les forces réunies de l'Angleterre, de la Prusse, de l'empereur et de la Hollande. Il est vrai que dans ce cas on annonçait un renfort de cent mille hommes préparés pendant la paix. Cette coalition était effrayante, et les événemens ont prouvé que la prévoyance de l'orateur ne s'étendait pas encore assez loin (2).

(1) » Rapport de Bouthilier au nom du comité militaire, séance du 20 janvier 1790.

(2) » Au moment où l'on proposait à l'assemblée nationale de France de n'avoir qu'une armée de cent quarante-deux mille hommes, la diète de Pologne arrêtait l'organisation de la sienne ainsi qu'il suit :

	Hommes.
» État-major.	45
» Cavalerie nationale; huit brigades de mille huit cent dix-neuf hommes chacune.	14,552
» Quatre régimens de gardes à cheval, de quatre cent soixante-cinq hommes.	1,860 } 23,257
» Cinq pulks de cavalerie, de treize cent soixante-neuf hommes.	6,845
» Cavalerie de la Lithuanie.	10,650
» Infanterie, régimens des gardes à pied.	1,556
» Garde hongroise.	146
» Dix-sept régimens de douze compagnies de cent soixante-seize hommes.	55,904 } 59,998
» Quatre bataillons de chasseurs, de cinq cent quatre-vingt-dix-huit hommes.	2,392
» Infanterie de la Lithuanie.	21,991
» Artillerie, vingt compagnies, y compris celles du génie.	5,526
» Total.	99,267

» La dépense de cette armée était évaluée à 46,575,579 florins,

» Quoique la réduction de l'armée eût facilité la solution du problème du recrutement, l'assemblée constituante prouvait par son irrésolution qu'elle ne comptait que faiblement sur les enrôlemens volontaires, et qu'elle n'avait aucun système sur les moyens de porter l'armée au pied de guerre en cas de nécessité.

» On avait développé avec talent les rapports de la constitution de l'armée avec la constitution de l'état (1); mais on n'avait nullement abordé la question la plus difficile, celle sur les moyens d'exécution. C'est toujours là que viennent échouer les auteurs des théories.

» Six mois s'écoulèrent sans qu'on reprît cette discussion. Vers le milieu de 1790, le comité militaire proposa de porter la force de l'armée sur le pied de paix jusqu'à cent cinquante-quatre mille hommes, et d'en avoir constamment cinquante mille en réserve dans les départemens (2). Les moyens de recrutement pour cette réserve n'étaient pas même indiqués, et sa destination n'était guère moins incertaine. Quelle devait être cette destination? Écoutons le rapporteur : « Ces soldats, retirés dans » leurs départemens, pourraient s'occuper à l'agriculture et au » commerce, et pourraient aussi former la maréchaussée, les » gardes des bois, les commis des douanes. » On voit ce que c'était que l'inactivité qu'on promettait dans ce système à une troupe qui ne devait avoir *qu'une paie peu considérable* (3).

» Enfin on indiqua l'idée de prendre cinquante mille hommes de réserve dans ceux qui se retireraient de l'armée active après y avoir servi six ans. C'était ajourner à bien long-temps l'organisation de ces auxiliaires; c'était vouloir remplacer les milices

(1) »Discours d'Alexandre Lameth et de Liancourt, séance du 9 février 1790.

(2) » Rapport fait au nom du comité militaire par Noailles, séance du 15 juillet 1790.

(3) » Ce n'est pas la destination de ces soldats que je blâme. Il n'avait pas une juste idée de l'institution militaire, ce paysan suédois qui dans la diète s'opposa à ce que les troupes fussent employées à la levée des impôts, en disant : *Et que deviendra la dignité du soldat?*

» La dignité du soldat est de prêter main-forte aux lois, comme de défendre la patrie contre les ennemis extérieurs; ceux qui ont vanté ce mot n'étaient pas des esprits justes.

par des vétérans; et cependant, à l'époque de cette discussion, les rapporteurs mêmes du comité militaire disaient : « Il est in-
» stant d'organiser l'armée ; les circonstances dont nous sommes
» environnés, l'agitation de l'Europe, les événemens qui sem-
» blent se préparer nous le prescrivent impérieusement (1). »

» Ce fut au milieu de cet orage que le décret du 18 août 1790 fixa la force de l'armée à cent cinquante-un mille hommes, sans faire aucune mention de l'armée de réserve.

» Ainsi, pendant un an, on avait écrit des volumes pour dix mille hommes de plus ou de moins, et dans cet intervalle les événemens avaient décidé la question; il n'y avait plus d'armée.

» L'indiscipline l'avait désorganisée ; tous les soldats étaient en insurrection, tous les officiers étaient en fuite, et les dangers approchaient : aussi dès le commencement de l'année 1791 vit-on se multiplier les décrets pour l'augmentation de la force militaire (2).

» On revenait toujours à cette idée favorite de former une réserve de soldats auxiliaires, à qui l'on assurait une paie de trois sous pour les porter à s'inscrire volontairement (3), et l'on comptait tellement sur le succès de cette mesure qu'on crut devoir confirmer par une loi (4) l'abolition du régime des milices, pro-

---

(1) » Rapport d'Alexandre Lameth, séance du 29 juillet 1790.
(2) » Décret du 14 février 1791 sur les moyens de pourvoir à la sûreté de la France, et de lever cent mille auxiliaires ;
» Décret relatif aux recrutemens, engagemens, réengagemens et congés, du 25 mars 1791 ;
» Décret additionnel sur la levée de cent mille auxiliaires, du 20 avril 1791 ;
» Décret contenant des mesures générales pour la sûreté de l'état, du 15 juin 1791 ;
» Décret pour mettre la garde nationale en activité, du 21 juin 1791 ;
» Décret du 24 juin 1791 qui autorise les généraux à armer les gardes nationales;
» Décret du 9 juillet 1791 qui porte tous les régimens au complet de guerre et augmente le nombre des gardes nationales en activité ;
» Décret du 29 juillet 1791 qui porte à quatre-vingt-dix-sept mille le nombre des gardes nationales en activité ;
» Décret du 12 août 1791 relatif à la formation des gardes nationales destinées à la défense des frontières.
(3) « Rapport d'Alexandre Lameth et de Mirabeau, séance du 28 janv. 1791. »
(4) » Du 20 mars 1791.

noncée tumultuairement dans la fameuse nuit du 4 août 1789.

» Cependant le ministre de la guerre avouait (1) qu'on n'avait pu encore compléter l'armée active.

» Après avoir par quelques décrets essayé de réaliser ce système de l'inscription volontaire, on ordonna que les départemens frontières fourniraient le nombre d'hommes exigé par leur position, et que les autres fourniraient de deux à trois mille hommes chacun (2).

» L'année 1792 était commencée, et il manquait encore cinquante et un mille hommes au complet de l'armée (3).

» Tel fut le résultat des longues délibérations d'une assemblée recommandable par de grands souvenirs, mais qui dans les commencemens s'aveugla peut-être sur ses dangers; qui parut s'attacher à la conservation de sa popularité plus qu'à consolider son ouvrage, et qui détruisit l'armée du monarque sans organiser celle de la nation.

» Cependant, en accusant son imprévoyance, avouons qu'elle y avait elle-même habilement suppléé. Cette assemblée en se séparant laissa la nation animée d'un esprit d'enthousiasme que les résistances ne firent qu'exalter; il semblait que le peuple français, plus sûr de lui-même que ses législateurs, n'attendît que le premier coup de canon de ses ennemis pour déployer tout l'appareil de sa puissance.

Recrutement des armées pendant la guerre de la liberté.

» Ce fut un beau spectacle de voir au premier signal du danger ce peuple se précipiter vers ses frontières, et détromper, par des coups terribles, ces rois imprudens qui croyaient que cette guerre ne serait pour eux qu'une marche triomphale.

» A peine le danger était-il certain, que les représentans du

---

(1) » Mémoire du ministre de la guerre d'où il résulte qu'au 1er mars l'armée n'était encore que de cent trente mille sept cent quatre-vingt-deux sous-officiers ou soldats.
(2) » Décret du 21 juin 1791.
(3) » Rapport du ministre de la guerre, séance du 17 janvier 1792.

peuple vinrent déclarer à la tribune : « Ce ne sont pas les hommes de bonne volonté qui nous manquent ; c'est l'ardeur des volontaires nationaux qui ralentit le recrutement (1). »

» Si nous ouvrons les comptes de ce ministre qui le premier a donné l'exemple de soumettre ses opérations au jugement de ses concitoyens (2), nous verrons une armée de cent soixante mille hommes s'élever dans quelques mois à six cent quarante cinq mille, et dans un an dépasser le nombre de ces armées fabuleuses dont les calculateurs ne pouvaient concevoir ni les mouvemens ni l'existence.

» Ce recrutement sans exemple, occasionné par la guerre de la liberté, peut se distinguer en quatre opérations successives, dont les résultats méritent d'être consignés dans l'histoire :

» 1º La levée en masse ordonnée en 1791 (3), et qui ne s'effectua que l'année suivante ; — 2º la levée de trois cent mille hommes en 1793 ; — 3º la réquisition ; — 4º la conscription.

» *Levée en masse.* Lorsque la guerre se déclara, l'infanterie de ligne n'était composée que de cent six régimens de deux bataillons. On porta les premiers bataillons à l'armée ; on réserva les seconds pour la garde des places et l'instruction des recrues ; et on éprouva dès cette première campagne que chacun de ces corps isolés ne présentait pas une masse assez considérable.

» Les volontaires nationaux montraient une telle ardeur pour passer de leurs bataillons dans ceux de l'armée de ligne, qu'il fallut les contenir (4) ; et en cela le législateur donna une grande preuve de sagesse ; il prévoyait d'avance que ces bataillons de volontaires devaient non pas recruter les troupes réglées, mais les remplacer (5).

(1) » Discours de Dumas, rapporteur du comité militaire de l'assemblée législative, séance du 19 janvier 1792.
(2) » Premier compte rendu par le ministre de la guerre Petiet.
(3) » Lois du 24 juin 1791, des 12 et 18 août.
(4) » Rapport de Dumas, séance du 19 janvier 1792.
(5) » Beaucoup de lois subséquentes organisèrent ces levées ; celle du 28 août 1792 ajouta des compagnies de canonniers à chaque bataillon ; celle du 2 septembre créa des troupes légères à cheval ; celles des 9, 10 et 24 septembre

» Il serait difficile d'établir avec précision le produit de ce recrutement, auquel l'enthousiasme national eut une si grande part; mais il est certain qu'on n'exagère point en évaluant la première levée pour compléter les cadres de l'armée à............................ 50,000 hommes.

» La masse des bataillons de volontaires nationaux à........................... 100,000

» La seconde levée qui eut lieu en septembre 1792, à....................... 100,000

» Ainsi cette première opération donna 250,000 hommes.

» *Levée de 1793*. Par la loi du 24 février 1793, tous les hommes non mariés, depuis dix-huit jusqu'à quarante ans, furent appelés à fournir trois cent mille hommes, répartis entre les départemens, suivant leur population. Le mode de la levée fut laissé au choix des citoyens.

» Les hommes désignés pour marcher furent autorisés à se faire remplacer, mais en équipant à leurs frais le remplaçant (1).

» Deux mois après (2) une nouvelle loi ordonna une levée de trente mille hommes pour compléter la cavalerie.

» Cette levée de trois cent trente mille hommes ne fut pas complète, parce que cette époque fut celle de l'insurrection des départemens de l'Ouest; cependant on en évalue le résultat à.................................. 144,000 hommes.

» Les troubles intérieurs qui éclatèrent en mai 1793 donnèrent lieu à une nouvelle formation de bataillons, qu'on peut évaluer à. 50,000

» Ainsi, dans les six premiers mois de 1793, l'armée reçut un accroissement d'environ............................... 194,000 hommes.

permirent la levée des compagnies franches; celle du 12 septembre prescrivit des mesures pour l'armement et l'équipement des volontaires.

(1) » Le soin d'habiller et d'armer ces trois cent mille hommes fut confié aux administrations locales, auxquelles la loi fixait pour cet objet un délai de huit jours.

(2) » Le 16 avril.

» Ce fut à cette époque que l'on donna aux troupes une organisation plus analogue aux circonstances, qu'on amalgama les régimens d'infanterie avec les bataillons de volontaires, qu'on forma l'infanterie en demi-brigades de deux mille quatre cent trente et un hommes, divisées en trois bataillons (1), et qu'on adopta un système régulier de recrutement sous le nom de réquisition.

» *Réquisition.* La loi du 16 août avait déclaré que le peuple français se levait en masse pour la défense de sa liberté ; celle du 23 classa les hommes suivant leur âge, et mit en réquisition la première classe, composée de citoyens non mariés ou veufs sans enfans, de dix-huit à vingt-cinq ans.

» Nul n'était exempt de la réquisition, que les fonctionnaires publics ; nul ne pouvait se faire remplacer. Le législateur, en refusant de reconnaître quelques cas d'exception qui auraient été raisonnables, ouvrit la porte à toutes les dispenses de faveur. Ceux qui furent autorisés à les donner les prodiguèrent, mais en les distribuant suivant leurs affections, parce qu'il n'y avait point de règles déterminées ; et tandis qu'une loi trop générale ruinait des familles indigentes, laissait des terres sans culture, mettait un grand nombre de jeunes gens en fuite, et leurs familles dans l'embarras, des exemptions innombrables transformaient tous les jeunes gens un peu aisés en *myopes* ; en *infirmes*, et tous ceux qui étaient un peu protégés en *fonctionnaires* inutiles, qui épuisaient le trésor public et encombraient toutes les administrations.

» Malgré ces abus, on estime que les diverses levées faites en vertu de la loi sur la réquisition n'ont pas donné, depuis la fin de 1793 jusqu'en l'an VII, moins de quatre cent mille hommes.

» Ce nombre est infiniment au dessous de celui qui était appelé par la loi ; car en évaluant la population de la France à trente et un millions d'ames (2), il aurait pu s'élever à un million cinq cent mille hommes, si on ne se trompe pas en supposant que le rapport

---

(1) » Loi du 12 août 1793.

(2) » Voyez le tableau annexé à la loi du 27 pluviose an V. La population de la République y est évaluée à 31,870,460 individus. »

de la masse de la population est, avec le nombre des jeunes gens de dix-huit à vingt-cinq ans, comme 21 est à 1.

» Mais il faut considérer qu'on fut obligé d'exempter de la réquisition les départemens de l'Ouest, et que cette loi ne fut exécutée ni dans la Belgique, ni dans les quatre départemens de la rive gauche du Rhin, ni dans l'île de Corse.

» Ces exceptions admises, on évaluait les sept classes des réquisitionnaires à fournir par le reste de la République à plus d'un million (1).

» Ainsi la réquisition n'a réellement produit que les deux cinquièmes de ce qu'elle devait produire. Deux causes y ont influé.

» D'abord beaucoup de jeunes gens de l'âge de la réquisition étaient déjà aux armées lorsque la loi a été rendue.

» En second lieu les levées précédentes avaient fait marier de bonne heure un grand nombre de jeunes gens qui en prévoyaient de nouvelles.

» *Conscription.* La loi sur la conscription est du 19 fructidor an VI; elle n'appelle au service militaire que les jeunes gens de vingt à vingt-cinq ans.

» A cette époque les exemptions en faveur des départemens nouvellement réunis et de ceux de l'Ouest subsistaient encore (2), et une partie des jeunes conscrits se trouvait déjà enlevée par la réquisition (3); c'étaient ceux de vingt-trois à vingt-cinq ans. Ainsi

---

(1) » Jeunes gens de 18 à 19 ans. 180,000
de 19 à 20. 170,000
de 20 à 21. 160,000
de 21 à 22. 150,000
de 22 à 23. 140,000
de 23 à 24. 130,000
de 24 à 25. 120,000

                                           1,050,000

(2) « Ce privilége a été continué par l'arrêté du 6 floréal an VIII, qui a assimilé les jeunes gens des neuf départemens de la Belgique aux porteurs de congé; comme tels, les a exemptés du service en payant 500 francs, ou en justifiant que leurs contributions ne s'élevaient pas à 50 francs. »

(3) « Ceux qui avaient eu dix-huit ans à l'époque du 23 août 1793, qui correspond au 5 fructidor an 1er se trouvaient avoir vingt-quatre ans au 19 fructidor

la loi n'enrôlait réellement, au commencement de l'an VII, que les trois premières classes de la conscription, c'est à dire les jeunes gens de vingt à vingt-trois ans.

» Plusieurs lois appelèrent successivement ces jeunes gens aux armées.

» Celle du 3 vendémiaire an VII, convoqua la première classe de la conscription, qu'on évaluait à cent quatre-vingt dix mille hommes. Il paraît que ce calcul, pour lequel on n'avait alors que des données fort incertaines, était exagéré (1).

» Elle produisit. . . . . 96,635 hommes.

» La loi du 28 germinal suivant ordonna une nouvelle levée de cent cinquante mille hommes, à prendre sur ce qui restait de la première classe, et sur les deuxième et troisième classes; elle produisit. 81,977

178,622 hommes.

» La loi du 14 messidor de la même année ordonna la mise en activité de toutes les classes, qui devaient fournir ensemble environ quatre cent cinquante mille hommes, et qui, en ayant déjà fourni . . . . 178,612 pouvaient en donner encore 271,388.

» Elle produisit en l'an VII. . . 65,787 }
» En l'an VIII. . . . . .65,377 } 131,164

» En l'an VIII la loi du 17 ventose mit la première classe de l'an VIII à la disposition du gouvernement, qui, par son arrêté du même jour, mit en activité. 33,000

» Total du produit de la conscription. . . . 342,776 hommes.

» Ces calculs ne peuvent être d'une exactitude rigoureuse; ils ne sont que le résultat de quelques recherches, et non de commu-

an VI, date de la nouvelle loi; et ceux de l'année suivante formaient la dernière classe de la conscription.

(1) « A cause de l'exemption de plus de vingt départemens.

nications officielles; mais, s'ils ne s'éloignent pas de la vérité, on voit que ces levées, faites pendant la guerre de la liberté, c'est-à-dire depuis la fin de 1791 jusques et compris l'an VIII, forment, indépendamment des enrôlemens volontaires, savoir :

» Première levée en masse. . . . . 250,000 hommes.
» Levée de 1793. 194,000
» Réquisition. 400,000
» Conscription 342,776

» Total . . . . 1,186,776 hommes.

» Ainsi fut armé, dans un court espace d'années, ce million de soldats qui ont changé la face de l'Europe, accru la puissance de la République, et permis désormais au législateur de calculer, dans les loisirs de la paix, les mesures qui doivent maintenir la sûreté et la gloire de la France.

» Cette paix au-dedans, cette considération au-dehors seront l'ouvrage de la sagesse; mais la sagesse doit calculer sur les passions humaines, et elle n'oublie pas qu'elle doit s'entourer de l'appareil de la force pour être toujours respectée. Ainsi, d'après la connaissance qu'on aura de la politique de nos voisins, la politique française entretiendra constamment une armée qui sera dans une proportion convenable avec les leurs.

IIe PARTIE. — *Double objet du recrutement.*

» Le système du recrutement de l'armée ne doit pas seulement avoir pour objet le remplacement des hommes que les corps de troupes perdent pendant la paix; il doit être combiné de manière à donner aussi à ces troupes l'accroissement rapide que peut nécessiter la guerre.

» C'est en cela que ce système était vicieux sous notre ancien régime. L'armée active se recrutait uniquement, comme nous l'avons vu, par des enrôlemens volontaires, dont le nombre s'élevait à peu près au huitième de cette armée; mais pendant la guerre les pertes des corps excédaient annuellement ce huitième, et d'ailleurs l'armée, même au complet, se trouvait insuffisante.

» Le gouvernement d'alors n'avait pas d'autre ressource légale que la levée des milices : ces milices formaient une seconde ligne, mais ne suppléaient pas à l'insuffisance de la première jusqu'à ce que ces nouveaux soldats fussent exercés et aguerris.

» Il en résultait que les corps de troupes réglées devenaient bientôt trop faibles, et que les dangers de la guerre, ainsi que la levée des milices, rendaient le recrutement volontaire plus difficile, précisément au moment où il fallait lui donner plus d'activité.

» De là l'emploi des mesures arbitraires, les enlèvemens d'hommes par une force injuste ou par des ruses odieuses; et il faut remarquer que ces enrôlemens forcés ne pouvaient guère avoir lieu que dans les villes, et ne fournissaient en général que des soldats trop peu robustes pour résister aux fatigues de la guerre.

» On était obligé de finir par où l'on aurait dû commencer, par l'incorporation des milices dans les troupes de ligne.

« L'expérience de la guerre de 1757 a prouvé que la faible es-
» pèce d'hommes dont l'armée se trouvait alors composée en fit
» périr plus de cinquante mille dans les hôpitaux ; de sorte que ce
» ne fut qu'après une incorporation de quarante-neuf bataillons
» de milices que l'armée prit de la consistance (1). »

» Il importe donc, en discutant le système du recrutement, de ne pas perdre de vue que l'armée doit être recrutée d'hommes robustes, c'est-à-dire dans les campagnes plutôt que dans les villes, et que l'organisation du recrutement doit être telle, qu'on puisse facilement élever les corps au pied de guerre sans recourir à des moyens toujours vexatoires et souvent incertains.

Nécessité de la contribution personnelle.

» Quand tous les avantages se réuniraient en faveur du système de l'enrôlement volontaire, il resterait à examiner si ce moyen peut suffire au recrutement de l'armée.

---

(1) » Mémoire de Despomelles.

» Ce moyen ne fournissait autrefois qu'environ dix-huit mille hommes par an ; ces levées étaient en partie une dette des officiers à qui on accordait des congés.

» Aujourd'hui on ne pourrait imposer une pareille obligation à des officiers la plupart sans fortune ; les frais du recrutement retomberaient par conséquent à la charge du trésor public, et il faudrait le rendre bien plus considérable, puisque l'armée est infiniment plus nombreuse, et qu'au lieu de la renouveler par huitième tous les ans, comme autrefois, il faut la renouveler par cinquième.

» La durée de l'engagement était fixée à huit ans pour les troupes réglées ; depuis on l'a réduite à cinq, et même les rapporteurs du comité militaire de l'assemblée constituante voulaient la réduire à trois ans pour les soldats auxiliaires qui composaient la réserve de l'armée.

» Cette courte durée a quelques avantages : elle facilite le recrutement ; elle diminue la désertion ; elle peut être admise plus facilement chez notre nation que dans le reste de l'Europe, parce que le Français, doué assez généralement d'une intelligence heureuse, d'une prestesse naturelle, n'a pas besoin d'un long exercice pour apprendre la maniement des armes et les évolutions du soldat. Mais ces élémens ne sont pas tout ce qui constitue un bon militaire ; il y a deux armes, celle de l'artillerie et celle de la cavalerie, qui exigent des connaissances qu'on n'acquiert que par une assez longue pratique : d'ailleurs il faut, pour former un bon soldat, que les devoirs militaires soient devenus une habitude ; et ces devoirs se composent non-seulement de la partie mécanique de leur état, mais encore des qualités morales qu'un soldat doit avoir, c'est-à-dire de cet honneur, de cette probité, de cette subordination qui font la véritable force des armées.

» Ce doit être une des vues du législateur de retenir sous les drapeaux des soldats qui, ayant déjà rempli la durée de l'engagement prescrit par la loi, seraient autorisés à réclamer leur congé : il faut qu'ils soient retenus par l'amour de leur état et la perspective des avantages qu'il assure ; mais il ne serait pas d'une sage politique de compter sur ces réengagemens pour se dispenser de lever des recrues à raison du cinquième du complet de l'armée.

» Ce nombre excéderait de beaucoup tout ce qu'on peut espérer du recrutement volontaire, et l'insuffisance de ce moyen deviendrait bien plus sensible encore lorsqu'il faudrait, par un accroissement rapide de ses forces, préparer de grandes opérations.

» Cette insuffisance évidente du recrutement volontaire justifie le système de l'enrôlement forcé; car l'obligation de marcher en personne commence là où finit la possibilité de trouver des hommes qui s'offrent pour la défense de l'état.

» *Répartition de la contribution personnelle.*

» Examinons maintenant jusqu'à quel point cette contribution personnelle pèse sur la population.

» Le nombre des habitans de la France est évalué, pour les cent deux départemens continentaux, à trente-deux millions. D'après cette donnée, on peut calculer par approximation la population militaire et le nombre des jeunes gens susceptibles d'être compris sur les tables de la conscription.

» Un auteur qui a fait beaucoup de recherches sur cette partie de la statistique (Moheau), a formé des tables qui présentent un rapport des individus de chaque âge avec une population donnée (1).

» Pour connaître la totalité des hommes en état de porter les armes, il retranche de la masse de la population :

» 1° Pour les femmes. . . . . $\frac{17}{55}$
» 2° Pour les hommes au-dessous de seize ans. . . $\frac{4}{15}$
» 3° Pour les hommes au-dessus de quarante ans. $\frac{1}{9}$
» Ces trois fractions égalent. . . . . $\frac{137}{198}$

» D'où il suit que le nombre des hommes de seize à quarante ans est à la population comme 4 est à 19,

---

(1) » Recherches sur la population de la France. »

» Et que dans un grand péril la France aurait à choisir ses défenseurs parmi plus de six millions d'hommes en âge de porter les armes (1). Nos lois actuelles sur la conscription appellent au service tous les hommes de vingt à vingt-cinq ans, sans distinction des hommes mariés et des célibataires. Le tables de la conscription prouvent que le nombre des hommes de la première classe, c'est-à-dire de vingt à vingt-un ans, s'élève au moins à deux cent mille ; d'où il suit que la totalité de la conscription présente une masse de près d'un million de soldats.

» Il faut en déduire les infirmes et ceux que le défaut de taille rend inhabiles au métier des armes.

» Telle est la somme des ressources sur lesquelles on peut calculer.

» Il est difficile de dire quels seront les besoins ordinaires de l'avenir, parce qu'on ne peut guère prévoir quelle sera la force dont les circonstances politiques rendront l'entretien indispensable.

» Si nous supposons que cette armée soit, sur le pied de paix, de trois cent mille hommes, il faudra d'abord en déduire la totalité de ceux qui ne se recrutent point par la conscription, c'est-à-dire :

---

(1) « Mais dans l'état actuel de la civilisation on n'appelle ordinairement au service militaire que les célibataires, lesquels sont à la masse de la population dans le rapport de 17 à 50. Cette différence devient même plus considérable parmi les hommes de seize à quarante ans, parce que cet âge est celui de la force et du mariage; ainsi il ne faut guère compter que sur un tiers d'hommes non mariés ou veufs sans enfans. Je suis porté à croire qu'il y a quelque inexactitude dans ces rapports qui résultent des calculs de Moheau; car, d'après lui, il n'y aurait que deux millions de garçons de seize à quarante ans, et les tables de la conscription prouvent que le nombre des hommes de vingt à vingt et un ans s'élève à environ deux cent mille; ce qui doit donner, pour la classe seule des hommes de vingt à vingt-cinq ans, près d'un million.

» Le comte de Latour-du-Pin, ministre de la guerre en 1789, est le premier ministre qui ait présenté un travail à peu près complet sur les rapports qui existent entre l'ordre civil et l'ordre militaire, c'est-à-dire qui ait fourni des renseignemens précis qui puissent mettre à même de comparer la population et les diverses circonstances locales avec les besoins de l'armée.

» Ce travail, étant le premier de ce genre, devait être nécessairement imparfait, et les événemens subséquens ne permettent plus de le considérer que comme un aperçu sur un état de choses qui a changé sous bien des rapports. »

les officiers, au nombre de. . . . . 22,000 h.
les employés, dont le nombre s'élève à. 2,000
et les vétérans. 14,000

» Total. 38,000 (1)

» Ainsi il restera deux cent soixante-deux mille hommes à remplacer par cinquième tous les ans, c'est-à-dire que la conscription aura à fournir annuellement cinquante-deux mille quatre cents hommes (2), ou à peu près le quart des conscrits de vingt à vingt-un ans. Cette levée sera à la population dans le rapport de 1 soldat sur 611 habitans de tout sexe et de tout âge. On a vu que ce rapport était de 1 sur 615 avant la révolution; ainsi on prendra annuellement un jeune homme sur soixante-huit familles (3).

» Mais il faudra ajouter à cette levée celle que nécessitera l'entretien de l'armée navale, et il n'est pas possible d'évaluer d'avance la force de cette armée, même par approximation.

» Il faut ensuite appliquer ce calcul aux différentes espèces d'hommes dont l'armée a besoin.

» Elle se compose de trois sortes de troupes, dont une seule peut être recrutée d'hommes d'une taille moyenne; les deux autres, l'artillerie et la cavalerie, demandent des soldats d'une taille plus élevée.

» Des observations faites dans les provinces de l'intérieur de la France nous apprennent qu'il y a un célibataire en âge de por-

---

(1) « Il y a actuellement:
» Officiers de toutes armes. 22,140
» Employés de l'état-major des places. . . . . 1,050 ⎫
» Employés de l'artillerie. . . . . 399 ⎬ 1,994
» Gardes du génie. . . . . 545 ⎭
» Dix demi-brigades de vétérans. . . . . 13,618 ⎫ 14,242
» Compagnies de canonniers vétérans. . . . . 624 ⎭

38,376

(2) « Il est juste de remarquer que le remplacement devrait être de plus du cinquième, parce qu'il y a d'autres causes de diminution que les congés; mais il est plus que probable que les réengagemens compenseront ce déficit. »

(3) « En calculant sur quatre têtes et demie par feu. »

ter les armes, de la taille de cinq pieds un pouce et au-dessus, sur quarante-huit habitans, et un de cinq pieds trois pouces sur cent quatre-vingt-dix-neuf (1).

» On voit que les hommes de cinq pieds trois pouces sont quatre fois au moins plus rares que ceux de cinq pieds un pouce. Or les troupes dont le service exige des hommes d'une taille élevée forment au moins le quart de l'armée ; ainsi, puisqu'on doit prendre, comme nous l'avons dit, un soldat sur six cents habitans, il en résulte qu'une population de deux mille quatre cents ames devra fournir trois fantassins et un soldat d'artillerie, ou un cavalier. Mais cette proportion change suivant les lieux, et c'est une considération à laquelle il faut avoir égard lorsqu'on désigne les départemens qui doivent recruter les diverses armes.

» Une autre circonstance non moins importante, et qui prouve combien il est difficile de bien asseoir cette espèce d'imposition, c'est l'esprit plus ou moins militaire des habitans.

» La première idée qui se présente lorsqu'il s'agit de la répartition d'une contribution personnelle, d'une contribution à laquelle tous les citoyens du même âge sont indistinctement assujettis, c'est qu'elle doit être répartie proportionnellement à la population.

» Mais l'équité, autant que l'intérêt de l'état, s'oppose à ce qu'on adopte exclusivement cette base ; il est indispensable d'avoir égard à d'autres circonstances.

(1) « Moheau, *Recherches sur la population de la France.* De tels calculs ne sont jamais d'une exactitude rigoureuse. Il résulte de ceux de cet auteur qu'il y a un célibataire en âge de porter les armes :

    de 5 pieds 1 pouce et au-dessus sur   48 habitans.
    de 5 pieds 2 pouces. . . . sur   85
    de 5 pieds 3 pouces. . . . sur   199
    de 5 pieds 4 pouces. . . . sur   511
    de 5 pieds 5 pouces. . . . sur   1,417
    de 5 pieds 6 pouces. . . . sur   2,598
    de 5 pieds 7 pouces. . . . sur   7,795

» Il est bon de remarquer que cette proportion doit être maintenant au-dessous de la réalité depuis la réunion de la Belgique et des quatre départemens du Rhin, où les hommes sont en général d'une taille plus élevée que dans les départemens méridionaux. »

» Si nous consultons l'expérience, nous verrons que les villes, qui forment à peine le cinquième de la population totale de la France, ont fourni constamment les deux tiers des recrues de l'armée.

» L'expérience nous apprend encore que la nature n'a pas réparti également entre les citoyens des diverses parties de la France les avantages physiques qui semblent désigner un homme comme destiné au service militaire. Ainsi, dans les provinces du Nord, le nombre des hommes que leur taille rend inhabiles au service n'est que d'un septième, tandis que dans les provinces du Midi ils sont dans le rapport d'un cinquième avec le nombre total (1).

» Il résulte encore d'une longue suite d'observations que le climat et beaucoup de circonstances locales influent sur le caractère des hommes, et les portent plus ou moins à l'état militaire : ainsi on avait calculé que la moitié septentrionale de la France, dont la population était évaluée à quatorze millions cinq cent mille âmes (2), comptait quatre-vingt-dix-huit mille de ses habitans dans l'armée, tandis que la moitié méridionale n'en avait fourni que trente-sept mille sur une population de dix millions ; c'est-à-dire que le Nord fournissait un soldat sur cent quarante-neuf habitans, et le Midi un sur deux cent soixante-dix-neuf. Si on voulait particulariser cette observation, on trouverait des différences encore plus remarquables : l'Alsace fournissait un soldat sur soixante-cinq habitans, et la généralité d'Auch un sur six cent vingt-huit, c'est-à-dire dix fois moins (3).

---

(1) « Rapport de Bouthillier, au nom du comité militaire, séance du 19 novembre 1789. »

(2) « Nombres exacts :   Ames.
» Population du Nord. 14,641,285
» ———— du Midi. 10,420,598
» Hommes des provinces du Nord dans l'armée. 98 068
» Hommes des provinces du Midi.   37,278

(3) « Population de l'Alsace.   654,885
» Population de la généralité d'Auch.   887,751
» Soldats fournis par l'Alsace.   10,657
» Soldats fournis par la généralité d'Auch.   1,415

» Si nous consultons la politique, elle nous apprendra que dans certains pays l'agriculture, les arts, le commerce, la navigation occupent une plus grande partie des hommes que dans certains autres; que si l'on voulait répartir rigoureusement les levées des soldats, proportionnellement à la population, le commerce et l'agriculture perdraient dans le Midi une partie des bras qu'ils sont accoutumés à employer, et que dans le Nord, au contraire, il resterait un nombre d'hommes qu'on ne pourrait occuper.

» Ces réflexions, appuyées sur des faits, montrent de combien d'élémens se compose cette opération, qui paraît si simple, par laquelle on détermine le contingent de chaque département; et elles me dispensent sans doute d'entrer dans l'examen du projet de répartition qui fait suite à la loi sur laquelle vous allez prononcer.

» L'administrateur d'un canton peut n'y voir qu'un tableau; le contribuable, une imposition inégale; l'homme d'état doit y voir la combinaison de mille circonstances qui ne permettent pas une justice rigoureuse.

» *Examen de la loi présentée.*

» Après avoir déroulé devant vous l'histoire du recrutement militaire; après avoir comparé les résultats des divers systèmes, analysé les théories, et démontré peut-être la nécessité de la conscription, il me sera facile, si je suis parvenu à répandre quelque lumière sur des questions importantes, décidées jusqu'à ce jour par l'habitude plutôt que par le raisonnement, il me sera facile, dis-je, d'éclairer en peu de mots votre opinion sur la loi qui vous est soumise.

» Pour cela je n'aurai qu'à comparer ses dispositions avec les principes que nous avons établis.

» L'auteur de ce projet de loi a conçu à la fois deux idées: d'abord celle de recruter l'armée actuelle de la manière la moins onéreuse aux citoyens; secondement celle de préparer les moyens de rendre en peu de jours cette armée aussi formidable que le pourraient exiger les circonstances.

» Il est nécessaire d'incorporer soixante mille hommes dans cette armée, qui occupe encore de si vastes états sur le continent, qui protége vos alliés, qui vous répond de la paix de l'Europe, et qui recommence la conquête de vos colonies. Ces soixante mille hommes sont nécessaires pour réparer les pertes qu'elle a éprouvées depuis deux ans, et pour rendre à leurs familles ces vieux soldats qui ont mérité le repos après avoir acquis tant de gloire.

» Pour que cette contribution fût moins onéreuse, on a dû y assujettir tous ceux qu'il était juste d'y faire concourir, et on l'a répartie également sur les conscrits de l'an ix et de l'an x; car aucunes levées n'avaient été faites en l'an ix. Chacune de ces classes doit donc fournir trente mille hommes. Celle de l'an viii en avait déjà fourni trente-trois mille il y a deux ans, pendant la guerre; ainsi cette classe avait acquitté sa dette par cette levée, qui a coopéré au grand ouvrage de la paix.

» Le gouvernement, en vous proposant cette mesure, est loin de renoncer sans doute à la ressource que peuvent offrir les enrôlemens volontaires. Il n'ignore pas qu'une sage politique les commande; il sait combien les anciens soldats sont précieux, et il ne néglige pour les retenir rien de ce qui peut exciter une ambition généreuse : on remarque même qu'il se ménage, par des dispositions fiscales, les moyens de subvenir aux frais de ce recrutement, sans proposer d'autres impôts dont la nature ne fût pas analogue à celle des dépenses.

» Mais en complétant cette armée active le gouvernement a voulu créer une autre armée qui, sans être nullement onéreuse aux particuliers ni à l'état, pût assurer cet accroissement rapide de force qui garantit toujours le succès des premières opérations de la guerre. Il se propose, ses orateurs vous l'ont dit, de porter cette armée à cent cinquante mille hommes; elle sera complète dans trois ans, et dans la suite il suffira non pas de lever, mais d'enregistrer annuellement trente mille hommes pour la recru-

ter. « Prouver les obstacles et même l'impossibilité de la levée
» subite d'une armée de cent mille hommes pendant la guerre,
» c'est démontrer la nécessité de son existence pendant la
» paix (1). »

» Ici comme dans toutes les circonstances de la guerre, il faut se garder de se laisser effrayer par le nombre. Si l'on ne voyait dans cette loi qu'une levée de cent vingt mille soldats, le citoyen, le législateur lui-même pourrait concevoir quelques alarmes; mais remarquons d'abord que cette contribution militaire est arriérée d'un an; que deux classes de la conscription s'y trouvent maintenant soumises; que la moitié des conscrits appelés doivent, à moins de circonstances extraordinaires, rester dans leurs foyers pendant toute la durée de leur engagement, et qu'ainsi le résultat de cette mesure n'est réellement qu'une levée de trente mille hommes sur une classe de la conscription. Quel est celui de nous qui ne bénirait la Providence si l'état à venir de l'Europe et de la République permettait de fixer à ce nombre de trente mille hommes les levées annuelles que la France aura à faire désormais?

» Quant aux conscrits désignés pour la réserve, de quel droit pourront-ils se plaindre, eux que la loi appelait à marcher, lorsque leur enrôlement même sera une faveur?

» Remarquons maintenant quelques autres dispositions de cette loi, qui prouvent l'esprit de sagesse qui l'a dictée.

» Cette armée de réserve n'entraîne aucuns frais pour le trésor public; les officiers qui doivent l'instruire sont pris dans l'armée active.

» Chaque arrondissement sera destiné pour cinq ans au recru-
» tement des mêmes corps de l'armée (2). »

» Ici se présente une question importante, celle de savoir si les corps de troupes doivent constamment être recrutés dans le même pays.

» Les avantages de ce système sont que les soldats retrouve-

---

(1) « *Mémoire sur la nécessité des troupes provinciales*, par Despommelles. »
(2) « Titre II, article 7. »

raient dans leurs corps des amis, des parens, les usages de leur patrie; que ces avantages les attacheraient à leur état; qu'ils quitteraient leurs familles avec moins de regrets; qu'ils éviteraient de commettre dans leurs corps des fautes dont la honte les suivrait jusque dans leurs foyers; qu'enfin la désertion serait infiniment rare, parce que les soldats ne quittent ordinairement leurs drapeaux que pour retourner dans leur pays, et qu'ils n'y trouveraient que difficilement un asile, puisque leur retour nécessiterait le départ d'un de leurs concitoyens (1).

» Les inconvéniens ne sont pas d'une moindre importance. Il faudrait toujours tenir les corps éloignés du pays d'où ils tireraient leurs recrues; ou verrait s'établir dans chaque troupe non pas cet esprit de corps qui tient à l'émulation, mais cet esprit de pays qui tient aux habitudes; les différens idiomes se perpétueraient dans les régimens, de sorte qu'on aurait une armée composée de troupes flamandes, provençales, bretonnes, alsaciennes, et non une armée vraiment française; s'il survenait des rixes entre les corps, ces rixes occasionneraient des haines héréditaires; enfin, à la guerre, les pertes considérables qu'une troupe pourrait éprouver couvriraient toute une contrée de deuil, et les pères, déjà inconsolables de la perte d'un fils, seraient punis de leur malheur par le sacrifice de l'autre.

» Il paraît que ces inconvéniens sont encore plus graves que les avantages ne sont séduisans: le gouvernement, qui les a pesés, a cherché à profiter de ceux-ci en évitant ceux-là; il a pris un parti mitoyen. On voit qu'il veut faire une expérience

---

(1) « L'idée d'affecter une portion du territoire au recrutement d'une partie de l'armée a été réalisée en Prusse. On y a établi une conscription générale qui rend les pères responsables pour leurs enfans; les jeunes gens de dix-huit ans qui disparaissent du pays sont traités comme déserteurs, et, si l'on ne peut les saisir, leurs biens sont confisqués; seulement on en laisse la jouissance au père jusqu'à sa mort lorsqu'il peut prouver qu'il n'a eu aucune part à la désertion de son fils.

»Chaque canton a un ou plusieurs régimens à recruter, et cette proportion se détermine non-seulement d'après la population, mais encore d'après la richesse du pays, parce qu'on n'admet dans la cavalerie que des fils de paysans possédant terre et chevaux. »

utile, et il n'est pas imprudent de prédire qu'elle n'aura pas partout le même succès; mais du moins est-il évident que cette mesure doit rendre moins pénible le sacrifice que la loi exige des conscrits.

» Le plus sûr moyen de les y déterminer c'est d'être juste.

» L'équité, dans cette circonstance, consiste non-seulement à répartir également la charge qu'on impose, mais encore à admettre les exceptions nécessaires et raisonnables.

» Quant à la répartition, elle est confiée aux magistrats chargés le plus immédiatement des intérêts du peuple; à ces magistrats qui, nécessairement domiciliés dans le lieu où ils exercent leurs fonctions momentanées, ont plus besoin que tous les autres de conserver l'estime de leurs concitoyens, à ces magistrats municipaux dont le désintéressement garantit en quelque sorte la probité comme l'indépendance.

» La loi se repose entièrement sur eux du soin de déterminer le mode de son exécution. Quelques bons esprits ont vu dans cette latitude une occasion de discorde, et peut-être une source d'injustices; ils auraient désiré que le mode de l'indication des conscrits fût uniforme, qu'on ne pût jamais y voir rien d'arbitraire, et que la loi n'occasionnât pas dans le cœur d'un homme ce combat si douteux de la tendresse d'un père avec les devoirs du magistrat.

» Mais l'auteur du projet de loi a pensé que déterminer le mode des choix ce serait rendre la loi plus rigoureuse; que le seul moyen de l'adoucir était d'avoir égard aux circonstances locales; qu'il était impossible de résoudre le problème de la justice et de l'uniformité; qu'il fallait donner aux magistrats du peuple un grand témoignage de confiance; que la surveillance des intéressés était une garantie suffisante de l'équité qu'on désire dans la répartition, et qu'enfin des règlemens sages suffiraient pour prévenir les abus qu'on a raison de craindre.

» Quant aux exceptions qu'il est impossible de ne pas admettre, il y en a de deux sortes, celles qui sont commandées par la nature, et celles qui sont conseillées par l'intérêt général de la société.

» La nature, en refusant à quelques individus la constitution qui rend habile au service militaire, les a dispensés sans doute de concourir personnellement à la défense de la patrie : la loi les oblige, s'ils ne sont pas indigens, à y contribuer du moins par une taxe pécuniaire. Cette disposition a paru à quelques hommes, dont l'opinion est respectable, n'être qu'un impôt sur le malheur ; ils ont pensé que le même principe qui exempte les indigens des contributions pécuniaires exempte aussi les infirmes de tout service personnel.

» Ils ont trouvé cette taxe onéreuse pour le pauvre ; ils ont remarqué qu'elle doit s'étendre sur tous les conscrits infirmes, tandis que la contribution personnelle n'atteint qu'une partie des conscrits valides. Ces objections sont graves, sans doute ; mais on peut les atténuer en disant que tout citoyen doit à la patrie non seulement les impôts, mais sa personne ; que les infirmes, dispensés de contribuer par eux-mêmes à la défense de l'état, ne peuvent se plaindre de la loi, qui, en raison de cette exemption, augmente leur contribution pécuniaire ; que les conscrits valides, bien qu'ils ne soient pas compris dans une première levée, restent exposés à faire partie des levées suivantes ; au lieu que les infirmes, appelés dès la première fois à se racheter par une contribution, rentrent définitivement dans la classe des hommes non sujets au service militaire.

» Mais du moins les causes d'invalidité, quoiqu'elles aient été le prétexte de beaucoup d'abus, peuvent en général être assez facilement appréciées et constatées.

» Il n'en est pas de même des autres circonstances qui doivent faire dispenser un jeune homme valide du service personnel ; ces circonstances s'apprécient différemment, selon les lieux, et le caractère des juges. Les règles qu'on a tenté d'établir sur cet objet ont toujours été imparfaites, et l'orateur du gouvernement qui a présenté la loi que nous discutons, avoue que ce problème n'est pas encore résolu.

» Aussi cette loi ne contient-elle aucune disposition à cet égard : seulement elle autorise la substitution d'un conscrit à un autre conscrit de la même classe. Ces substitutions doivent être faites de gré à gré : il en résulte bien évidemment un motif de sécurité pour tous ceux à qui des inclinations libérales doivent faire supposer ou procurer les moyens de profiter de cette faculté du remplacement ; il est juste même de remarquer que cette disposition est plus favorable aux conscrits, que la loi actuelle, car elle ne les rend point responsables de leur remplaçant.

» La loi ajoute qu'il faut que ces remplaçans soient agréés par le militaire chargé de recevoir les recrues.

» La raison en est évidente : les conscrits qui voudraient fournir un remplaçant, le choisiraient toujours parmi les indigens les plus faibles, les moins bien constitués, les moins dignes de servir, parce que cette espèce d'hommes serait à plus bas prix. Les corps militaires repousseraient en vain cette espèce de recrues ; les municipalités seraient doublement intéressées à se débarrasser d'un habitant sans moyens d'existence, et à conserver ceux qui leur sont utiles.

» On objectera toujours que toutes ces dispositions sont plus favorables aux riches qu'aux citoyens sans fortune. Il faut l'avouer ; mais il faut reconnaître aussi que cet inconvénient est dans la nature des choses.

» Quoi que les législateurs puissent faire, ils n'empêcheront pas le riche de jouir des avantages que son aisance lui procure ; et si la loi ne lui en laisse pas les moyens, il les trouvera dans la corruption. Il est évident que c'est pour le pauvre que l'impôt est onéreux ; mais on ne peut pas niveler les fortunes, car il n'y aurait plus que des pauvres, et il faut que tout impôt soit général pour fournir le produit nécessaire.

» Remarquons cependant que la loi n'autorise aucune classe de citoyens à se croire exempte de l'obligation imposée à tous : ce serait en prononçant des exemptions, en les transformant en principes, qu'elle cesserait d'être juste (1). On reconnaît qu'elles

(1) « Nul ne doit exposer ses jours ni pour un prêtre, ni pour un magistrat,

sont quelquefois nécessaires ; et sans doute il est à désirer que l'expérience nous apprenne à perfectionner cette partie de notre législation.

» Le philosophe gémit de l'inégale répartition des avantages de la société; quelquefois il croit en apercevoir la compensation dans les bienfaits de la nature, particulièrement réservés à ceux que ne favorise pas la fortune : mais quelques politiques s'élèvent avec force contre la loi de l'enrôlement forcé ; ils l'attaquent dans son principe ; ils la déclarent injuste pour les citoyens, et dangereuse pour l'état.

» Je vais ici m'élever à des considérations plus générales ; j'entreprends de démontrer les avantages de cette conscription, et de dissiper les craintes qu'elle inspire.

Du recrutement volontaire et de l'enrôlement forcé.

» Les adversaires du système de l'enrôlement forcé ont quelquefois abusé des mots ; ils ont opposé à ce nom celui de l'enrôlement volontaire, et il ne leur a pas été difficile de démontrer que l'enrôlement forcé était une atteinte à la liberté civile; qu'il compromettait l'autorité du législateur, dégradait l'état militaire, et que les soldats entraînés par l'amour de la gloire étaient préférables à des recrues arrachées par la force du sein de leurs foyers.

» Telles furent les exagérations où s'égarèrent la plupart des orateurs de l'assemblée constituante.

» Les meilleurs soldats, cela est incontestable, sont ceux que fait armer non pas l'ardeur de la gloire, mais l'amour de la patrie. Notre nation, plus qu'aucune autre peut-être, est susceptible de ce noble enthousiasme, et elle en a donné récemment une preuve qui a dépassé toutes les espérances ; mais le zèle, l'enthou-

---

ni pour un père de famille à la fleur de son âge, ni pour l'homme de commerce et d'industrie, ni pour un homme enfin en état de se défendre par lui-même. C'est assez, pour celui qui met quelque prix à sa liberté et à sa vie, de prêter son service aux vieillards, aux femmes et aux enfans; il ne peut l'étendre davantage.» (*Discours de Liancourt, séance du* 15 *décembre* 1789.)

siasme ne durent qu'un moment, et c'est par des efforts soutenus qu'un état conserve sa vigueur politique; lorsque le temps de l'enthousiasme est passé on n'a plus des volontaires, mais des mercenaires, et ce problème se réduit à savoir si des soldats achetés valent mieux que des soldats appelés par la loi.

« Les véritables termes de cette question se réduisent donc à ceux-ci : l'état doit-il demander aux citoyens, pour le recrutement de l'armée, une contribution pécuniaire ou une contribution personnelle?

» D'abord toute contribution est nécessairement une charge onéreuse; il ne faut pas se faire illusion à cet égard.

» Le recrutement volontaire, qui doit s'effectuer par le moyen de la contribution pécuniaire, est par sa nature une opération lente, et dont les résultats sont incertains. Il faut avant tout que la contribution pécuniaire soit perçue; il faut que tous les moyens d'exécution soient préparés; le succès de ces moyens tient à l'intelligence d'une multitude d'agens subalternes dont l'entretien est une charge de plus pour l'état; les moyens employés par ces agens sont quelquefois plus odieux que la séduction même; et, quelque activité qu'on puisse en attendre, le recrutement ne s'opère que partiellement; le dépositaire de la force publique ne peut jamais compter sur un renfort déterminé, et dans le moment où le danger exige des secours plus considérables l'ardeur des recrues se ralentit : de sorte que les résultats de cette mesure sont en raison inverse de son objet; elle ne fournit pas une ressource assurée pour élever rapidement une armée au pied de guerre.

» Quelle est ensuite l'espèce d'hommes que ces enrôlemens volontaires procurent? Le superflu de la population des villes, l'expérience l'a démontré : les villes fournissaient autrefois les deux tiers des recrues de l'année, et de ces deux tiers la capitale seule en fournissait ordinairement un (1).

(1) « La ville de Paris, suivant Despommelles, fournissait, année commune, six mille trois cent trente-neuf recrues, dont mille sept cents à peu près natifs de Paris. »

» Quel était le résultat de cette espèce de recrutement? Une désertion effrayante, et, ce qui est bien plus dangereux encore, l'habitude de la désertion à l'étranger. On n'évaluait pas à moins de trois mille hommes par an les pertes que cette désertion faisait éprouver à la population de la France (1).

» Défendons-nous de toute exagération. Il ne faut pas s'interdire absolument les engagemens volontaires ; il ne serait pas juste de ne voir dans ceux qui sont portés à les contracter que des hommes prêts à vendre leur vie à tous les partis ; il faut se rappeler qu'il y a toujours dans la masse d'une grande population des hommes dénués, par leurs habitudes, des moyens ordinaires d'existence, et dont l'existence serait même dangereuse si le législateur ne leur offrait un asile et un moyen de payer leur dette à l'état.

» C'est le chef-d'œuvre de la politique de transformer en citoyens utiles les oisifs à charge à la société.

» Mais ces hommes ont souvent altéré par des vices leur constitution physique ; ils ne sont point endurcis aux travaux pénibles, accoutumés à la sobriété ; et s'il fallait démontrer à la raison qu'ils résistent moins aux fatigues que les habitans des campagnes, on en trouverait la preuve dans cette guerre terrible que nous venons de terminer.

» Autrefois la prévoyance de l'administration évaluait d'avance le nombre des malades au sixième de l'armée. Cette proportion se trouva juste en 1792, avant que nos troupes fussent recrutées en grande partie de paysans ; mais après ce recrutement immense, auquel nos campagnes contribuèrent si puissamment, le nombre des malades ne fut plus, avec la force des troupes, que dans la proportion d'un quinzième ou d'un treizième (2), c'est-à-dire qu'on en vit la moitié moins.

(1) « Rapport de Bouthillier à l'assemblée constituante, séance du 19 novembre 1789. »

(2) « Au mois de décembre 1792, la force de l'armée était de cent soixante mille deux cent trente hommes ; le nombre des malades d'environ vingt-cinq mille hommes, c'est-à-dire un peu moins du sixième. Au mois de vendémiaire an III, la force était de un million cent soixante-neuf mille cent quarante-quatre ;

» Il est donc constant que l'enrôlement volontaire ne remplit pas les deux conditions que nous avons exigées pour reconnaître un bon système de recrutement.

» On a objecté que dans le système de la contribution personnelle il serait toujours indispensable d'admettre la faculté du remplacement, et qu'alors ce remplacement deviendrait pour les citoyens une charge plus onéreuse que la contribution pécuniaire si elle était générale.

» En effet, si le gouvernement était chargé de la levée à prix d'argent, il fixerait ce prix, il n'aurait point de concurrens ; il pourrait prendre des mesures économiques pour les dépôts des recrues et leur conduite jusqu'aux drapeaux. Au contraire, si les citoyens appelés au service militaire payaient eux-mêmes le recrue destiné à les remplacer, la concurrence ferait hausser le prix des engagemens.

» L'artiste, le cultivateur, ne pourraient atteindre le prix mis au remplacement par la mollesse du riche oisif, dont les affaires ne sont trop souvent que des plaisirs ; et il est évident que cette obligation deviendrait une charge bien plus onéreuse que l'impôt régulier que le législateur répartirait dans une sage proportion, et confierait au pouvoir exécutif, pour subvenir aux frais du recrutement.

» Mais remarquons ici que les auteurs de cette objection font

le nombre des malades de soixante-dix mille, c'est-à-dire moins d'un seizième.

» Au mois de vendémiaire an IV, la force était de sept cent cinquante-sept mille soixante-deux hommes ; le nombre des malades était de cinquante mille, par conséquent dans la proportion d'un quinzième.

» Au mois de brumaire an IV, la force était de sept cent cinquante-huit mille deux cent vingt-neuf hommes ; le nombre des malades de quarante-huit mille sept cent soixante-quatre, ce qui revient à un peu moins du quinzième, mais non compris les hôpitaux civils. Actuellement (nivose an V), la force est de cinq cent trente et un mille cinquante-six hommes, et le nombre des malades de quarante et un mille sept cents, ou environ un treizième. (*Premier compte rendu du ministre de la guerre, Pétiet.*)

» Il faut cependant remarquer, pour bien apprécier ces faits, que par le mot *armée* on entend toutes les troupes, et que plus l'armée est considérable, plus la proportion des malades doit diminuer, parce qu'il y a beaucoup de corps qui ne font pas une guerre active. »

une pétition de principe. Ils disent que le prix des hommes haussera, parce qu'ils supposent qu'on ne fera qu'acheter des recrues; mais c'est ce que l'état a grand intérêt d'empêcher. Dans nos mœurs actuelles, il est indispensable d'admettre à certains égards la faculté du remplacement; mais le défaut de moyens pécuniaires, l'ardeur naturelle à la jeunesse, empêcheront que l'usage en soit général. Nous verrons nos armées se recruter d'hommes robustes, ayant un domicile, une famille, des mœurs, et il ne nous restera plus qu'à former le vœu de voir se répandre dans toute la République cet esprit patriotique qui existait autrefois en Suisse et dans quelques-unes de nos provinces, où un homme du peuple ne pouvait guère espérer d'obtenir la main d'une femme avant d'avoir servi l'état, et s'il n'avait un sabre à suspendre sur le chevet du lit nuptial.

» Ici des politiques méfians manifesteront peut-être d'autres craintes. Il ne faut pas répandre, diront-ils, cet esprit militaire; l est dangereux pour la liberté.

» Je ne répondrai pas, avec un orateur de l'assemblée constituante, que « la conscription militaire favorise le despotisme chez » quelques peuples, parce qu'elle y est une loi du despote, » mais qu'elle devient la sauvegarde de la liberté lorsqu'elle est ordonnée par la nation.

» Je me permettrai de dire, en respectant l'opinion d'un homme qui a donné de grandes preuves de dévouement à la République, que la conscription fait nécessairement perdre de sa popularité à celui qui l'ordonne, et augmente inévitablement la force de celui à qui on confie le droit d'en disposer.

» Il serait illusoire de chercher à éviter ce double inconvénient; il dérive de la nature des choses.

» Mais est-il vrai que la conscription, en propageant l'esprit militaire, soit dangereuse pour la liberté? Quoi! dit-on, pour former des hommes libres, vous les élevez dans les camps, où l'on ne contracte que l'habitude de l'obéissance, ou l'habitude plus dangereuse encore de l'autorité! vous voulez leur faire aimer la liberté, et vous commencez par leur en imposer le sacrifice !

» Oui, mais ce sacrifice est momentané, mais il est imposé à tous les citoyens ; et si l'on consulte l'histoire, où trouvera-t-on des nations plus libres que ces nations guerrières dont tous les hommes étaient soldats? L'esprit militaire est dangereux lorsqu'il s'accoutume à regarder les hommes comme de vils instrumens de sa fortune à enfreindre les lois, à dominer par la force; mais qui ne sent que ces moyens d'oppression doivent diminuer précisément chez le peuple où la profession militaire a été la profession de tous? Quelle arrogance pourraient se permettre des soldats devant ceux qui auraient été leurs chefs ou leurs modèles? Quelle résistance un oppresseur ne devrait-il pas attendre d'une nation accoutumée aux armes?

» Le système de la contribution personnelle assure à l'armée une meilleure espèce d'hommes que ceux que procurent les enrôlemens volontaires : il diminue la désertion; il facilite l'accroissement rapide de la force publique; il donne aux hommes un sentiment plus profond de leurs droits, il augmente la force de la masse des citoyens ; il est un garant de plus pour la liberté.

» En développant les résultats de la loi qu'on vous présente, l'orateur peut émouvoir votre sensibilité par le spectacle des familles affligées; il peut vous demander pourquoi, après avoir signé la paix, vous entretenez des armées si formidables ; comment vous ne craignez pas, en imposant de si grands sacrifices, de perdre la confiance du peuple souverain dont vous êtes les mandataires. L'Europe entière voudrait que vous écoutassiez ce langage.

» Le législateur s'élève à de plus hautes pensées : il ne se livre point imprudemment à la sécurité que peuvent inspirer des circonstances passagères; il évite de faire des lois pour un moment, il cherche à poser pour un long avenir les bases de l'édifice social; il veut améliorer le sort de ses contemporains, mais il n'oublie pas qu'il est responsable de la paix du monde; il sait faire le sacrifice de son amour-propre, de son repos, et il préfère aux acclamations qui suivent une popularité momentanée l'estime respectueuse que lui gardent les sages et la postérité.

» Le tribunat nous charge de vous porter le vœu qu'il a émis pour l'adoption de la loi. »

— Nous avons déjà fait connaître quel fut le vote du corps législatif : il sanctionna en masse les articles présentés par le gouvernement.

La session extraordinaire dont nous venons de donner une esquisse fut close le 30 floréal (20 mai 1802). Dans la séance de clôture, le corps législatif accepta à l'unanimité le traité de paix entre la France et l'Angleterre conclu à Amiens. En adoptant ce traité avec une telle apparence d'enthousiasme, le corps législatif sanctionnait toutes les conséquences que le premier consul et ses amis essayaient d'en tirer. En effet, il avait été l'occasion de propositions et de projets que l'on poursuivait dans ce moment, et dont la conclusion ne tendait à rien moins qu'à modifier la Constitution. Il nous reste à les raconter.

Ce fut le 16 floréal (6 mai) que le traité fut communiqué, pour la première fois, au corps législatif; il fut aussitôt renvoyé au tribunat. Mais, le même jour et à la même heure, des conseillers d'état, messagers du gouvernement, se rendaient au tribunat et l'instruisaient de la communication que l'on faisait à l'autre chambre. Ils lisaient la pièce suivante, dont on faisait en même temps lecture au corps législatif.

« *Message des consuls de la République.*

» Citoyens législateurs, le gouvernement vous adresse le traité (1) qui met un terme aux dernière dissensions de l'Europe, et achève le grand ouvrage de la paix.

» La République avait combattu pour son indépendance : son indépendance est reconnue ; l'aveu de toutes les puissances consacre les droits qu'elle tenait de la nature et les limites qu'elle devait à ses victoires.

(1) Le traité d'Amiens.

» Une autre république est venue se former au milieu d'elle, s'y pénétrer de ses principes, et y reprendre à sa source l'esprit antique des Gaulois : attachée à la France par le souvenir d'une commune origine, par des institutions communes, et surtout par le lien des bienfaits, la république Italienne a pris son rang parmi les puissances comme parmi nos alliés; elle s'y maintiendra par le courage, et s'y distinguera par les vertus.

» La Batavie, rendue à l'unité d'intérêts, affranchie de cette double influence qui tourmentait ses conseils et qui égarait sa politique, a repris son indépendance, et trouve dans la nation qui l'avait conquise la garantie la plus fidèle de son existence et de ses droits. La sagesse de son administration lui conservera sa splendeur, et l'active économie de ses citoyens lui rendra toute sa prospérité.

» La république Helvétique, reconnue au-dehors, est toujours agitée au-dedans par des factions qui se disputent le pouvoir. Le gouvernement, fidèle aux principes, n'a dû exercer sur une nation indépendante d'autre influence que celle des conseils ; ses conseils jusqu'ici ont été impuissans ; il espère encore que la voix de la sagesse et de la modération sera écoutée, et que les puissances voisines de l'Helvétie ne seront pas forcées d'intervenir pour étouffer des troubles dont la continuation menacerait leur propre tranquillité.

» La République devait à ses engagemens et à la fidélité de l'Espagne de faire tous ses efforts pour lui conserver l'intégrité de son territoire : ce devoir, elle l'a rempli dans tout le cours des négociations avec toute l'énergie que lui permettaient les circonstances. Le roi d'Espagne a reconnu la loyauté de ses alliés, et sa générosité a fait à la paix le sacrifice qu'ils s'étaient efforcés de lui épargner : il acquiert par là de nouveaux droits à l'attachement de la France, et un titre sacré à la reconnaissance de l'Europe. Déjà le retour du commerce console ses états des calamités de la guerre, et bientôt un esprit vivifiant portera dans ses vastes possessions une nouvelle activité et une nouvelle industrie.

» Rome, Naples, l'Étrurie, sont rendues au repos et aux arts de la paix.

» Lucques, sous une constitution qui a réuni les esprits et étouffé les haines, a retrouvé le calme et l'indépendance.

» La Ligurie a posé, dans le silence des partis, les principes de son organisation, et Gênes voit rentrer dans son port le commerce et les richesses.

» La république des Sept-Iles est encore, ainsi que l'Helvétie, en proie à l'anarchie ; mais, d'accord avec la France, l'empereur de Russie y fait passer les troupes qu'il avait à Naples pour y reporter les seuls biens qui manquent à ces heureuses contrées, la tranquillité, le règne des lois, et l'oubli des haines et des factions.

» Ainsi, d'une extrémité à l'autre, l'Europe voit le calme renaître sur le continent et sur les mers, et son bonheur s'asseoir sur l'union des grandes puissances et sur la foi des traités.

» En Amérique les principes connus du gouvernement ont rendu la sécurité la plus entière à la Martinique, à Tabago, à Sainte-Lucie ; on n'y redoute plus l'empire de ces lois imprudentes qui auraient jeté dans les colonies la dévastation et la mort ; elles n'aspirent plus qu'à se réunir à la métropole, et elles lui rapportent, avec leur confiance et leur attachement, une prospérité au moins égale à celle qu'elle y avait laissée.

» A Saint-Domingue, de grands maux ont été faits, de grands maux sont à réparer ; mais la révolte est chaque jour plus comprimée. Toussaint, sans places, sans trésors, sans armée, n'est plus qu'un brigand errant de morne en morne avec quelques brigands comme lui, que nos intrépides éclaireurs poursuivent, et qu'ils auront bientôt atteints et détruits.

» La paix est connue à l'île de France et dans l'Inde ; les premiers soins du gouvernement y ont déjà reporté l'amour de la République, la confiance en ses lois, et toutes les espérances de la prospérité.

» Bien des années s'écouleront désormais pour nous sans victoires, sans triomphes, sans ces négociations éclatantes qui font les destinées des états; mais d'autres succès doivent marquer l'existence des nations, et surtout l'existence de la République : partout l'industrie s'éveille; partout le commerce et les arts tendent à s'unir pour effacer les malheurs de la guerre; des travaux de tous les genres appellent la pensée du gouvernement.

» Le gouvernement remplira cette nouvelle tâche avec succès aussi long-temps qu'il sera investi de l'opinion du peuple français : les années qui vont s'écouler seront, il est vrai, moins célèbres; mais le bonheur de la France s'accroîtra des chances de gloire qu'elle aura dédaignées.

» Le premier consul. — *Signé* : BONAPARTE. »

— Après cette lecture, une partie de l'assemblée parut remplie d'enthousiasme. Le président du tribunat, Chabot (de l'Allier), prit la parole : « Les destinées de la France, s'écria-t-il, vont être remplies; la victoire assure son indépendance; la paix affermira son bonheur. Le traité qu'on nous annonce est le complément de la paix générale. Français, soyez grands dans la paix comme vous avez été grands dans la guerre; que vos vertus et vos habitudes prouvent que vous êtes dignes de la liberté. »

Siméon monta ensuite à la tribune et demanda qu'une députation du tribunat fût chargée d'aller féliciter le premier consul. Cette proposition fut adoptée; mais on voulait obtenir davantage : en conséquence, le président Chabot quitte le fauteuil et vient prendre place à la tribune.

« Citoyens tribuns, dit-il, chez tous les peuples on décerna des honneurs publics et des récompenses nationales aux hommes qui par des actions éclatantes avaient honoré leur pays, ou l'avaient sauvé de grands périls.

» Quel homme eut jamais plus que le général Bonaparte des droits à la reconnaissance nationale?

» Quel homme, soit à la tête des armées, soit à la tête du gouvernement, honora davantage sa patrie, et lui rendit des services plus signalés?

» Sa valeur et son génie ont sauvé le peuple français des excès de l'anarchie, des fureurs de la guerre; et ce peuple est trop grand, trop magnanime, pour laisser sans une *grande récompense* tant de gloire et tant de bienfaits.

» Soyons, tribuns, soyons ses organes. C'est à nous surtout qu'il appartient de prendre l'initiative lorsqu'il s'agit d'exprimer, dans une circonstance si mémorable, les sentimens et la volonté du peuple.

» Je propose que le tribunat prenne l'arrêté dont la teneur suit :

» Le tribunat émet le vœu qu'il soit donné au général Bonaparte, premier consul de la République, *un gage éclatant* de la reconnaissance nationale.

» Le tribunat arrête que ce vœu sera adressé par des messagers d'état au sénat conservateur, au corps législatif et au gouvernement. »

— La proposition de Chabot fut adoptée à l'unanimité et sans discussion. Personne ne pouvait encore prévoir quel en serait le résultat.

Le sénat, saisi de cet arrêté, rendit le 18 un *sénatus-consulte* longuement motivé. Il réélisait *le citoyen Napoléon Bonaparte premier consul de la République pour les dix années qui suivraient immédiatement les dix ans pour lesquels il avait été nommé par l'article 39 de la Constitution.*

Cette marque de confiance ne satisfit point Bonaparte; il attendait et il voulait davantage. Il vit avec peine, sans doute, que l'on ne comprit point ses désirs; et il résolut de prendre lui-même l'initiative et d'indiquer clairement sa volonté, laissant au sénat la liberté de s'y refuser, mais assuré en même temps qu'il n'oserait pas s'y opposer. Il écrivit modestement qu'il acceptait les fonctions honorables qu'on lui imposait, mais qu'il ne voulait les tenir que du peuple; il demandait que celui-ci fût appelé à voter en cette circonstance comme il l'avait été lors de l'établissement de la constitution consulaire; et en même temps il dicta aux deux consuls, ses collègues, un arrêté dans lequel ils décidaient que le peuple français serait consulté sur la question de savoir si *Napoléon Bonaparte serait consul à vie.* Cet arrêté fut adressé au tribunat, au corps législatif. Dans l'une et l'autre assemblée, il eut les résultats qu'on en attendait. Ainsi qu'on l'avait prévu, personne n'osa s'y opposer; loin de là, on s'empressa dans les deux conseils de manifester son adhésion. Au tribunat, on vota des remercîmens aux deux consuls pour avoir pris *le moyen le plus convenable et le plus constitutionnel* de remplir le vœu du tribunat; et de plus on ouvrit un registre pour recevoir les votes individuels des tribuns. Carnot et Duchesne seuls votèrent contre la proposition. Le corps législatif imita le tribunat. On ouvrit des registres dans toute la République. Grâce au zèle d'une administration qui était dans les mains de Bonaparte, en moins de trois mois ces registres furent couverts d'un nombre suffisant de signatures, parmi lesquelles il y en avait, dit-on, beaucoup de fausses, et un plus grand nombre obtenues par des obsessions de diverses espèces. Tous ceux qui dépendaient directement ou indirectement de l'administration furent obligés de donner un avis qui leur était dicté; et, parmi les hommes véritablement indépendans, il n'y eut guère que ceux qui approuvaient la mesure qui se donnèrent la peine d'aller voter. Enfin lorsqu'on crut les registres suffisamment remplis, les deux consuls qui avaient signé le premier arrêté en signèrent un second par lequel ils adressaient au sénat *l'expression de la volonté du peuple*. Le sénat se borna à faire le dépouillement des votes. Il en trouva trois millions cinq cent soixante-huit mille huit cent quatre-vingt-cinq pour le consulat à vie, et huit mille trois cent soixante-quatorze contre. En conséquence, le 14 thermidor (2 août 1802), il proclama Napoléon Bonaparte *consul à vie.*

Le premier consul ne s'arrêta point dans cette carrière. Il voulait avoir le droit de choisir son héritier, non, sans nul doute, pour garantir à la France le meilleur successeur dans le système républicain, mais certainement, ainsi que le prouve le reste de sa conduite, pour acquérir l'autorité d'une royauté héréditaire. La question était délicate, le succès difficile; mais on espéra tout obtenir en procédant à l'improviste et avec hardiesse. En conséquence, le sénat fut convoqué extraordinairement à midi, le 16 thermidor. Vers deux heures on distribua un projet de *séna-*

tus-consulte. A sept heures, les conseillers d'état Régnier, Portalis et Dessoles vinrent faire la proposition directe d'adopter le projet. Un rapport, rédigé d'avance, est immédiatement lu par Cornudet, au nom d'une commission que le sénat n'avait point nommée, ou du moins avait nommée pour un autre objet. Un seul orateur, Lambrechts, osa prendre la parole pour combattre la proposition; il est presque aussitôt interrompu par les cris *aux voix*. On vote; on compte les votes, et le sénat proclame sans désemparer le *sénatus-consulte* organique de la Constitution du 16 thermidor an x.

Si nous en croyons l'historien du consulat, Thibaudeau, que ses fonctions au reste mettaient en position d'être bien instruit, le projet qui surprit le sénat au 16 thermidor était depuis longtemps arrêté dans l'esprit de Bonaparte. Il l'avait confié à beaucoup de gens, qui, loin de le blâmer, ne cessaient de l'encourager à tout oser. Il avait pour confidens Lucien et toute sa famille, Cambacérès, Talleyrand, Rœderer, presque tous les ministres, presque tous les conseillers d'état, et parmi les sénateurs Laplace, Lacépède, Fargues et Jacqueminot. Tous ces faiseurs s'entretenaient même déjà, dans le secret, de l'utilité de fonder une dynastie napoléonienne. « Quand me fais-tu impératrice des Gaules? » demanda un jour Joséphine au premier consul. — « Quoi! la petite Joséphine impératrice? » répondit-il en riant, et il ajouta que c'était une absurdité. Ainsi, il rejetait bien loin, en toute occasion, ce qui formait le vœu de ses désirs secrets. Cependant ce fut lui qui présenta au conseil d'état en séance extraordinaire le projet du *sénatus-consulte* du 16 thermidor, et en prit la défense contre quelques objections. Nous empruntons à l'histoire de Thibaudeau (1) la narration de cette séance curieuse: rien n'est plus propre à faire apprécier l'orgueilleux dédain et l'outrecuidance vaniteuse avec laquelle cet homme de quelques jours osait juger une grande nation.

(1) *Histoire de Napoléon Bonaparte*. Consulat, t. III, p. 51.

Bonaparte commença par donner une idée générale de son projet. Puis il continua :

— « On a proposé la constitution anglaise comme étant la meilleure; je pense le contraire. Il y a dans la constitution anglaise un corps de noblesse qui réunit la plus grande partie de la propriété et une ancienne illustration. Ces deux circonstances lui donnent une grande influence sur le peuple, et l'intérêt de ce corps le rattache au gouvernement. En France, ce corps manque : voudrait-on l'établir? Pour le composer des hommes de la révolution, il faudrait réunir dans leurs mains une grande partie de la propriété, ce qui est impraticable. Si on le composait des hommes de l'ancienne noblesse, on ferait la contre-révolution. D'abord l'institution en elle-même serait la contre-révolution des choses, qui amènerait bientôt celle des hommes. Le caractère des deux peuples est d'ailleurs trop différent : l'Anglais est brutal, le Français est vain, poli et léger. Voyez l'Anglais se soûlant pendant quarante jours aux frais de sa noblesse; jamais le Français ne se livrerait à un semblable excès : il aime l'égalité par-dessus tout. On objectera cependant que l'inégalité a bien duré quatorze siècles; mais on n'a qu'à consulter l'histoire depuis les Gaulois jusqu'à nos jours : dans tous les mouvemens, dans toutes les révolutions, le peuple a manifesté, à cet égard, ses prétentions. Je pense donc que la constitution anglaise est inapplicable à la France; je le dis, afin que les membres du conseil puissent le répéter dans l'occasion et donner à cette opinion plus de développemens. »

Ensuite s'ouvrit la discussion dont nous ne présentons que les points principaux. Truguet ayant été d'avis que les membres des colléges fussent nommés à temps plutôt qu'à vie : « Le citoyen Truguet, répondit le premier consul, va contre le but qu'il se propose, car c'est aujourd'hui qu'on y nommera plus d'hommes de la révolution; plus on attendra, moins on en aura. Il est cependant temps de fixer les hommes et les choses. Tout ce qu'on a jusqu'à présent appelé *Constitution* en était tout le contraire. Je ne peux pas mieux comparer une constitution qu'à un vaisseau; le citoyen Truguet, qui est marin, entendra cette comparaison. Si vous abandonnez votre vaisseau au vent avec toutes ses voiles, vous ne savez où vous allez, vous changez au gré du vent qui vous pousse; mais au contraire, si vous vous servez de votre gouvernail, vous allez à la Martinique, malgré le vent qui vous mène à Saint-Domingue. Que sont devenus les hommes de la révolution? Une fois sortis de place, ils ont été entièrement oubliés, il ne leur est rien resté : ils n'ont eu aucun appui, aucun refuge naturel. Voyez le sort de Barras et de Rewbell! Ce qui est arrivé arrivera tous les jours, si l'on ne prend pas des précautions : c'est par ce motif que j'ai créé la Légion-d'Honneur. Il faut nécessairement des corps intermédiaires entre le peuple et les pouvoirs, sans cela on n'aura rien fait. Chez tous les peuples, dans toutes les républiques, il y a eu des classes. Nous ne pouvons pas porter atteinte à l'égalité. C'est la première fois qu'on fait des corps intermédiaires sur la base de l'égalité : il faut du moins que la propriété soit représentée, il faut aussi ouvrir et fixer une carrière civile. Il n'y a rien d'organisé dans l'état que l'armée. Les militaires ont pour eux l'éclat des faits d'armes ; les services civils sont moins positifs, moins brillans, plus contestables. A l'exception de quelques hommes qui ont été sur un grand théâtre, dans de grandes occasions, qui ont concouru à un traité de paix, occasions qui deviendront de plus en plus rares, tout le reste est dans l'isolement et l'obscurité : voilà une lacune importante à remplir, il faut que le camp cède à la cité. Il est donc nécessaire d'organiser la cité. Pourquoi la Convention avait-elle une si grande puissance? C'est qu'il y avait des conseils généraux, des administrations populaires, des corps électoraux, une organisation enfin. C'étaient les pères des militaires qui composaient ces corps; il y avait des points de contact et des moyens d'équilibre qui n'existent plus et qu'il faut rétablir. Si les colléges électoraux devaient se renouveler souvent, ils n'auraient aucune considération, aucune influence. »

Pétiet et Rœderer voulaient que la personne désignée par le testament du premier consul pour lui succéder fût nommée de droit. « Elle sera nommée, dit le premier consul, si le sénat le veut; s'il ne le veut pas, il n'aura aucun égard au testament. Le premier consul peut désigner son successeur de son vivant, et il est hors de doute qu'avec l'influence qu'il aura sur le sénat, il sera maître du choix. Il donnera à son successeur de l'appui, de la consistance, de la considération. Si le premier consul ne le désigne que par son testament (on n'aime pas à désigner son successeur de son vivant, à cause des brouilleries et des factions auxquelles cela peut donner lieu), les articles proposés lui donnent, pour être nommé, toutes les probabilités que la prudence humaine peut imaginer, car on ne peut pas se dissimuler qu'un homme mort n'est plus rien, et celui qui aura les moindres prétentions sera plus fort que sa mémoire. Lorsque le plus grand homme, celui qui a rendu le plus de services à son pays, meurt, le premier sentiment qu'on éprouve est d'en être satisfait : c'est un poids dont on est déchargé; cela met en mouvement toutes les ambitions. On le pleurera peut-être un an après, lorsque des troubles déchireront la patrie; mais dans le premier moment on ne le regrettera point, on ne tiendra aucun compte de ses dernières volontés. Un testament n'est qu'un chiffon : c'est une erreur de la révolution de croire qu'un papier puisse avoir quelque valeur, quand il n'est pas appuyé par la force. »

Sur l'observation de Regnaud, que le successeur désigné aurait un titre, un droit acquis, qu'il pourrait soutenir avec du caractère : « S'il forçait la main au sénat, répliqua le premier consul, il serait obligé de tout renverser; tandis que ce qui importe au contraire le plus à la nation, c'est que, dans cette circonstance, il n'y ait point de déchirement, et que toutes les autorités marchent d'accord. » Puis, faisant une digression sur l'hérédité : « Elle est absurde, ajouta le premier consul, non dans ce sens qu'elle n'assure pas la stabilité de l'état, mais parce qu'elle est impossible en France. Elle y a été établie pendant long-temps, mais avec des institutions qui la rendaient praticable, qui n'existent plus, et qu'on ne peut ni ne doit rétablir. L'hérédité dérive du droit civil; elle suppose la propriété, elle est faite pour en assurer la transmission. Comment concilier l'hérédité de la première magistrature avec le principe de la souveraineté du peuple? Comment persuader que cette magistrature est une propriété? Lorsque la couronne était héréditaire, il y avait un grand nombre de magistratures qui l'étaient aussi : cette fiction était une loi presque générale, il n'en reste plus rien. »

— Pour achever cette histoire du second acte de l'usurpation de Bonaparte, il ne nous reste plus qu'à enregistrer les actes qui en marquent les diverses périodes, et la fin.

Dès qu'il fut question de donner au premier consul une récompense nationale, on répandit dans le public une petite brochure qui était destinée à préparer et à hâter en même temps l'opinion publique. Elle fut réimprimée dans tous les journaux. Voici cette brochure.

« *Un citoyen à un sénateur.* — 18 *floréal an* x.

» Le tribunat vous propose de donner au général Bonaparte, premier consul de la République, un gage éclatant de la reconnaissance nationale.

« Telle est, a dit un de ses orateurs (Chabot de l'Allier), la
» volonté du peuple français. »

« Nous attendons, a dit un autre (Siméon) (1), que le premier
» corps de la nation se rende l'interprète de cette reconnaissance
» publique, dont il n'est permis au tribunat que de désirer et de
» voter l'expression. »

» Sénateur, quelle fonction que celle d'exprimer au chef de l'état la reconnaissance nationale! Quelle tâche que celle de donner une récompense digne de celui qui doit la recevoir et du peuple qui la décerne!

» Que lui offrirez-vous? Un accroissement de pouvoir? Il n'en a pas manqué si l'on en juge par ce qu'il a fait. Plus d'éclat et de pompe autour de lui? Qui peut l'approcher sans l'émotion du respect, et qui pourrait remarquer ce qui l'environne en sachant

---

(1) Discours de Siméon au premier consul, prononcé le 17, lorsqu'il alla, au nom du tribunat, lui porter les félicitations de ce corps, ainsi qu'il l'avait fait décider la veille. (*Note des auteurs.*)

ce qu'il est? Serait-il moins grand sous la tente que sous le dais, et sous l'habit de soldat que sous le manteau doré? Ah! la magnificence n'est-elle pas chez lui un tribut qu'il paie plutôt qu'une décoration dont il s'entoure? Lui offrirez-vous des honneurs? Mais quelle autorité peut-on décerner à celui que la nation a chargé de les distribuer, de qui chacun est flatté d'en recevoir? Des monumens! Mais qui les exécutera? Ce sera donc lui-même qui s'érigera ceux que vous aurez décernés! Des monumens! En est-il de plus honorable que la félicité publique, qui est son ouvrage? en est-il de plus éloquens que les paroles, que les actions dont les pages de l'histoire offriront le recueil?

» Sénateur, cette récompense seule sera digne de la nation française qui donnera pour prix des services rendus le droit d'en rendre encore, qui estimera l'honneur de servir la patrie le plus grand honneur où puisse prétendre un citoyen, et lui imposera la félicité publique pour prix de la restauration générale. Cette récompense sera digne de Bonaparte qui lui donnera le moyen d'ajouter de la gloire à de la gloire, de consacrer son utilité par une utilité nouvelle, d'affermir l'œuvre du génie et du courage par la sagesse et la persévérance, et de contraindre le temps, qui détruit tout, à tout sceller du sceau de l'immortalité.

» Sénateur, ce qui manque aux grands hommes pour mûrir de grands desseins, pour les accomplir, pour assurer toutes les destinées soumises à leur influence, c'est le temps. Prisonnier dans les étroites limites de la vie humaine, le génie peut à peine fixer ses pensées, dompter les obstacles, élever l'édifice qui doit donner à ses conceptions la vie et l'immortalité. Plus avare que la nature, votre politique, ennemie de vous-mêmes, resserrera-t-elle, étranglera-t-elle dans un espace de dix, de vingt années, des projets pour lesquels la nature en eût peut-être accordé cent? Marquerez-vous un terme, un jour, une minute au-delà de laquelle tout ouvrage commencé sera délaissé, toute idée nouvellement conçue sera condamnée à l'avortement, et où la puissance même de concevoir ne deviendra qu'un stérile tourment?

» Vous cherchez quels dons vous offrirez à cet homme extraordinaire, quelles récompenses vous déposerez devant lui, quel monument vous éleverez pour sa gloire! Vous ne pouvez lui faire qu'un don digne de son dévouement, c'est celui du temps nécessaire pour assurer le bonheur de la France. Donnez-lui *le siècle* qui commence avec lui; qu'il le remplisse de ses œuvres, qu'il le distingue et de ceux qui l'ont précédé et de ceux qui le suivront, qu'il le sépare de tous les autres par une abondance de bonheur public, par un éclat de gloire inconnu jusqu'à lui, impossible à soutenir après lui; que ce siècle soit la colonne qu'il sera chargé de s'ériger à lui-même, et qu'il l'élève si haut que son nom, placé au sommet, soit au-dessus de toute atteinte et de toute comparaison!

» Heureuse nation, dont les lois politiques ont tellement balancé les pouvoirs et déterminé leur intensité, qu'impuissans contre *la liberté publique*, suffisans pour opérer tous les genres de bien, on ne peut craindre que la brièveté de leur exercice, et n'en désirer que la durée! »

CONCORDAT DE 1801 (1).

Convention entre le gouvernement français et Sa Sainteté Pie VII, échangée le 23 fructidor an IX (10 septembre 1801).

Primus Consul gallicæ Reipublicæ, ac Sanctitas sua summus Pontifex Pius VII, in suos respectivè plenipotentiarios nominarunt,

Le premier Consul de la République française, et Sa Sainteté le souverain Pontife Pie VII, ont nommé pour leurs plénipotentiaires respectifs,

Primus Consul, cives Josephum BONAPARTE, consiliarium status; CRETET, consilia-

Le premier Consul, les citoyens Joseph BONAPARTE, conseiller d'état; CRETET, conseiller d'état;

(1) Nous manquerions à notre devoir d'historiens si nous passions sous silence les efforts des prêtres constitutionnels pour réorganiser le culte catholique.

rium pariter statûs, ac BER-NIER, *doctorem in S. theologiâ, parochum S. Laudi Andegavensis, plenis facultatibus munitos;*	BERNIER, docteur en théologie, curé de Saint-Laud d'Angers, munis de pleins pouvoirs;
Sanctitas sua, eminentissimum dominum Herculem CONSALVI, *S. R. E. cardinalem, diaconum S. Agathæ ad Suburram, suum à secretis statûs;* Josephum SPINA, *archiepiscopum Corinthi, S. S. prælatum domesticum ac pontificio solio*	Sa Sainteté, son éminence monseigneur *Hercule* CONSALVI, cardinal de la sainte Église romaine, diacre de Sainte Agathe *ad Suburram*, son secrétaire d'état; *Joseph* SPINA, archevêque de Corinthe, prélat domestique de Sa Sainteté, assistant du trône pontifical,

En 1797, un grand nombre d'entre eux se réunirent à Paris en un *concile national*. L'abbé Grégoire, ex-conventionnel, évêque constitutionnel de Blois, en faisait partie; il en avait été l'un des plus ardens promoteurs, si ce n'est l'unique auteur. La plupart des décisions et des débats du concile furent publiés dans un recueil ayant pour titre *Annales de la religion*. Les actes de cette assemblée furent plus tard réunis en un volume.

En 1801, un nouveau *concile national* fut assemblé à Paris; la lettre d'indiction qui en provoque la réunion est du 2 mars 1800 (11 ventose an VIII); elle est signée par J.-P. Saurine, évêque de Dax; H. Grégoire, évêque de Blois; E.-M. Desbois, évêque d'Amiens; Ant.-Hubert Wandelaincourt, évêque de Langres. L'assemblée, composée de vingt évêques ou archevêques, de cinq prêtres procureurs fondés d'autant d'évêques, de dix-sept curés députés de diocèses, et de cinq fidèles, se tint à Notre-Dame. Elle eut un grand nombre de séances; ses actes ont été publiés; ils forment trois volumes (in-8°, à *Paris, an* x, *à l'imprimerie-librairie chrétienne, rue des Bernardins*). Le concile, ouvert le 23 juin 1801, fut clos le 5 septembre de la même année. — On ne peut douter que cette assemblée n'ait eu une grande influence sur le peuple, et n'ait concouru efficacement au réveil des sentimens religieux; toute la pompe des cérémonies de l'église fut déployée par le concile. Il y eut de nombreuses conférences publiques, qui furent suivies par un grand concours de fidèles; enfin, selon les termes de la lettre d'indication, cette assemblée était composée « d'hommes qui portaient les honorables cicatrices de la persécution, et qui présentaient la réunion touchante de la piété, du patriotisme et du talent. » Sous le directoire, il fallut du courage pour en faire partie; plusieurs fois on fut menacé indirectement. La présence de cette assemblée explique pourquoi on vit les autorités de la République reproduire, à plusieurs reprises, dans leurs proclamations, des déclamations usées, et devenues ridicules à force d'être employées, contre le fanatisme et la superstition. Quoi qu'il en soit, ces réunions furent protégées par la sympathie publique; et comme elles avaient été accueillies avec une faveur extraordinaire, elles apprirent à Bonaparte que l'opinion accueillerait avec satisfaction un traité qu'auparavant l'on eût cru impossible, c'est-à-dire un concordat avec Sa Sainteté.

assistentem; et patrem Caselli, *theologum consultorem S. S., pariter munitos facultatibus in bonâ et debitâ formâ:*

Qui, post sibi mutuò tradita respectivæ plenipotentiæ instrumenta, de iis quæ sequuntur convenerunt :

Conventio inter gubernium gallicanum et summum Pontificem Pium Septimum.

Gubernium Reipublicæ recognoscit religionem catholicam, apostolicam, romanam, eam esse religionem, quam longè maxima pars civium gallicanæ Reipublicæ profitetur.

Summus Pontifex pari modo recognoscit eamdem religionem, maximam utilitatem maximumque decus percepisse, et hoc quoque tempore præstolari ex catholico cultu in Galliâ constituto, necnon ex peculiari ejus professione, quam faciunt Reipublicæ consules.

Hæc cum ita sint atque utrinque recognita, ad religionis bonum internæque tranquillitatis conservationem, ea quæ sequuntur inter ipsos conventa sunt :

Art. 1us. *Religio catholica, apostolica, romana, liberè in*

et le père Caselli, théologien consultant de Sa Sainteté, pareillement munis de pleins pouvoirs en bonne et due forme ;

Lesquels, après l'échange des pleins pouvoirs respectifs, ont arrêté la convention suivante :

Convention entre le gouvernement français et Sa Sainteté Pie VII.

Le gouvernement de la République reconnaît que la religion catholique, apostolique et romaine, est la religion de la grande majorité des citoyens français.

Sa Sainteté reconnaît également que cette même religion a retiré et attend encore en ce moment le plus grand bien et le plus grand éclat de l'établissement du culte catholique en France, et de la profession particulière qu'en font les consuls de la République.

En conséquence, d'après cette reconnaissance mutuelle, tant pour le bien de la religion que pour le maintien de la tranquillité intérieure, ils sont convenus de ce qui suit :

Art. 1er. La religion catholique, apostolique et romaine,

Galliâ exercebitur. Cultus publicus erit, habitâ tamen ratione ordinationum quoad politiam, quas gubernium pro publicâ tranquillitate necessarias existimabit.

2. *Ab apostolicâ Sede, collatis cum gallico gubernio consiliis, novis finibus Galliarum diœceses circumscribentur.*

3. *Summus Pontifex titularibus gallicarum ecclesiarum episcopis significabit se ab iis, pro bono pacis et unitatis, omnia sacrificia firmâ fiduciâ expectare, eo non excepto quo ipsas suas episcopales sedes resignent.*

Hâc hortatione præmissâ, si huic sacrificio, quod Ecclesiæ bonum exigit, renuere ipsi vellent (fieri id autem posse summus Pontifex suo non reputat animo), gubernationibus gallicarum ecclesiarum novæ circumscriptionis de novis titularibus providebitur, eo qui sequitur modo:

4. *Consul primus gallicanæ Reipublicæ, intra tres menses qui promulgationem constitutionis apostolicæ consequentur, archiepiscopos et episcopos novæ circumscriptionis diœcesibus præficiendos nominabit. Sum-*

sera librement exercée en France. Son culte sera public, en se conformant aux réglemens de police que le gouvernement jugera nécessaires pour la tranquillité publique.

2. Il sera fait, par le Saint-Siége, de concert avec le gouvernement, une nouvelle circonscription des diocèses français.

3. Sa Sainteté déclarera aux titulaires des évêchés français qu'elle attend d'eux, avec une ferme confiance, pour le bien de la paix et de l'unité, toute espèce de sacrifices, même celui de leurs siéges.

D'après cette exhortation, s'ils se refusaient à ce sacrifice commandé par le bien de l'Église (refus néanmoins auquel Sa Sainteté ne s'attend pas), il sera pourvu, par de nouveaux titulaires, au gouvernement des évêchés de la circonscription nouvelle, de la manière suivante :

4. Le premier Consul de la République nommera, dans les trois mois qui suivront la publication de la bulle de Sa Sainteté, aux archevêchés et évêchés de la circonscription nouvelle. Sa Sainteté conférera l'institutio-

mus Pontifex institutionem canonicam dabit juxta formas relatè ad Gallias, ante regiminis commutationem statutas.

5. Item Consul primus ad episcopales sedes quæ in posterum vacaverint, novos antistites nominabit, iisque, ut in articulo præcedenti constitutum est, apostolica Sedes canonicam dabit institutionem.

6. Episcopi, antequam munus suum gerendum suscipiant, coram primo Consule, juramentum fidelitatis emittent quod erat in more ante regiminis commutationem, sequentibus verbis expressum :

« *Ego juro et promitto, ad sancta Dei evangelia, obedientiam et fidelitatem gubernio per Constitutionem gallicanæ Reipublicæ statuto. Item promitto me nullam communicationem habiturum, nulli concilio interfuturum, nullamque suspectam unionem neque intrà neque extrà conservaturum, quæ tranquillitati publicæ noceat; et si, tam in diœcesi meâ quam alibi, noverim aliquid in statûs damnum tractari, gubernio manifestabo.* »

canonique suivant les formes établies, par rapport à la France, avant le changement de gouvernement.

5. Les nominations aux évêchés qui vaqueront dans la suite seront également faites par le premier Consul ; et l'institution canonique sera donnée par le Saint-Siége, en conformité de l'article précédent.

6. Les évêques, avant d'entrer en fonctions, prêteront directement, entre les mains du premier Consul, le serment de fidélité qui était en usage avant le changement de gouvernement, exprimé dans les termes suivans :

« Je jure et promets à Dieu, sur les saints évangiles, de garder obéissance et fidélité au gouvernement établi par la Constitution de la République française. Je promets aussi de n'avoir aucune intelligence, de n'assister à aucun conseil, de n'entretenir aucune ligue, soit au-dedans, soit au-dehors, qui soit contraire à la tranquillité publique; et si, dans mon diocèse ou ailleurs, j'apprends qu'il se trame quelque chose au préjudice de l'état, je le ferai savoir au gouvernement. »

7. *Ecclesiastici secundi ordinis idem juramentum emittent coram auctoritatibus civilibus à gallicano gubernio designatis.*

8. *Post divina officia, in omnibus catholicis Galliæ templis, sic orabitur :*

Domine, salvam fac Rempublicam;
Domine, salvos fac Consules.

9. *Episcopi, in suâ quisque diœcesi, novas parochias circumscribent; quæ circumscriptio suum non sortietur effectum, nisi postquam gubernii consensus accesserit.*

10. *Iidem episcopi ad parochias nominabunt; nec personas eligent, nisi gubernio acceptas.*

11. *Poterunt iidem episcopi habere unum capitulum in cathedrali ecclesiâ, atque unum seminarium in suâ quisque diœcesi, sine dotationis obligatione ex parte gubernii.*

12. *Omnia templa metropolitana, cathedralia, parochialia, atque alia quæ non alienata sunt cultui necessaria, episcoporum dispositioni tradentur.*

13. *Sanctitas sua, pro pacis*

7. Les ecclésiastiques du second ordre prêteront le même serment entre les mains des autorités civiles désignées par le gouvernement.

8. La formule de prière suivante sera récitée à la fin de l'office divin, dans toutes les églises catholiques de France :

Domine, salvam fac Rempublicam;
Domine, salvos fac Consules.

9. Les évêques feront une nouvelle circonscription des paroisses de leur diocèse, qui n'aura d'effet que d'après le consentement du gouvernement.

10. Les évêques nommeront aux cures.

Leur choix ne pourra tomber que sur des personnes agréées par le gouvernement.

11. Les évêques pourront avoir un chapitre dans leur cathédrale, et un séminaire pour leur diocèse, sans que le gouvernement s'oblige à les doter.

12. Toutes les églises métropolitaines, cathédrales, paroissiales et autres non aliénées, nécessaires au culte, seront mises à la disposition des évêques.

13. Sa Sainteté, pour le bien

bono felicique religionis restitutione, declarat eos qui bona ecclesiæ alienata acquisiverunt, molestiam nullam habituros, neque à se, neque à romanis Pontificibus successoribus suis, ac consequenter proprietas eorumdem bonorum, reditus et jura iis inhærentia, immutabilia penès ipsos erunt atque ab ipsis causam habentes.

de la paix et l'heureux rétablissement de la religion catholique, déclare que ni elle ni ses successeurs ne troubleront en aucune manière les acquéreurs des biens ecclésiastiques aliénés, et qu'en conséquence, la propriété de ces mêmes biens, les droits et revenus y attachés, demeureront incommutables entre leurs mains ou celles de leurs ayans-cause.

14. Gubernium gallicanæ Reipublicæ in se recipit, tum episcoporum, tum parochorum, quorum diœceses atque parochias nova circumscriptio complectetur, sustentationem quæ cujusque statum deceat.

14. Le gouvernement assurera un traitement convenable aux évêques et aux curés dont les diocèses et les cures seront compris dans la circonscription nouvelle.

15. Idem gubernium curabit ut catholicis in Galliá liberum sit, si libuerit, ecclesiis consulere novis fundationibus.

15. Le gouvernement prendra également des mesures pour que les catholiques français puissent, s'ils le veulent, faire en faveur des églises des fondations.

16. Sanctitas sua recognoscit in primo Consule gallicanæ Reipublicæ eadem jura ac privilegia quibus apud sanctam Sedem fruebatur antiquum regimen.

16. Sa Sainteté reconnaît dans le premier Consul de la République française les mêmes droits et prérogatives dont jouissait près d'elle l'ancien gouvernement.

17. Utrinque conventum est, quòd in casu quo aliquis ex successoribus hodierni primi Consulis catholicam religionem non profiteretur, super juribus et

17. Il est convenu, entre les parties contractantes, que, dans le cas où quelqu'un des successeurs du premier Consul actuel ne sera pas catholique, les droits

privilegiis in superiori articulo commemoratis, necnon super nominatione ad archiepiscopatus et episcopatus, respectu ipsius, nova conventio fiet.

Ratificationum autem traditio Parisiis fiet quadraginta dierum spatio.

Datum Parisiis, die quindecimâ mensis julii 1801.

J. Bonaparte. (L. S.)

Hercules, cardinalis Consalvi. (L. S.)

Cretet. (L. S.)

J. Spina, archiep. Corinthi. (L. S.)

Bernier. (L. S.)

F. Carolus Caselli. (L. S.)

et prérogatives mentionnés dans l'article ci-dessus, et la nomination aux évêchés, seront réglés, par rapport à lui, par une nouvelle convention.

Les ratifications seront échangées à Paris dans l'espace de quarante jours.

Fait à Paris, le 26 messidor de l'an ix de la République française.

Joseph Bonaparte. (L. S.)

Hercules, cardinalis Consalvi. (L. S.)

Cretet. (L. S.)

J. Spina, archiep. Corinthi. (L. S.)

Bernier. (L. S.)

F. Carolus Caselli. (L. S.)

ARTICLES ORGANIQUES DE LA CONVENTION DU 28 MESSIDOR AN IX.

TITRE PREMIER. — *Du régime de l'église catholique dans ses rapports généraux avec les droits et la police de l'état.*

ART. 1er. Aucune bulle, bref, rescrit, décret, mandat, provision, signature servant de provision, ni autres expéditions de la cour de Rome, même ne concernant que les particuliers, ne pourront être reçues, publiées, imprimées, ni autrement mises à exécution, sans l'autorisation du gouvernement.

2. Aucun individu se disant nonce, légat, vicaire, ou commissaire apostolique, ou se prévalant de toute autre dénomination, ne pourra, sans la même autorisation, exercer sur le sol français ni ailleurs aucune fonction relative aux affaires de l'église gallicane.

3. Les décrets des synodes étrangers, même ceux des conciles

généraux, ne pourront être publiés en France, avant que le gouvernement n'en ait examiné la forme, leur conformité avec les lois, droits et franchises de la République française, et tout ce qui, dans leur publication, pourrait altérer ou intéresser la tranquillité publique.

4. Aucun concile national ou métropolitain, aucun synode diocésain, aucune assemblée délibérante n'aura lieu sans la permission expresse du gouvernement.

5. Toutes les fonctions ecclésiastiques seront gratuites, sauf les oblations qui seraient autorisées et fixées par les réglemens.

6. Il y aura recours au conseil d'état dans tous les cas d'abus de la part des supérieurs et autres personnes ecclésiastiques.

Les cas d'abus sont l'usurpation ou l'excès de pouvoir, la contravention aux lois et réglemens de la République, l'infraction des règles consacrées par les canons reçus en France, l'attentat aux libertés, franchises et coutumes de l'église gallicane, et toute entreprise ou tout procédé qui, dans l'exercice du culte, peut compromettre l'honneur des citoyens, troubler arbitrairement leur conscience, dégénérer contre eux en oppression ou en injure, ou en scandale public.

7. Il y aura pareillement recours au conseil d'état, s'il est porté atteinte à l'exercice public du culte, et à la liberté que les lois et les réglemens garantissent à ses ministres.

8. Le recours compétera à toute personne intéressée. A défaut de plainte particulière, il sera exercé d'office par les préfets.

Le fonctionnaire public, l'ecclésiastique ou la personne qui voudra exercer ce recours, adressera un mémoire détaillé et signé au conseiller d'état chargé de toutes les affaires concernant les cultes, lequel sera tenu de prendre, dans le plus court délai, tous les renseignemens convenables ; et, sur son rapport, l'affaire sera suivie et définitivement terminée dans la forme administrative, ou renvoyée, selon l'exigence des cas, aux autorités compétentes.

TITRE II. — *Des Ministres.*

SECTION PREMIÈRE. — Dispositions générales.

9. Le culte catholique sera exercé sous la direction des archevêques et évêques dans leurs diocèses, et sous celle des curés dans leurs paroisses.

10. Tout privilége portant exemption ou attribution de la juridiction épiscopale est aboli.

11. Les archevêques et évêques pourront, avec l'autorisation du gouvernement, établir dans leurs diocèses des chapitres cathédraux et des séminaires. Tous autres établissemens ecclésiastiques sont supprimés.

12. Il sera libre aux archevêques et évêques d'ajouter à leur nom le titre de *Citoyen* ou celui de *Monsieur*. Toutes qualifications sont interdites.

SECTION II. — Des archevêques ou métropolitains.

13. Les archevêques consacreront et installeront leurs suffragans. En cas d'empêchement ou de refus de leur part, ils seront suppléés par le plus ancien évêque de l'arrondissement métropolitain.

14. Ils veilleront au maintien de la foi et de la discipline dans les diocèses dépendans de leur métropole.

15. Ils connaîtront des réclamations et des plaintes contre la conduite et les décisions des évêques suffragans.

SECTION III. — Des évêques, des vicaires-généraux et des séminaires.

16. On ne pourra être nommé évêque avant l'âge de trente ans, et si on n'est originaire Français.

17. Avant l'expédition de l'arrêté de nomination, celui ou ceux qui seront proposés seront tenus de rapporter une attestation de bonne vie et mœurs, expédiée par l'évêque dans le diocèse duquel ils auront exercé les fonctions du ministère ecclésiastique; et ils seront examinés sur leur doctrine par un évêque et deux prêtres, qui seront commis par le premier Consul, lesquels

adresseront le résultat de leur examen au conseiller d'état chargé de toutes les affaires concernant les cultes.

18. Le prêtre nommé par le premier Consul fera les diligences pour rapporter l'institution du Pape.

Il ne pourra exercer aucune fonction, avant que la bulle portant son institution ait reçu l'attache du gouvernement, et qu'il ait prêté en personne le serment prescrit par la convention passée entre le gouvernement français et le Saint-Siége.

Ce serment sera prêté au premier Consul ; il en sera dressé procès-verbal par le secrétaire d'état.

19. Les évêques nommeront et institueront les curés; néanmoins ils ne manifesteront leur nomination, et ils ne donneront l'institution canonique, qu'après que cette nomination aura été agréée par le premier Consul.

20. Ils seront tenus de résider dans leurs diocèses; ils ne pourront sortir qu'avec la permission du premier Consul.

21. Chaque évêque pourra nommer deux vicaires-généraux, et chaque archevêque pourra en nommer trois; ils les choisiront parmi les prêtres ayant les qualités requises pour être évêques.

22. Ils visiteront annuellement et en personne une partie de leur diocèse, et dans l'espace de cinq ans, le diocèse entier.

En cas d'empêchement légitime, la visite sera faite par un vicaire-général.

23. Les évêques seront chargés de l'organisation de leurs séminaires, et les réglemens de cette organisation seront soumis à l'approbation du premier Consul.

24. Ceux qui seront choisis pour l'enseignement dans les séminaires souscriront la déclaration faite par le clergé de France en 1682, et publiée par un édit de la même année : ils se soumettront à y enseigner la doctrine qui y est contenue; et les évêques adresseront une expédition en forme de cette soumission au conseiller d'état chargé de toutes les affaires concernant les cultes.

25. Les évêques enverront, toutes les années, à ce conseiller d'état, le nom des personnes qui étudieront dans les séminaires et qui se destineront à l'état ecclésiastique.

26. Ils ne pourront ordonner aucun ecclésiastique, s'il ne justifie d'une propriété produisant au moins un revenu annuel de 300 francs, s'il n'a atteint l'âge de vingt-cinq ans, et s'il ne réunit les qualités requises par les canons reçus en France.

Les évêques ne feront aucune ordination avant que le nombre des personnes à ordonner ait été soumis au gouvernement, et par lui agréé.

SECTION IV. — Des curés.

27. Les curés ne pourront entrer en fonctions qu'après avoir prêté, entre les mains du préfet, le serment prescrit par la convention passée entre le gouvernement et le Saint-Siége. Il sera dressé procès-verbal de cette prestation, par le secrétaire général de la préfecture, et copie collationnée leur en sera délivrée.

28. Ils seront mis en possession par le curé ou le prêtre que l'évêque désignera.

29. Ils seront tenus de résider dans leurs paroisses.

30. Les curés seront immédiatement soumis aux évêques dans l'exercice de leurs fonctions.

31. Les vicaires et desservans exerceront leur ministère sous la surveillance et la direction des curés.

Ils seront approuvés par l'évêque et révocables par lui.

32. Aucun étranger ne pourra être employé dans les fonctions du ministère ecclésiastique, sans la permission du gouvernement.

33. Toute fonction est interdite à tout ecclésiastique, même français, qui n'appartient à aucun diocèse.

34. Un prêtre ne pourra quitter son diocèse pour aller desservir dans un autre sans la permission de son évêque.

SECTION V. — Des chapitres cathédraux et du gouvernement des diocèses pendant la vacance du siége.

35. Les archevêques et évêques qui voudront user de la faculté qui leur est donnée d'établir des chapitres ne pourront le faire sans avoir rapporté l'autorisation du gouvernement, tant pour l'établissement lui-même que pour le nombre et le choix des ecclésiastiques destinés à les former.

36. Pendant la vacance des siéges, il sera pourvu par le métropolitain, et, à son défaut, par le plus ancien des évêques suffragans, au gouvernement des diocèses.

Les vicaires-généraux de ces diocèses continueront leurs fonctions, même après la mort de l'évêque, jusqu'au remplacement.

37. Les métropolitains, les chapitres cathédraux, seront tenus, sans délai, de donner avis au gouvernement de la vacance des siéges, et des mesures qui auront été prises pour le gouvernement des diocèses vacans.

38. Les vicaires-généraux qui gouverneront pendant la vacance, ainsi que les métropolitains ou capitulaires, ne se permettront aucune innovation dans les usages et coutumes des diocèses.

TITRE III. — *Du Culte.*

39. Il n'y aura qu'une liturgie et un catéchisme pour toutes les églises catholiques de France.

40. Aucun curé ne pourra ordonner des prières publiques extraordinaires dans sa paroisse, sans la permission spéciale de l'évêque.

41. Aucune fête, à l'exception du dimanche, ne pourra être établie sans la permission du gouvernement.

42. Les ecclésiastiques useront, dans les cérémonies religieuses, des habits et ornemens convenables à leur titre : ils ne pourront, dans aucun cas, ni sous aucun prétexte, prendre la couleur et les marques distinctives réservées aux évêques.

43. Tous les ecclésiastiques seront habillés à la française et en noir.

Les évêques pourront joindre à ce costume la croix pastorale et les bas violets.

44. Les chapelles domestiques, les oratoires particuliers, ne pourront être établis sans une permission expresse du gouvernement, accordée sur la demande de l'évêque.

45. Aucune cérémonie religieuse n'aura lieu hors des édifices consacrés au culte catholique, dans les villes où il y a des temples destinés à différens cultes.

46. Le même temple ne pourra être consacré qu'à un même culte.

47. Il y aura, dans les cathédrales et paroisses, une place distinguée pour les individus catholiques qui remplissent les autorités civiles et militaires.

48. L'évêque se concertera avec le préfet pour régler la manière d'appeler les fidèles au service divin par le son des cloches. On ne pourra les sonner pour toute autre cause, sans la permission de la police locale.

49. Lorsque le gouvernement ordonnera des prières publiques, les évêques se concerteront avec le préfet et le commandant militaire du lieu, pour le jour, l'heure et le mode d'exécution de ces ordonnances.

50. Les prédications solennelles, appelées *sermons*, et celles connues sous le nom de *stations* de l'avent et du carême, ne seront faites que par des prêtres qui en auront obtenu une autorisation spéciale de l'évêque.

51. Les curés, aux prônes des messes paroissiales, prieront et feront prier pour la prospérité de la République française, et pour les Consuls.

52. Ils ne se permettront, dans leurs instructions, aucune inculpation directe ou indirecte, soit contre les personnes, soit contre les autres cultes autorisés dans l'état.

53. Ils ne feront au prône aucune publication étrangère à l'exercice du culte, à moins qu'ils n'y soient autorisés par le gouvernement.

54. Ils ne donneront la bénédiction nuptiale qu'à ceux qui justifieront, en bonne et due forme, avoir contracté leur mariage devant l'officier civil.

55. Les registres tenus par les ministres du culte, n'étant et ne pouvant être relatifs qu'à l'administration des sacremens, ne pourront, dans aucun cas, suppléer les registres ordonnés par la loi pour constater l'état civil des Français.

56. Dans tous les actes ecclésiastiques et religieux, on sera obligé de se servir du calendrier d'équinoxe établi par les lois de

la République; on désignera les jours par les noms qu'ils avaient dans le calendrier des solstices.

57. Le repos des fonctionnaires publics sera fixé au dimanche.

TITRE IV. — *De la circonscription des archevêchés, des évêchés et des paroisses; des édifices destinés au culte, et du traitement des ministres.*

SECTION PREMIÈRE. — De la circonscription des archevêchés et des évêchés.

58. Il y aura en France dix archevêchés ou métropoles, et cinquante évêchés.

59. La circonscription des métropoles et des diocèses sera faite conformément au tableau ci-joint.

SECTION II. — De la circonscription des paroisses.

60. Il y aura au moins une paroisse par justice de paix.

Il sera en outre établi autant de succursales que le besoin pourra l'exiger.

61. Chaque évêque, de concert avec le préfet, réglera le nombre et l'étendue de ces succursales. Les plans arrêtés seront soumis au gouvernement, et ne pourront être mis à exécution sans son autorisation.

62. Aucune partie du territoire français ne pourra être érigée en cure ou en succursale sans l'autorisation expresse du gouvernement.

63. Les prêtres desservant les succursales seront nommés par les évêques.

SECTION III. — Du traitement des ministres.

64. Le traitement des archevêques sera de 15,000 fr.

65. Le traitement des évêques sera de 10,000 fr.

66. Les curés seront distribués en deux classes.

Le traitement des curés de la première classe sera porté à 1,500 fr.; celui des curés de la seconde classe, à 1,000 fr.

67. Les pensions dont ils jouissent en exécution des lois de l'assemblée constituante seront précomptées sur leur traitement.

Les conseils généraux des grandes communes pourront, sur

leurs biens ruraux ou sur leurs octrois, leur accorder une augmentation de traitement, si les circonstances l'exigent.

68. Les vicaires et desservans seront choisis parmi les ecclésiastiques pensionnés en exécution des lois de l'assemblée constituante.

Le montant de ces pensions et le produit des oblations formeront leur traitement.

69. Les évêques rédigeront les projets de réglemens relatifs aux oblations que les ministres du culte sont autorisés à recevoir pour l'administration des sacremens. Les projets de réglemens rédigés par les évêques ne pourront être publiés, ni autrement mis à exécution, qu'après avoir été approuvés par le gouvernement.

70. Tout ecclésiastique pensionnaire de l'état sera privé de sa pension, s'il refuse, sans cause légitime, les fonctions qui pourront lui être confiées.

71. Les conseils généraux de département sont autorisés à procurer aux archevêques et évêques un logement convenable.

72. Les presbytères et les jardins attenans, non aliénés, seront rendus aux curés et aux desservans des succursales. A défaut de ces presbytères, les conseils généraux des communes sont autorisés à leur procurer un logement et un jardin.

73. Les immeubles, autres que les édifices destinés au logement et les jardins attenans, ne pourront être affectés à des titres ecclésiastiques, ni possédés par les ministres du culte à raison de leurs fonctions.

SECTION IV. — Des édifices destinés au culte.

74. Les édifices anciennement destinés au culte catholique, actuellement dans les mains de la nation, à raison d'un édifice par cure et par succursale, seront mis à la disposition des évêques par arrêté du préfet du département. Une expédition de ces arrêtés sera adressée au conseiller d'état chargé de toutes les affaires concernant les cultes.

75. Il sera établi des fabriques pour veiller à l'entretien et à la conservation des temples, à l'administration des aumônes.

76. Dans les paroisses où il n'y aura point d'édifice disponible pour le culte, l'évêque se concertera avec le préfet pour la désignation d'un édifice convenable.

Tableau de la circonscription des nouveaux archevêchés et évêchés de la France.

PARIS, *archevêché*, comprendra dans son diocèse le département de la Seine;
    Troyes, l'Aube et l'Yonne;
    Amiens, la Somme et l'Oise;
    Soissons, l'Aisne;
    Arras, le Pas-de-Calais;
    Cambrai, le Nord;
    Versailles, Seine-et-Oise, Eure-et-Loir;
    Meaux, Seine-et-Marne, Marne;
    Orléans, Loiret, Loir-et-Cher;

MALINES, *archevêché*, les Deux-Nèthes, la Dyle;
    Namur, Sambre-et-Meuse;
    Tournay, Jemmapes;
    Aix-la-Chapelle, la Roer, Rhin-et-Moselle;
    Trèves, la Sarre;
    Gand, l'Escaut, la Lys;
    Liége, Meuse-Inférieure, Ourthe;
    Mayence, Mont-Tonnerre;

BESANÇON, *archevêché*, Haute-Saône, le Doubs, le Jura;
    Autun, Saône-et-Loire, la Nièvre;
    Metz, la Moselle; les Forêts, les Ardennes;
    Strasbourg, Haut-Rhin et Bas-Rhin;
    Nancy, la Meuse, la Meurthe, les Vosges;
    Dijon, Côte-d'Or, Haute-Marne.

LYON, *archevêché*, le Rhône, la Loire, l'Ain;
    Mende, l'Ardèche, la Lozère;
    Grenoble, l'Isère;
    Valence, la Drôme;
    Chambéry, le Mont-Blanc, le Léman.

AIX, *archevêché*, le Var, les Bouches-du-Rhône;
    Nice, Alpes-Maritimes;
    Avignon, Gard, Vaucluse;
    Ajaccio, le Golo, le Liamone;
    Digne, Hautes-Alpes, Basses-Alpes.

TOULOUSE, *archevêché*, Haute-Garonne, Arriége;
    Cahors, le Lot, l'Aveyron;
    Montpellier, l'Hérault, le Tarn;
    Carcassonne, l'Aude, les Pyrénées;
    Agen, Lot-et-Garonne, Gers;
    Bayonne, les Landes, Hautes-Pyrénées, Basses-Pyrénées.

BORDEAUX, *archevêché*, la Gironde;
    Poitiers, les Deux-Sèvres, la Vienne;
    La Rochelle, la Charente-Inférieure, la Vendée;
    Angoulême, la Charente, la Dordogne.

BOURGES, *archevêché*, le Cher, l'Indre;
    Clermont, l'Allier, le Puy-de-Dôme;
    Saint-Flour, la Haute-Loire, le Cantal;
    Limoges, la Creuse, la Corrèze, la Haute-Vienne;

TOURS, *archevêché*, Indre-et-Loire;
    Le Mans, Sarthe, Mayenne;
    Angers, Maine-et-Loire;
    Nantes, Loire-Inférieure;
    Rennes, Ille-et-Vilaine;
    Vannes, le Morbihan;
    Saint-Brieux, Côtes-du-Nord;
    Quimper, le Finistère.

ROUEN, *archevêché*, la Seine-Inférieure;
    Coutances, la Manche;
    Bayeux, le Calvados;
    Séez, l'Orne;
    Évreux, l'Eure.

ARTICLES ORGANIQUES DES CULTES PROTESTANS.

TITRE PREMIER. — *Dispositions générales pour toutes les communions protestantes.*

ART. 1er. Nul ne pourra exercer les fonctions du culte, s'il n'est Français.

2. Les églises protestantes, ni leurs ministres, ne pourront avoir des relations avec aucune puissance ni autorité étrangère.

3. Les pasteurs et ministres des diverses communions protestantes prieront et feront prier, dans la récitation de leurs offices, pour la prospérité de la République française et pour les Consuls.

4. Aucune décision doctrinale ou dogmatique, aucun formulaire, sous le titre de *confession*, ou sous tout autre titre, ne pourront être publiés ou devenir la matière de l'enseignement, avant que le gouvernement en ait autorisé la publication.

5. Aucun changement dans la discipline n'aura lieu sans la même autorisation.

6. Le conseil-d'état connaîtra de toutes entreprises des ministres du culte, et de toutes dissentions qui pourront s'élever entre ces ministres.

7. Il sera pourvu au traitement des pasteurs des églises consistoriales : bien entendu qu'on imputera sur ce traitement les biens que ces églises possèdent, et le produit des oblations établies par l'usage ou par des réglemens.

8. Les dispositions portées par les articles organiques du culte catholique, sur la liberté des fondations, et sur la nature des biens qui peuvent en être l'objet, seront communes aux églises protestantes.

9. Il y aura deux académies ou séminaires dans l'est de la France, pour l'instruction des ministres de la confession d'Augsbourg.

10. Il y aura un séminaire à Genève pour l'instruction des ministres des églises réformées.

11. Les professeurs de toutes les académies ou séminaires seront nommés par le premier Consul.

12. Nul ne pourra être élu ministre ou pasteur d'une église de la confession d'Augsbourg, s'il n'a étudié, pendant un temps déterminé, dans un des séminaires français destinés à l'instruction des ministres de cette confession, et s'il ne rapporte un certificat en bonne forme, constatant son temps d'étude, sa capacité et ses bonnes mœurs.

13. On ne pourra être élu ministre ou pasteur d'une église réformée, sans avoir étudié dans le séminaire de Genève, et si on ne rapporte un certificat dans la forme énoncée dans l'article précédent.

14. Les réglemens sur l'administration et la police intérieure des séminaires, sur le nombre et la qualité des professeurs, sur la manière d'enseigner, et sur les objets d'enseignement, ainsi que sur la forme des certificats ou attestations d'études, de bonne conduite ou de capacité, seront approuvés par le gouvernement.

TITRE II. — *Des églises réformées.*

SECTION PREMIÈRE. — De l'organisation générale des églises.

15. Les églises réformées de France auront des pasteurs, des consistoires locaux et des synodes.

16. Il y aura une église consistoriale par six mille ames de la même communion.

17. Cinq églises consistoriales formeront l'arrondissement d'un synode.

SECTION II. — Des pasteurs et des consistoires locaux.

18. Le consistoire de chaque église sera composé du pasteur ou des pasteurs desservant cette église, et d'anciens ou notables laïques, choisis parmi les citoyens les plus imposés au rôle des contributions directes. Le nombre de ces notables ne pourra être au-dessous de six, ni au-dessus de douze.

19. Le nombre des ministres ou pasteurs, dans une même église consistoriale, ne pourra être augmenté sans l'autorisation du gouvernement.

20. Les consistoires veilleront au maintien de la discipline, à

l'administration des biens de l'église, et à celle des deniers provenant des aumônes.

21. Les assemblées des consistoires seront présidées par le pasteur, ou par le plus ancien des pasteurs. Un des anciens ou notables remplira les fonctions de secrétaire.

22. Les assemblées ordinaires des consistoires continueront de se tenir aux jours marqués par l'usage.

Les assemblées extraordinaires ne pourront avoir lieu sans la permission du sous-préfet, ou du maire en l'absence du sous-préfet.

23. Tous les deux ans, les anciens du consistoire seront renouvelés par moitié. A cette époque, les anciens en exercice s'adjoindront un nombre égal de citoyens protestans, chefs de famille, et choisis parmi les plus imposés au rôle des contributions directes de la commune où l'église consistoriale sera située, pour procéder au renouvellement. Les anciens sortans pourront être réélus.

24. Dans les églises où il n'y a point de consistoire actuel, il en sera formé un dont les membres seront élus par la réunion des vingt-cinq chefs de famille protestans les plus imposés au rôle des contributions directes. Cette réunion n'aura lieu qu'avec l'autorisation et en la présence du préfet ou du sous-préfet.

25. Les pasteurs ne pourront être destitués qu'à la charge de présenter les motifs de la destitution au gouvernement, qui les approuvera ou les rejetera.

26. En cas de décès, ou de démission volontaire, ou de destitution confirmée d'un pasteur, le consistoire, formé de la manière prescrite par l'article 18, choisira à la pluralité des voix pour le remplacer.

Le titre d'élection sera présenté au premier consul, par le conseiller-d'état chargé de toutes les affaires concernant les cultes, pour avoir son approbation.

L'approbation donnée, il ne pourra exercer qu'après avoir prêté, entre les mains du préfet, le serment exigé des ministres du culte catholique.

27. Tous les pasteurs actuellement en exercice sont provisoirement confirmés.

28. Aucune église ne pourra s'étendre d'un département dans un autre.

SECTION III. — Des synodes.

29. Chaque synode sera formé du pasteur, ou d'un des pasteurs, et d'un ancien ou notable de chaque église.

30. Les synodes veilleront sur tout ce qui concerne la célébration du culte, l'enseignement de la doctrine et la conduite des affaires ecclésiastiques. Toutes les décisions qui émaneront d'eux, de quelque nature qu'elles soient, seront soumises à l'approbation du gouvernement.

31. Les synodes ne pourront s'assembler que lorsqu'on en aura rapporté la permission du gouvernement.

On donnera connaissance, préalable au conseiller-d'état chargé de toutes les affaires concernant les cultes, des matières qui devront y être traitées. L'assemblée sera tenue en présence du préfet ou du sous-préfet, et une expédition du procès-verbal des délibérations sera adressée par le préfet au conseiller-d'état chargé de toutes les affaires concernant les cultes, qui, dans le plus court délai, en fera son rapport au gouvernement.

32. L'assemblée d'un synode ne pourra durer que six jours.

TITRE III. — *De l'organisation des églises de la confession d'Augsbourg.*

SECTION PREMIÈRE. — Dispositions générales.

33. Les églises de la confession d'Augsbourg auront des pasteurs, des consistoires locaux, des inspections et des consistoires généraux.

SECTION II. — Des ministres ou pasteurs et des consistoires locaux de chaque église.

34. On suivra, relativement aux pasteurs, à la circonscription et au régime des églises consistoriales, ce qui a été prescrit par la section II du titre précédent, pour les pasteurs et pour les églises réformées.

SECTION III. — Des inspections

55. Les églises de la confession d'Augsbourg seront subordonnées à des inspections.

56. Cinq églises consistoriales formeront l'arrondissement d'une inspection.

57. Chaque inspection sera composée du ministre et d'un ancien notable de chaque église de l'arrondissement : elle ne pourra s'assembler que lorsqu'on en aura rapporté la permission du gouvernement; et la première fois qu'il écherra de la convoquer, elle le sera par le plus anciens des ministres desservant les églises de l'arrondissement. Chaque inspection choisira dans son sein deux laïques, et un ecclésiastique qui prendra le titre d'inspecteur, et qui sera chargé de veiller sur les ministres et sur le maintien du bon ordre dans les églises particulières.

Le choix de l'inspecteur et des deux laïques sera confirmé par le premier consul.

58. L'inspection ne pourra s'assembler qu'avec l'autorisation du gouvernement, en présence du préfet ou du sous-préfet, et après avoir donné connaissance préalable, au conseiller-d'état chargé de toutes les affaires concernant les cultes, des matières que l'on se proposera d'y traiter.

59. L'inspecteur pourra visiter les églises de son arrondissement; il s'adjoindra les deux laïques nommés avec lui, toutes les fois que les circonstances l'exigeront; il sera chargé de la convocation de l'assemblée générale de l'inspection. Aucune décision émanée de l'assemblée générale de l'inspection ne pourra être exécutée sans avoir été soumise à l'approbation du gouvernement.

SECTION IV. — Des consistoires généraux.

40. Il y aura trois consistoires généraux : l'un à Strasbourg, pour les protestans de la confession d'Augsbourg des départemens des Haut et Bas-Rhin; l'autre à Mayence, pour ceux des départemens de la Sarre et du Mont-Tonnerre; et le troisième à Cologne, pour ceux des départemens de Rhin-et-Moselle et de la Roër.

41. Chaque consistoire sera composé d'un président laïque protestant, de deux ecclésiastiques inspecteurs, et d'un député de chaque inspection.

Le président et les deux ecclésiastiques inspecteurs seront nommés par le premier consul.

Le président sera tenu de prêter, entre les mains du premier consul ou du fonctionnaire public qu'il plaira au premier consul de déléguer à cet effet, le serment exigé des ministres du culte catholique.

Les deux ecclésiastiques inspecteurs et les membres laïques prêteront le même serment entre les mains du président.

42. Le consistoire général ne pourra s'assembler que lorsqu'on en aura rapporté la permission du gouvernement, et en présence du préfet ou du sous-préfet : on donnera préalablement connaissance, au conseiller-d'état chargé de toutes les affaires concernant les cultes, des matières qui devront y être traitées. L'assemblée ne pourra durer plus de six jours.

43. Dans le temps intermédiaire d'une assemblée à l'autre, il y aura un directoire composé du président, du plus âgé des deux ecclésiastiques inspecteurs, et de trois laïques, dont un sera nommé par le premier consul ; les deux autres seront choisis par le consistoire général.

44. Les attributions du consistoire général et du directoire continueront d'être régies par les réglemens et coutumes des églises de la confession d'Augsbourg, dans toutes les choses auxquelles il n'a point été formellement dérogé par les lois de la République et par les présens articles.

— Voici maintenant la série des actes officiels par lesquels Bonaparte parvint à consommer son usurpation. Le premier est la lettre par laquelle il remerciait le sénat d'avoir ajouté dix ans à son autorité consulaire.

DOCUMENS COMPLÉMENTAIRES

A L'HISTOIRE PARLEMENTAIRE DU CONSULAT

Du 11 nivose an VIII au 16 thermidor an X (1800 à 1802).

« *Bonaparte, premier consul de la République, au Sénat conservateur.*

» Du 19 floréal an x de la République une et indivisible.

» Sénateurs, la preuve honorable d'estime consignée dans votre délibération du 18 sera toujours gravée dans mon cœur.

» Le suffrage du peuple m'a investi de la suprême magistrature : je ne me croirais pas assuré de sa confiance si l'acte qui m'y retiendrait n'était encore sanctionné par son suffrage.

» Dans les trois années qui viennent de s'écouler, la fortune a souri à la République; mais la fortune est inconstante, et combien d'hommes qu'elle avait comblés de ses faveurs ont vécu trop de quelques années!

» L'intérêt de ma gloire et celui de mon bonheur sembleraient avoir marqué le terme de ma vie publique, au moment où la paix du monde est proclamée.

» Mais la gloire et le bonheur du citoyen doivent se taire quand l'intérêt de l'état et la bienveillance publique l'appellent.

» Vous jugez que je dois au peuple un nouveau sacrifice : je le ferai si le vœu du peuple me commande ce que votre suffrage autorise.

» Le premier consul, *signé* BONAPARTE. »

« Du 20 floréal an x de la République une et indivisible.

» Les consuls de la République, sur les rapports des ministres ;

» Le conseil d'état entendu ;

» Vu l'acte de sénat conservateur du 18 de ce mois;

» Le message du premier consul au sénat conservateur en date du lendemain 19;

» Considérant que la résolution du premier consul est un hommage éclatant rendu à la souveraineté du peuple ; que le peuple, consulté sur ses plus chers intérêts, ne doit connaître d'autres limites que ces intérêts mêmes;

» Arrêtent ce qui suit :

» ART. 1er Le peuple français sera consulté sur cette question : *Napoléon Bonaparte sera-t-il consul à vie ?*

» 2. Il sera ouvert dans chaque commune un registre où les citoyens seront invités à consigner leur vœu sur cette question.

» 3. Ces registres seront ouverts aux secrétariats de toutes les administrations, aux greffes de tous les tribunaux, chez tous les maires et tous les notaires.

» 4. Le délai pour voter dans chaque département sera de trois semaines, à compter de celui où l'expédition sera parvenue à chaque commune.

» 3. Les ministres sont chargés de l'exécution du présent arrêté, lequel sera inséré au Bulletin des lois.

» Le second consul, signé CAMBACÉRÈS. »

Propositions faites au tribunat immédiatement après la lecture du message (ci-dessus) des consuls. (Le 21 floréal.)

1° *Par Siméon.* — « Je vois dans l'arrêté qui vient de nous être communiqué une mesure digne de l'assentiment le plus exprès du tribunat.

» Bonaparte a acquis, par d'éclatans et d'innombrables services, des droits à la reconnaissance nationale.

» Le tribunat a émis le vœu qu'il lui en soit donné des témoignages.

» Le Sénat a décerné non ceux que l'opinion publique, dirigée par le sentiment, prononçait, mais ceux qu'il a cru autorisés par ses attributions.

» Bonaparte a pensé que le fardeau d'une élection anticipée, quoique dans l'acte du sénat, est principalement dans les pouvoirs du peuple, auquel seul il appartient de le lui imposer ; ce n'est que du peuple, comme ce n'est que pour le peuple, qu'il accepterait la prorogation de la suprême magistrature.

» Alors ses collègues au consulat ont, avec raison, arrêté que le peuple sera consulté ; ils ont usé de l'initiative qui appartient au gouvernement, et ils ont posé la question telle que l'indique l'opinion générale : *Napoléon Bonaparte sera-t-il consul à vie?*

» Le peuple décidera ; et j'espère qu'il se déterminera moins encore d'après sa reconnaissance que par le besoin qu'il a de repos et de stabilité.

» Il est juste que ce peuple, qui s'est levé avec tant de succès contre ses ennemis, puisse, à présent qu'il n'en a plus, se lever à son propre profit pour le plus grand de ses amis et de ses défenseurs; qu'il juge, comme le disait hier un de nos honorables collègues, si son vœu est rempli, ou comment il veut le remplir lui-même.

» Je demande l'impression du message du gouvernement, et qu'il lui en soit fait un pour le remercier d'avoir pris le moyen le plus convenable et le plus constitutionnel de remplir le vœu que le tribunat avait émis relativement au premier consul. » (*Adopté.*)

2° *Par Chabot* (de l'Allier). — « Citoyens collègues, le tribunat avait émis le vœu qu'il fût donné au général Bonaparte, premier consul de la République, un gage éclatant de la reconnaissance nationale : le sénat conservateur n'a pas pensé que la Constitution lui permît de remplir dans toute sa latitude ce vœu, qui était aussi dans son cœur. Nous pouvons maintenant, nous devons l'énoncer tout entier devant le peuple français, appelé à le consacrer.

» Je demande que « les membres du tribunat expriment leur vœu sur la
» question proposée par l'arrêté du gouvernement comme les principales auto-
» rités de la République l'ont exprimé sur la constitution de l'an VIII ; qu'en con-
» séquence, il soit ouvert sur-le-champ, au secrétariat de la commission admi-
» nistrative, un registre sur lequel chaque membre du tribunat inscrira son
» vote, et que le résultat en soit présenté au gouvernement par une députa-
» tion. » (*Adopté.*)

3° *Le président.* — « Quel jour le tribunat veut-il fermer le registre des votes? »

Boissy-d'Anglas.—«Je demande qu'il reste trois jours ouverts, afin de donner aux membres absens le temps de venir voter.

Gillet-Lajacqueminière.—«Les membres de la commission administrative ferout prévenir les absens ; je demande en conséquence que le registre soit clos demain au soir. » (*Adopté*.)

Propositions faites au corps législatif immédiatement après la lecture du message des consuls, du 21 floréal an x. (Séance du même jour.)

1° Par *Rabaut-Pommier*. — « Citoyens législateurs, vous méditez en ce moment sur l'arrêté que le gouvernement vient de vous communiquer par un message. Vous vous demandez sans doute si la mesure qu'il ordonne tournera au profit de la République ; vous réfléchissez comme moi sur les conséquences qui pourraient en être le résultat. En effet, c'est vers l'intérêt public que doivent se reporter toutes les pensées du législateur ; c'est aussi sous ce rapport que je veux le considérer.

» Deux ans et demi de gloire et de bonheur se sont écoulés depuis le 18 brumaire ; et dans ce court intervalle de temps, la constante sollicitude du gouvernement s'est portée sur tout ce qui pouvait fermer les plaies du corps social, rétablir l'ordre, maintenir la tranquillité publique, et faire rendre à la grande nation, le rang qu'elle doit occuper dans le monde politique. Ses efforts ont été couronnés par les plus glorieux succès. Vous avez entendu hier le sénat conservateur vous en faire le récit, et présenter au premier consul, *comme un gage de la reconnaissance publique*, une prolongation de ses fonctions, que déjà le peuple avait devancée par ses vœux, mais dont il n'appartient qu'à lui seul de mesurer la durée sur l'étendue de sa reconnaissance et de ses besoins.

» Le premier consul désire que le peuple soit consulté. Vous voyez comme moi, dans cette honorable conduite du premier consul, un hommage rendu à la souveraineté du peuple français, à ce grand principe que notre révolution a si solennellement consacré, et qui a survécu à tous les orages politiques. Le corps législatif lui-même, soumis à cette volonté suprême, par qui et pour qui il existe, ne saurait exprimer trop solennellement sa reconnaissance pour cette grande marque de respect pour la volonté nationale. En conséquence je propose qu'une députation, composée d'un membre de chacun des départememens de la République, soit chargée de porter au gouvernement l'expression de ses sentimens. » (*Adopté. On choisit le plus âgé des membres de chaque députation.*)

2° Par *Viennot-Vaublanc*. — (Il expose que le corps législatif doit mettre dans toutes ses démarches une méditation et une lenteur qui leur donnent de l'aplomb et leur concilient les suffrages publics ; en conséquence il demande que le président nomme une commission de six membres qui se joindront au bureau, examineront avec lui la proposition adoptée, et en feront leur rapport. — Le corps législatif adopte cette proposition, et nomme membres de la commission Vaublanc, Lagrange, Marcorelle, Fulchiron, Pictet-Diodati et Lobjoy).

Rapport fait par Vaublanc dans la séance extraordinaire du 22 floréal an x.

« La commission m'a chargé de vous présenter le résultat de ses méditations. Elle a cherché à concilier ce qui est dû à la dignité du corps législatif et à celle du gouvernement. Les motifs de sa détermination seront suffisamment énoncés dans le projet d'arrêté que j'ai l'honneur de vous présenter en son nom.

» Le corps législatif, ayant entendu la commission, nommée dans sa séance du
» 21 floréal, pour lui proposer les moyens de régulariser les mesures qu'il avait
» prises sur le message du gouvernement du même jour ;
» Considérant que, tandis que les citoyens émettaient leur vœu pour l'accep-
» tation de la Constitution, les commissions législatives, existantes alors, ouvri-

» rent des registres sur lesquels les membres des deux conseils inscrivirent leur vœu individuel;

» Considérant en outre que, dans la circonstance actuelle, les membres du corps législatif pourraient n'être pas arrivés aux lieux de leur domicile assez à temps pour y inscrire leur vœu sur les registres publics ; arrête :

» 1° La députation d'un membre par département, nommée dans la séance d'hier, se rendra au palais du gouvernement pour présenter aux consuls l'expression des sentimens du corps législatif;

» 2° Un registre sera ouvert à la commission administrative pour y recevoir le vœu individuel des membres du corps législatif sur l'objet énoncé dans l'arrêté du gouvernement, et le résultat en serait transmis au gouvernement avant la fin de la session actuelle. »

Discours de Ségur. (Même séance.)

« Législateurs, quoique mon opinion soit conforme à celle de la commission, il me semble qu'elle n'a pas assez précisé l'ouverture immédiate du registre; je prends la parole pour la motiver.

» Lorsque le tribunat émit un vœu dicté par la reconnaissance nationale pour le premier magistrat de la République, le corps législatif, qui éprouvait le même sentiment, crut avec regret que la Constitution lui interdisait la faculté de l'exprimer, et de prendre à cet égard aucune initiative. Je craignis dès lors, d'après les entraves imposées par la Constitution, qu'aucune des autorités établies ne pût remplir complètement un vœu que je crois général. Dans une aussi grande circonstance, lorsqu'il s'agit de décider si la gloire de nos armes, les douceurs de la paix, la restauration de l'ordre public, la compression de toutes les factions, seront durables ou passagères; lorsqu'il faut imprimer le sceau de la constance à nos institutions, et enlever aux ennemis du peuple français le funeste espoir de voir renaître les troubles et les orages qui tourmentaient la République avant le 18 brumaire; lorsqu'il s'agit enfin de donner à l'homme que la France admire, et que l'Europe nous envie, une récompense digne de nous et de lui, c'est au peuple souverain seul qu'il faut s'adresser ; c'est lui seul qui peut réaliser complètement nos vœux, et, par un acte de sa volonté libre et suprême, assurer solidement son bonheur et son repos en donnant à Bonaparte la marque la plus éclatante de sa confiance, et le digne prix de ses travaux et de ses périls.

» La réponse du premier consul au sénat est parfaitement conforme à cette opinion. Cet illustre citoyen, à l'esprit duquel aucune grande pensée n'échappe, exprime à la fois sa reconnaissance pour cette grande autorité et son respect profond pour la majesté du peuple souverain. Enfin les consuls et le conseil d'état, en convoquant la nation, nous donnent le juste espoir de voir disparaître ces tristes bornes que le vrai patriotisme regardait avec inquiétude, et l'envie, avec une joie basse et perfide. Cet arrêté des consuls qui nous est communiqué, citoyens législateurs, nous laisse une entière liberté d'exprimer nos sentimens; ce n'est point ici l'un de ces actes sur lesquels le silence impartial d'un juge nous est imposé ; c'est un appel au peuple, dont nous faisons partie, et dont nous sommes les représentans.

» Il me semble, citoyens législateurs, que cette double position de citoyens et de représentans de la nation nous indique naturellement les deux résolutions que doit prendre le corps législatif. Comme législateurs, nous devons envoyer au premier consul une nombreuse députation, pour lui exprimer la satisfaction que nous fait éprouver sa réponse, où nous admirons tous les sentimens qui justifient si bien la confiance nationale ; et, comme citoyens, nous devons ouvrir à l'instant, dans le bureau de notre commission, un registre où chacun de nous souscrira son vœu. Ce vœu, je n'en doute pas, répété bientôt dans toute la République, rassurant tous les amis de la patrie, enlevant toute espérance aux factions, liera constamment notre sort aux destinées glorieuses du conquérant de l'Italie et de l'Égypte, du citoyen courageux qui a terrassé l'anarchie, du héros dont le génie audacieux a franchi les Alpes, désarmé tous nos ennemis, vaincu tous nos préjugés, calmé toutes les consciences, et qui vient enfin de donner la paix au monde.

» Je propose donc au corps législatif l'envoi de la députation nommée à la séance d'hier et l'ouverture immédiate d'un registre pour inscrire individuellement notre vœu, et enfin *que le résultat de cette inscription soit transmis au gouvernement par la députation.* »

Vaublanc. « Cet amendement a été discuté et écarté par la commission ; elle a examiné ce qui serait le plus convenable, que le vœu fût porté au premier consul ou par un message ou par la députation, ou qu'il lui fût envoyé par la commission administrative. Elle a pensé qu'il ne s'agissait pas d'un acte législatif, mais de l'émission du vœu individuel de chaque membre comme citoyen sur la question proposée au peuple français par l'arrêté des consuls de la République, du 20 de ce mois ; que l'ouverture d'un registre d'inscription dans l'enceinte du corps législatif a pour objet de faciliter la prompte émission de ce vœu, et qu'il suffisait que le résultat en fût transmis au gouvernement par la commission administrative. »

Le corps législatif passe à l'ordre du jour sur l'amendement proposé par Ségur, et adopte l'arrêté présenté par Vaublanc.

Discours prononcé par Chabot (de l'Allier), orateur de la députation de quinze membres, chargée de présenter au gouvernement les votes individuels des membres du tribunat sur le consulat à vie. — Le 24 floréal an x.

« Citoyens consuls, nous venons déposer dans les mains du gouvernement les votes individuels des membres du tribunat sur cette question soumise à la décision du peuple : *Napoléon Bonaparte sera-t-il consul à vie ?*

» Voter sur cette grande question, c'était pour le tribunat voter sur l'exécution même du vœu qu'il avait solennellement émis à sa séance du 16 floréal, et il était convenable sans doute qu'ayant pris l'initiative de la mesure, il fût aussi le premier à l'exécuter.

» Mais bientôt le peuple tout entier manifestera sa volonté suprême. Et comment ne s'empresserait-il pas d'attacher à ses destinées, par le lien le plus durable, l'homme dont la valeur et le génie ont déjà fait tant de prodiges ; qui, toujours vainqueurs à la tête de l'armée, fut toujours grand et magnanime à la tête du gouvernement ; qui sauva la liberté publique, termina la guerre la plus sanglante par la paix la plus honorable, rétablit la morale et la religion, ramena l'ordre et la sécurité, et qui veut encore ajouter à tant de bienfaits celui de consacrer sa vie entière au bonheur de ses concitoyens !

» C'est donc sur ses intérêts les plus chers que le peuple français est appelé à émettre son vœu ; et c'est aussi sous les rapports politiques de la plus haute importance qui doit considérer la *proposition* qui lui est faite de nommer *à vie* le chef de sa magistrature suprême.

» Il verra que cette mesure a surtout pour objet d'assurer le repos dont il a si grand besoin ; de donner au gouvernement la stabilité qui fait sa force ; de calmer les inquiétudes et les craintes sur les événemens futurs ; d'éloigner pour jamais les prétentions et les espérances de tous les partis ; de fixer, en un mot, l'avenir, et de terminer pour toujours la révolution.

» Tels sont les grands motifs qui ont déterminé le tribunat dans les résolutions qu'il a prises, et sans doute la nation tout entière les sanctionnera bientôt par ses suffrages.

» Une autre considération importante s'offre encore aux amis de la liberté.

» Trop souvent pendant le cours de la révolution on n'avait invoqué la souveraineté du peuple que pour faire en son nom les actes les plus contraires à ses droits.

» Aujourd'hui le premier magistrat de la nation demande lui-même qu'elle soit consultée sur la durée de ses fonctions.

» Et la nation est convoquée pour exprimer son vœu.

» Que cet hommage éclatant rendu à la souveraineté du peuple soit solennellement proclamé.

» Mais qu'avait-on besoin de cette garantie nouvelle ?

» Bonaparte a des idées trop grandes et trop généreuses pour s'écarter jamais des principes libéraux qui ont fait la révolution et fondé la République.

» Il aime trop la véritable gloire pour flétrir jamais par des abus de pouvoir la gloire immense qu'il s'est acquise.

» En acceptant l'honneur d'être le magistrat suprême des Français, il contracte de grandes obligations, et il les remplira toutes.

» La nation qui l'appelle à la gouverner est libre et généreuse ; il respectera, il affermira sa liberté, et ne fera rien qui ne soit digne d'elle.

» Investi de sa confiance entière, il n'usera du pouvoir qu'elle lui délègue que pour la rendre heureuse et florissante.

» Il distinguera ses véritables amis, qui lui diront la vérité, d'avec les flatteurs qui chercheront à le tromper.

» Il s'entourera des hommes de bien, qui, ayant fait la révolution, sont intéressés à la soutenir.

» Il sentira qu'il est de son intérêt comme de sa gloire de conserver, aux autorités chargées de concourir avec lui à la formation des lois de l'état, la dignité, la force et l'indépendance que doivent avoir les législateurs d'un grand peuple.

» Bonaparte enfin sera toujours lui-même ; il voudra que sa mémoire arrive glorieuse et sans reproche jusqu'à la postérité la plus reculée ; et ce ne sera jamais de Bonaparte qu'on pourra dire *qu'il a vécu trop de quelques années !* »

Réponse du premier consul.

« Ce témoignage de l'affection du tribunat est précieux au gouvernement.

» L'union de tous les corps de l'état est pour la nation une garantie de stabilité et de bonheur.

» La marche du gouvernement sera constamment dirigée dans l'intérêt du peuple d'où dérivent tous les pouvoirs, et pour qui seul travaillent tous les gens de bien.

Discours prononcé par Viennot-Vaublanc, orateur de la députation (de cent deux membres) chargé de porter au gouvernement le vœu du corps législatif sur le consulat à vie. — Le 24 floréal an x.

« Citoyens consuls, le corps législatif, après avoir félicité le gouvernement sur la paix générale, devait, d'après la nature de ses fonctions, attendre que le sénat conservateur et le tribunat prissent l'initiative de la reconnaissance nationale.

» En recevant le vœu prononcé par le tribunat, nous avons regretté que les bornes constitutionnelles de nos fonctions ne nous permissent pas de nous unir à une démarche qui n'était que l'expression du vœu de tous les Français.

» L'arrêté que le gouvernement nous a transmis consacre l'hommage que le premier consul a rendu à la souveraineté nationale. Le corps législatif a vu dans cet appel fait à une nation libre le seul moyen digne d'elle de proclamer une noble récompense des plus nobles travaux; il a cru qu'il devait annoncer son opinion par une démarche solennelle. Il partage la reconnaissance exprimée par les actes du sénat et du tribunat, et rend hommage, comme le gouvernement, au principe de la souveraineté nationale; c'est à elle à prononcer, c'est à elle à marquer les premières années d'une magistrature si glorieuse, par une résolution utile aux intérêts de la République, rassurante pour le repos de l'Europe, autant qu'honorable pour le magistrat illustre qui en est l'objet.

» Citoyen premier consul, lorsque le génie de la France vous confia ses destinés, vous nous promites la paix. Cette promesse solennelle retentit dans tous les cœurs; et aux difficultés de ce grand ouvrage une confiance inébranlable opposait la promesse du premier magistrat; elle est accomplie aujourd'hui; la France n'a plus d'ennemis.

» Nous attendons de vous maintenant le plus haut degré de gloire et de prospérité auquel un peuple puisse parvenir par la liberté politique, civile et religieuse, par l'agriculture, le commerce, les arts de l'industrie et du génie. Vos principes et vos talens en sont un gage assuré; et, aux obstacles que présentera la nature des choses, la confiance nationale opposera la magnanimité de vos desseins et la constance de vos travaux.

» Ainsi toujours, entre le peuple et vous, subsistera le lien inaltérable d'une auguste et mutuelle confiance qui lui garentit vos efforts pour son bonheur, et vous assure des siens pour vos succès.

» Bientôt, par une résolution nationale, sera satisfaite la reconnaissance publique, et le gouvernement affermi; bientôt seront récompensés les travaux d'une magistrature couverte par vous d'un éclat digne de la grandeur du peuple qui l'a instituée. »

Réponse du premier consul.

« Les sentimens que vous venez d'exprimer, et cette députation solennelle, sont pour le gouvernement un gage précieux de l'estime du corps législatif.

» J'ai été appelé à la magistrature suprême dans des circonstances telles, que le peuple n'a pu peser dans le calme de la réflexion le mérite de son choix.

» Alors la République était déchirée par la guerre civile; l'ennemi menaçait les frontières; il n'y avait plus ni sécurité, ni gouvernement. Dans une telle crise ce choix a pu ne paraître que le produit indélibéré de ses alarmes.

» Aujourd'hui la paix est rétablie avec toutes les puissances de l'Europe; les citoyens n'offrent plus que l'image d'une famille réunie, et l'expérience qu'ils ont faite de leur gouvernement les a éclairés sur la valeur de leur premier choix. Qu'ils manifestent leur volonté dans toute sa franchise et dans toute son indépendance; elle sera obéie; quelle que soit ma destinée, consul ou citoyen, je n'existerai que pour la grandeur et la félicité de la France. »

Rapport sur le recensement des votes fait au sénat conservateur par Lacépède.
— Séance du 14 thermidor an x.

« Citoyens sénateurs, vous avez renvoyé à votre commission spéciale, établie par votre arrêté du 11 de ce mois, un message du gouvernement relatif à la nomination du citoyen Napoléon Bonaparte au premier consulat à vie.

» Vous avez chargé particulièrement votre commission de vérifier les registres des votes que les citoyens français viennent d'émettre.

» Votre commission s'est assurée que ces registres ont tous les caractères de l'authenticité; ils renferment les registres originaux des communes, revêtus des signatures de chaque votant, et attestés par le maire; réunis par arrondissement, et certifiés par le sous-préfet; rassemblés par département, et reconnus par le préfet pour authentiques, présentant enfin les formes que les lois ou les usages ont consacrés.

» Votre commission a dressé un procès-verbal de l'état de ces registres; elle aura l'honneur de le mettre sous vos yeux. Elle vous présentera aussi le tableau des résultats du dépouillement des votes; ce tableau offre pour chaque département le nombre des suffrages pour la nomination du citoyen Napoléon Bonaparte au premier consulat à vie, et celui des votes contraires à cette nomination.

» Votre commission spéciale a constaté que trois millions cinq cent soixante-huit mille huit cent quatre-vingt-cinq citoyens français ont voté pour que le premier consul soit à vie le premier magistrat de la nation, et que huit mille trois cent soixante-quatorze citoyens s'y sont opposés.

» Elle a comparé ce nombre de trois millions cinq cent soixante-huit mille huit cent quatre-vingt-cinq à celui des citoyens qui ont émis leur vœu dans les différentes circonstances où le peuple français a fait connaître sa volonté souveraine; elle a trouvé que la Constitution de l'an VIII a été acceptée par trois millions onze mille sept citoyens, celle de l'an 1er par un million huit cent un mille neuf cent dix-huit, et celle de l'an III par un million cinquante-sept mille trois cent quatre-vingt-dix.

» Elle a vu par conséquent que le peuple français n'avait jamais exprimé sa volonté par un aussi grand nombre de suffrages que pour rendre la magistrature suprême perpétuelle dans la personne du citoyen Napoléon Bonaparte.

» Elle vous propose donc de proclamer ce vœu solennel, et de remplir par-là le devoir que la Constitution vous a imposé en vous établissant l'organe du peuple pour ce qui intéresse le pacte social.

» Elle vient aussi vous entretenir d'un second devoir bien cher à chacun de nous.

» Vous n'avez pas seulement à proclamer la volonté du peuple, vous devez aussi exprimer la vive reconnaissance qu'il s'est empressé de témoigner de toute part pour le héros qui, précédé par la victoire et guidé par la sagesse, a éteint tous les feux de la guerre et brisé tous les traits de l'horrible discorde.

» Nous vous proposons donc de donner un grand éclat à la manifestation de la volonté nationale, de porter vous-mêmes au premier consul l'expression des sentimens du peuple souverain; et comme la haute prévoyance du sénat conservateur embrasse tous les temps et s'étend à tous les intérêts, nous avons cru qu'un monument durable, élevé par votre autorité, digne du sénat, d'une grande nation et du premier consul, d'un peuple libre, devait attester à la postérité la reconnaissance des Français.

» C'est ainsi qu'interprètes fidèles d'une nation aimante et généreuse, donnant un grand exemple aux descendans de vos concitoyens, absolvant les républiques du reproche d'ingratitude, servant la liberté jusque dans les siècles à venir, vous aurez fait ce qu'exigent de vous dans cette circonstance mémorable votre respect pour le peuple souverain, le soin de votre dignité qui est une propriété du peuple, votre admiration pour le premier consul, les égards mutuels que se doivent les dépositaires du pouvoir suprême, la stabilité du gouvernement, la gloire de la nation et sa prospérité.

»Votre commission m'a chargé en conséquence de vous présenter ce projet.»

Projet de sénatus-consulte.

« Le sénat conservateur réuni au nombre de membres prescrit par l'article 90 de la Constitution.

» Délibérant sur le message des consuls de la République du 10 de ce mois;

» Après avoir entendu le rapport de la commission spéciale chargée de vérifier les registres des votes émis par les citoyens français;

» Vu le procès-verbal fait par la commission spéciale, et qui constate que trois millions cinq cent soixante-dix-sept mille deux cent cinquante-neuf citoyens ont donné leurs suffrages, et que trois millions cinq cent soixante-huit mille huit cent quatre-vingt-cinq citoyens ont voté pour que Napoléon Bonaparte soit nommé premier consul à vie;

» Considérant que le sénat, établi par la Constitution organe du peuple pour ce qui intéresse le pacte social, doit manifester d'une manière éclatante la reconnaissance nationale envers le héros vainqueur et pacificateur, et proclamer solennellement la volonté du peuple français de donner au gouvernement toute la stabilité nécessaire à l'indépendance, à la prospérité et à la gloire de la République.

» Décrète ce qui suit :

» Art. Ier Le peuple français nomme, et le sénat proclame Napoléon Bonaparte premier consul à vie.

» 2. Une statue de *la Paix*, tenant d'une main le laurier de *la Victoire*, et de l'autre le décret du sénat, attestera à la postérité la reconnaissance de la nation.

» 5. Le sénat portera au premier consul l'expression de la confiance, de l'amour et de l'admiration du peuple français. » (*Adopté.*)

Rapport fait au sénat conservateur par Cornudet, le 16 thermidor an x, sur le projet de sénatus-consulte organique de la Constitution présenté le même jour par les conseillers d'état Régnier, Portalis et Dessoles.

« Citoyens sénateurs, le peuple français a voulu consolider son gouvernement en rendant sa suprême magistrature inamovible.

» Cette inamovibilité, par l'accroissement de forces qu'elle donne à la puissance exécutrice, nécessite évidemment la révision de son organisation politique.

» Le premier acte de Bonaparte, ce nom marche seul vers l'éternité de la gloire, le premier acte de Bonaparte consul à vie a donc dû être d'appeler à cette révision le sénat, conservateur des droits de la nation.

» Citoyens sénateurs, le système soumis à votre délibération est le même corps que la Constitution, mais rendu plus robuste.

» Ce principe démocratique, élément absolu de tout gouvernement libre, qui fait partie du peuple, comme de sa source, la nomination aux divers offices, remis dans le *moi* commun, est gardé; mais il est plus heureusement combiné.

» Les corps nationaux que la Constitution crée conservent leur orbite; mais leurs fonctions sont plus cohérentes, mieux définies; et le ministère de la nation, pour la garde de ses inaliénables droits, est réalisé.

» Une opinion générale de réprobation (qui peut la méconnaître?) s'est prononcée contre ces listes de confiance établies par la Constitution; véritables listes de réduction de la nation, ces listes ne se recomposant à aucune période, et le retirement d'aucun nom sur ces listes n'étant praticable.

» Le projet qui vous est soumis remplace très-populairement ces listes par l'institution des différens collèges électoraux, dont une partie du mécanisme a déjà la sanction de l'expérience parmi nous.

» Cette institution ne déshérite aucun membre de la cité.

» Avec quelle sagesse cette institution, qui, par la nature de la perpétuité de ses membres, renferme un penchant aristocratique, est obligée d'observer cette égalité de droit, plus encore peut-être le charme du citoyen français que la liberté, parce que son caractère est une grande estime de soi, en nommant nécessairement la moitié des candidats hors de son sein !

» Mais il faut principalement considérer cette institution, 1° par rapport à son office; 2° par rapport à la perpétuité de ses membres ; c'est sous ces rapports que cette institution entre dans le système de contre-poids que la garde de la liberté, l'honneur et le besoin de la nation prescrit aujourd'hui d'ordonner.

» L'office de ces collèges électoraux est de former une liste de candidats pour chaque place vacante dans les administrations municipale, communale, départementale, dans le tribunat, dans le corps législatif, dans le sénat. Cette liste est double pour chacune des places qui tiennent pour ainsi dire à la famille, et pour les places nationales, dans la proportion la plus simple qui puisse garantir un choix distingué.

» Il existera donc un concours vraiment populaire, parce qu'il est spécial, et qu'il est réduit à son moindre terme, pour la nomination à ces fonctions publiques que leur nature assigne à des délégués plus ou moins directs du peuple.

» Ici vient se placer, citoyens sénateurs, une considération majeure, laquelle recommande l'établissement des corps électoraux comme une idée mère de la République.

» Dans nos empires modernes on s'est rendu nécessaire un grand état militaire; de là il suit que la profession des armes a et doit avoir un grand éclat; il est donc essentiel de créer un moyen de lustre pour les hommes civils, qui puisse, lorsqu'ils sont les uns et les autres compétiteurs devant la nation, soutenir le concours de ceux-ci dans la distribution des dignités et des grands emplois.

» Or, dans les républiques qui ne reconnaissent pas de classification de conditions, le lustre qui s'attache aux hommes civils ne peut naître que de la manifestation répétée de la confiance et de l'estime des citoyens.

» Notre organisation politique réclame donc essentiellement que l'on donne une influence populaire sur les élections à toutes les fonctions publiques.

» Cette influence ne saurait d'ailleurs, il faut bien le remarquer, être plus considérable que celle donnée aux collèges électoraux que le projet établit, sans retomber dans la pure démocratie; constitution surhumaine, si elle n'est pas l'absence de tout gouvernement.

» En second lieu, la perpétuité des membres de ces collèges électoraux en forme un véritable corps politique dans lequel il ne peut manquer de s'établir un esprit commun et social, éveillé sur l'intérêt national et d'une continue direction.

» Ainsi le gouvernement aura une opinion publique certaine à respecter.

» Dans le pouvoir législatif il faut distinguer deux branches, dont la division dans l'exercice est non moins essentielle que la division des autorités administratives et judiciaires, qui dérivent toutes deux du pouvoir exécutif.

» Ces deux branches du pouvoir législatif sont la législation politique et la législation civile.

» La législation civile règle les intérêts que l'association forme entre ses membres considérés comme individus; elle comprend aussi le consentement à l'impôt, parce que l'impôt est une délibation de la propriété; droit individuel que l'association ne crée pas, mais qu'elle accroît et qu'elle garantit ; elle comprend enfin les réglemens locaux qui excèdent le pouvoir administratif.

» La législation politique s'applique aux actes de la souveraineté.

» Le corps de la nation a un *moi* personnel.

» Les jugemens de ce *moi*, pour sa conservation, ne peuvent être remis au même corps, dont la constitution est d'être sévère sur les sacrifices que chaque citoyen doit à l'état, et qui est toujours en quelque sorte partie contre la personne morale de la nation.

» Cette division, que la nature du gouvernement républicain y rend plus indispensable, paraît exister dans la Constitution, mais elle n'y existe que dans le nom des corps qu'elle institue.

» Le projet présenté l'exécute, cette division ; il fait entrer dans le domaine du sénat la législation politique.

» Il rend en même temps les consuls membres du sénat qu'ils président; donne aux ministres le droit de discussion au sénat, mais sans voix délibérative; conséquence absolue du concours nécessaire du gouvernement à la législation politique, dont il est, dans tous les systèmes sociaux, partie intégrante.

» Le projet soumis à la délibération réalise véritablement dans le sénat ce ministère de la nation pour la garde de ses droits que la Constitution y indique et qu'elle n'établit pas.

» Car, sérieusement, la conservation de la chose publique peut-elle résulter d'un simple jugement de l'esprit, soit qu'il existe tyrannie de la part du gouvernement, soit contre l'usurpation du *Forum* par les factions ?

» D'une part le sénat a donc le droit de dissoudre le corps législatif ou le tribunat, et l'un et l'autre dans les cas où, soit par l'influence de l'étranger, soit par quelque vertige démagogique, soit par quelque autre esprit de faction, ces corps arrêteraient l'action du gouvernement.

» D'autre part l'action du droit souverain de police, que le gouvernement peut être nécessité d'exercer, est modérée par la délibératoin d'un corps nombreux dont les membres sont indépendans par leur inamovibilité ; et toujours un compte doit être donné au sénat de l'exécution des mesures de sûreté prises après le délai prescrit par l'article 46 de la Constitution. Il existe donc une garantie positive de la jouissance des articles 76, 77, 78, 79 et 80 de la Constitution qui forment proprement pour nous la loi d'un peuple voisin dite l'*habeas corpus*.

» Le projet soumis pour garantir l'indépendance judiciaire statue de plus qu'il n'appartient qu'au sénat de connaître des jugemens qui blesseraient la foi de la nation, seraient un empiétement sur l'action directe du gouvernement, qui, en un mot attaqueraient la sûreté de l'état.

» Cette attribution en effet découle essentiellement de l'office du sénat qui est de rétablir la circulation de l'action sociale lorsqu'elle se trouve troublée.

» Ainsi le sénat acquiert toute l'existence politique que son titre devait lui conférer.

» Mais la grande puissance du sénat, dont les membres sont inamovibles, exige que le gouvernement ait lui-même un moyen de conservation personnel contre ce corps; moyen qui soit moral, car la corruption dégrade; moyen qui soit civil, car il importe que, pour exercer son influence légitime et nécessaire, le gouvernement ne soit pas réduit à l'emploi de la force qui ruine tous les droits et tous les devoirs.

» Le projet soumis, suivant l'exemple d'un peuple voisin, donne à cette fin au gouvernement le droit de faire entrer, par sa pure nomination, dans le sénat, un nombre déterminé de citoyens qui d'ailleurs auraient les conditions requises.

» Le projet constitue un conseil privé chargé de rédiger les projets de sénatus consulte; et circonscrit ainsi, pondération essentielle, dans son orbitre constitutionnel le conseil d'état, qui demeure *conseil législatif* et *administratif*.

» La volonté du peuple, que vous avez prononcée hier, citoyens sénateurs, en déclarant le premier consul consul à vie, amène la conséquence de l'inamovibilité des deux autres consuls.

» Sans cette inamovibilité la nation n'aurait pas évidemment la garantie de l'indépendance des opinions du second et du troisième consuls, lesquelles doivent entrer dans la délibération du premier consul comme conseil.

» Le projet soumis déclare donc que les trois consuls sont institués à vie.

» Le point capital, le point que la constitution de tout état, et particulièrement d'une république, doit nécessairement régler, et régler d'une manière évidente et sans équivoque, est le mode de succession ou de remplacement à la suprême magistrature.

» La Constitution confère bien au sénat l'élection des consuls; mais elle garde le silence sur les formes et sur le mode de cette élection : là cependant est le lien de la Constitution.

» Ce qui rend si abstrus les problèmes politiques, c'est que le terme inconnu de l'équation se multiplie par toutes les passions tumultueuses et déréglées dont l'expérience ne découvrira jamais toute l'intensité; leur résolution ne peut donc être que plus ou moins probable, et dès lors que plus ou moins heureuse dans l'application.

» La suprême magistrature dans aucun état ne peut longtemps demeurer vacante sans devenir la proie de la force. La résolution qui aura l'effet de prévenir le plus sûrement que la place publique ne s'empare de l'élection est évidemment la plus juste détermination, parce qu'elle a pour elle le plus de probabilités de prudence.

» Or telle est la combinaison que le projet soumis offre; il doit sensiblement, par un rapprochement nécessaire, amener dans le plus court délai une transaction supérieure aux hasards de l'hérédité, et qui en promet le repos entre le consul ou les consuls *présentateurs*, et le sénat *nominateur*, pour la nomination.

» Le projet soumis à votre délibération, citoyens sénateurs, relève l'autel de l'humanité à côté du gouvernement; je veux dire, rétablit le droit de grâce, droit qui existe chez tous les peuples, droit qui serait encore nécessaire quand les jurés et les juges ne seraient pas sujets à l'erreur; droit dont l'absence est une des causes du scandale que présentent souvent les séances des jurés, et lequel fait calomnier cette institution, qui nourrira la liberté dans le cœur des citoyens.

» Mais en même temps, pour que ce droit de grâce ne devienne pas une impunité dangereuse à la société, le projet en pondère l'exercice en le soumettant à l'avis d'un conseil privé particulier dont il détermine la composition.

» Cependant, dernière question que votre commission s'est faite, et qu'elle a dû examiner avec sévérité, ces dispositions, soumises à votre délibération, ne doivent-elles pas recevoir leur sanction de l'acceptation du peuple, de qui tout pouvoir social émane, à l'imitation de tout ce qui a été suivi pour les constitutions qui se sont succédé depuis 1795?

» Votre commission n'hésite pas, citoyens sénateurs, à se prononcer contre cette doctrine comme étant une exagération de l'époque où elle est née. La plus difficile conception de l'entendement humain peut-elle sérieusement être délibérée par la foule? et dès lors peut-elle de bonne foi devenir l'objet de son acceptation, qui, si elle n'est pas une jonglerie, doit être éclairée?

» Il faut fermer sans retour la place publique aux Gracques. Le vœu des citoyens sur les lois politiques auxquelles ils obéissent s'exprime par la prospérité générale ; la garantie des droits de la société place absolument la pratique du dogme de la souveraineté du peuple dans le sénat, qui est le lien de la nation. Voilà la seule vraie doctrine sociale pour nous.

» Et l'établissement des colléges électoraux et leurs opérations, ô puritains ! seront la véritable acceptation populaire du sénatus-consulte, et une acceptation qui ne pourra être contestée, car nul n'est forcé de voter par aucun genre de contrainte.

» Citoyens sénateurs, votre commission a le sentiment de la nécessité de donner sans délai, par un grand acte national qui se lie à celui d'hier, une nouvelle vie aux institutions que le 18 brumaire a élevées.

» Le projet de sénatus-consulte qui vous est soumis lui paraît répondre dignement à l'auguste mission de consolidation dont le peuple français a investi Bonaparte en le nommant consul à vie, et dont vous avez reconnu si solennellement le caractère.

» Le héros vainqueur et pacificateur était aussi destiné par sa fortune à être le législateur de la république française.

» Ainsi le second peuple de l'histoire par sa puissance sera, par la force du même génie, le premier par sa constitution politique.

» Votre commission (1), citoyens sénateurs, vous propose à l'unanimité de convertir, en sénatus-consulte organique de la Constitution, le projet soumis à votre délibération. » (*Adopté*.)

SÉNATUS-CONSULTE ORGANIQUE DE LA CONSTITUTION.

Du 16 thermidor an x (4 août 1802.)

TITRE PREMIER.

Art. 1er. Chaque ressort de justice de paix a une assemblée de canton.

2. Chaque arrondissement communal ou district de sous-préfecture a un collége électoral d'arrondissement.

3. Chaque département a un collége électoral de département.

TITRE II. — *Des assemblées de canton.*

4. L'assemblée de canton se compose de tous les citoyens domiciliés dans ce canton, et qui y sont inscrits sur la liste communale d'arrondissement.

A dater de l'époque où, aux termes de la Constitution, les listes communales doivent être renouvelées, l'assemblée de canton sera composée de tous les citoyens domiciliés dans le canton, et qui y jouissent des droits de citoyen.

5. Le premier consul nomme le président de l'assemblée de canton.

Ses fonctions durent cinq ans ; il peut être renommé indéfiniment.

Il est assisté de quatre scrutateurs, dont deux sont les plus âgés, et les deux autres les plus imposés des citoyens ayant droit de voter dans l'assemblée de canton.

Le président et les quatre scrutateurs nomment le secrétaire.

6. L'assemblée de canton se divise en sections pour faire les opérations qui lui appartiennent.

Lors de la première convocation de chaque assemblée, l'organisation et les formes en seront déterminées par un règlement émané du gouvernement.

---

(1) Composée des sénateurs Barthélemy, président; Fargues et Vaubois, secrétaires; Lacépède, Laplace, Lefèbvre, Jacqueminot, Demeunier et Cornudet.

7. Le président de l'assemblée de canton nomme les présidens des sections. Leurs fonctions finissent avec chaque assemblée sectionnaire.

Ils sont assistés chacun de deux scrutateurs, dont l'un est le plus âgé, et l'autre le plus imposé des citoyens ayant droit de voter dans la section.

8. L'assemblée de canton désigne deux citoyens sur lesquels le premier consul choisit le juge de paix du canton.

Elle désigne pareillement deux citoyens pour chaque place vacante de suppléant du juge de paix.

9. Les juges de paix et leurs suppléans sont nommés pour dix ans.

10. Dans les villes de cinq mille ames l'assemblée de canton présente deux citoyens pour chacune des places du conseil municipal. Dans les villes où il y aura plusieurs justices de paix, ou plusieurs assemblées de canton, chaque assemblée présentera pareillement deux citoyens pour chaque place du conseil municipal.

11. Les membres des conseils municipaux sont pris par chaque assemblée de canton sur la liste des cent plus imposés du canton. Cette liste sera arrêtée et imprimée par ordre du préfet.

12. Les conseils municipaux se renouvellent tous les dix ans par moitié.

13. Le premier consul choisit les maires et adjoints dans les conseils municipaux: ils sont cinq ans en place; ils peuvent être renommés.

14. L'assemblée de canton nomme au collége électoral d'arrondissement le nombre des membres qui lui est assigné, en raison du nombre de citoyens dont elle se compose.

15. Elle nomme au collége électoral de département, sur une liste dont il sera parlé ci-après, le nombre des membres qui lui est attribué.

16. Les membres des colléges électoraux doivent être domiciliés dans les arrondissemens et départemens respectifs.

17. Le gouvernement convoque les assemblées de canton, fixe le temps de leur durée et l'objet de leur réunion.

TITRE III. — *Des colléges électoraux.*

18. Les colléges électoraux d'arrondissement ont un membre pour cinq cents habitans domiciliés dans l'arrondissement.

Le nombre des membres ne peut néanmoins excéder deux cents ni être au-dessous de cent vingt.

19. Les colléges électoraux de département ont un membre par mille habitans domiciliés dans le département, et néanmoins ces membres ne peuvent excéder trois cents, ni être au-dessous de deux cents.

20. Les membres des colléges électoraux sont à vie.

21. Si un membre d'un collége électoral est dénoncé au gouvernement comme s'étant permis quelque acte contraire à l'honneur ou à la patrie, le gouvernement invite le collége à manifester son vœu; il faut les trois quarts des voix pour faire perdre au membre dénoncé sa place dans le collége.

22. On perd sa place dans les colléges électoraux pour les mêmes causes qui font perdre le droit de citoyen.

On la perd également lorsque, sans empêchement légitime, on n'a point assisté à trois réunions successives.

23. Le premier consul nomme les présidens des colléges électoraux à chaque session. Le président a seul la police du collége électoral lorsqu'il est assemblé.

24. Les colléges électoraux nomment, à chaque session, deux scrutateurs et un secrétaire.

25. Pour parvenir à la formation des colléges électoraux de département, il sera dressé dans chaque département, sous les ordres du ministre des finances, une liste de six cents citoyens, les plus imposés aux rôles des contributions foncière, mobilière et somptuaire, et au rôle des patentes.

On ajoute à la somme de la contribution, dans le domicile du département, celle qu'on peut justifier payer dans les autres parties du territoire de la France et de ses colonies.

Cette liste sera imprimée.

26. L'assemblée de canton prendra sur cette liste les membres qu'elle devra nommer au collége électoral du département.

27. Le premier consul peut ajouter aux colléges électoraux d'arrondissement dix membres pris parmi les citoyens appartenans à la Légion d'Honneur, ou qui ont rendu des services.

Il peut ajouter à chaque collége électoral de département vingt citoyens, dont dix pris parmi les trente les plus imposés du département, et les dix autres soit parmi les membres de la Légion-d'Honneur, soit parmi les citoyens qui ont rendu des services.

Il n'est point assujetti, pour ces nominations, à des époques déterminées.

28. Les colléges électoraux d'arrondissement présentent au premier consul deux citoyens domiciliés dans l'arrondissement pour chaque place vacante dans le conseil d'arrondissement.

Un, au moins, de ces citoyens doit être pris nécessairement hors du collége électoral qui le désigne.

Les conseils d'arondissement se renouvellent par tiers tous les cinq ans.

29. Les colléges électoraux d'arrondissement présentent à chaque réunion deux citoyens pour faire partie de la liste sur laquelle doivent être choisis les membres du tribunat.

Un, au moins, de ces citoyens doit être pris nécessairement hors du collége qui le présente.

Tous deux peuvent être pris hors du département.

30. Les colléges électoraux de département présentent au premier consul deux citoyens domiciliés dans le département pour chaque place vacante dans le conseil général du département.

Un de ces citoyens, au moins, doit être pris nécessairement hors du collége électoral qui le présente.

Les conseils généraux de département se renouvellent par tiers tous les cinq ans.

31. Les colléges électoraux du département présentent, à chaque réunion, deux citoyens pour former la liste sur laquelle sont nommés les membres du sénat.

Un, au moins, doit être pris nécessairement hors du collége qui le présente, et tous deux peuvent être pris hors du département.

Ils doivent avoir l'âge et les qualités exigés par la Constitution.

32. Les colléges électoraux de département et d'arrondissement présentent chacun deux citoyens, domiciliés dans le département, pour former la liste sur laquelle doivent être nommés les membres de la députation au corps législatif.

Un de ces citoyens doit être pris nécessairement hors du collége qui le présente.

Il doit y avoir trois fois autant de candidats différens sur la liste formée par la réunion des présentations des colléges électoraux de département et d'arrondissement, qu'il y a de places vacantes.

53. On peut être membre d'un conseil de commune et d'un collége électoral d'arrondissement ou de département.

On ne peut être à la fois membre d'un collége d'arrondissement et d'un collége de département.

54. Les membres du corps législatif et du tribunat ne peuvent assister aux séances du collége électoral dont ils feront partie. Tous les autres fonctionnaires publics ont droit d'y assister et d'y voter.

55. Il n'est procédé par aucune assemblée de canton à la nomination des places qui lui appartiennent dans un collége électoral, que quand ces places sont réduites aux deux tiers.

56. Les colléges électoraux ne s'assemblent qu'en vertu d'un acte de convocation émané du gouvernement, et dans le lieu qui leur est assigné.

Ils ne peuvent s'occuper que des opérations pour lesquelles ils sont convoqués, ni continuer leurs séances au-delà du temps fixé par l'acte de convocation.

S'ils sortent de ces bornes, le gouvernement a le droit de les dissoudre.

57. Les colléges électoraux ne peuvent ni directement, ni indirectement, sous quelque prétexte que ce soit, correspondre entre eux.

58. La dissolution d'un corps électoral opère le renouvellement de tous ses membres.

Titre IV. — Des consuls.

39. Les consuls sont à vie.

Ils sont membres du sénat, et le président.

40. Les second et troisième consuls sont nommés par le sénat sur la présentation du premier.

41. A cet effet, lorsque l'une des deux places vient à vaquer, le premier consul présente au sénat un premier sujet; s'il n'est pas nommé, il en présente un second; si le second n'est pas accepté, il en présente un troisième, qui est nécessairement nommé.

42. Lorsque le premier consul le juge convenable, il présente un citoyen pour lui succéder après sa mort, dans les formes indiquées par l'article précédent.

43. Le citoyen nommé pour succéder au premier consul prête serment à la République entre les mains du premier consul, assisté des second et troisième consuls, en présence du sénat, des ministres, du conseil d'état, du corps législatif, du tribunat, du tribunal de cassation, des archevêques, des évêques, des présidens des tribunaux d'appel, des présidens des colléges électoraux, des présidens des assemblées de canton, des grands officiers de la Légion d'Honneur, et des maires des vingt-quatre principales villes de la République.

Le secrétaire d'état dresse le procès-verbal de la prestation du serment.

44. Le serment est ainsi conçu :

« Je jure de maintenir la Constitution, de respecter la liberté des consciences,
» de m'opposer au retour des institutions féodales, de ne jamais faire la guerre
» que pour la défense et la gloire de la République, et de n'employer le pou-
» voir dont je serai revêtu que pour le bonheur du peuple, de qui et pour qui
» je l'aurai reçu. »

45. Le serment prêté, il prend séance au sénat, immédiatement après le troisième consul.

46. Le premier consul peut déposer aux archives du gouvernement son vœu sur la nomination de son successeur, pour être présenté au sénat après sa mort.

47. Dans ce cas, il appelle les second et troisième consuls, les ministres et les présidens des sections du conseil d'état.

En leur présence, il remet au secrétaire d'état le papier scellé de son sceau dans lequel est consigné son vœu. Ce papier est souscrit par tous ceux qui sont présens à l'acte.

Le secrétaire d'état le dépose aux archives du gouvernement en présence des ministres et des présidens des sections du conseil d'état.

48. Le premier consul peut retirer ce dépôt en observant les formalités prescrites dans l'article précédent.

49. Après la mort du premier consul, si son vœu est resté déposé, le papier qui le renferme est retiré des archives du gouvernement par le secrétaires d'état, en présence des ministres et des présidens des sections du conseil d'état; l'intégrité et l'identité en sont reconnues en présence des second et troisième consuls. Il est adressé au sénat par un message du gouvernement, avec expédition des procès-verbaux qui en ont constaté le dépôt, l'identité et l'intégrité.

50. Si le sujet présenté par le premier consul n'est pas nommé, le second et le troisième consuls en présentent chacun un : en cas de non nomination, ils en présentent chacun un autre, et l'un des deux est nécessairement nommé.

51. Si le premier consul n'a point laissé de présentation, les second et troisième consuls font leurs présentations séparées, une première, une seconde, et, si l'un ni l'autre n'a obtenu de nomination, une troisième. Le sénat nomme nécessairement sur la troisième.

52. Dans tous les cas, les présentations et la nomination devront être consommées dans les vingt-quatre heures qui suivront la mort du premier consul.

53. La loi fixe pour la vie de chaque premier consul l'état des dépenses du gouvernement.

TITRE V — *Du sénat.*

54. Le sénat règle par un *sénatus-consulte* organique :

1° La constitution des colonies;

2° Tout ce qui n'a pas été prévu par la Constitution, et qui est nécessaire à sa marche;

3° Il explique les articles de la Constitution qui donnent lieu à différentes interprétations.

55. Le sénat, par des actes intitulés *sénatus-consulte*,

1° Suspend pour cinq ans les fonctions de jurés dans les départemens où cette mesure est nécessaire;

2° Déclare, quand les circonstances l'exigent, des départemens hors la Constitution;

3° Détermine le temps dans lequel des individus arrêtés en vertu de l'article 46 de la Constitution, doivent être traduits devant les tribunaux, lorsqu'ils ne l'ont pas été dans les dix jours de leur arrestation;

4° Annule les jugemens des tribunaux lorsqu'ils sont attentatoires à la sûreté de l'état;

5° Dissout le corps législatif et le tribunat;

6° Nomme les consuls.

56. Les sénatus-consultes organiques et les sénatus-consultes sont délibérés par le sénat sur l'initiative du gouvernement.

Une simple majorité suffit pour les sénatus-consultes : il faut les deux tiers des voix des membres présens pour un sénatus-consulte organique.

57. Les projets de sénatus-consultes, pris en conséquence des articles 54 et 55,

sont discutés dans un conseil privé, composé des consuls, de deux ministres, de deux sénateurs, de deux conseillers d'état, et de deux grands officiers de la Légion-d'Honneur.

Le premier consul désigne, à chaque tenue, les membres qui doivent composer le conseil privé.

58. Le premier consul ratifie les traités de paix et d'alliance, après avoir pris l'avis du conseil privé.

Avant de les promulguer, il en donne connaissance au sénat.

59. L'acte de nomination d'un membre du corps législatif, du tribunat et du tribunal de cassation, s'intitule *arrêté*.

60. Les actes du sénat, relatifs à sa police et à son administration intérieure, s'intitulent *délibérations*.

61. Dans le courant de l'an II, il sera procédé à la nomination de quatorze citoyens pour compléter le nombre de quatre-vingts sénateurs déterminé par l'article 15 de la Constitution.

Cette nomination sera faite par le sénat sur la présentation du premier consul, qui, pour cette présentation et pour les présentations ultérieures, dans le nombre de quatre-vingts, prendra trois sujets sur la liste des citoyens désignés par les colléges électoraux.

62. Les membres du grand conseil de la Légion-d'Honneur sont membres du sénat, quel que soit leur âge.

63. Le premier consul peut en outre nommer au sénat, sans présentation préalable par les colléges électoraux de département, des citoyens distingués par leurs services et leurs talens, à condition néanmoins qu'ils auront l'âge requis par la Constitution, et que le nombre des sénateurs ne pourra, en aucun cas, excéder cent vingt.

64. Les sénateurs pourront être consuls, ministres, membres de la Légion-d'Honneur, inspecteurs de l'instruction publique, et employés dans les commissions extraordinaires et temporaires.

65. Le sénat nomme chaque année deux de ses membres pour remplir les fonctions de secrétaires.

66. Les ministres ont séance au sénat, mais sans voix délibérative, s'ils ne sont sénateurs.

TITRE VI. — *Des conseillers d'état.*

67. Les conseillers d'état n'excéderont jamais le nombre de cinquante.
68. Le conseil d'état se divise en sections.
69. Les ministres ont rang, séance et voix délibérative au conseil d'état.

TITRE VII. — *Du corps législatif.*

70. Chaque département aura, dans le corps législatif, un nombre de membres proportionné à l'étendue de sa population, conformément au tableau ci-joint.

71. Tous les membres du corps législatif appartenant à la même députation sont nommés à la fois.

72. Les départemens de la République sont divisés en cinq séries, conformément au tableau ci-joint.

73. Les députés actuels sont classés dans les cinq séries.

74. Ils sont renouvelés dans l'année à laquelle appartiendra la série où sera placé le département auquel ils auront été attachés.

75. Néanmoins les députés qui ont été nommés en l'an x rempliront leurs cinq années.

76. Le gouvernement convoque, ajourne et proroge le corps législatif.

TITRE VIII. — *Du tribunat.*

77. A dater de l'an XIII, le tribunat sera réduit à cinquante membres

Moitié des cinquante sortira tous les trois ans : jusqu'à cette réduction les membres sortans ne sont point remplacés.

Le tribunat se divise en sections.

78. Le corps législatif et le tribunat sont renouvelés dans tous leurs membres quand le sénat en a prononcé la dissolution.

TITRE IX. — *De la justice et des tribunaux.*

79. Il y a un grand juge ministre de la justice.

80. Il a une place distinguée au sénat et au conseil d'état.

81. Il préside le tribunal de cassation et les tribunaux d'appel quand le gouvernement le juge convenable.

82. Il a, sur les tribunaux, les justices de paix et les membres qui les composent, le droit de les surveiller et de les reprendre.

83. Le tribunal de cassation, présidé par lui, a droit de censure et de discipline sur les tribunaux d'appel et les tribunaux criminels ; il peut, pour cause grave, suspendre les juges de leurs fonctions, les mander près du grand juge pour y rendre compte de leur conduite.

84. Les tribunaux d'appel ont droit de surveillance sur les tribunaux civils de leur ressort, et les tribunaux civils sur les juges de paix de leur arrondissement.

85. Le commissaire du gouvernement près le tribunal de cassation surveille les commissaires près les tribunaux d'appel et les tribunaux criminels.

Les commissaires près les tribunaux d'appel surveillent les commissaires près les tribunaux de première instance.

86. Les membres du tribunal de cassation sont nommés par le sénat, sur la présentation du premier consul.

Le premier consul présente trois sujets pour chaque place vacante.

TITRE X. — *Droit de faire grâce.*

87. Le premier consul a droit de faire grâce.

Il l'exerce après avoir entendu un conseil privé, composé du grand juge, de deux ministres, de deux sénateurs, de deux conseillers d'état, et de deux membres du tribunal de cassation.

FIN DU VOLUME TRENTE-HUITIÈME.

TABLE DES MATIÈRES

DU TRENTE-HUITIÈME VOLUME.

Suite du directoire. — *Du 22 floréal an VI (1798), au 30 prairial an VII (1799).* — Malgré l'élimination du 22 floréal, le conseil des cinq-cents conserve une nombreuse opposition, p. 1. — Elle se manifeste sur une question relative au tribunal de cassation. *Séance du conseil des cinq-cents* du 25 messidor an VI, p. 2. — Motion de Chabert contre les dilapidateurs; rapport de Joubert contre les fournisseurs (séance du 19 thermidor), p. 7. — Budget des recettes de l'an VII, p. 12. — Rapport sur les dilapidateurs, p. 13. — Tableau des dispositions que manifestaient les conseils à la fin de l'an VI, p. 15-17. — Méfiance publique envers le directoire et ses agens; moralité des modernes turcarets, p. 17-19. — Le directoire mécontente nos alliés naturels, p. 20. — Nouveaux différends avec l'Autriche; déclaration de guerre au roi de Naples, p. 21. — Situation militaire de la République, p. 22. — Déclaration de guerre à l'Autriche, p. 26-55. — Projet sur les dépenses et les recettes publiques de l'an VII, p. 56. — Nos ministres plénipotentiaires sont assassinés à Rastadt, p. 58. — Bertier propose aux cinq-cents des mesures pour combler le déficit; il attaque Schérer, ex-ministre de la guerre, p. 41. — Dubois-Dubay répète cette attaque aux anciens; vifs débats, p. 44. — Message des cinq-cents au directoire, p. 47. — Adresse du corps législatif au peuple français, présentée par Français de Nantes, p. 49. — Les cinq-cents décident qu'ils resteront en permanence jusqu'à ce que le directoire ait répondu à leur message du 17 prairial, p. 53. — Coup-d'état du 30 prairial; les directeurs Merlin et Laréveillère donnent leur démission; *permanence des cinq-cents*, p. 54-73.

Du 1er messidor an VII (1799) au 18 brumaire an VIII (9 novembre 1799).

—Effet de la journée du 30 prairial; état des partis, p. 74.—Les républicains dominent aux cinq-cents, p. 76. — Levée de la séance permanente du 28 prairial, p. 80. — Brichet présente aux cinq-cents un projet de loi sur la répression du brigandage et des assassinats commis par les contre-révolutionnaires; discussion; adoption de cette loi connue sous le nom de loi des otages, p. 80-86. — Dénonciation contre Merlin, Treilhard, Rewbell, Laréveillère, Schérer et François de Neufchâteau, p. 86. — Le bruit se répand que les deux conseils vont se former en convention nationale; séance des cinq-cents du 26 messidor an VII; motion de Lucien Bonaparte, p. 87. — Cette motion était dirigée contre la société des Jacobins du Manége, p. 90. — Notice sur cette société, p. 91. — Article du *Journal des Hommes libres* sur les manœuvres employées contre cette société, p. 93. — Séance des anciens du 8 thermidor; ils retirent aux Jacobins du Manége le local qu'ils occupaient dans leur enceinte; discours de Courtois, de Savary, de Laveaux, de Chassey, p. 95-100.—Les cinq-cents ne fêtent pas le 9 thermidor; sur une réclamation de la minorité, il est décidé que la fête aura lieu le lendemain, p. 101. — Mouvemens royalistes; les assassinats des républicains continuent, p. 102. —Cela n'empêche pas le directeur Siéyès de prononcer une diatribe violente contre eux à la fête du 10 août, p. 103. — Les administrateurs de l'Ardèche dénoncent Siéyès et Barras, p. 105. — Le nouveau club des Jacobins, réuni en dernier lieu dans une église des Jacobins de la rue du Bac, appelée alors temple de la Paix, est dispersé par ordre du directoire, p. 106. — Vote du conseil des cinq-cents sur la mise en accusation des ex-directeurs; la majorité les absout, p. 108. — Situation alarmante de la République sur ses frontières, p. 109-112. — Mesure du directoire contre la presse; séance du conseil des cinq-cents du 18 fructidor an VII, p. 115-119. — Séances des 27 et 28 fructidor; motion de Jourdan pour la déclaration de la patrie en danger; vive discussion; la motion est rejetée à la majorité de 245 contre 171, p. 121-146.—La guerre continue entre le directoire et la minorité des cinq-cents, p. 147-152. — Bonaparte débarque à Fréjus, p. 154. — Journées des 18 et 19 brumaire an VIII (9 et 10 novembre 1799), p. 159-268.

CONSULAT. — Histoire de la Constitution de l'an VIII, et texte de cette Constitution, p. 269-300. — Proclamation des consuls, p. 501; nouveau ministère; réglement du conseil d'état, p. 505. — Noms des membres qui le composèrent, p. 505. — Noms des sénateurs et des tribuns, p. 507. — Liste des trois cents membres du corps législatif élus par le sénat, p. 508.— Recensement des votes sur la Constitution de l'an VIII, p. 513.—Liste des hommes qui avaient provoqué l'événement du 18 brumaire; emplois auxquels ils furent promus, p. 514.

Du 11 nivose an VIII (1er janv. 1800) au 16 therm. an X (4 août 1802).
— Introduction, p. 515. — Proclamation de Bonaparte à l'armée d'Italie, p. 516. — Proclamation du même aux soldats français, p. 517. — Arrêté des consuls sur un système de décorations militaires, p. 518

— Lettre de Bonaparte au roi d'Angleterre ; réponse de ce dernier, p. 520. — Décision du conseil d'état relative aux émigrés, p. 522. — Proclamation des consuls aux départemens de l'Ouest, p. 524. — Arrêté des consuls relatif au serment constitutionnel, p. 526. — Le culte catholique recommence dans les églises ; obsèques de Pie VI, p. 527. — Ouverture de la session du nouveau corps législatif, p. 528. — Un semblant d'opposition se manifeste dans le tribunat, p. 529. — Arrêté des consuls portant suppression d'un grand nombre de journaux, p. 531. — Rapport de Rœderer au corps législatif sur le nouveau système d'administration, p. 532. — Origine de la banque de France, p. 542. — Proclamation des consuls aux Français, p. 545. — Seconde campagne d'Italie, p. 545-558. — Campagne d'Allemagne, p. 559. — Conspiration royaliste, p. 561. — Seconde session du nouveau corps législatif, p. 562. — *Machine infernale*, p. 554-586. — Paix générale ; préliminaires de la paix avec l'Angleterre, p. 587. — Paix d'Amiens, p. 589. — Élimination de l'an x ; renouvellement des quatre premiers cinquièmes du corps législatif et du tribunat, p. 597-402. — Proclamation du concordat, p. 405. — Amnistie, p. 407. — Institution de la Légion-d'Honneur, p. 408. — Rapport de Daru sur la conscription, p. 410-451. — Message des consuls de la République sur la paix générale, p. 451. — Il est question de décerner à Bonaparte une récompense nationale ; préliminaires de sa nomination au consulat à vie, p. 455-465. — Texte du CONCORDAT de 1801, p. 465-486. — *Documens complémentaires;* série des actes officiels par lesquels Bonaparte parvint à consommer son usurpation, p. 487-502.

www.ingramcontent.com/pod-product-compliance
Lightning Source LLC
Chambersburg PA
CBHW071708230426
43670CB00008B/943